U1009594

桑塔纳、帕萨特系列
轿车故障诊断与检修实例

（底盘部分）

刘文举　主　编
王泽林、刘文超　副主编

金盾出版社

内 容 提 要

本书以问答形式系统地介绍了桑塔纳、帕萨特系列轿车底盘部分故障诊断与检修实例。主要内容包括汽车使用与安全基础知识，离合器、变速器及自动变速器、驱动桥、行驶系统、转向系统、制动系统(ABS)故障诊断与检修，底盘综合类故障诊断与检修实例和车身结构与附件检修。

通过阅读本书，读者不仅可以正确掌握轿车的使用与日常保养技术，而且能够较快地掌握疑难杂症的故障诊断与检修技术，是汽车驾驶员和修理人员必备的工具书，也可作为汽车修理培训和大专院校的教学辅导教材。

图书在版编目(CIP)数据

桑塔纳、帕萨特系列轿车故障诊断与检修实例·底盘部分/刘文举主编. -- 北京：金盾出版社，2012.8

ISBN 978-7-5082-7583-3

Ⅰ.①桑… Ⅱ.①刘… Ⅲ.①轿车—底盘—故障诊断—问题解答 ②轿车—底盘—车辆修理—问题解答 Ⅳ.①U469.110.7-44

中国版本图书馆 CIP 数据核字(2012)第 083494 号

金盾出版社出版、总发行

北京太平路 5 号(地铁万寿路站往南)

邮政编码：100036 电话：68214039 83219215

传真：68276683 网址：www.jdcbs.cn

封面印刷：北京蓝迪彩色印务有限公司

正文印刷：北京金盾印刷厂

装订：永胜装订厂

各地新华书店经销

开本：850×1168 1/32 印张：14.625 字数：380 千字

2012 年 8 月第 1 版第 1 次印刷

印数：1～6 000 册 定价：37.00 元

(凡购买金盾出版社的图书，如有缺页、倒页、脱页者，本社发行部负责调换)

前　言

桑塔纳、帕萨特系列轿车是上海大众汽车有限公司引进德国大众汽车有限公司制造技术生产的。该系列轿车技术先进、性能优良、外形美观、乘坐舒适，行驶安全，具有功率大、耗油低、寿命长、故障少、操作简单等特点，深受广大用户的青睐。常言道"衣食住行"，"行"就是车，当今建设小康社会、建设社会主义现代化，就是要快节奏，使用汽车能提高工作效率，降低劳动强度，获得更大的效益。

为了让广大读者更深入了解轿车故障诊断与检修技术，作者将累积多年的修理经验，编写了《桑塔纳、帕萨特系列故障诊断与检修实例》一套三册（发动机部分、底盘部分、电系部分），以问答的形式把桑塔纳、桑塔纳 2000、帕萨特系列轿车的结构，工作原理、维修知识、疑难故障诊断与排除，由浅入深，举一反三地作了介绍。

《桑塔纳、帕萨特系列轿车故障诊断与检修实例（发动机部分）》主要介绍了气缸与曲轴箱故障诊断与检修、活塞连杆曲轴故障诊断与检修、配气机构故障诊断与检修、电喷燃料供给系统故障诊断与检修、冷却系统故障诊断与检修、润滑系统故障诊断与检修、发动机综合性故障诊断与检修实例和汽车维修基础知识。

《桑塔纳、帕萨特系列轿车故障诊断与检修实例（底盘部分）》主要介绍了汽车使用与安全基础知识、离合器故障诊断与检修、变速器及自动变速器故障诊断与检修、驱动桥故障诊断与检修、行驶系统故障诊断与检修、转向系统故障诊断与检修、制动系统（ABS）故障诊断与检修、底盘综合类故障诊断与检修实例、车身结构与附件检修。

《桑塔纳、帕萨特系列轿车故障诊断与检修实例（电系部分）》

主要介绍了电系修理基础知识、有触点点火系统故障诊断与检修、霍尔无触点电子点火系统故障诊断与检修、火花塞故障诊断与检修、起动机故障诊断与检修、交流发电机与调节器故障诊断与检修、蓄电池故障诊断与检修、灯光与仪表设备故障诊断与检修、空调装置故障诊断与检修、电系综合类故障诊断与检修实例。

本书由刘文举主编,王泽林、刘文超副主编,参加编写的有赵炳雨、刘世恩、张慧娟、徐文辉、王春融、张兆朵、杨瑞普、沈福永、王炳仁、赵文志、刘克谦、王嘉录、孙加成、谢边恒、赵辉、刘博文等同志,在编写过程中得到惠中汽车配件修理有限公司的热情帮助。在此表示衷心地感谢。

由于本书编写时间仓促,虽经推敲,疏漏之处在所难免,敬请各位专家学者批评指正。

作　者

目　录

第一章　汽车使用与安全基础知识

1. 怎样购买汽车?

当你用自己的积蓄去购买一辆新车时,必须对车辆的内在质量和外观进行仔细检查,才能做到称心如意。应检查的项目主要包括:

(1)首先检查一下车子的外观质量、门窗、罩、盖接缝是否整齐、严密,门锁和窗玻璃启闭是否灵活,外观喷漆是否均匀,有无磕碰或损坏,轮胎气压是否合适。

(2)检查各处油面、液面。如发动机、变速器、驱动桥、转向器油面高度,散热器、蓄电池、洗车液、刹车、离合器液罐液面高度是否符合要求。

(3)座椅移动是否灵活,内装饰质量是否上乘。

(4)变速器置空档,拉紧驻车制动,起动发动机,使其怠速运转,同时查仪表工作情况,待车热后可打开发动机罩,对发动机急加速、减速,再缓缓加速,看过渡情况,发动机应高低速运转稳定,突然加速不能熄火,无突爆、放炮、运转无异响;

(5)检查灯光,前照灯、小灯、雾灯、顶灯、仪表灯、刹车灯、喇叭、刮水器等工作情况是否正常。

(6)松驻车制动进行路试,踩离合器挂档起步后,先试一脚刹车,检查制动是否灵敏,同时熟悉和检查离合器及制动踏板自由行程,然后挂档包括倒档,检查各档工作情况和离合器踏板工作情况,行驶中在适当车速下转向盘向左向右各打到头一次,检查转向角度,倾听底盘有无异响。

(7)检查冷暖风、空调设备的工作是否良好?

(8)车辆路试结束后,查看各部结合处有无松旷,各总成有无漏水,发动机、车轮、轮毂不应有过热现象,各总成温度适宜。

(9)检查随车工具、随车附件及说明书是否齐全。

当然,在你验收新车的时候,最好能有一位经验丰富的老师傅陪同,那就更放心了。

2. 新车行驶前要做哪些检查?

新出厂的汽车虽然都进行过检查,但往往由于停放时间较长或运输不慎等原因,可能会有所损伤。为了减少故障的发生,保证行驶的可靠性和安全性,新车行驶前应作一些必要的检查:

(1)检查汽车各部分的紧固情况,特别应注意检查转向、制动等有关安全的部位。在开始行车时检查制动系(包括驻车制动)、转向机构的工作是否正常可靠。

(2)检查灯光、喇叭、仪表和信号装置及刮水器工作情况是否正常。检查蓄电池电解液液面高度是否符合标准(应淹过极板10～15mm)要求。

(3)检查发动机及传动系、悬挂装置是否有异常声响。检查散热器及各个连接部位是否有渗漏现象。检查发动机、变速器、后桥、转向器内的油面高度及是否渗漏。

(4)检查供油系是否渗漏。检查轮胎气压是否符合标准要求。

(5)检查随车工具及附件是否齐全。

3. 新车使用时注意什么事项?

(1)正确选用汽油。选用汽车汽油,主要根据发动机的压缩比。发动机的压缩比高,应选用辛烷值高的汽油。如选用辛烷值低的汽油,发动机容易产生爆燃。发动机压缩比在8.0以上的选用85号汽油。这样才能充分发挥汽车 的动力性能,又经济合理。如不能供应所需要的牌号汽油时,也可用稍高或稍低的汽油代用。为了防止爆燃和有效地发挥汽油的潜力,可适当地调整发动机点火角度。如将点火提前角适当减小,以减少爆燃倾向,使用高于原规定的牌号汽油时,则应将点火提前角适当增大,以充分发动机的潜力,提高发动机功率,节约汽油。

(2)行车时发动机冷却液的温度应控制在80℃～90℃。发动机温度过高,容易出现早燃或爆燃,润滑油变质和烧蚀,零件的磨损加剧，结果使发动机的动力性、经济性、可靠性和耐久性全面变化，甚至造成活塞拉缸等事故性损伤。发动机温度过低，会使汽油混合形成不良，洗去缸壁上的润滑油膜，流入曲轴箱稀释机油，使机件磨损增加，发动机的性能变坏。

(3)驱动轿壳采用双曲线齿轮单级减速器，它具有简单、工作平稳、无噪音、机械损失少、强度高的特点。在运动过程中，齿间不仅有滚动，而且还有纵向滑动，其相对滑动量比螺旋齿轮大得多，使齿面间压力加大，不容易形成润滑油膜。所以必须加注油膜强度高的双曲线齿轮油，才能保证齿轮正常润滑效果。否则，行驶2000km后，齿轮就会因润滑不良造成早期损伤。

(4)保持正常的轮胎气压。为了保证轮胎合理使用，延长其使用寿命，应保持轮胎正常的气压。气压过高时，会使轮胎帘布层受力增加，轮胎刚性增大，胎面磨损增加。如果汽车在不良的道路行驶时，因胎面弹性降低，车轮所受冲击增加，造成帘线断裂，甚至产生胎面爆破。气压愈低，轮胎变形愈大，轮胎温度迅速提高，导致轮胎的耐磨性和粘结力都显著下降，造成轮胎早期损坏。

4. 新车走合有哪些规定?

(1)新车在走合期应该在平坦良好的道路上行驶，避免在崎岖和陡坡等不良道路上行驶。

(2)要正确驾驶汽车，平稳结合离合器，不要将脚经常放在离合器踏板上。起步必须用一档，发动机不要高速运转，不要用高速档免强行车，尽量避免使用紧急制动。

(3)减轻车辆载重量，走合期汽车的载重量不得超过80%。

(4)限制车速。汽车行驶速度增高，行驶阻力大，各部位机件承受的负荷也随之增加。同时，机件运动速度加快。温度升高，润滑油黏度降低，油膜破坏，润滑条件恶化，致使机件磨损增加。因此，走合期汽车应严格控制车速，防止发动机转速过高，汽车各档行驶速度不得超过发动机最高转速的70%。

(5)经常检查轮毂、后桥、变速器和发动机是否过热和有不正常响声。

(6)经常检查各部位螺栓、螺母的紧固情况。

(7)经常观察仪表、指示灯和警告灯工作是否正常。

(8)走合 1000km 后,更换发动机润滑油和机油滤清器,更换变速器、后桥、转向器和前后轮轴承润滑油。

5. 汽车安全运行要具备哪些条件?

轿车属经济车型,与其他大中型车比较起来,动力小,各项性能指标差一些,所以安全问题特别重要。要保证汽车的行驶安全,运行状态可靠良好,运行阶段的汽车在技术上应达到如下要求:

(1)车容整洁,装备齐全,各种随车工具、常用零件齐全,保证车辆的完好性。驾驶室、各车厢封闭严谨,不进尘土,不漏雨。门窗关闭严密可靠,开启灵活。风窗玻璃完好,视线清晰。刮水器工作可靠。电气设备齐全,工作正常。

(2)发动机运转良好,无异响,能发出足够的功率,保证汽车的牵引性能有最佳的动力效果。发动机燃油系工作正常,耗油量不超过额定值。燃油、润滑油、冷却液及各种溶液均注满,并做到油、水、气、电四不漏。润滑系统油压符合原车规定,消耗正常,冷却系能保持发动机的正常工作温度。

(3)离合器分离彻底,不打滑,不震抖。变速器换档轻便自如,不跳档,不乱档,不过热,无异响。传动轴无弯曲,工作时无震摆,不松旷。挂车连接装备应齐全、可靠。前轮定位符合规定,转向轻便灵活,不松旷。转向盘自由转动量不超过规定。制动系统工作可靠,制动距离与踏板自由行程符合规定,不跑偏,驻车制动可靠。

6. 驾驶汽车时要注意哪些事项?

正确的驾驶汽车,对延长车辆使用寿命、降低燃料的消耗量、保证汽车处于良好的技术状态以及安全行车有极大的关系。应注意以下几点:

(1)发动机的起动。

①置变速杆于空档位置，踏下离合器踏板，根据气温情况和汽车特点，适当拉阻风钮，待起动后再推回拉钮。

②将钥匙插入点火开关，接通起动机工作，待发动机起动后，应立即松开钥匙，钥匙将自动逆时针转回，切断磁力开关电路，否则将烧坏起动机。

③使用起动机时，每次不得起过5s，再次使用间隙不得少于15s，以防蓄电池大量放电而损坏。

④发动机起动3～5s后，慢慢松离合器踏板。

(2)汽车起步、行车。

①发动机起动后，渐渐将阻风门拉钮推到底，保持怠速运转，待水温达50℃，机油压力正常，即可起步。

②起步必须用一档。不要用一、二档加速到该档位的最高车速。

③起步前必须先松开驻车制动杆，左脚踩离合器踏板到底挂档，右脚逐渐踏下油门的同时，左脚慢慢松开离合器踏板，控制车辆平稳起步，此时左脚应完全离开离合器踏板。

④行车中，不要将脚经常放在离合器踏板上，防止离合器摩擦片过早损坏。

⑤经常观察仪表和警告指示灯，看其工作是否正常。如某个指示灯亮时，应立即停车查明原因。

⑥汽车上坡时，换档要及时，不能用高速档勉强行车，以免增加发动机及传动系机件的负荷。

⑦汽车下坡时，可挂低速档，利用发动机帮助制动，车速不可太快，保证行车安全。

⑧行驶中尽量避免紧急制动，以免传动系机件承受骤然增加的冲击负荷。

(3)冬季行车，发动机冷却系不采用防冻液的车辆，在汽车停驶后应放水。放水时，打开散热器盖，拧开放水开关，将冷却水放尽，最好在放净水后，再起动一下发动机，使其低速运转半分钟左右,将水泵内排净,以免把水泵叶轮和水封冻结冰。

(4)经济驾驶。为了保证汽车的经济使用,在操作中应注意下列几点:

①正确操作。保证迅速起动,缩短走热时间,不要起动前猛踏加速踏板,行驶中多用高档,及时换档,防止拖档。

②控制行车速度。在行驶中,保持经济速度,尽量用中等稳定的车速行驶,轻踏加速踏板,短坡起伏路可先用高档冲坡,长陡坡应早换抵档通过。

③选择路线。选择适当的停车地点,减少车辆前进后退的次数。正确判断道路交通,提前放松加速踏板,防止不必要的制动。

④合理滑行。减速滑行对节油、行车安全和减少磨损均有利。加速滑行一般节油 3%～10%,但发动机磨损却增加。应尽量充分利用减速滑行,加速滑行应根据技术、道路等条件适当采用,坡道滑行更应有计划、有控制的地进行。一般情况下严禁下坡脱档滑行。

7. 汽车长期停驶应怎样维护?

长期停驶的汽车,因受大气侵蚀,总成和机构技术状态会逐渐变坏,以至失去原有的技术性能。为了减轻这种不良影响,应使汽车处于良好技术状态,定期进行下列保养工作。

(1)防止金属锈蚀。锈蚀主要是空气中的水分、氧气和有害物质共同作用造成的。因此,长期停驶的汽车,应保持清洁,车库内经常通风,使空气相对湿度保持 70%以下,及时清除车上的灰尘、赃物和水分,在易锈蚀的部位和机件表面涂以机油、滑脂或用油纸包扎起来。密封各总成的孔隙,避免空气、水分和灰尘进入内部。

(2)防止橡胶制品老化变质。汽车上的橡胶制品,如轮胎、传动皮带、防尘罩等易发生老化、膨胀、变形等现象,致使性能变坏,使用寿命缩短。

橡胶制品老化,主要由于橡胶是不饱和的高分子碳氢化合物,容易吸收空气的氧化作用,同时硫化橡胶有一定透气性,氧容易进入内部起氧化作用。特别是直射阳光,能促使橡胶迅速老化。橡胶制品被汽油、机油沾污后,体积膨胀,胶质变软,弹性下降。防止橡胶制品老化,应避免阳光直接照晒和矿物油接触。

(3)防止棉麻制品腐烂。棉麻制品如座垫、靠背、地毡等,容易吸收水分,特别是在潮湿地区和阴雨季节,更易受潮湿腐烂。应经常检查,保持干燥,适时晾晒。

(4)防止汽油的抗爆性能降低。汽油抗爆性能决定于辛烷值的高低。汽车长期停驶,汽油的辛烷值会随着轻质成分的损失、四乙铅的减少和胶质含量的增加而下降,使其抗爆性随之降低。因此,油箱要严密封闭,避免温度升高,储存时间不要太长。

(5)每月起动发动机一次。每月起动发动机一次,怠速运转4~5min,查看发动机的工作情况。并检查蓄电池电解液平面应高出极板10~15mm,不足时加蒸馏水,必要时应补充电。

8. 怎样清洁保养车身?

(1)油漆表面。清洁车身油漆表面时,切勿使用刷子、粗糙布片或棉纱以避免留下刮伤痕迹。

清洗汽车时,不可在烈日照射下发动机罩还是热的情况下进行。

清洗时,用软管以分散的水流喷射,使坚硬的尘泥浸湿被冲去,然后用一块软而清洁的海绵从上而下地擦洗。擦洗时,应经常将海绵在清水中洗涤,以免在油漆表面留下擦伤痕迹。最后用麂皮擦去水迹。

待汽车表面完全擦干后,再用麂皮或优质白纱头沾上一些抛光蜡,均匀地在车身上擦拭直到光亮为止。烘漆表面必须使用光蜡。

油漆表面的污迹如柏油、机油渍、水迹、死虫等,一般用水冲洗不掉,这些污迹最好马上用下列方法去除,以免时间长损伤漆面。柏油渍可用二甲苯溶液去除,然后用水清洗。

机油渍和水迹可用下列成分的混合物涂覆在被清洁表面上,

待表面吹干后再进行拭擦。

肥皂:120g;

白蜡:400g;

蒸馏水:2.5L。

将上述混合物加热成为液体后,再掺入60g钾碱。

死虫不易去除,如有可能,最好当天用温水去除,否则用浓度1%~2%的无碱皂液擦洗,然后用清水充分 清洗。

(2)车门玻璃和风窗玻璃。擦拭风窗玻璃时,可将刮水器臂向前扳开,以使进行工作。不可使用含有磨料的清洁剂。死虫等异物应先用肥皂水浸透,然后用海绵及清水清洗,最后用软布擦净。

清洁刮片上的积垢时,可用清洁的抹布顺势擦去胶片,必要时可用肥皂或酒精。

(3)内饰及座垫。清洁时只可使用中等硬度的毛刷。

清除各种污迹应选用合适的溶剂。在大多数情况下,污迹可用氨水(工业用氨水掺入3~4倍清水)刷去或用纱布等软性织物粘些氨水擦去,然后使之干燥。油质颜料污迹用一些松节油去除,擦除后用淡氨水擦试。

(4)转向盘、灯具等塑料件和橡胶件,只可用普通的肥皂水清洗,不可使用有机溶剂如汽油、去渍剂和稀释剂等。

9. 夏季用车要注意什么?

夏季驾车行驶,因为用电少,蓄电池容易过充而过热,电解液最易蒸发,出车前若发现其液面高度不够,则加添蒸馏水补充。行车中,要经常检查风扇皮带的张紧度,并调整皮带张紧度。若遇发动机过热,散热器中的水沸腾时,应停车休息,使发动机怠速运转,待温度下降和水冷却后,再添加冷却液或换新的。

10. 冬季用车要注意什么?

我国南北温差大,如果气温不降到摄氏零度以下,一般都不会对汽车的安全行驶产生什么大影响,冬季应该指气温摄氏零度以下的地区。冬季行车应该注意如下问题:

首先，冬季应该预热发动，起步后应用低速档行驶一段路程，待底盘各运动件得到正常润滑后，才能换档逐渐加速行驶。

其次，汽车在冰雪路面上行驶时，应适当减速，并要避免急转弯和紧急制动，以免产生侧滑发生事故。在冰雪路面上长途运行时，最好把轮胎放点气，使轮胎气压不要太大。

11. 怎样使用安全带?

轿车上都装备有安全带，以防止在高速行驶中紧急制动时，驾驶员和乘客遭到严重撞伤。车上前座装有三点紧急锁止式卷收器的安全带，供驾驶员乘客使用。此带是腰部安全带和肩部安全连在一起的，可卷在绕回装置中。使用时握住舌板将它插入扣板中，直到发出“咔嗒”声，即是锁好。腰部安全带系得尽可能低些，系在髋部，不要系在腰部，肩部安全带斜挂胸前，不要放到胳膊下。安全带可缓慢地拉长和缩短，按下扣板的按钮，便能解开腰带。在受到急速的拉力时，安全带即锁住，防止人体向前冲，起到保护作用。使用安全带必须注意：

(1)要保证正确的佩带位置，把腰部安全带的搭节部分系在骨盆下面，肩部安全带斜挂胸前，不能系在其他部位。一副安全带只能一个人使用。

(2)安全带不能拧起来使用。身穿厚衣服可能安全带位置不正确。不要让安全带在锋利的刃口摩擦。

(3)不要使座椅靠前过于倾斜，否则安全带不能正确的伸长或缩短。

(4)不要把安全带压在很硬的或易碎的物品上，如衣服里的眼镜、钢笔和钥匙等。

(5)如果安全带承受过一次严重冲击，即使不损坏，也应更换总成。要定期检查安全带是否磨损，损坏件应更换。

(6)座椅上无人时，安全带要送回卷收器中，以便扣舌处于收藏位置，避免在紧急制动时，扣舌撞在物体上。

(7)安全带可用软肥皂和水用布或海绵清洗。不要对安全带使用染料的漂白剂,它会降低安全带的强度。

12. 擦拭汽车有哪些注意事项?

要保养好汽车,首先就得保持汽车干净,经常擦拭汽车。当然,用干净清洁的布擦车的任何部位都是可以的。但是,如果真要保养好汽车,擦拭汽车也有讲究,不是随便找块布一擦了事。

汽车各部分的功能及材质是不同的,所以擦车所用的抹布也应有区分,不要乱用混用。轿车的内部多用塑料部件,所以不能用带腐蚀性的清洁剂。擦风窗玻璃,要用清洁的湿布。若用沾有油污的干布去擦,很难将玻璃擦净,反而会使玻璃上沾油,使雨刷的橡胶条受侵蚀。擦车身的油漆表面,应用沾有少量油的干布,打过蜡的车身表面每天早晨出车前用油布擦试一次,既能使车身洁净光亮,又能防锈隔尘。这两种抹布要区别使用和保管,不可乱扔乱置,否则会伤害车身。

13. 为什么要及时清除车身及挡泥板上的泥土?

车身及挡泥板的表面粘附泥土是常有的事,人们通常认为,汽车表面有保护漆,粘点泥土没什么,只是影响美观而已。其实泥土对汽车有损害。泥土中含有水分,在潮湿的天气里,土中的水分会更多。如果泥土沾在车身及挡泥板表面,会导致水对车辆的腐蚀损害,而泥土中的硅酸成分也会对车身有腐蚀作用,因此要及时清除附着于车身及挡泥板上的泥土。

清洗泥土的正确方法是:在清除车身表面泥土时,先用水沾湿泥土,等泥土软化后再予以擦拭。这是因为泥土中有硬度很大的硅化合物,如果用布干擦车身表面,一不小心会使车身表面擦伤,而车身上的小伤痕容易使车身生锈。

此外,清洗时不少人只注意到车身上的泥土,往往不注意发现和清除保险杠内侧及挡泥板上的泥土,但挡泥板若长期不清理,只需三四年时间就会锈蚀穿孔,因而要及时清除车辆这些部位的泥土,最后用干布擦净水渍。

14. 车身上沾有沥青怎么办?

夏季,汽车在新修的柏油路上行驶,经常会沾上刚浇的沥青或烤化的沥青,沥青是无法用普通布擦掉的。

注意:沾在汽车车身上的沥青焦油一定不能用汽油或香蕉水等擦拭,这些化学物质对车身表面油漆的腐蚀作用,会溶解油漆,使其失去光泽。

要去掉在车身上的沥青,用涂车蜡最好,因为蜡中的油分能将沥青的焦油溶解。用它作为去除沥青焦油的污迹,是十分有效的。车蜡对车身的保护作用,它原有的功能是使车身表面光泽。如沾有焦油太多太厚,很难擦除,可以反复涂抹车蜡,在清除之后再以干净的粗布擦拭,这样就可将车身上的焦油污迹彻底擦拭干净。

15. 桑塔纳、帕萨特轿车行驶安全操作要求是什么?

(1)预热升温:冷车发动前,应根据气候条件进行预热。

(2)保持温度:起动时,发动机水温不低于50℃,行驶中保持在80℃~90℃。

(3)起步先看:看汽车四周有无障碍,看仪表是否正常,看轮胎气压是否达到标准。

(4)低档起步:冷车需低档起步,起步后按顺序换档,不得高速档低速行驶和低速档高速行驶。

(5)行驶平稳:起步、停车时避免汽车冲击,行驶中注意选择路面,避免颠簸。

(6)爬坡自如:对长坡、陡坡应提前换档,不硬撑硬冲,保持动力。

(7)安全下坡:下坡时严禁空档滑行,对狭窄险峻坡道应随时做好停车准备,以防止制动鼓过热,制动失灵。

(8)控制车速:行驶时根据运行条件和安全情况,控制合理车速行驶。

(9)安全行车:会车时不得强行超车。

（10）妥善停车：汽车应停放指定地点，停车后关门，拉紧驻车制动。

16. 汽车为什么不应超载行驶？

桑塔纳、帕萨特载重量是由设计所规定的，总成和零部件的强度等设计均以这个规定为依据，它反映了汽车最佳的动力性能和经济性能。如果不按规定装载，尤其是超载，结果将造成发动机和底盘部分的零件早期损坏，不利于充分发挥汽车的性能。

17. 什么是汽车的经济车速，为什么要提倡中速行驶？

汽车经济车速是指汽车在直接档或超速档行驶时油耗量最低的车速。不同车型、不同载荷以及不同道路条件等具有不同经济车速。

中速行驶是指以略高于经济车速的速度行驶。一般来讲，汽车若按经济车速行驶，对节油、行驶安全、降低机件磨损等有利，但经济车速较低，按经济车速行驶直接影响运输生产率，这样汽车行驶反而不经济。最好的办法是按略高于经济车速的速度行驶，可同时兼顾节油和生产率提高，而且安全也可得到一定的保证。

18. 标准型桑塔纳轿车（LX 型）有什么特点？

标准型桑塔纳轿车装用的 JV 型发动机配用 KEIHIN（开新）型化油器，而 YP 型发动机配用 2B5 型化油器。两种发动机均采用顶置凸轮轴式配气机构、电起动和水冷方式，兼用蓄电池有触点点火和电子无触点点火方式。

底盘采用前轮驱动方式：前桥是麦克弗逊式独立悬架，后桥是纵向摆臂式半独立悬架；采用变速器与减速器合二为一的变速器以及膜片弹簧式离合器；制动系统采用交叉式双管路液压系统，前轮盘式制动，后轮鼓式制动；前后轮采用子午线无内胎式轮胎，前后轮的转向借助于附有横向拉杆的齿轮齿条横向机构；车内装有暖风及空调，以改善乘坐环境。

19. 豪华型桑塔纳轿车有什么特点?

豪华型桑塔纳轿车,在市场上也称选装型桑塔纳轿车,比起标准型桑塔纳轿车来,在外观和内饰上均有很大改进,尽显豪华气派;与之同时,还增设了一些零部件,诸如前窗绿玻璃、电动升窗机、高级座椅、四声道收放机、后座头枕、后阅读灯,增加了乘坐舒适性;压铸的铝合金轮辋、加宽的前后轮胎,增加了行驶稳定性;副仪表板、四辐转向盘、集中控制车门锁,增加了操纵的方便性。这些,在很大程度上,提高了轿车的品位。第一代豪华型上海桑塔纳轿车于1993年上市。

20. 桑塔纳2000轿车(GLS型和GLI型)有什么特点?

上海桑塔纳2000型轿车由上海大众汽车有限公司、德国大众公司与巴西拉美公司联合开发,并于1995年推向市场。该车款式新颖,技术先进、深受用户青睐。

上海桑塔纳2000型轿车增大了车内空间,缩小了车身缝隙,加长了前后轴距(加长108mm),加大了前制动盘和后制动鼓直径,变速由四档提高到五档,转向器由齿轮齿条式改为整体式;还增设了电动升窗器、电子车速表、后座安全带和电动集控门锁,仪表和内饰更加豪华;还采用了电动后视镜,并增强了空调制冷能力。为降低环境污染,该车还使用无氟利昂空调(即以新型制冷剂R134a代替氟利昂R12)。

这一切,使上海桑塔纳2000型轿车的乘坐更加舒适,驾驶更加安全,视野更加开阔,造型更加美观。特别值得称道的是:该车型批量装用了电脑控制的电子燃油喷射发动机,并尽量国产化,使其经济性大为提高,油耗及售价都大幅度降低,从而满足了我国广大用户日益增长的需求。

上海桑塔纳2000型轿车按发动机供油方式分为两种:一种是采用化油器方式的GLS型,其发动机型号330K SLLOL TD2;另一种是采用电子燃油喷射方式的Gli型,其发动机型号是330K

SLLOL TE2。TD2发动机装设有下吸式主副腔分动、手动阻风门化油器和霍尔无触点点火系统;而TE2发动机装设有电子控制的多点燃油喷射系统,点火系统和供油系统都由微电脑控制。其他方面则基本相同。就整车而言,无论传动系统、行驶系统、转向系统、制动系统以及车身,都是相同的。

21. 时代超人桑塔纳2000GSi轿车有什么特点?

上海桑塔纳2000型轿车家族中有新宠。这就是上海桑塔纳2000GSi型轿车(1998年投放市场)。因其性能卓越,又称为时代超人。该车型由国内外轿车企业联合设计开发,脱胎于上海桑塔纳2000Gli型轿车。虽然同为电子燃油喷射式,都有五档变速箱与无氟利昂空调,但该车却具有如下显著不同的特点:

(1)上海桑塔纳2000GSi型轿车具有当今世界先进水平的AJR发动机,最大功率在5200r/min时达74kW;最大力矩在3800r/min时达155N·m(排量仍为1.8L),重新设计的进气支管以及气缸进气道,不仅提高了发动机充气效率和低速力矩,还降低了进气噪声。

(2)发动机采用第三代全固态点火系统(无分电器点火装置)和具有防盗功能的M3.8.2电子顺序多点燃油喷射系统。该车最高时速达180km/h;百公里油耗仅8L,而在90km/h匀速行驶时,百公里油耗仅为6.81L。

(3)发动机采用燃油蒸发控制油蒸气暂时吸附于碳罐,然后送入燃烧室,避免了燃油蒸气直接排入大气之中而造成污染。

(4)采用了液压调节、电子控制的ABC防抱死制系统,大大改善了轿车的安全性能。

(5)增设阅读灯、成组音箱、延迟熄灭门灯、后座安全带等,使乘员更加舒适与安全。

各种类型的上海桑塔纳轿车的技术参数,详表1-1。

表 1-1　桑塔纳轿车技术参数一览表

	项目＼车型	普通型桑塔纳轿车	桑塔纳旅行车	桑塔纳2000型 GLS 轿车	桑塔纳2000型 GLi 轿车	桑塔纳2000型 GSi 轿车
一般数据	座位数	5	5	5	5	5
	最高车速(km/h)	161	≥160	166	172	185
	加速时间(s)					
	换档 0～80km/h	7.9	9.0	9.9	9.7	
	换档 0～100km/h	12.1	13.8	16.0	14.8	
	燃油消耗(L/100km)					
	60km/h,匀速	4.9	6.5	6.1	5.9	
	90km/h,匀速	6.3	8.0	7.4	6.9	6.81
	120km/h,匀速	8.3		9.4	8.8	8.0
	15 点工况城市油耗	9.5～10.4				
	最小转弯直径	10.85	10.29	11.8	11.5	11.0
尺寸质量参数	总长(mm)	4546	4546	4680	4680	4680
	总宽(mm)	1690	1710	1700	1700	1700
	总高(mm)(空载)	1407	1427	1423	1423	1423
	轴距(mm)	2548	2548	2656	2656	2656
	轮距(mm)					
	前轮	1414	1414	1414	1414	1414
	后轮	1422	1422	1422	1422	1422
	整车整备质量(kg)	1030	1030	1120	1120	1120
	满载总质量(kg)	1460	1520	1546	1546	1546
变速器	变速器形式	全同步四档手动变速器			全同步五档手动变速器	
	速比:一档	3.455			3.455	
	二档	1.944		同 GLi	1.944	同 GLi
	三档	1.286			1.286	
	四档	0.909			0.969	
	五档	—			0.800	
	倒档	3.167			3.167	

续表 1-1

项目＼车型		普通型桑塔纳轿车	桑塔纳旅行车	桑塔纳2000型 GLS轿车	桑塔纳2000型 GLi轿车	桑塔纳2000型 GSi轿车
驱动桥	驱动形式 驱动桥速比	前轮驱动 4.111		同GLi	前轮驱动 4.444	同GLi
制动系统	制动管路 前轮 后轮	对角线分布液压双管路 实心盘式,自动调整间隙 鼓式(180mm×30mm),自动调整间隙		同GLi	对角线分布液压双管路 空心盘式,自动调整间隙 鼓式(200mm×40mm),自动调整间隙	同GLi
轮胎	轮胎型号	185/70SR13		同GLi	195/60R1485H	同GLi
轮胎	前轮气压(kPa) 后轮气压(kPa) 备胎气压(kPa)	180(空载) 190(满载) 180(空载) 230(满载) 230		同GLi	180(空载) 190(满载) 190(空载) 240(满载) 250	同GLi
电气系统	电压(V)	12		同GLi	12	同GLi
车轮定位参数	空车前轮定位参数 车轮前束角 车轮外倾角 左右轮外倾角之差 主销后倾角(不可调整)	 +10′±10′ (0～2mm) −40′±30′ ≤30′ 30′		同GLi	 8′±8′ (0～1.6mm) −15′±15′ ≤10′	同GLi
车轮定位参数	空车后轮定位参数(不可调整) 车轮前束角 车轮外倾角	 25′±15′ −1°40′±20′				

续表 1-1

项目 \ 车型		普通型桑塔纳轿车	桑塔纳旅行车	桑塔纳2000型 GLS轿车	桑塔纳2000型 GLi轿车	桑塔纳2000型 GSi轿车
发动机	发动机形式	直立四缸化油器式汽油机		同普桑	直立四缸汽油喷射发动机	同GLi
	型号	JV型		JV型	AFE型	AJR型
	缸径×行程(mm)	81.0×86.4		同GLi	81.0×86.4	同GLi
	排量(L)	1.781			1.781	
	最大功率(kW)/(r/min)	66/(5200)		同普桑	72/(5200)	74/(5200)
	最大转矩(N·m)/(r/min)	145/(3300)			150/(3100)	155/(3800)
	压缩比	8.5∶1			9.0∶1	9.0∶1
	最低比油耗(g/kW·h)	≤285			≤280	≤280
	排气成分(怠速) CO含量	(1.0±0.5)% (实测<67g)		同GLi	(1.0±0.5)% (实测<39.0g)	同GLi
	HC含量	<1000×10^{-6} (实测HC+NO<20.5g)			<1000×10^{-6} (实测HC+NO<14.0g)	
容积数据	燃油箱(L)	60		同GLi	60	同GLi
	发动机机油(L)	2.5 (换滤清器3.0)			2.5 (换滤清器3.0)	
	冷却液(带储液罐)(L)	约6.0			约6.0	
	变速器油(L)	1.7			2.0	

注：1. 按ECE1504标准，要深入了解排气成分，可参阅标准。

2. 桑塔纳旅行型比普通型的车身长，车轮前束角−20′±10′(−1～−3mm)、外倾角−30′±10，轮胎气压满载时260kPa，备胎240kPa，余皆同。

22. 传动系基本功用有哪些?

桑塔纳传动系的基本功用是将发动机发出的动力传给驱动车轮,其首要任务是与发动机协同工作,以保证汽车能在不同使用条件下正常行驶,并具有良好的动力性和燃料经济性。

23. 传动系的组成及结构特点有哪些?

(1)离合器:采用在轻型汽车上广泛使用的膜片式离合器。这种离合器零件少,零件呈径向布置,易于平衡,压紧力不会随摩擦片减薄而变小,可有效提高离合器传递转矩的能力。连接形式为直接连接式。

(2)变速器:为四档同步手动机械式,只有输入、输出两根轴,取消常规的中间轴。由输入轴输入发动机动力,通过各档齿轮进行变速,利用输出轴主减速器齿轮和差速齿轮机构驱动前轮行驶。同步器为传统的锁环惯性同步器,换档操纵机构采用全同步啮合套形式,所有连接件采用塑料件,并有橡胶防尘护罩。

(3)驱动桥:主减速器齿轮为双曲线螺旋伞齿轮,差速器为锥齿轮,前轮驱动半轴采用球笼式等角速度万向节,具有轴向长度补偿性能。

24. 桑塔纳轿车传动系的总体特点有哪些?

桑塔纳轿车的传动采取发动机前置、纵置及前轮驱动的方式。它由离合器、变速器、主减速器及差速器等部分组成。

采取前轮驱动方式,减少了传动系的功率损失,提高了传动效率;取消了后轮驱动方式的传动轴机构,简化了轿车的结构;减轻了轿车自重;降低了传动系统的噪声;减小了传动系统的外形尺寸,使轿车内部空间变得宽敞;提高了轿车行驶时,特别是高速行驶时的操纵性和稳定性;减少了燃油消耗量,提高了整车的经济性和动力性。

25. 帕萨特轿车有什么特点?

上海帕萨特 B5 轿车(上海大众汽车有限公司生产)是在德国大众汽车公司顶级车型帕萨特 B5 的基础上,根据中国轿车用户的要求,结合中国强制性法规和道路情况进行了改进设计与性能匹配,使该车型在制造质量、乘坐舒适性、行驶安全性、外观完美性诸方面均达到当今世界轿车的最高水平。其原车型德国大众帕萨特轿车从1973年投产至今已历经了五代,在用户中享有很高声誉。1998年该车获得德国中级轿车大奖,1999年又获得美国最佳家庭轿车称号。

上海帕萨特B5轿车许多方面超过了德国帕萨特轿车。上海帕萨特轿车与大众集团的高档轿车奥迪A6共用一个技术平台,发动机采用了涡轮增压技术、可变气门正时、安全气囊、自动变速器、全自动空调等先进技术,还采用了超大盘式制动器及第五代制动防抱死(ABS)系统,该车主要系统的结构性能特点如下:

(1)动力系统。上海帕萨特轿车采用1.8L、四缸、20气门的ANQ发动机,可使燃油混合更加充分,排气迅速彻底。其可变长度的进气管通过开闭阀门或变进气路径的长短,从而实现提高高速功率和低速转矩。可变凸轮轴技术也有利于达到上述目标。变速系统中有手动和自动两种结构型式。五档全同步机械式B80手动变速器传递的最大转矩为285N·m,换档力减少至320N,使换档更为轻松。四档电控液力自动变速器采用了CAN—BUS技术,是德国大型的主导产品。

(2)操控系统。车内的驾驶控制中心是驾驶员与车辆进行交流的窗口,这里汇集了各种控制元器件和信息。该车的操控系统包括:组合仪表、操纵杆、离合器液压操纵系统、定速巡航系统、可调式转向盘、液压助力转向系统等。各元件处于合适的位置可使驾车轻松自如。在正常情况下,各警报灯在背景中暗淡显示,遇到特定情况就闪烁发光。

可调式转向柱可沿纵向和高度方向上作无级调节,以适应不同身高的驾驶员。调节范围纵向为50mm,高度为35mm。全自动空调系统可在一年四季为司乘人员提供适宜的车内环境温度。其温度、风量、气流分布均可随意控制。空调压缩机,工作噪音低。

空调工作时的所有信息均在显示屏上显示。

(3)安全系统。为了提高安全性,上海帕萨特轿车装配了前座双安全气囊。驾驶员正面气囊(64L)安装在转向盘罩下,副驾驶员正面气囊(113L)位于仪表板右部。气囊系统与三点式安全带是一个整体,发生正面碰撞时,它们将协同作用,安全带将乘员固定在座位上,气囊则像气垫一样的弹性缓冲减振作用,起到安全保护作用。安全带采用 GB101RP—M 机械预紧卷缩器,装有安全带自动张紧装置。安全带系好后,与身体之间有一定的空隙。发生紧急情况时,安全带会在一瞬间收紧,将乘员牢牢地固定在座位上。儿童保护系统可在紧急锁止装置(ELR)与自动锁止装置(ALR)之间相互转换,使安全带只能收进,不能拉出,可有效防止儿童脱离座位。

上海大众汽车有限公司新推出的豪华型帕萨特轿车配置 2.8LV6 发动机,每缸 5 气门、可变配气正时、可变进气管长度,功率峰值可达 144kW,匹配同步四步驱动装置后可与豪华轿车媲美。该车的基本技术参数见表 1-2。

表 1-2　帕萨特 B5V6 轿车基本技术参数表

发动机型号	BBG	发动机型号	BBG
气缸排列形式	V 型	冲程	86.4
气缸数	6	最大功率	140/6000
气缸气门数	5	最大力矩	260/3200
压缩比	10.1∶1	控制系统型号	Bosch　ME7.1
排量(ML)	2771	排放标准	EU.Ⅱ
缸径(mm)	82.5	油品标号	95 号无铅汽油

(4)发动机二次空气系统。本系统是降低尾气排放的机外净化装置之一,它通过向废气中吹人额外的空气(二次空气),增加其中氧气的含量,使废气中未燃烧的有毒成分一氧化碳和碳氢化合物在高温下再次燃烧。在发动机冷起动时,未燃烧的一氧化碳和

碳氢化合物等有害气体排放相对较高，并且此时三元催化器尚未达到工作温度（300℃以上），要达到EU—Ⅲ或EU—Ⅳ汽车尾气排放标准，必须装备二次空气系统。

（5）带电子真空泵的制动系统。本系统采用Bosch公司的MK—20系统，前后轮均采用盘式制动。新增的电子真空泵主要用于车辆的制动助力，在带自动变速器等大负载的车辆上，它有助于改善发动机在冷起动时供给制动的真空度不足的状况。电子真空泵在发动机管理系统的控制下，独立地给制动提供足够的真空度，其位置在左前照灯和ABC控制单元之间。

（6）氙气气体放电灯。光电子前照灯用一个氙气气体放电灯作为中心元件，用最小的空间得到最大的照明强度，并允许汽车前部具有空气动力风格。消耗同样的功率，发光效率高出3倍。一个35W的放电前照灯的光通量是一个55W的普通卤素前照灯的2倍，其色温高达4200K，与太阳光相似。一般使用寿命1500—2500h，相当于汽车平均使用周期内全部运行时间。它出现故障是逐渐变暗，而不是突然不亮。由于有了较近的近场照射光线，所以不再需要雾灯。

（7）侧面安全气囊。除了驾驶员和副驾驶员安全气囊之外，该车也将侧面安全气囊作为标准配备。侧面安全气囊也叫胸部安全气囊，它主要保护胸部和骨盆免受侧面损伤。前排安全气囊集成在前排座椅的靠背中。被折叠的安全气囊和气体发生器安装在塑料壳体内。当侧面安全气囊被触发时，气体发生器中的气体舱被打开，并且烟火火药被点燃。这时气体舱中的高压气体瞬时膨胀，从而使安全气囊也膨胀。侧面安全气囊的气体容量约为121L。

（8）雨量传感器式刮水器。雨量传感器装在后视镜底部，其内部由发光二极管和光电二极管组成。雨量传感器会根据收到的雨点大小信号，自动调节刮水器间歇档速度。雨量传感器通过发光二极管（LED）发射出一束光，若前风窗较干，则光束全部反射回来，反射到光电二极管上，表明雨量小。若前风窗较湿，则反射到光电二极管上的光弱，表明雨量大。反射光的多少，取决于雨量大小。雨量传感器将此信号传递至间歇刮水继电器，从而使刮水器进行相应工作。

(9)防眩目车内后视镜。该后视镜由一面特殊镜子、两个光敏二极管及电子控制器组成。电控器得到光敏二极管送来的前射光及后射光信号，若后射光大于前射光，则电控器输出一个电压到导电层上，从而改变镜面电化层颜色，电压越高，电化层颜色越深，反映到驾驶员眼中的光是暗光、不耀眼。倒车时，此防眩功能被解除。

(10)加热、带记忆功能的电动座椅。在座椅套面料下安装电热丝及压力传感器。传感器可测座椅上有没有人。有人，当发生撞击时，同时打开安全气囊；无人，撞击时安全气囊被关闭。座椅位置及车外后视镜位置调节值能被储存起来(最多可存储 3 个驾驶员信息内容)。当座椅和后视镜调节到最佳位置时，打开点火开关，按下 MEM 红色键，再按下记忆键(1、2 或 3)，3S 后听到仪表内声音，储存结束。关闭点火开关后，座椅调整和后视镜存储功能起作用。

26. 帕萨特轿车磨合有什么要求?

帕萨特 B5 轿车新车零件的相对运动表面，虽然外观光滑平整，装配时符合技术要求，但从微观来看，相对运动的各表面都存在着不同程度的形状误差和表面粗糙度。如果立即将新车投入正常使用，在满载高速行驶下，就可能在摩擦表面之间无法建立正常的油膜，使金属表面间直接摩擦，引起早期磨损，从而使整车性能变坏，缩短使用寿命和大修里程。为此，生产厂规定新车必须进行磨合，磨合期为 1500km。在磨合期应注意以下事项：

(1)前 7000km，不可全速和超载行驶，发动机最高转速不应超过 4200r/min，各档转速不可超过附表 1-3 的规定。

附表 1-3　磨合期档位与车速的匹配

档位	1 档	2 档	3 档	4 档	5 档
车速(km/h)	≤30	≤60	≤85	≤110	≤130

(2)磨合期过后应更换发动机润滑油。

(3)磨合时,应尽量避免在坏路、淤泥路、沙地或较陡的坡道上行驶,以免发动机负荷过大。

(4)磨合阶段应避免低档高速和高档低速行驶,也不要始终用一个档行驶。

(5)经常检查车轮螺栓、发动机气缸螺栓有无松动;经常检查前后制动盘温度和制动衬片的磨损情况,发现问题及时处理。

(6)磨合期结束后,应对底盘进行全面检查,并进行各种磨合后的维护作业。

27. 怎样正确使用维护轿车?

正确使用维护能保证行驶功能,提高经济性,减少环境污染,延长车辆使用寿命,因此必须按维护手册进行维护。不仅只是在新车时定期维护,在汽车变旧时更要及时维护,避免故障扩大,减少开支。

(1)不要一直处于热车状态运转。

(2)不要怠速暖机。在怠速时,要过很长时间才会使发动机发热,其运转时磨损和有害物质排放均很大,因此在起动后马上就走车。

(3)避免节气门全开加速。

(4)避免发动机高速运转,应及时换入高档。当发动机不能平稳运转时,应及时换入低档。

(5)避免连续最高车速行驶,以减少油耗、降低排放和噪声、提高车辆使用寿命。

(6)要有远见的行驶,无谓的加速和制动只会增加油耗,降低车辆机件的使用寿命。

(7)经常检查轮胎气压,减少滚动阻力,减少油耗和轮胎的磨损。

(8)后备箱不要装载无用的东西,减少车辆载重,降低油耗。

(9)不要在怠速时加油和连续点火。无规律的供油会造成点不着火,未点燃的燃油会进入三元催化转化器而造成损坏。

(10)经常检查机油油位,缺油运行可能会引发较大的故障。

(11)夏天也要防冻保护。防冻液不仅能防冻,而且还具有防腐、防结垢和提高沸点的功能。因此即使在夏季或在热带地区也无需加水降低冷却液浓度。

帕萨特 B5 轿车发动机控制系统、自动变速器控制系统、防抱死制动系统等许多控制系统均由电子元器件组成。当这些电子元器件发生故障时,ECU 会起动紧急运行程序,使发动机继续运转,以确保用户将车开到维修站。因此,特别提醒驾驶人员注意,在点火开关接通时,千万不要拔任何电插座,也不要用“刮火”方法来检查电气系统短路还是断路,更不能拔高压导线,以免损坏电子控制燃油喷射系统或其他电子控制系统元件,并防止对人体产生伤害。发现故障后,应及时到汽车维修站检查修理,及时排除故障,避免扩大故障,减少修理费用。

28. 帕萨特新领驭与迈腾有什么区别?

新领驭是上海大众,迈腾是一汽大众,两个大众的同级车也越来越多。新领驭刚刚上市,而且关注度相当高,相信很多人又开始在它和迈腾之间徘徊。两款车虽然都悬挂一样的车标,都属于 B 级车范畴,但在车型平台及风格差异与市场定位上均扮演着各自不同的角色,风格差异明显。

(1)外形。新领驭与迈腾同为中级车这一点没有悬念,因为它们在德国的名字都叫帕萨特,只不过新领驭是第五代,迈腾则是第六代。由于差了整整一代,加上近年来大众设计思路的转变,两款本应同质化明显的车却风格完全不同。从外形上看,二者就存在着较大的差异。新领驭依旧是那副大气饱满而典雅沉稳的造型,而迈腾却给人以硬朗并附有运动基因的外观形象。

按理说款式更新的迈腾在外形方面应该更具备绝对的优势,然而以多数人看来,实际情况却并非如此。由于领驭属于帕萨特 B5 的加长版本,加上帕萨特 B5 本身稳重端庄的造型恰好符合国内消费者的审美观，因此款式更老的领驭反而看起来更大气。新领驭经过前脸和尾部的重新设计，放弃了大嘴式的造型，与目前最新一代的大众设计思路靠拢，再加上比过去更大气的尾部，使得它看起来有了一丝辉腾的味道，比运动造型、并且仍拥有大嘴的迈腾看起来反而在外形上更具优势。

(2)驾驶。均为大众风格，但迈腾更紧凑，新领驭更舒服。

新领驭的内部改变主要体现在配色以及中控台造型方面，手感更好的多功能转向盘配以镀圈的仪表盘以及金属拉丝质感的中控台都显得比老领驭更加新款时尚。相比而言迈腾的车内造型上更新潮，但仍然是大众简洁明快的风格，因此与领驭之间的差别并没有想象中的明显，坐在两车的驾驶座上，都能清晰地感受到自己是在驾驶一款标准的大众车。

这两方面很难说谁好谁坏，关键看各自的需求。不过可以肯定的是，它们这种差异化调校符合各自的定位需求。

(3)动力。都很强大，新领驭数据更佳，迈腾技术更先进，综合表现更好。

两款车的主打都是1.8T发动机，在修理上大同小异，不过车型不一样，这两款机型同样差了一代，新领驭是B5发动机的改进，迈腾是B6发动机。新领驭配备的1.8T五气门发动机属于大众的老机型，大家也已非常熟悉了，它在国内的地位不可小觑，很多人就是通过这台发动机了解涡轮增压的。经过重新调校，这款发动机的功率高达120kW，超过了迈腾，从实际加速力表现来看，它在涡轮增压器起动以后带来的推背感也不逊于迈腾，但它有个比较明显的缺陷，那就是涡轮迟滞比较明显，这是由技术平台所决定的，迈腾则不存在这个问题。迈腾的1.8TSI发动机优势不仅仅在于增加了直喷技术，其整个设计都是全新的。迈腾驾驶起来平顺性明显更好，几乎体会不到涡轮迟滞的存在，极限加速力也同样不弱。变速器的环节就更不要比了，迈腾目前以开始用DSG替代之前的6AT变速器，性能和技术都更胜一筹，更不用说与新领驭的5AT相比了。因此在这个环节我们无需再说谁更适合谁，迈腾明显胜过新领驭。

(4)配置。新领驭重功能，迈腾重技术和内在，前者显然更讨巧。

29. 前轮驱动有什么优缺点?

(1)前轮驱动的优点如下：

①省去很长的传动轴，使车身及全车重心降低，和后置发动机有同样的优点。

②在弯道前进时，驱动力常和前轮同一方向，故汽车高速转弯不易震跳。

③后座安稳舒适，因为后轴是固定式，减少了非弹簧支承的质量，提高了平稳性，并减低车胎消耗。

④后座噪声较小，因后端无齿轮传动。

⑤前轮不必装制动鼓，因把制动鼓装在传动轴上，便可得到前轮制动的效果，从而减少了前轮上的非弹簧支承质量。

(2)缺点如下：

①最大牵引力不及后轮驱动，爬坡能力小，汽车的最大牵引力受到地面附着力限制，地面附着力计算的最大牵引力和驱动车轮的荷载成正比，虽在设计时，可使前轮荷载大于后轮，但在行驶中，前轮荷载要减小，原因是：乘客所加的质量接近后轮；汽车前进时，荷载移向后轮；上坡时，荷载也移向后轮。因此，在载重、加速及爬坡需要较大动力时，前轮的牵引力反而减小。

②用前轮驱动同时又要能够转向，需用“等角速”万向节，构造复杂，造价亦高。

30. 怎样正确使用汽车制动?

汽车制动实质上是一种能量的消耗，它是以牺牲汽车燃油为代价的。一般来说，在保证安全行驶的条件下，尽量不用和少用制动，尤其尽量避免紧急制动。正确的做法是：汽车在行驶中，如遇前方有障碍或预料需要减速制动时，应提前放松加速踏板，并将档位挂入空档，使汽车减速，达到“以滑代刹”，充分利用汽车惯性，这样不但可以节约燃油，而且减少汽车机件损害。

31. 什么叫汽车稳定性？影响汽车稳定性的因素有哪些？

(1)汽车的稳定性是指它抵抗倾覆和侧向滑动的能力。汽车在上下坡时，抵抗前后倾覆的稳定性称为纵向稳定性；道路有侧向斜度或转弯行驶时，抵抗侧向倾覆和溜滑的稳定性称为横向稳定性。

(2)影响汽车稳定性的因素有下列几种：

①重心的位置——降低汽车重心的位置，便可以提高横向和纵向的稳定性。

②汽车的轴距——增长轴距便可提高纵向稳定性，但汽车的转向性能较差。

③轮距——轮距愈宽横向稳定性愈好。

④道路的情况——有无坡路和转弯，道路表面的情况。

⑤行驶的情况——在崎岖、溜滑的路面及转弯时行驶的速度。

⑥同时制动的车轮数和制动器的调整情况——它们效能的一致性。

32. 什么是接近角、离去角、离地间隙和纵向通过半径？

各种类型汽车应保证能在不平的路上行驶，特别是越野汽车，因此必须有适当的接近角（或称前行驶角）、离去角（或称后行驶角）、纵向通过半径和离地间隙。

接近角是通过汽车前端最低点作前轮的切面与地平面所成的角度；离去角是通过汽车后端最低点作后轮的切面与地平面所成的角度。这两个角度的大小与汽车在上坡、下坡、过轿或过渡时其两端最低点不和地面相碰有关。

离地间隙是汽车满载时，轮胎气压合乎规定，汽车最低的突出部分和路面的最小间距。汽车上比较突出的部分是：飞轮壳、前桥及后桥。大多数的汽车上，后轿装主动齿轮的地方离地间隙最小，是汽车最小离地间隙。只有道路的最大不平度不超过最小间隙时，汽车才能通过而不发生相碰。

纵向通过半径是对前后车轮及汽车中部最低点所绘切圆的圆弧半径。汽车前后桥间的最低点愈靠近中间时,纵向通过半径愈大。最低点在离前后桥恰等于轴距的一半时,纵向通过半径最大。遇到两个最低点的时候,应该采取靠近中间的一个。纵向通过半径愈大时,汽车的通过能力愈差。不同的汽车,如最低点的位置相当,最低点和道路间的距离也相同,那么轴距长的汽车,它的纵向通过半径较大,通过能力也就较差。

33. 汽车夜间行驶应注意什么?

(1)出车前要检查汽车的照明设备是否符合规定,如有损坏,应修复再出车。起步时应先开灯,停车后再闭灯。

(2)在无路灯或照明不够的街道或公路上高速行驶时,用前照灯远光;低速行驶时,可用前照灯近光。在路灯照明良好,来往车辆不多的道路上,可以用小灯光。夜间的道路上临时停车,应开小灯和尾灯。

(3)临近交叉路口,相距 50～100m 时,应减速,关闭大光灯,打开小光灯,并用指示灯或方向标志示意行进方向。

(4)夜间会车,需在与来车相距 150m 以外,将大光灯改为近光或小光灯,路灯照明不够或在公路上会车,一定要减速,必要时要停车礼让。

(5)夜间超车,可用连续变换远近光的方法,预告前车,在前车让路后,方可超越。

(6)夏季夜间行车,如遇穿过集镇或村庄时,应鸣号减速行驶,要特别注意路过乘凉、睡觉人时的安全。

(7)夜间通繁华街道,由于各种灯光颜色交错辉映,对视线颇有妨碍。应降低速度,谨慎驾驶。

34. 汽车在高原或山区行驶时,应采取什么措施?

(1)加强制动系和操纵系统的检查和维护工作,确保制动和操纵装置工作正常。

(2)爬长坡、陡坡时,注意提前换档。

(3)下坡前,注意制动压力及制动机构工作状况。禁止熄火空档滑行。防止制动鼓过热。

(4)对点火系和供油系作适当调整,改善混合气的燃烧状况。

(5)风沙严重地区注意汽车的密封。加强发动机空气、机油和燃油滤清器保养工作。

(6)可以选装带有增压装置的汽车发动机。

35. 汽车在高温条件下使用时应采取什么措施?

(1)对汽车发动机供油系,应采取隔热措施。

(2)加强冷却系的维护,清除水垢,保持良好的冷却效果。行车中注意勿使发动机过热。

(3)各总成和轮毂轴承换用夏季润滑油(脂),制动系换用夏季制动液(刹车液)。

(4)调整发电机调节器,减小充电电流。检查调整蓄电池电解液密度,保持液面高度和通气孔畅通。

(5)行车途中经常检查轮胎温度和气压,不得采取放气或冷水浇泼的方法降低轮胎的气压和温度。

36. 汽车在低温条件下使用时应采取什么措施?

(1)汽车在低温条件停放时,应采取防冻、保温措施。

(2)各总成和轮毂轴承换用冬季润滑油(脂)。

(3)注意保持蓄电池电解液的合适密度和蓄电池的保温。必要时可在蓄电池四周用棉毡做保温,以防冻坏蓄电池。

(4)散热器前加装保温套,注意保持发动机正常工作温度和状态。

(5)使用防冻液时,应掌握其正确的使用方法。

(6)在冰雪路面行驶时,应采取有效的防滑措施,如轮胎气压放低等。

37. 汽车着火之后怎么处理?

发动机罩内或仪表板下着火的原因往往是电气系统的故障或

燃油系统的泄漏，当火灾发生时，要将汽车尽快地开离车道，关闭点火开关，人员尽快从汽车内出来，使用随车带的灭火器。若无灭火器，发动机罩内的火可用沙土扑火，也可用厚布、工作服等覆盖灭火。当揭开车盖时，应戴手套；开车罩时应将头部转向一侧，以免灼伤面部。当发现着火是由于供油系起火，驾驶员就应迅速切断油源。如果本车没有带灭火器，则可先用其他工具器材灭火，可向过往车辆求援，在这些车上找到灭火器。若着火时汽车在城镇，就应请一位过往行人拨打 119 告知消防队求救。最后应将火彻底熄灭，并查清由于起火而造成的损失后再开车。

当发现汽车后部冒烟或窜出火苗，要立即离开公路驶向安全的停车地点，并及时迅速报告附近的消防队。汽车后部失火是很危险的，因为这时很易引爆汽油箱，造成重大事故。若火源是车上的货物，则应迅速将着火的货卸下，若由于翻车或撞车引起火灾，则应先将车上的伤员抬下抢救，然后抢救汽车。

38. 什么是汽车的最小转弯半径？

最小转弯半径表示汽车转弯能力，当转向盘转过最大角度时，前外轮所滚过轮辙的半径便是最小转弯半径。例如桑塔纳轿车最小转弯半径 5.43m。

现代汽车最小转弯半径之值，是在下列之范围内：轻型汽车 5.8m，载货汽车 7.13m。

39. 什么是汽车的使用寿命？

汽车的使用寿命是汽车的物理寿命(物质寿命)、汽车的技术寿命以及汽车的经济寿命的总称。

汽车的物理寿命，指汽车从新车开始投入使用到其技术状况严重劣化，以至不能再用而予以报废为止的全部时间。

汽车的技术寿命，指汽车从开始使用到被新型汽车所淘汰的时间。

汽车的经济寿命，指汽车使用到一定程度后，如果再修理在经济上已不合算时汽车的寿命。

40. 汽车长途行驶时应携带哪些备件?

汽车在长途行驶中除携带随车工具外，还要带一些主要备件。长途行驶应携带火花塞、白金、熔断器、高压线、分火头、分电器盖、电线、绝缘胶布、灯泡、开关、备胎、停车牌、火补胶、火补胶夹、千斤顶、打气筒等。

41. 为什么汽车发动机和底盘各部润滑周期不同?

发动机和底盘各部分所用润滑剂，在经过一定时期的使用后由于外界杂物(包括固体和液体的杂物)不同，以及润滑剂本身所产生的一些化学变化，将使润滑剂逐渐失去它应具备的润滑性能，因此，必须及时加以更换。

由于发动机燃料质量种类不同;负荷情况不同;使用地区的道路和气候不同。总之，由于各种汽车的原设计和使用情况不同，它们发动机的换油周期也将不同。

至于底盘部分，如果汽车经常涉水，或在灰砂多的地方行驶，则万向节与轮毂轴承等处的润滑脂将易于变脏、变质。其中润滑油也将易于变脏、变质。因此，换油周期必须较正常情况缩短。

发动机及底盘各总成换油周期，应以各种厂牌汽车的说明书中的规定为主要依据，并结合车辆 具体使用情况来参照执行。

42. 怎样保护车辆不生锈?

海南岛气候热而潮湿，晚上温度降低，汽车上金属零件放出白天所吸收的热量，空气中的水分碰上它便凝结下来，变成水珠，所以晚上擦好的汽车，第二天早晨会有水珠的。如果晚上把汽车放在屋子里，关好门窗不让屋内外空气流通，那么凝结成的水珠会少一些。汽车上露在空气里的金属表面，有油漆的尽量涂上漆，转动部分不能涂漆的，多涂些油，擦车勤些，露天停车最好用篷布遮盖或停在车棚内，便不致生锈。

43. 汽车涉水时应注意什么?

汽车涉水时，必须使发动机能维持正常运转而不熄火，汽车才能继续前进。如汽车涉水在相当深度，就可能发生下列情况：①排气管没入水中，使排气系统阻力增加；②各种电线受水泼或侵入水中受潮，发生蓄电池放电或点火系漏电；③发动机底壳衬垫和油封装置不密封，被水浸入润滑系统，不能保持润滑作用。在这些情况下，发动机不能继续工作，也就是说这几种因素限制了涉水的深度。

在涉水时如果采取若干临时措施，如拆去风扇皮带和排气管、移高蓄电池位置、拆除起动机及其火线等，以防止上述①、②两情况，则汽车的涉水可能深些。

汽车是陆上交通工具，涉水行驶只是紧急状态下的临时措施，涉水的距离和时间应该是很短的。长时涉水行驶，还会引起其他问题，如制动带咬住，离合器盘打滑等等，所以涉水是应该尽量避免的。

汽车涉水后，制动摩擦片浸入水受潮，使制动效能降低，需要在行驶中轻踩制动踏板多次，使制动鼓发热，制动带水分蒸发干燥，以恢复制动效能。

44. 汽车下坡时是否可以脱档滑行?

关于滑行的问题，我们认为首先必须在确保安全的条件下进行。虽然各人的操作方法不尽相同，但有些危害安全的操作方法是要加以制止的。在滑行时，有些驾驶员采取下坡熄火挂档的方法，也有些人采取脱档滑行的方法。所谓脱档，就是指放在空档。且下坡放空档，发动机就不应熄火，因为熄火后再挂档时，齿轮即不易啮合。采用挂档并踏下离合器的方法时，就是以随时抬起离合器，并使齿轮带曲轴旋转而重新发动。不过这种方法，要驾驶员经常踏着离合器踏板而增加疲劳强度，并使分离轴承早期磨损，以及引起传动机件及发动机部分零件的损坏。“脱档、熄火、滑行”是应该制止的。因为当紧要关头要用发动机驱动或制动时，变速器齿轮就不易啮合，又不能利用调整发动机的转速来控制行车的速度。

关于滑行后再换入档的时速等到汽车滑行车速为5～10km/h

时再挂档加速，那对燃料消耗、发动机磨损和平均行驶速度都不利。一般“加速—滑行”的经验是加速到40～50km/h时脱档滑行，等车速降到20～25km/h时再挂档加速，如此不断交替进行。等到车辆滑行车速为5～10km/h时再挂档加速的滑行方法，其目的原是想节油，但效果不大，有时因掌握不好反而费油。发动机经常处在变速情况下工作，易于磨损，这种操作易使驾驶员疲劳；同时还影响到汽车的平均行驶速度和生产率。

45. 汽车停在坡上熄火应挂什么档？

在平路上停车，为避免汽车滑动，除拉紧RT制动杆外，最好将变速器再换入一档或倒档。但在坡路上停车时，要看清地形决定。如果下坡，一般应换入倒档，在上坡则换入第一档。这样可以防止万一向下滑动，则点火开关忘记关闭时，以致发动机自动起动。在有边石的坡路上停车，可转动前轮，使右前轮斜靠右边（俗称“挂崖”）；不能把车子停斜，以免引起汽车的质量靠前轮来支撑，因而轮胎、车轮或转向机件受损。前轮转动的方向按上下坡情况来分。如果坡度很大，应该在轮胎下面垫放三角木块或石块。

46. 减速制动时需踩离合器吗？

制动时是否要踩离合器，这个问题要从三方面来加以考虑：第一方面是制动时的稳定性。从这方面来考虑，应该先不踩离合器，在制动的时候，车轮如被抱死，汽车最容易滑移，特别是在溜滑或者潮湿的道路上行使时。为了预防在这种情况下的滑移，制动汽车时不要踩离合器（只有在车子将要停时，同时踏下离合器不使发动机熄火）。因为使驱动车轮和发动机飞轮一起转，车轮较不容易被抱死。第二方面是对发动机曲轴连杆机构以及汽车传动机构寿命的影响。在强烈制动的时候，会使这些机件受到附加的负荷，容易磨损和损坏，因而应先踩离合器。第三方面是踩离合器时制动效力高还是低的问题。如果发动机旋转部件减速度大于制动时汽车的减速度，在这种情况下发动机将有助于汽车的制动。在一般制动的情况下，不踩离合器有助于制动。

因此,在一般制动的情况下,可先踏下制动踏板,而等汽车快要停车时,再将离合器踏板踏下。

47. 怎样正确安装皮碗油封?

皮质碗形油封安装时,如果它的功用主要是防止轴承中的油漏出,皮碗的切边应朝轴承;如果它的功用主要是防止外面的杂质进入轴承,那么皮碗的切边应朝另一面,将油封切边涂上黄油。减少油封与轴径的磨损。

48. 汽车转弯时为什么要减速慢行?

当汽车在行驶中转向时,汽车的前进力分成两个方向:一个方向是汽车转向的方向,一个方向是汽车原来行驶的方向。这个向着汽车原来行驶方向的力叫离心力。汽车在转弯时由于离心力的产生会发生横滑甚至有侧翻的可能。就是汽车质量愈大,转弯时产生的离心力也愈大;汽车行驶速愈快、离心力增加得更快(离心力与速度的平方成正比)。因此,汽车在通过弯道时必须事先降低车速,以减小离心力;弯道的弯度愈大(即转弯半径 r 小),车速愈应降低。

此外,还要注意弯道的路面宽窄,是否湿滑,车辆装载的重心是否过高。如果路面窄、路滑、汽车重心高,就要将车速在事先降得低一些。车速必须在转弯前降低,如果在转弯处再制动,是不许可的,因为这样不会减小离心力,汽车仍有横溜或侧翻的危险。

49. 为什么汽车上坡无力?

把一件物体从低处提到高处,是要耗费动力的。把汽车从山脚开到山顶上,同样也要耗费动力。在平地上只要把汽车拖着向前滚,需力较小;在上山时,除去也要向前滚以外,还要把车向上提,所以需要更大的力量,方能滚得一样快。高档上山时,如果感到汽车力量不够,可把变速器换到低档。如果换档还不行,那就要检查一下,山的坡度是否过大。如果原来汽车能驶上这坡度,而现在不行,那说明汽车有故障。汽车动力不足的原因很多,除了点火时间过迟以外，其他如化油器调整不当、气缸压缩力不够、离合器打滑等都可能引起动力降低。在平路上行驶时感觉不到，而上山时便暴露出来。

50. 怎样才能当一名优秀汽车驾驶员？

做一名优秀的汽车驾驶员，最重要的是能够安全驾驶汽车。安全驾驶包括很多方面，如遵守交通法规，掌握安全知识，定期维修保养车辆，使汽车经常保持良好的状态。其次，还要掌握一些经济驾车技巧：

(1)要根据汽车行驶速度来确定变速档位，不要过久地用低速档把车速提得过高，使发动机超速运转，也要避免使发动机在高速档下“吃力”地运转，使发动机承受不必要的负担，增加油耗，

(2)要缓和地使汽车加速，避免不必要的突然加速或减速。一旦汽车达到所需要的速度就尽量保持该速度不变。

(3)要避免不必要的高速行驶。合理的车速可使油耗保持在最低水平。

(4)尽可能减少频繁的起动和熄火。因为从静止到运行，需要消耗相当多的燃料。

(5)行车过程中时刻注意前方的情况，需减速或停车时要提前收油门，防止不必要的制动或利用制动来减速。

(6)保持正确水温(80℃～90℃)，不要使水温过高或过低。正确地调整点火正时，使用合乎季节的润滑油。

(7)使轮胎保持标准气压，保持正确的前轮定位，尽量选择好的路面，不要超载。

(8)保持车距。

51. 为什么中速行车好处多？

实践证明，中速行车好处多，安全节约又省车。

(1)中速行车有利于延长发动机使用寿命。发动机是汽车的主要总成，发动机由于高温、高压和高速运转，其寿命短于底盘各主要总成。试验证明，转速对发动机的磨损影响较大。低转速时

润滑条件不良,配合件之间难以形成良好的润滑油膜,因此使零件磨损增大。在高转速时,活塞、连杆等往复运动机件的惯性力增加,润滑油易被挤出,机件温度升高,润滑油黏度降低,使磨损加剧。

(2)车辆高速行驶时,空气阻力增大,车速增加1倍,克服空气阻力所需的功率就要增加7倍。因此,燃油消耗多,而且行驶中遇到情况常要制动减速,额外增加燃料消耗。通常制动一次,多消耗燃油5mL。许多驾驶员节省燃油,道理就在这里。

(3)中速行驶可延长轮胎的使用寿命。汽车行驶速度越高,轮胎承受的冲击负荷越大,变形次数增多,温度也就越高。轮胎温度升高后,胎体强度降低,在高速急转弯或遇到障碍物时,常因受力过大造成强烈冲击而使轮胎爆破。同时紧急制动易使轮胎过度磨损。

(4)中速行车有利安全。在谈到车辆事故时,人们常说十次事故九次快。大量事实说明,开快车易发生交通事故,这一规律已逐渐地被越来越多的人所认识。

52. 为什么经常大轰油门会早坏车?

大轰油门是一种不好的操作习惯。有一些汽车驾驶员在车辆熄火前,或在车辆起动后总要轰一轰油门,以为这样可以加快发动机预热,可以使机油对发动机进行良好的润滑,还可以给蓄电池充电,并使车辆再起动时有力。其实不然,轰车的害处很多,如浪费汽油、缩短发动机的使用寿命,增加空气污染等。一台发动机在正常使用情况下,能行驶50万公里左右,而经常轰车的发动机仅行驶20万公里,气缸就被磨损得不能再用了,使用寿命大大缩短。其原因如下:

(1)汽车停驶一夜或几天后,发动机各相对运动零件间的润滑油已经流出,其接触表面上积油极少,如一开始发动时就大轰油门,发动机转速很高,零件间便形成干摩擦状况,从而产生剧烈磨损。特别是在冬天,润滑油温度低,黏度大,发动机起动后,需经过

1～2min 润滑油才能充分流到各润滑点，零件处于干摩擦时间更长，零件磨损更大。

(2)轰油门时，化油器节气门主喷油针猛地打开，它喷出较多的燃油，使混合气变浓，并且有大量的汽油没有雾化好就被吸入气缸，冲掉了气缸壁上的润滑油膜，使气缸套与活塞间的磨损加剧。

(3)轰油门时，发动机转速突变，会引起发动机其他附件的迅速损坏。

(4)抖动油门时，曲轴、连杆和活塞受力变动很大，尤其是新组装的发动机，有时会引起剧烈撞击，严重时，甚至会造成连杆弯曲、曲轴烧毁、活塞偏磨和脱顶等损伤。

第二章　离合器故障诊断与检修

1. 离合器的作用是什么？

按动力传递顺序来说，离合器是传动系中的第一个总成，其主动部分与发动机的飞轮相连，从动部分与变速器相连。在汽车从起步到行驶的整个过程中，驾驶员可根据需要操纵离合器，使发动机与变速器暂时分离或逐渐接合，以切断或传递发动机向传动系输出的动力。其具体功用有如下三个方面：

(1)使发动机与传动系逐渐接合，保证汽车平稳起步。发动机的最低稳定转速约为 300～500r/min，而汽车起步则是由静止开始的。因此，在变速器空档位置起动发动机后，若没有离合器而强制地将变速器挂档，使传动系与发动机刚性地连接，则由于二者原先速度相差很大，不但会因冲击造成机件的损伤，而且发动机产生的动力远不足以克服汽车由静止突然急加速产生的巨大惯性力，从而造成发动机转速急剧下降到最低稳定转速以下而熄火，汽车无法起步。有了离合器，则在汽车起步时使离合器逐渐接合(与此同时，逐渐加大油门，增加发动机的输出力矩)，它所能传递的力矩也就逐渐地增加，于是发动机的力矩便可由小到大地逐渐传给传动系，至足以克服行驶阻力时，汽车便由静止开始缓慢地逐渐加速，实现平稳起步。

(2)暂时切断发动机与传动系的联系，便于发动机起动和变速器换档。发动机在寒冷天气起动时，润滑油的黏度大，发动机本身起动阻力就较大，若再带动变速器中一部分齿轮旋转，由于变速器齿轮油黏度更大，阻力更大，使发动机难以起动甚至不能起动。让离合器切断发动机与传动系的联系，就可除去这部分阻力，便于发动机的起动。

汽车行驶中变速器要经常变换档位，即变速器中的齿轮副要经常脱开啮合和进入啮合。脱开时，由离合器切断发动机传来的动力，以减小啮合面间的压力才能顺利脱开（操纵加速踏板来改变发动机的转速也可短暂地解脱齿面间的压力，但要求较熟练的操作技能）；挂档时，由离合器切断与发动机的联系，便可较容易地配合以适当的操作，使待啮合的齿轮副圆周速度相等，避免或减小其冲击而顺利地进入啮合（恰当地操纵加速踏板，选择发动机的合适转速，也能使待啮齿轮副圆周速度同步而顺利挂档，但要求有更熟练的操作技能）。这就是离合器起到的便利换档的功用。

(3)限制所传递的力矩，防止传动系过载。如果发动机和传动系是刚性连接而没有离合器，则当汽车紧急制动时，传动系将迫使发动机急剧降速，于是发动机运动件将产生很大的惯性力矩（其数值可能远远超过发动机所能发出的最大力矩）反作用于传动系，造成传动系过载而损坏机件。有了离合器，可在紧急制动时使其分离，从而免除发动机反作用于传动系的惯性力矩。即使在不分离的情况下，由于离合器能通过滑转来限制所传递的力矩，从而也可以防止传动系过载，起到一定的保护作用。

2. 传动系对离合器有什么要求？

(1)具有合适的储备能力。既能保证传递发动机的最大力矩，又能防止传动系过载。

(2)接合平顺柔和，以保证汽车平稳起步。

(3)分离迅速彻底，便于换档和发动机起动。

(4)具有良好的散热能力。由于离合器接合过程中，主、从动部分有相对的滑转，在使用频繁时会产生大量的热量，如不及时散出，会严重影响其使用寿命和工作的可靠性。

(5)操纵轻便，以减轻驾驶员的疲劳。

(6)从动部分的转动惯量要小，以减小换档时的冲击。

3. 离合器的工作原理是怎样的？

离合器的主动部分和从动部分可以暂时分离，又可逐渐接合，在传动过程中又允许两部分相互转动。为此，必须在主动部分和从动部分间采用非刚性的传动方式，或是用液体作为传动介质（液力偶合器),或是利用磁力进行传动(电磁式离合器)。目前在汽车上广泛采用的是用弹簧压紧的摩擦式离合器。

摩擦式离合器的工作原理如图 2-1 所示。

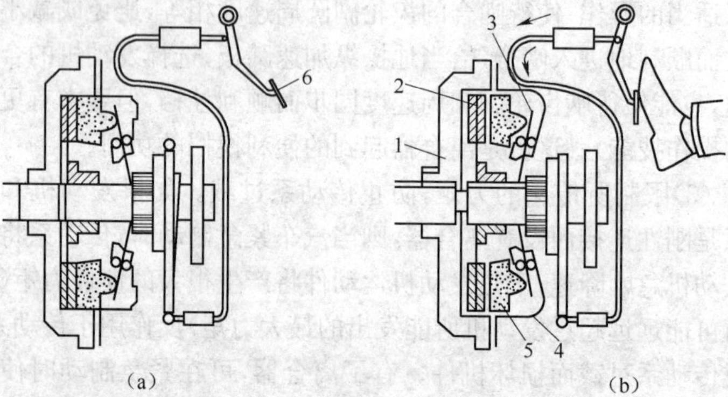

图 2-1　离合器的工作原理

1. 飞轮　2. 从动盘　3. 膜片弹簧　4. 离合器盖　5. 压盘　6. 离合器踏板

发动机飞轮、离合器盖和压盘是离合器的主动件,装在变速器输入轴上的从动盘是从动件,膜片弹簧通过压盘将从动盘紧压在飞轮端面上,发动机发出的转矩通过飞轮及压盘与从动盘接触面间的摩擦作用传给从动盘,如图 2-1a 所示。

当驾驶员踩下离合器踏板时,通过机件的传递使膜片弹簧大端带动压盘后移,此时从动部分与主动部分分离,如图 2-1b 所示。

在重新接通动力传递时,需要适当控制离合器踏板抬起的速度,让压盘逐渐压紧从动盘,使主动部分传给从动部分的转矩逐渐加大。在这个过程中,主动部分和从动部分之间要相互滑动。

摩擦式离合器能传递的最大转矩决定于摩擦面间的正压力、摩擦系数及摩擦面的尺寸和数量。一定结构的摩擦式离合器所能传递的最大转矩也是一定的,当传动系所传递的转矩超过此值时,离合器的主动部分和从动部分之间相互滑动，从而防止了传动系的过载。

摩擦式离合器应能满足以下基本要求：

①保证传递发动机最大转矩，并有一定的传递转矩储备能力。

②要能做到分离彻底、接合柔和、散热良好。

③从动部分的转动惯量要尽量小一些，以便在换档时，一旦离合器分离后，与变速器输入轴相连的部分转速较容易变化，减轻齿轮间的冲击。

④具有缓和转动方向冲击和减小扭振的能力，且噪声小。

⑤在使用过程中压盘压力和摩擦片的摩擦系数变化小，使离合器工作稳定。

⑥离合器操纵省力，维修保养方便。

4. 离合器有几种?

汽车离合器有摩擦式离合器、液力偶合器、电磁式离合器等几种。摩擦式离合器又分为湿式和干式两种。

液力偶合器靠工作液（油液）传递转矩，如图 2-2 所示。泵轮是主动件，涡轮是从动件。当泵轮转速较低时，涡轮不能被带动，主动件与从动件之间处于分离状态；随着泵轮转速的提高，涡轮被带动，主动件与从动件之间处于接合状态。

电磁式离合器靠线圈的通断电来控制离合器的接合与分离。为了加强主动件与从动件之间的接合力，可以在两者之间放置磁粉，这样的离合器称为磁粉式电磁离合器，如图 2-3 所示。图 a 为分离状态，图 b 为接合状态。

目前，与手动变速器相配合的离合器绝大多数为干式摩擦离合器。干式摩擦离合器按其从动盘的数目，又分为单盘式、双盘式和多盘式等几种。湿式摩擦离合器一般为多盘式的，浸在油中以便于散热。

采用若干个螺旋弹簧作为压紧弹簧，并将这些弹簧沿压盘圆

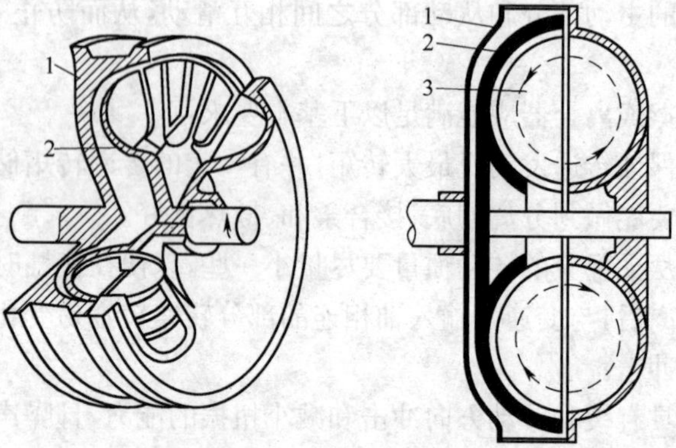

图 2-2　液力偶合器

1. 泵轮　2. 涡轮　3. 工作液

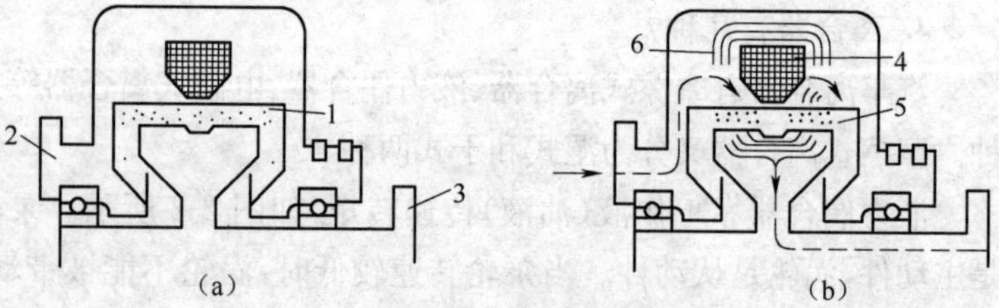

图 2-3　磁粉式电磁离合器

1. 磁粉　2. 输入侧　3. 输出侧　4. 激磁线圈　5. 线型磁粉　6. 磁通

周分布的离合器,称为周布弹簧离合器,如图 2-4 所示。采用钢片弹簧作为压紧弹簧的离合器,称为膜片弹簧离合器,如图 2-5 所示。

5. 膜片弹簧离合器的结构是怎样的?

上海桑塔纳轿车离合器采用单片干式膜片弹簧离合器,主要由离合器从动盘、膜片弹簧、分离轴及离合器拉索等组成。离合器盖由螺栓固定在发动机飞轮上,与发动机一起旋转。

膜片弹簧的结构如图 2-6 所示,其中膜片弹簧是用优质弹簧钢制成,形状为碟形,其上开有 18 个径向切槽。切槽内端开通,外

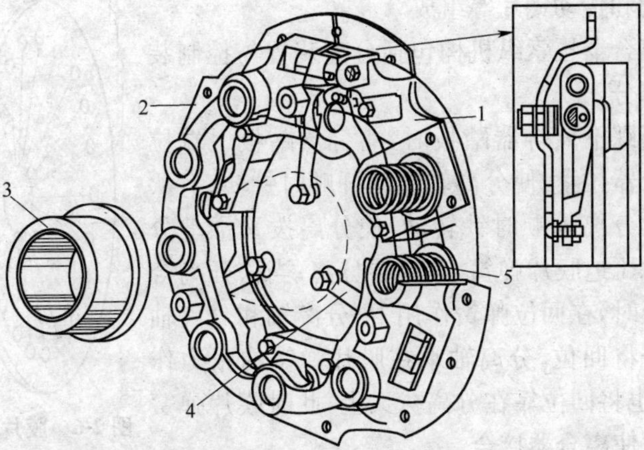

图 2-4　周布弹簧离合器

1. 压盘　2. 离合器盖　3. 分离轴承　4. 分离杠杆　5. 压紧弹簧

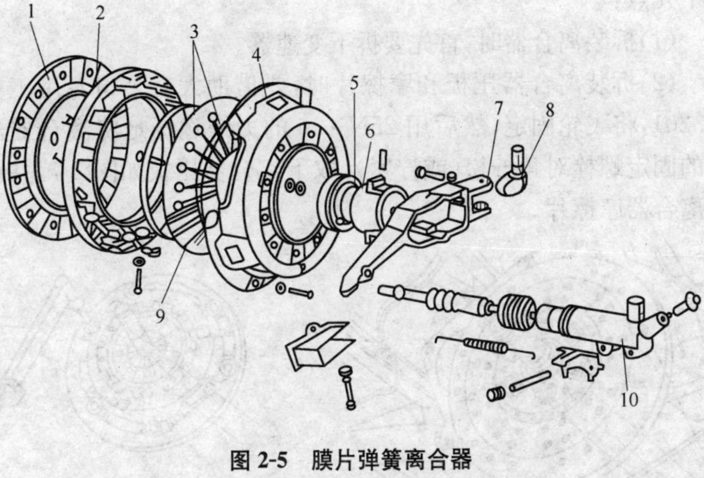

图 2-5　膜片弹簧离合器

1. 从动盘　2. 压盘　3. 金属圈　4. 离合器盖　5. 分离轴承　6. 分离套筒
7. 分离叉　8. 分离叉支架　9. 膜片弹簧　10. 离合器工作缸

端为圆孔，形成多个弹性杠杆，它既是压紧杠杆，又是分离杠杆。压紧装置由压盘、离合器盖、膜片弹簧、支撑环、支撑环定位铆钉、分离钩和传动钢片等组成。

离合器拉索纵机构包括分离装置与控制装置两部分。

当踩下离合器踏板时,离合器踏板上端拉动离合器拉索,使分离轴传动杆顺时针转动,从而带动分离轴顺时针转动,使分离拨叉推动分离轴承压迫膜片弹簧,离合器分离;当松开离合器踏板时,在回位弹簧作用下,分离轴和分离轴传动杆将回位,分离轴承在膜片弹簧的张力作用下,也将回位靠在分离拨叉上,此时膜片弹簧的压力使离合器接合。

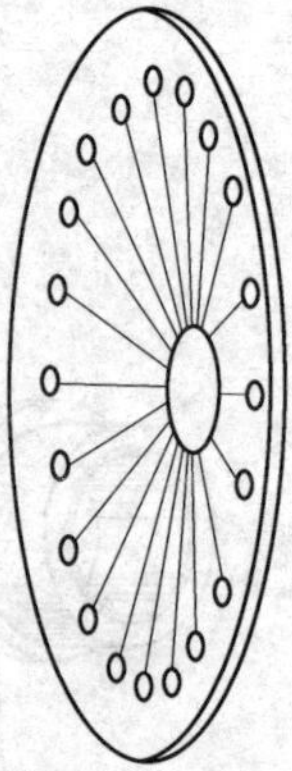

图 2-6　膜片弹簧

6. 怎样拆装离合器?

拆装离合器可以在不拆卸发动机的情况下进行,但必须注意以下几点:

(1)拆装离合器时,首先要拆下变速器。

(2)拆装离合器压板和摩擦片时,要借助大众公司专用工具10.201,将飞轮固定,然后用25N·m的力矩逐渐地将离合器压板的固定螺栓对角拧松(或拧紧),取下离合器压板如图2-7,并取下离合器摩擦片。

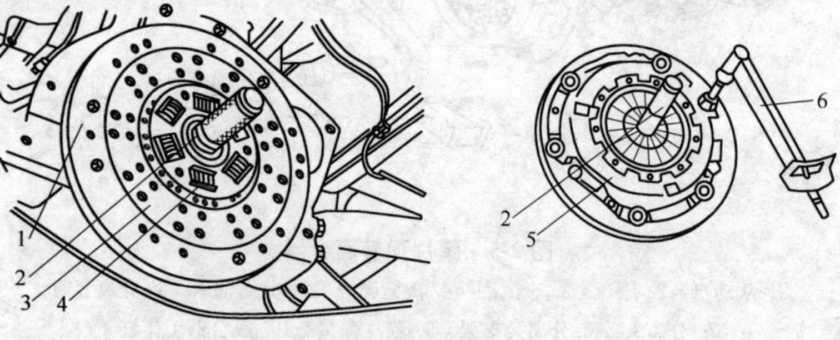

图 2-7　拆装离合器

1. 飞轮　2. 芯棒　3. 从动盘　4. 减振弹簧　5. 压盘组件　6. 扭力扳手

(3)按图 2-8 所示方法,使用 $A=18.5\sim23.5$mm 的内拉头拉出分离轴承。

(4)离合器的装配是在各机件全部修复后进行的重要工序,它直接影响着离合器的正常工作,所以要在安装时注意以下事项:

1)保持各机件原装部位、方向和尺寸:

①离合器从动盘的正确安装位置应是弹簧保持架朝向压板。

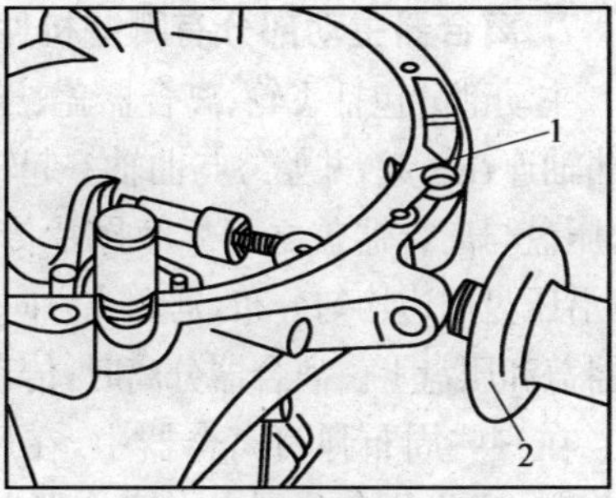

图 2-8　拉出分离轴承衬套

1. 变速器壳　2. 拉出工具

②安装回位弹簧。

③安装橡胶防尘套时,将它推入分离轴,将挡圈顶压至尺寸 $A=18$mm。

④要用 15N·m 的力矩拧上六角螺栓。

⑤离合器分离轴转动臂的安装位置,应保证达到 $a=200\pm5$(mm)。

2)安装飞轮时,注意定位销须固定牢固,离合器的摩擦表面须光滑平整,无油垢。

3)安装离合器从动盘时,应按图 2-9 所示,事先检查摩擦片的跳动量,在离外边缘 2.5mm 处测量最大值为 0.4mm。安装时,从动盘花键槽内应薄薄地涂或喷一层润滑油。

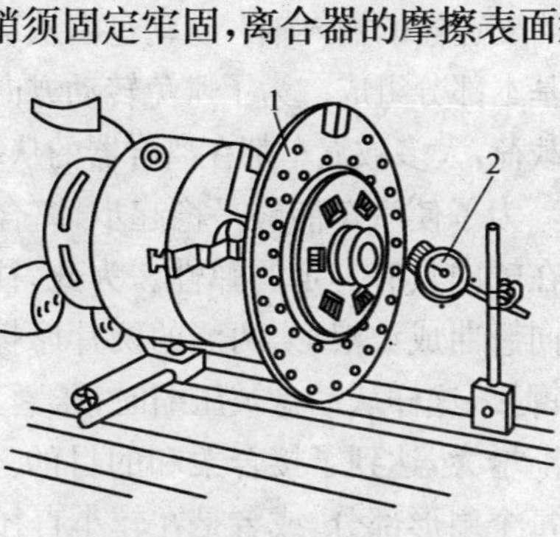

图 2-9　检修摩擦片的跳动量

1. 从动盘　2. 百分表

4)压盘安装前应仔细检查其平面的翘曲度,其最大值不得超过 0.2mm。安装时需防锈和涂油，但其接触面须保持清洁，否则会缩短离合器的使用寿命。

7. 离合器主动部分有哪些机件?

主动部分包括飞轮、离合器盖、压盘等机件。这部分机件与发动机曲轴连在一起，并始终与曲轴一起转动。离合器盖与飞轮用螺栓连接，压盘与离合器盖之间靠摩擦片传递转矩。传动片用弹簧钢片制成，沿压盘周边均匀分布，延切线方向安装，其两端分别被铆钉铆在离合器盖和压盘上。离合器分离时，传动片发生弯曲变形。

在一些周布弹簧离合器中，在压盘的圆周部分做出三个均布的凸台，这些凸台分别卡在离合器盖上相应的窗口中，靠窗口凸台传力。这样的传动机构一方面加工精度要求较高，另一方面，窗口和凸台相互磨损后会产生冲击与噪声。

在离合器从分离到接合的过程中，从动盘与飞轮和压盘之间要发生摩擦，产生大量热量，这些热量如不及时散出，就会使摩擦片因温度过高而损坏，所以在离合器盖上都设有窗口，有的还制有导风片，以加强其内部的通风散热。

8. 离合器从动部分有哪些机件?

从动部分即离合器从动盘，它将主动部分通过摩擦传来的动力传给变速器的输入轴。从动盘由从动盘本体、摩擦片和从动盘毂三个基本部分组成。为了避免转动方向的共振，缓和传动系受到的冲击载荷，大多数汽车都在离合器的从动盘上附装有扭转减振器。

为了使汽车能够平稳起步，离合器必须接合柔和，这需要从动盘在轴向具有一定的弹性。为此，往往在从动盘本体圆周部分沿周向翘曲成波浪形，两侧的两片摩擦片分别与其对应的凸起部分相铆接，这样从动盘被压缩时，压紧力随翘曲的扇形部分被压平而逐渐增大，达到了接合柔和的目的。也有在呈平面的从动盘本体的每个扇形部分，或者是在较小直径的从动盘本体的外缘上，另铆上若干个波浪形的扇形弹簧片，分别为整体式扇形弹性从动盘、整体式 T 型弹性从动盘、组合式弹性从动盘、分开式单波形片动盘和分开式双波形片从动盘。扭转减振器设在从动盘的中心部分。如图 2-10 所示的离合器从动盘本体、从动盘毂和减振器盘都开有六个长方孔，每个孔中装有一个减振器弹簧。从动盘本体和减振器盘上圆周方向的长方孔边处设有翻边，将减振器弹簧卡在长方孔中。减振器盘与从动盘本体是用铆钉铆接在一起的，并将从动盘毂及其两侧的阻尼片夹在中间。在从动盘毂上与铆钉隔套所对的位置开有缺口，缺口宽度比铆钉隔套外径要大一些，这就允许从动盘毂与从动盘本体之间相互转动一个角度。离合器接合时，发动机发出的转矩经飞轮和压盘传给了从动盘两侧的摩擦片，带动从动盘本体和减振器盘转动。从动盘本体和减振器盘又通过六个

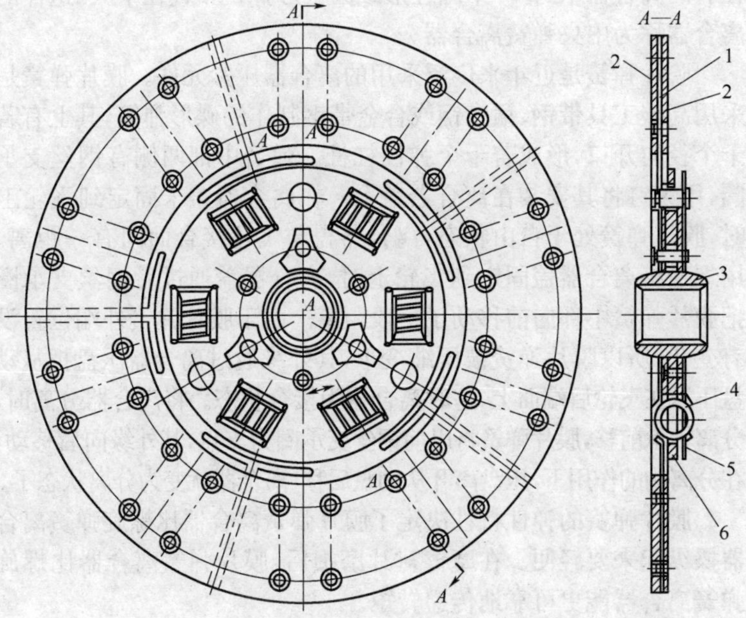

图 2-10　离合器从动盘

1. 离合器从动盘　2. 摩擦片　3. 从动盘毂
4. 减振器弹簧　5. 减振器盘　6. 减振器阻尼片

减振器弹簧把转矩传给了从动盘毂。因为有减振弹簧的作用,所以传动系受的冲击可以在此得到缓和。传动系中的扭转振动会使从动盘毂相对于从动盘本体和减振器盘来回转动,靠夹在它们之间的阻尼片来摩擦消耗掉扭转振动的能量,将扭转振动衰减下来。

9. 离合器压紧机构有哪些机件?

压紧机构主要为螺旋弹簧或膜片弹簧,与主动部分一起旋转。它以离合器盖为依托,将压盘压向飞轮,从而将处于飞轮和盘压间的从动盘压紧。

螺旋弹簧分为周向布置和中央布置两种。除了前面已经提到的周布弹簧离合器外,还有将螺旋弹簧沿圆周方向倾斜布置的。在有的离合器中,将一个圆柱形或圆锥形弹簧布置在中央,这样的离合器称为中央弹簧离合器。

膜片弹簧是近年来广泛采用的离合器压紧元件。膜片弹簧是采用高碳工具带钢、锰带钢或合金带钢制作的碟形弹簧,其上有若干个径向开口,形成若干个弹性杠杠。弹簧中部两侧有钢丝支承圈,用铆钉将其安装在离合器盖上。在离合器盖未固定到飞轮上时,膜片弹簧处于自由状态,离合器盖与飞轮接合面间有一距离。用螺栓将离合器盖固定到飞轮上时,离合器盖通过后钢丝支承圈把膜片弹簧中部向前移动了一段距离。由于膜片弹簧外端位置没有变化,所以膜片弹簧被压缩变形,其外缘通过离合器压盘把从动盘压靠在飞轮后端面上,这时离合器为接合状态。将离合器分离时,分离轴承前移,膜片弹簧将以前钢丝支承圈为支点,其外缘向后移动,在分离钩的作用下,压盘离开从动盘后移,离合器就变为分离状态了。

膜片弹簧的弹性特性决定了膜片弹簧离合器比螺旋弹簧离合器操纵起来要轻便。在摩擦衬片磨损后,膜片弹簧离合器比螺旋弹簧离合器能更可靠地传递转矩。

膜片弹簧既起压紧弹簧的作用,又起分离杠杠的作用,使离合器结构得以简化,轴向尺寸缩短,重量减小。膜片弹簧与压盘以整个圆周相接触,对压盘的压力分布均匀,使摩擦面接触良好,磨损均匀。在高速旋转时,膜片弹簧较少受离心力的影响,压紧力降低很小。

由于膜片弹簧有以上优点，随着材料和制造工艺的成熟，膜片弹簧离合器近些年来得到广泛的应用。如桑塔纳轿车、帕萨特轿车等都采用了这种型式的离合器。

与在分离时需向前推动膜片弹簧的结构不同，分离时需向后拉动膜片弹簧小端的离合器叫作拉式膜片弹簧离合器。

10. 怎样拆卸与安装桑塔纳离合器及操纵机构?

(1)离合器及操纵机构的拆卸。

①离合器踏板的拆卸。如图 2-11 所示，从分离杠杆 15 及离

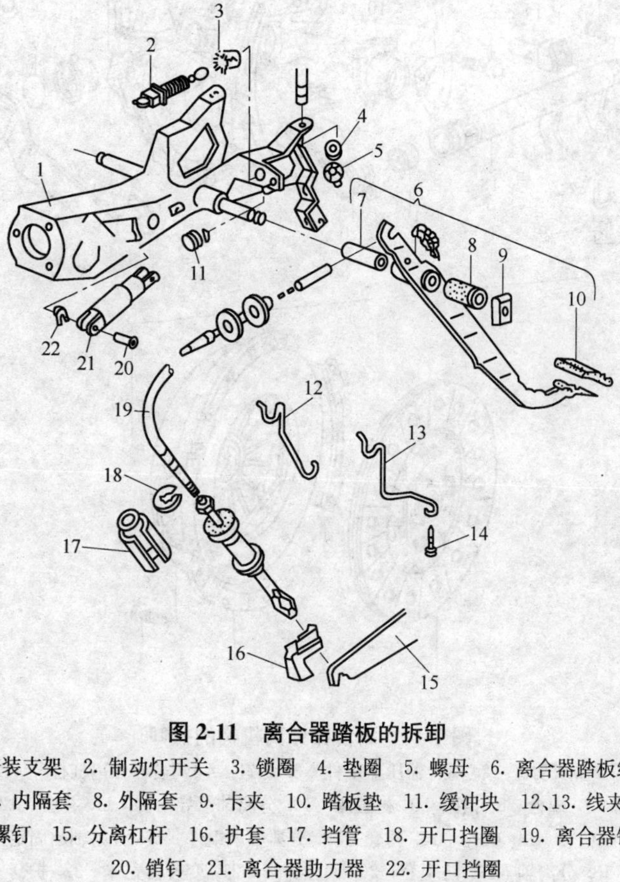

图 2-11　离合器踏板的拆卸

1. 安装支架　2. 制动灯开关　3. 锁圈　4. 垫圈　5. 螺母　6. 离合器踏板组件　7. 内隔套　8. 外隔套　9. 卡夹　10. 踏板垫　11. 缓冲块　12、13. 线夹　14. 螺钉　15. 分离杠杆　16. 护套　17. 挡管　18. 开口挡圈　19. 离合器钢索　20. 销钉　21. 离合器助力器　22. 开口挡圈

合器踏板组件 6 上取下离合器钢索 19。摘下卡夹 9 后取下离合器踏板组件 6 和内外隔套 7、8(若装有离合器助力器 21,应先拆下开口挡圈,取下销钉,从离合器踏板组件 6 上取下离合器助力器 21)。

②离合器分离机构的拆卸。如图 2-12 所示,从变速器壳上旋

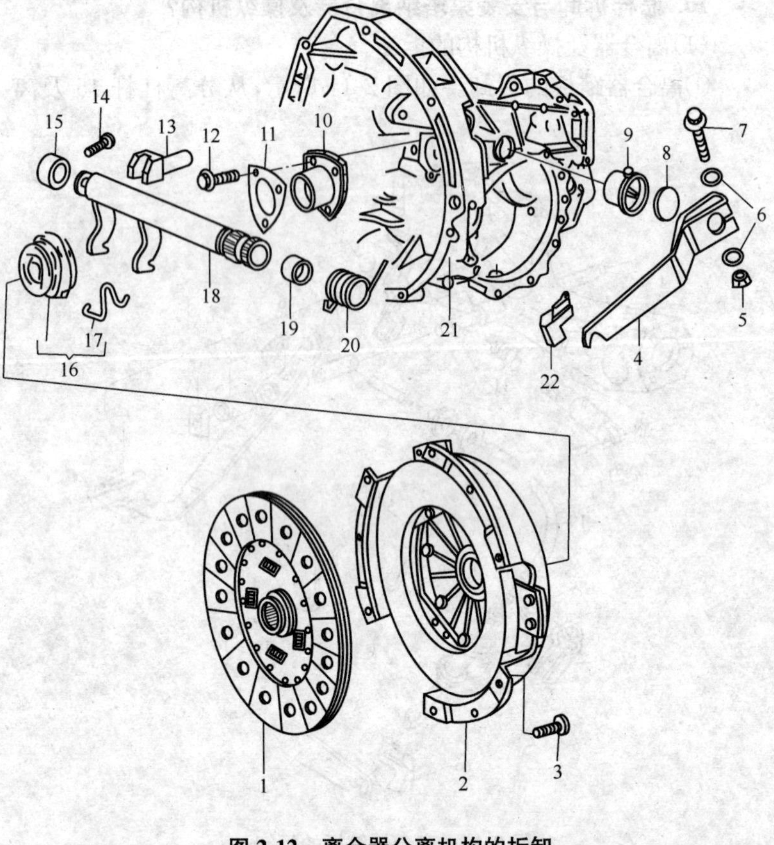

图 2-12 离合器分离机构的拆卸

1. 离合器从动盘 2. 离合器压盘组件 3. 螺钉 4. 离合器分离杠杆 5. 螺母 6. 垫圈 7. 螺栓 8. 挡圈 9. 衬套座 10. 分离轴承导向套 11. 衬套 12. 螺栓 13. 限位套 14. 螺栓 15. 衬套 16. 分离轴承组件 17. 分离轴承固定弹簧 18. 分离轴 19. 防尘套 20. 回位弹簧 21. 变速器壳体 22. 护套

下螺母 5，取出螺栓 7，拆下分离杠杆 4。取下分离轴承组件 16 及固定簧 17，旋下螺栓 12，取下导向套 10。从变速器壳 21 后面旋下螺栓 14（分离叉轴定位用），用尖钳子取出挡圈 8 和防尘套 19，再取出衬套座 9，向左移动分离叉轴 18，移动衬套 15，再向右移出分离叉轴 18。取下回位弹簧 20，取出限位套 13。

③分离叉轴衬套的取出。如图 2-8 所示，用内拉头 A（尺寸在 18.5～23.5mm）从变速器壳 1 前端旋紧分离叉轴衬套，再用工具 2 拉出分离叉轴衬套。

分离轴承的拆卸，如图 2-13 所示，把拉具 1 放在分离轴承座 2 上，将分离轴承 3 拉下。

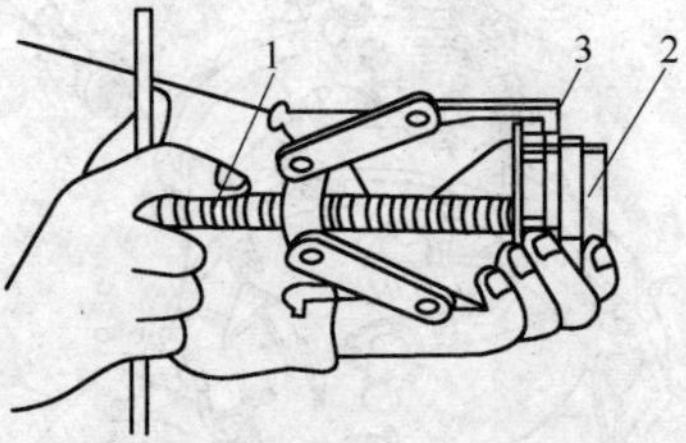

图 2-13　分离轴承的拆卸

1. 分离轴承拉具　2. 分离轴承座　3. 分离轴承

(2)离合器及操纵机构的安装。

①离合器内操纵机构的安装。如图 2-14 所示，先用工具 22 将分离轴承 23 压入分离轴承座 24 中。在分离轴承座 24 的箭头处涂上二硫化钼锂基润滑脂（制造厂要求使用白色 ET. NV·AOS12600005 号润滑脂）但不要涂得太多以免污染从动盘。再用工具 25 将分离叉轴衬套 2 压入变速器壳 17 上（另一衬套压在分离叉轴的衬套座 8 中）。然后，将分离叉轴 4 的左端装上回位弹簧 16。先穿入变速器壳 17 左边的孔中，再将分离叉轴 4 的右端装入右边的衬套孔中。然后再装入左边的分离叉轴衬套 7 和分离叉轴衬套座 8。将衬垫 19 及导向套 5 涂上密封胶，装到变速器壳 17 前面，旋紧螺栓 15，力矩 15N·m。在变速器壳 17 的后面旋紧螺栓 3，力矩 15N·m，将分离叉轴 4 锁住。检查分离叉轴 4 应能灵活转动，但不能左右移动。将分离轴承组件 1 装到导向套 5 上，然后装上支承弹簧 14，使分离轴承组件 1 与分离叉轴 4 上的分离叉 26 连在一起。再用支承夹板 18 固定住支承弹簧 14。

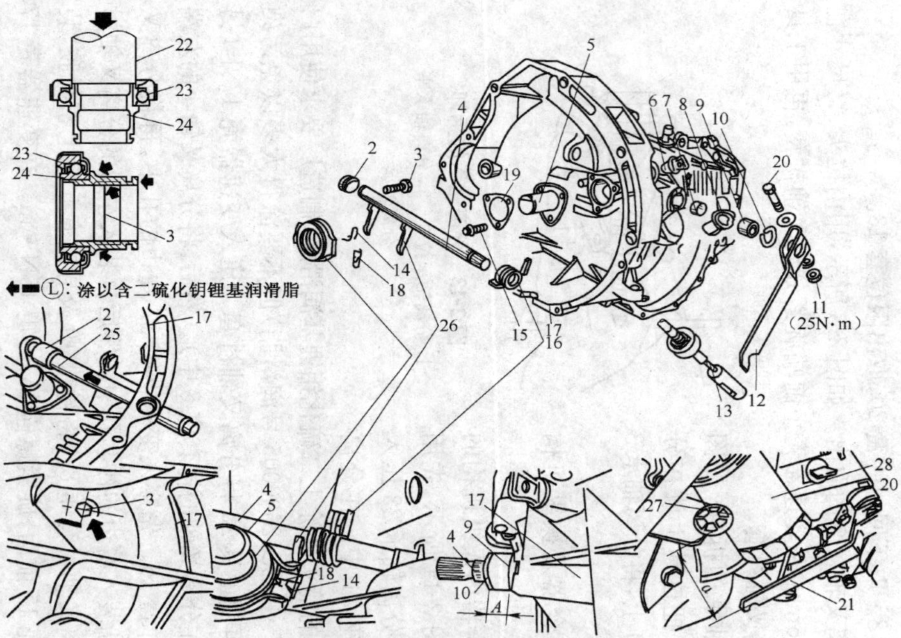

图 2-14　离合器内操纵机构的安装

1. 分离轴承组件　2. 分离叉轴衬套　3. 螺栓　4. 转换分离叉轴　5. 导向套　6. 上止点观察孔　7. 分离叉轴衬套　8. 分离叉轴衬套座　9. 橡胶防尘套　10. 挡圈　11. 螺母　12. 分离杠杆　13. 离合器钢索　14. 支承弹簧　15. 螺栓　16. 回位弹簧　17. 变速器壳　18. 支承夹板　19. 衬垫　20. 螺栓　21. 分离杠杆　22. 工具　23. 分离轴承　24. 分离轴承座　25. 分离叉工具　26. 分离叉　27. 离合器钢索固定螺母架　28. 机油滤清器

将回位弹簧16的一端卡在分离叉轴4的分离叉26上。在分离叉轴4的左端上再装橡胶防尘套9,保持尺寸A等于18mm,再装上挡圈10。装上分离杠杆12,使分离杠杆的位置在回位弹簧起作用的条件下距离合器钢索固定螺母架27,距离$a=200\pm5$mm。再旋紧螺栓20,力矩25N·m。

②离合器操纵机构的安装与调整。如图2-15所示,在离合器踏板7上压入新衬套。装上离合器踏板7,用卡夹固定。再在离合器踏板7和分离杠杆3上装上离合器钢索1。离合器钢索1的自由行程的调整:旋动钢索1上的调整螺母2,使离合器自由行程选择在15～25mm之间。再检查离合器踏板的总行程A应在150±5mm之内,否则应按图2-14的调整方法,改变分离杠杆3的位置。当总行程调整合格后,应重新检查离合器自由行程。

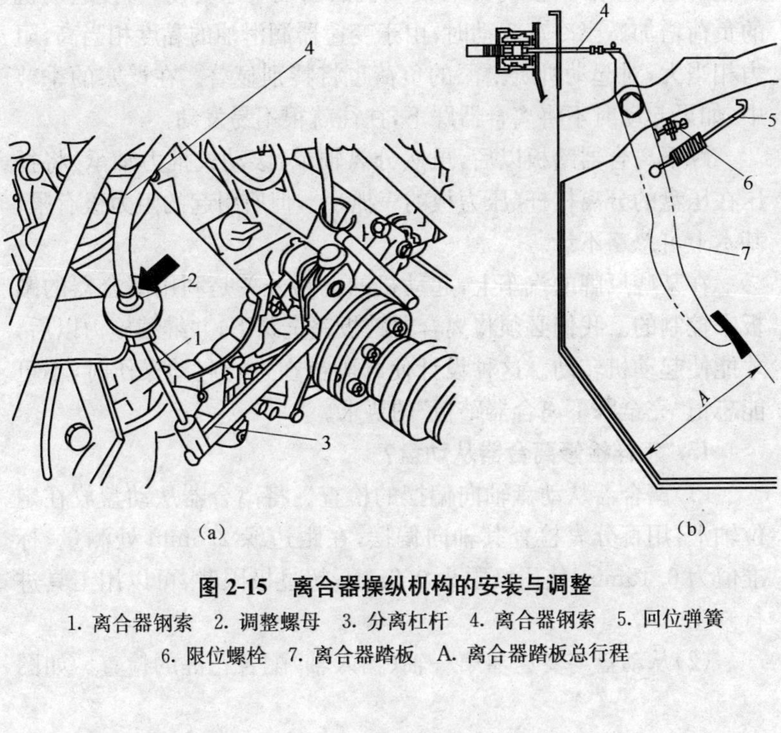

图2-15　离合器操纵机构的安装与调整

1. 离合器钢索　2. 调整螺母　3. 分离杠杆　4. 离合器钢索　5. 回位弹簧　6. 限位螺栓　7. 离合器踏板　A. 离合器踏板总行程

11. 为什么有的离合器压盘背面具有棱条?

离合器片的接合是逐渐进行的,接合开始时,摩擦片与压盘间存在着滑动。由滑动摩擦片产生大量的热,如果不让它散去,机件便会热坏,摩擦片可能烧毁,弹簧会退火而失去弹力,所以必须在构造上采取各种防止过热的措施。

有的压盘背面具有棱条,目的是为了散热。压盘后面的盖板,常具有大孔眼,离合器罩壳上也常开有通风孔,以利空气流通。有的使分离杆做得略带弯曲,旋转时加强散热。

在压盘背面的弹簧座中装置石棉隔热垫,为了防止热传到弹簧,形成退火,失去弹性。

12. 发动机起动时为什么要踩下离合器踏板?

如果在起动时不将离合器的踏板踩下,则变速器内的中间轴齿轮(俗称宝塔牙齿)将跟着发动机的曲轴一道转动,将使起动机的负荷增加。当冷车起动时,由于变速器润滑油的黏度相当高,阻力相当大,对起动机所增添的负荷也将特别显著。在严寒的季节中,如果起动时不将离合器踩下,往往就很不易发动。

踩下离合器踏板以后,虽然分离轴承(滚动式推力轴承)将抵压在压盘的分离杠杆(压力板的三抓)上,但所引起的阻力极有限,基本上可忽略不计。

在某些厂牌的汽车上,起动机的电路开关是利用离合器的踏板来控制的。我们必须将离合器踏板完全踩下,并继续施力以后,才能使起动机转动。这种设计使驾驶员在进行起动操作时,不可能忘记“完全踩下离合器踏板”的要求。

13. 怎样检修离合器从动盘?

(1)离合器从动盘轴向偏摆的检查。将离合器从动盘放在定位轴上,用百分表检查其轴向偏摆,在距边缘 2.5mm 处测量,标准值为 0.15mm,使用极限为 0.5mm,超过极限时,可以用工具进行修正。

(2)从动盘与变速器第一轴(输入轴)配合花健的检查。如图

2-16 所示，将离合器从动盘 1 装在变速器第一轴（输入轴）2 的花键轴上，检查从动盘 1 的花健孔与变速器第一轴 2 花健轴的配合，不得有明显的轴向摆动与圆周摆动，但在轴上能顺利移动。

（3）从动盘磨损的检查。如图 2-17 所示，检查从动盘 2 的磨损，用卡尺 1 测量从动盘铆钉头至端面的深度 h，不得小于 0.3mm，否则应更换从动盘。

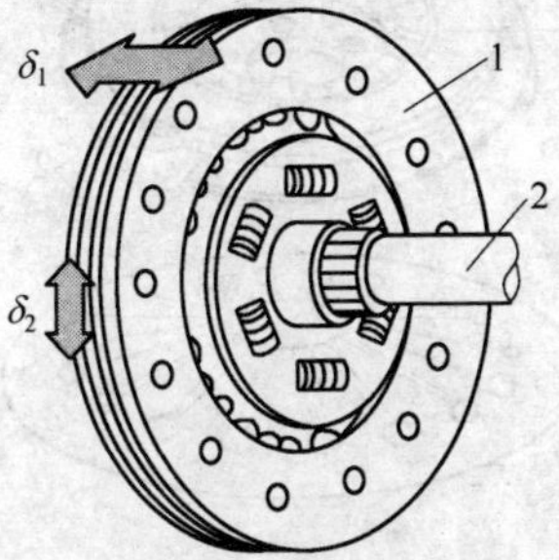

图 2-16　从动盘与变速器一轴花健配合的检查

1. 从动盘　2. 变速器第一轴

δ_1. 轴向摆动　δ_2. 圆周摆动

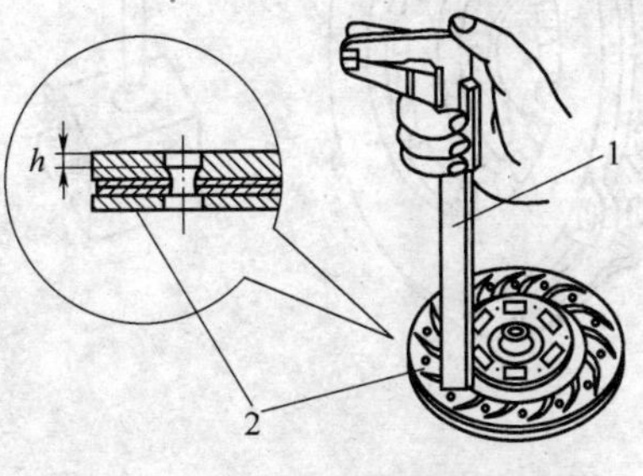

图 2-17 从动盘磨损的检查

1. 卡尺　2. 从动盘

h. 铆钉头至端面深度

14. 怎样检修离合器压盘?

（1）压盘端面跳动的检查。如图 2-18 所示，将压盘 1 固定在芯轴上，用百分表 2 检查其端面跳动，使用极限为 0.2mm。如压盘 1 铆接点损坏或开铆，应更换压盘。

（2）膜片弹簧高度的检查。如图 2-19 所示，膜片弹簧高度 4 若发生变化，表示膜片弹簧 2 弹力不足，必须更换。可用卡尺 1 检查膜片弹簧 2 的高度，其与标准高度相差不应大于 0.5mm。

（3）膜片弹簧小端磨损的检查。如图 2-20 所示，用卡尺 1 检查离合器压盘上膜片弹簧 2 的小端与分离轴承接触磨损的痕迹，深度不得大于 0.6mm。

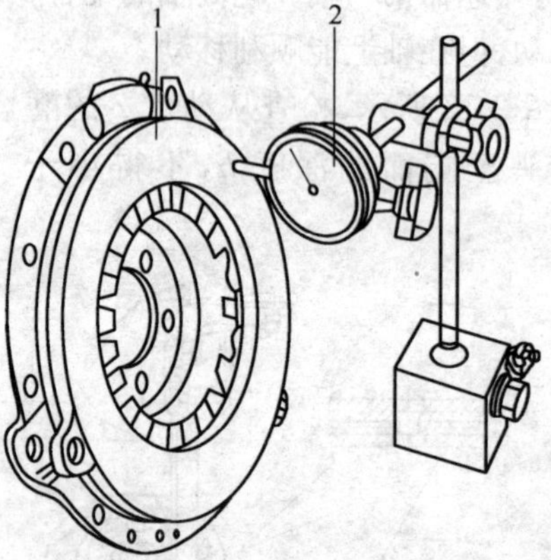

图 2-18　压盘端面跳动的检查

1. 压盘　2. 百分表

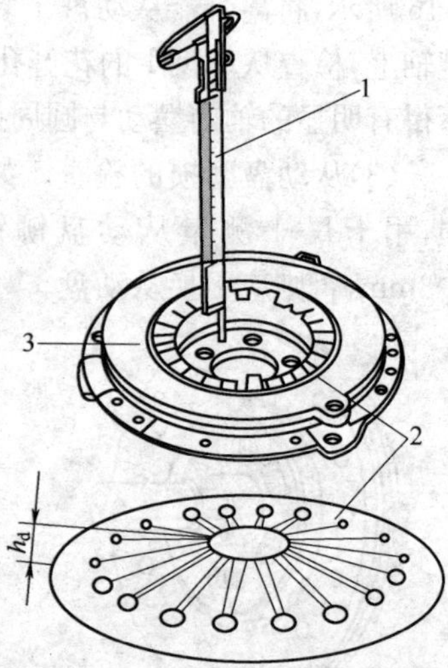

图 2-19　膜片弹簧高度的检查

1. 卡尺　2. 膜片弹簧　3. 压盘

15. 怎样检修飞轮?

飞轮与离合器摩擦片的接触表面不允许有擦伤、机油及润滑脂。若齿圈损坏，需用黄铜棒抵住齿圈的侧面,用锤敲下。更换的新齿圈需用喷燃器均匀加热到200℃后,装在飞轮上,并保证齿圈冷却后,应牢固地与飞轮接合在一起。

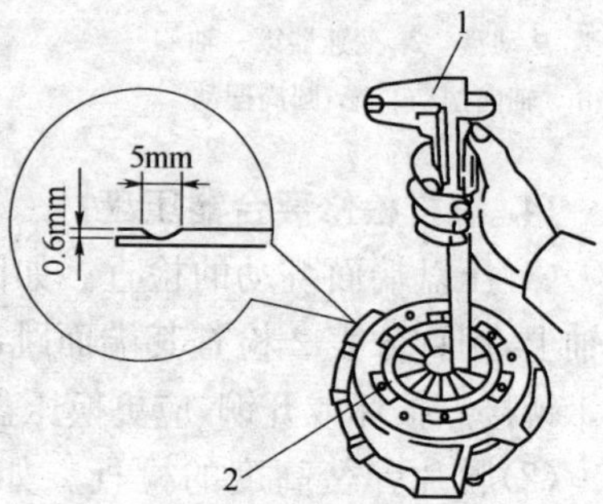

图 2-20　离合器膜片弹簧小端磨损的检查

1. 卡尺　2. 膜片弹簧

16. 怎样检修离合操纵机构?

(1)离合器分离轴承的检查。用手转动分离轴承,应灵活自如,没有过大的噪声和阻力。分离轴承为封闭式,不能拆卸清洗或充加润滑剂，若损坏时必须更换。

(2)检查离合器踏板衬套的磨损。若衬套与踏板轴间隙过大，应从踏板上冲出衬套，并更换之。

(3)离合器分离叉轴衬套的磨损检查。若与离合器分离叉轴的间隙过大时，应更换衬套。

(4)离合器拉索的检查。检查离合器拉索的内线，若有断股、开焊应更换。用拉索注油器套住拉索内线，用油壶向拉索注油器加油后，再旋动注油器螺栓，将机油压入拉索内，并保证内线应在外皮内滑动自如。

17. 桑塔纳 2000GSi 型轿车离合器有什么优点?

桑塔纳 2000GSi 型轿车离合器与桑塔纳 2000GLi 型轿车离合器结构基本相同，只是操纵系统不是采用拉索式，而是采用液压操纵系统。采用液压操纵系统具有摩擦阻力小、布置方便、接合柔和，在长期工作中不会引起离合器踏板力明显增加，减轻驾驶员的劳动强度等优点。

桑塔纳 2000GSi 型轿车离合器液压操纵系统由离合器踏板、储液罐、进油软管、离合器主缸、离合器工作缸、油管总成、分离叉、分离轴承等组成，如图 2-21 所示。

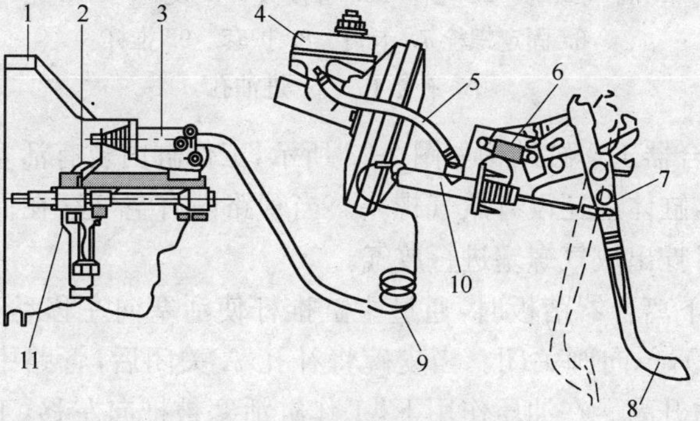

图 2-21　离合器液压操纵系统

1. 变速器壳体　2. 分离叉　3. 工作缸　4. 储液罐　5. 进油软管　6. 助力弹簧　7. 推杆接头　8. 离合器踏板　9. 油管总成　10. 主缸　11. 分离轴承

储液罐有两个出油孔,分别把制动液供给制动主缸和离合器主缸。

离合器主缸的结构如图 2-22 所示,主缸体借补偿孔 A、进油孔 B 通过进油软管与储液罐相通。主缸内装有活塞,活塞中部较细,且为“十”字形断面,使活塞右方的主缸内腔形成油室。活塞两端有皮碗。活塞左端中部装有单向阀,经小孔与活塞右方主缸内腔的油室相通。当离合器踏板处于初始位置时,活塞左端皮碗位于补偿孔 A 与进油孔 B 之间,两孔均开放。

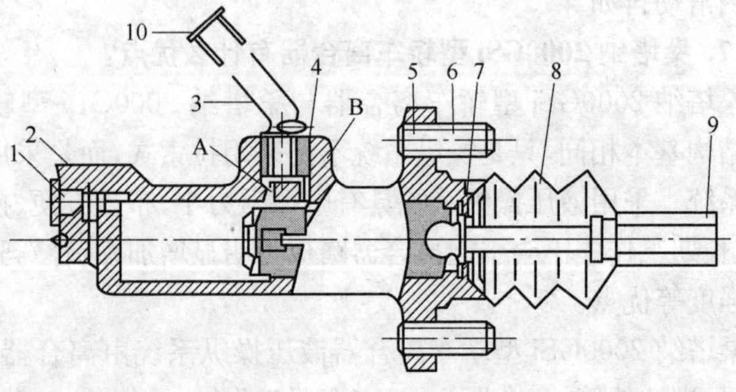

图 2-22　离合器主缸结构

1. 排气螺塞　2. 壳体　3. 管接头　4. 皮碗　5. 阀芯
6. 固定螺栓 7. 卡簧　8. 护套　9. 推杆
A. 补偿孔　B. 进油孔

离合器工作缸结构如图 2-23 所示,工作缸内装有活塞、皮碗、推杆等,缸体上还设有放气螺塞。当管路内有空气存在而影响操纵时,可拧出放气螺塞进行放气。

踩下离合器踏板时,通过主缸推杆使活塞向左移动(如图 2-23 所示),单向阀关闭。当皮碗将补孔 A 关闭后,管路中油液受压,压力升高。在油压作用下,工作缸活塞被推向左移,工作缸推杆顶头直接推动分离板,从而带动分离轴承,使离合器分离。

工作缸活塞直径为 22.2mm,主缸活塞直径为 19.05mm,由

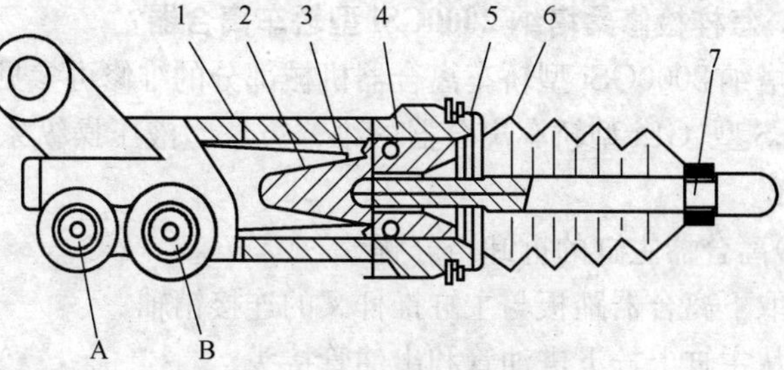

图 2-23　离合器工作缸结构

1. 壳体　2. 活塞　3. 管接头　4. 皮碗　5. 挡圈
6. 保护套　7. 推杆　A. 放气孔　B. 进油孔

于工作缸活塞直径略大于主缸活塞直径，故液压系统稍有增力作用，以补偿液流通道的压力损失。

当迅速放松离合器踏板时，踏板回位弹簧通过主缸推杆使主缸活塞较快右移，而由于油液在管路中流动有一定阻力，流动较慢，使活塞左面可能形成一定的真空度。在左右压力差的作用下，少量油液通过进油孔经过主缸活塞的单向阀流到活塞左面以弥补真空。当由主缸压到工作缸去的油液经单向阀流入时，左腔总油量过多。这些多余的油即从补偿孔 A 流回储液罐。当液压系统中因漏油或因温度变化引起油液的容积变化时，则借补偿孔 A 适时地使整个油路中油量得到适当的增减，以保证正常油压和液压系统工作的可靠性。

主缸左皮碗从初始位置通过补偿孔这段距离，即为离合器液压操纵系统中的离合器踏板自由行程。

桑塔纳 2000GSi 型车离合器主要性能指标如表 2-1 所示。

表 2-1　桑塔纳 2000GSi 型轿车离合器主要性能指标

项　目	参数
离合器踏板行程	131.8～139.1mm
离合器踏板最大踏板力	122.2N(不计回位弹簧的作用)
系统压力	0.222MPa

18. 怎样检修桑塔纳2000GSi型轿车离合器?

桑塔纳2000GSi型轿车离合器机械部分的维修可参见桑塔纳2000GLS型、GLi型轿车离合器的维修方法。液压操纵系统的检修如下:

(1)离合器主缸的拆卸与分解。

①取下离合器踏板与主缸推杆叉的连接销轴。

②从主缸上拧下进油管和出油管接头。

③拧下主缸固定螺栓,拉出主缸。

在解体离合器主缸前,应排净主缸中的制动液。主缸分解过程是:取下防尘罩,用旋具或卡环钳拆下卡环,拉出主缸推杆、压盖和活塞。

(2)离合器工作缸的拆卸与分解。拧下工作缸进油管接头,再拆下工作缸固定螺栓,即可拉出工作缸。

工作缸的分解过程是:拉出工作缸推杆,拆下防尘罩,然后用压缩空气将工作缸活塞从缸筒内压出来。

(3)主缸、工作缸的检修。主缸和工作缸是离合器液压操纵系统的主要部件,其工作性能的好坏直接影响离合器的工作性能。当出现缸筒内壁磨损超过0.125mm,活塞与缸筒的间隙超过0.20mm,皮圈老化及回位弹簧失效等情况时,应更换相应零件。

(4)离合器主缸、工作缸的装配。主缸和工作缸的装配,按拆卸与分解相反顺序进行,但装配时应注意以下事项:

①零件在装配前要用非腐蚀性液体清洗干净,并在活塞、皮碗、皮圈、缸套等零件上涂一层制动液。装合后推杆在缸筒内运动应灵活。在放松(不工作)位置时,主缸皮碗和活塞头部应位于进油孔和补偿孔之间,两孔都开放。工作缸上带有塑料支承环,安装时外表面要涂上一层薄薄的润滑油,工作缸推杆末端也要涂上润滑脂润滑。

②安装离合器工作缸时,需要用一个适应的杠杆克服弹簧的弹力,将其压向变速器壳相应的孔中后,方能将固定螺栓旋入。

(5)离合器液压系统中空气的排出。离合器液压操纵系统在经过检修之后，管路内可能进入空气，在添加制动液时也可能使液压系统中进入空气。空气进入后，由于缩短了主缸推杆行程即踏板工作行程，从而使离合器分离不彻底。因此，液压系统检修后或怀疑液压系统进入空气时，就要排除液压系统中的空气。排除方法如下：

①用千斤顶顶起汽车，然后用支架将汽车支住。将主缸储液罐中的制动液加至规定高度。

②在工作缸的放气阀上安装一软管，接到一个盛有制动液的容器内。

③排空气需要两个人配合工作，一人慢慢地踏离合器踏板数次，感到有阻力时踏住不动，另一人拧松放气阀直至制动液开始流出，然后再拧紧放气阀。

④连续按上述方法操作几次，直到流出的制动液中不见气泡为止。

⑤空气排除干净之后，需要再次检查及调整踏板自由行程。

19. 分离轴承的作用是什么?

分离轴承广泛采用轴向或径向推力轴承。其中多为润滑脂在轴承装配前一次加足的封闭式，即预润滑轴承，也有使用中可加注润滑脂的开式轴承。

在小尺寸的离合器中也采用结构简单的石墨滑动轴承，为降低滑动接触面的单位压力，减少磨损，在分离杠杆内端用卡簧浮动地安装一个与之一起转动的分离环，利用其环表平面与石墨分离轴承接触传力。

分离杠杆与分离轴承间有周向滑动，也有径向滑动。当二者在旋转中不同心时，径向滑动加剧。为了消除因不同心引起的磨损，近年来在膜片弹簧离合器中广泛采用自动调心式分离轴承。轴承内圈转动，外圈与外罩之间，以及内圈与分离套筒之间都留有径向间隙。在外圈与外罩间有波纹形弹簧片，使轴承在不工作时不能发生旷动。工作时,内圈便会自动地径向浮动到与膜片弹簧分离(即其“分离杠杆”的内端)旋转轴线同心的位置,消除了径向滑动。

20. 怎样保养离合器?

离合器在保养时应注意以下几点:

(1)检查调整离合器踏板的自由行程。为了使离合器结合牢固,离合器分离轴承与分离杠杆内端面之间,应保持一定间隙,一般为3～4mm。此间隙反映在踏板上就是离合器踏板的自由行程。离合器在使用中由于摩擦片的磨损,压盘前移,杠杆内端向后,使自由行程减少。自由行程过小时,离合器容易出现打滑故障,因此,在使用保养中,必须予以检查调整,以保证离合器结合可靠。

(2)检查操纵机构及其助力装置的技术状况。为减轻离合器的操纵,随着使用时间的增长,其技术状况可能变坏,再加上操纵机构部分各运动机件间容易进入尘土,使摩擦阻力增大,因此,必须定期予以检查保养,以保证离合器操纵轻便。

(3)加注润滑脂。离合器各部油嘴、轴承及各活动关节必须按规定周期予以润滑,保证机件转动灵活,使离合器操纵轻便,避免机件磨损松旷后离合器分离不彻底,防止分离轴承因缺油烧蚀卡死后损坏其他机件。

(4)检查并清洗离合器油污。离合器分离轴承如加注润滑脂过多或加注的不是钙基润滑脂,这时它们受高温影响熔化后可能溅到摩擦面上;此外,如发动机曲轴的后油封损坏,从曲轴箱渗漏到离合器室的机油也可能溅到离合器的摩擦面上。当离合器的摩擦面上有油时,离合器便会打滑。因此,在使用保养中,离合器打滑怀疑是摩擦面上有油时,应拆开飞轮壳上的盖,检查离合器是否沾油,如沾油,应予清洗,并查明油的来源予以排除。

21. 离合器使用时要注意什么?

离合器的正确使用保养主要在于减轻主从动盘的磨损,避免离合器各机件的损坏。为了保证正确操作离合器，应注意如下事项：

(1)根据地面阻力选用适当的档位和发动机转速起步。

(2)操纵离合器时要求快、稳、彻底，以减少主从动盘之间的滑磨时间，避免压紧弹簧长时间承受比结合时还要大的压力。

(3)非必要时不得使用半联动即离合器处于半分离、半结合的状态。

(4)下坡时严禁摘档及挂档踏下离合器踏板滑行。

22. 离合器打滑有哪些现象?

离合器打滑可通过汽车的如下表现判断：

(1)汽车起步或上坡时，感到动力不足。严重时会从离合器内散发出烧焦的气味。

(2)将汽车停放在平坦场地，拉紧驻车制动器的操纵手柄，如有条件，在车轮前部用三角木将车轮挡住。起动发动机，将变速器挂入低速档或二档。稍微“轰”一下油门，抬起离合器踏板，使离合器结合。此时，若发动机熄火，说明离合器没有打滑故障。如果约3秒钟后发动机熄火，则证明这种症状是离合器开始打滑的前兆。若发动机不熄火运转，即可断言离合器打滑。

(3)汽车加速时，车速不随发动机转速的提高而正比增大，行驶无力。

(4)燃油消耗量增加。

23. 怎样排除离合器打滑?

离合器打滑的原因和排除方法有：

(1)离合器踏板自由行程过小或没有自由行程，造成分离轴承经常压在分离杠杆上，使离合器处于半离合状态造成打滑。这时需调整踏板自由行程至标准值。

(2)离合器摩擦片磨损严重，铆钉外露或烧蚀。这时要更换新摩擦片或拆除旧片，进行重铆。

(3)摩擦片表面沾有油污，使工作表面摩擦系数下降而打滑。

这时可用汽油或碱水清洗干净,并用压缩空气吹干或烘干。

(4)离合器弹簧受热变软,压紧力下降,此时应予更换。

(5)总泵回油孔堵死。这时应清洗总泵,疏通回油孔。

(6)另外,还应检查压盘和飞轮的烧蚀、变形和裂纹状况。

24. 怎样排除离合器分离不开?

离合器分离不彻底即离合器分离时处于半分离半接合状态,踏下离合器踏板时,换档困难,并产生使人不舒服的齿轮撞击声。其原因和故障排除方法是:

(1)离合器踏板的自由行程过大,应按规定的踏板自由行程标准数值,调整总泵活塞与推杆间隙及分离叉推杆的自由行程。

(2)离合器分离杠杆高度不一致,应调整分离杠杆,使之处于同一平面内,并与压盘内平面平行。

(3)检查离合器压盘和飞轮摩擦表面的不平度,如其值超过0.12mm时,应磨削修复和更换,使其不平度低于0.08mm。

(4)液压传动机构中有空气或各接头渗漏,应排除液压传动机构中的空气,拧紧各接头。

(5)总泵密封不良,漏进空气,此时应更换总泵皮碗。

(6)液压操纵机构的离合器,其储油箱缺油,应加注油液。

25. 怠速时为什么离合器发响?

因为离合器中间主动盘与飞轮之间的三个小弹簧弹力太弱,当离合器分离时,中间主动盘发生晃动,撞击传动销而发响。增加小弹簧弹丝直径(由1.4mm改为1.8mm),加大弹力,就基本上可消除响声。

26. 离合器异响有哪些原因?

由于膜片弹簧离合器的零件故障,在使用过程中离合器踏板踩下、放松时都会发出异响。零件故障包括:摩擦片铆钉松动、钢片碎裂、减振弹簧折断、键槽磨损过大、轴承干摩擦、回位弹簧脱落等等。

在判断离合器异响时,要根据不同的现象加以区别:

(1)汽车起步时,刚放松离合器踏板就有响声。此时,应随后再踩下踏板:

①若开始听到尖锐啸声,尔后响声消失,这是从动盘钢片破裂或铆钉外露所引起。应针对其原因,进行修复或更换。

②若开始听到"嘎嗒"一响,尔后又听到同样声响,则多是分离杠杆磨损松旷所引起。从动盘摩擦片松动或花键孔磨损过大,也可引起同类异响。此时应熄火察看,针对其原因予以排除。

③若起步时有冲撞声,这是主、从动盘结合不良所引起。当摩擦片沾有油污或从动盘变形,都会引起结合不良,应清洗除去油污或予以校正。

(2)怠速运转时,踩下离合器踏板时发出异响,则多是分离操纵机构轴因缺油而产生故障。可加润滑油后察看有无改善,如有改善,则可判明是分离轴承损坏所致。

(3)怠速运转时,离合器踏板完全放松时出现间歇的撞击声,则多是分离轴承弹簧回位不良,或分离轴承与分离杠杆间隙不合规定所致。

离合器是将发动机的动力传递给底盘的重要环节,它的异响包含了多种故障,切不可忽视。

离合器常见故障的速查方法,如图 2-24 所示。

27. 离合器为什么发抖?怎样排除?

汽车起步时,离合器不能平稳地接合,使车身发生轻微的抖动现象,称为离合器发抖。产生这一故障的原因如下:

(1)当离合器的减振弹簧弹力减弱或者折断,离合器弹簧弹力减弱,膜片弹簧离合器的膜片弹簧产生裂纹时,都会在汽车起步时引起发抖。此时应检查减振弹簧、离合器弹簧。必要时,应换零件。

(2)在离合器分离杠杆高度的调整不一致时,会导致离合器不能平稳地接合,汽车起步时发抖。

(3)离合器压盘和飞轮的工作表面翘曲不平。当不平度超过

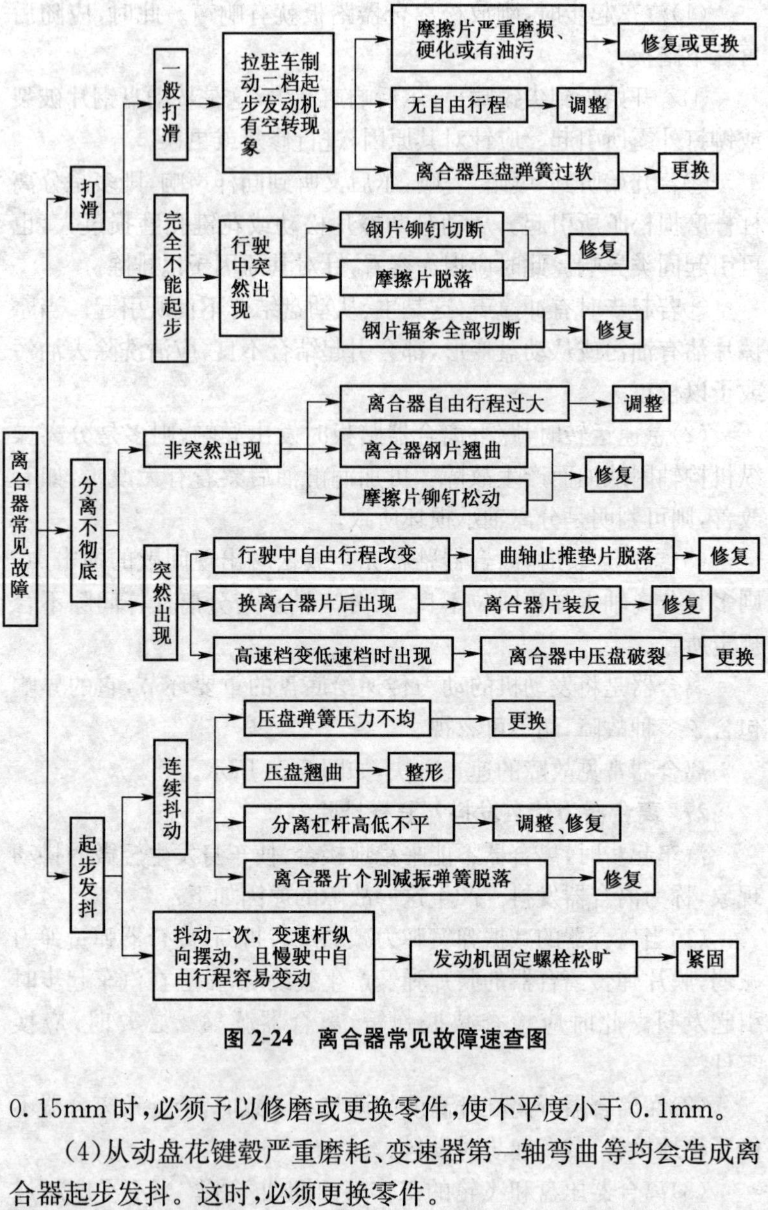

图 2-24　离合器常见故障速查图

0.15mm 时,必须予以修磨或更换零件,使不平度小于 0.1mm。

(4)从动盘花键毂严重磨耗、变速器第一轴弯曲等均会造成离合器起步发抖。这时,必须更换零件。

(5)离合器和踏板之间的连接杆松动及发动机总成在大梁悬置点上的橡胶垫老化、安装松动，均会引起离合器对于分离拉杆的相对位移，并造成汽车起步时发抖。这时，应按各车的使用、维修和保养的有关规定，调整好连接件之间的间隙，更换零件或重新安装发动机总成。

28. 离合器踏板的自由行程是多少？

踏下离合器踏板，直到开始感到有阻力为止的距离为踏板自由行程。离合器踏板的自由行程各车型都有一个标准数值。自由行程过小时，造成分离轴承和分离杠杆端部磨耗，并使离合器打滑；自由行程过大时，则易发生分离不彻底等故障。离合器踏板的自由行程为 15～20mm。

29. 离合器摩擦片应具备哪些条件？

离合器摩擦片一般是由石棉、粘结剂和辅助材料混合热压而成。它应具有一定硬度，耐冲击，吸水与吸油率低，摩擦系数大，耐磨耗和耐热的性能。

除对离合器摩擦片的传动要求，近年来，由于对汽车污染要求严格，因此对石棉粉尘也加以限制。石棉粉尘被吸入肺部后，会引起病变，这一点已被医学证实。因此，要求新型离合器摩擦片内不应有石棉成分。

30. 离合器为什么不回位？

(1)故障危害性：

①会加速磨坏离合器分离轴承和分离杠杆。

②将导致离合器摩擦片磨损、烧蚀、破裂以致打滑。

③容易使离合器总成过热，致主压盘弹簧退火失效，隔热片烧蚀、破裂、脱落，从而造成换档困难或同时又打滑的故障。

④加剧飞轮工作表面的磨损。

(2)检查方法：

①首先检查离合器踏板回位弹簧是否折断或过软，必要时应予更换。

②检查离合器踏板脚导孔与踏板轴之间是否因缺油锈蚀而发紧,必要时应拆修,使二者转动灵活。

③检查修理,使分离叉轴在飞轮壳轴承孔中转动灵活自如。

④与分离叉轴端相连接的离合器拉臂如变形或离合器拉杆弯扭,应拆下校正。

⑤与离合器踏板脚拉杆上的锥形调节螺母相配合的拉臂圆锥面为严重磨损,将使踏板回位时“别劲”,应拆下修理或更换。

31. 怎样清洁、润滑离合器部件?

要定期调整离合器的操纵机构;清除泥土,及时地扭紧所有连接螺栓;按照规定润滑离合器踏板轴。保养离合器时,要注意含油轴承不能浸泡于煤油或汽油中,可用抹布擦去油污予以清洁;若发现轴承失效,应及时更换。各种离合器对分离轴承的润滑方法均不相同;在离合器一侧有滑脂加注杯的,润滑时,可将杯盖旋入2~3圈,使滑脂经油管挤入轴承座内,当杯内无脂时,应旋下油杯盖,向盖内加入2/3的2号钙基滑脂;无加注杯只有加油孔的,通常是加机油于轴承座毛毡进行润滑,在规定保养期中每次加注5~8g机油予以润滑。

32. 组装离合器时应注意什么?

组装就是把组装成一体的离合器盖和压盘组合件,以及从动盘、中间压盘、离合器轴等安装在发动机上。安装时,除按拆卸时的相反顺序进行装配外,还应注意如下几点:

(1)将从动盘套装在离合器轴的花键上,检查前后移动是否灵活自如,否则会使离合器分离不彻底。

(2)从动盘的安装方向必须正确,即单盘式离合器要求从动盘盘毂短毂的一端或有挡油盘的一边朝前。如果装错,不仅离合器难以装复,更严重的是离合器不能正常工作和造成机件损坏。

(3)为使离合器轴与从动盘、飞轮三者同心,双盘式离合器前、后从动盘花键孔齿位应相对,以便安装离合器轴和飞轮壳。在未将离合器盖组合件装上飞轮之前,应用从动盘定心轴(专用工具)

插入从动盘花键孔及飞轮中心的轴承孔中，将从动盘定位，待把离合器盖组合件装上飞轮后再取下，否则，离合器轴因从动盘被压紧不能移动对正飞轮中心的轴承孔而装不上。

（4）为保证离合器在从动盘厚度超过规定时仍能彻底分离，可在离合器盖与飞轮中装适当厚度的垫圈，同时在每只紧固螺栓上，在它们之间加装相同厚度的垫圈，以免拧紧固定螺栓时使离合器盖变形。

（5）为了不破坏离合器的动平衡，在安装时应使离合器盖与飞轮以及中间压盘与飞轮之间的装配记号对正。

（6）为保证离合器轴或变速器第一轴前轴承（飞轮中心孔内轴承）和分离轴承润滑良好，防止润滑脂溅至离合器摩擦面降低摩擦力，应使用钠基润滑脂，并不要注入过多，一般为空腔的 1/2～2/3 即可。

33. 膜片弹簧的弹簧特性及其特点有哪些?

（1）膜片弹簧离合器在从动盘磨损后能保持压紧力几乎不变，或者说具有自动保持压紧力的能力。从结构上看它不像螺旋弹簧那样，会在高转速下因离心力而产生变形弯曲，以致压紧力下降。膜片弹簧的压紧力几乎与转速无关，即具有高转速时压紧力稳定的特点。

（2）膜片弹簧离合器具有结构简单，轴向尺寸小，良好的弹簧性能，能自动保持压紧力，操纵轻便，高速压力稳定以及压盘受力均匀等特点，所以这种离合器被越来越多的轿车和轻、中型货车所采用，甚至在某些重型汽车上也得到了应用。

34. 膜片弹簧离合器压盘的驱动和定位装置是怎样的?

（1）压盘在离合器中必须有效地周向定位，否则离合器在分离状态时，压盘处于浮动状态，结合时，从动盘只能单面（和飞轮结合的面）传递摩擦转矩，这样既满足不了传动的要求，又不能使压盘周向定位。

（2）压盘的定位和驱动方式有四种，即凸块—窗孔式、销钉式、键块式和钢带式。凸块—窗孔式的结构会因使用中压盘上铸出的凸轮与离合器盖的窗孔相互磨损,使汽车在怠速分离时,凸块和窗孔发生碰撞造成明显的噪声。因此现在膜片弹簧离合器大多采用钢带式的驱动和定位结构。桑塔纳轿车也是如此。

(3)三组钢片均匀地分布在离合器中,每组钢片其一端与压盘后端面的边缘固定,另一端与离合器盖固定,飞轮旋转时,转矩通过离合器盖、钢片传给压盘。离合器分离时,钢片弯曲。当拖动发动机旋转时,钢片受压。钢带式压盘定位和驱动结构无摩擦和磨损,无传动间隙,效率高,无噪声。

35. 膜片弹簧的检修和调整内容是什么?

膜片弹簧使用过久会出现弯曲,在拆装离合器时应对膜片弹簧进行检查与调整。在正常情况下,要求弹簧片小端均在同一平面内,弯曲变形不得超过 0.5mm;如过大,则需调整弹簧。调整时,用专用工具把弹簧弯曲到正确的对准位置。调整后再测量 1 次,直至符合要求为止。

36. 离合器的使用与维护有哪些内容?

(1)离合器的使用寿命主要由设计决定,但也与行驶条件和驾驶方式有很大关系。在市区行驶,离合器使用频繁,其寿命比经常行驶在高速条件下的车辆要低得多。经常维护和正常使用离合器,可以大大延长离合器的使用寿命。

(2)在使用中为减少离合器的冲击,要求其结合要平稳,分离要彻底,保证汽车平稳起步,传动系换档时工作平顺。同时要求它动力传导要可靠,必要时又能打滑,防止传动系过载。

(3)桑塔纳轿车要求新车在行驶 7500km 以上或使用 6 个月内,要对离合器的操纵机构的自由行程和离合器的功能进行检查。踏板的自由行程为 15～20mm。

(4)离合器功能的简单检查方法是:起动发动机,完全拉起驻车制动,挂进一档后,如果这时想使车辆行驶,那么,发动机的转速必然下降或熄火。如果情况不是这样,或是发动机的转速下降很少，那么说明离合器摩擦片已经打滑，应检查离合器自由行程，检查摩擦片是否过硬或烧毁。如果钢片翘曲，也应予以更换。

37. 怎样调整与检修离合器拉索？

(1)离合器踏板的自由行程允许为15～20mm，总行程为150mm±5mm。离合器拉索的调整，也就是踏板自由行程的调整，可通过调整拉索靠近离合器一端的螺母来进行。踏板的自由行程调整不当，会增加踏板力及损坏离合器分离轴承，应经常进行检查并调整到正确位置。

(2)另外，还需注意分离轴转动臂的安装位置。对于YP发动机，其安装尺寸$a=200mm\pm5mm$；对于JV发动机，则分离轴转动臂必须与分离装置罩壳的接触面在同一直线上。

(3)检修时，应检查离合器拉索是否松动、损坏，如果松动、损坏，必须修复。分离轴承应灵活无阻滞，如发现卡滞或过度松旷，应更换分离轴承衬套。检查弹簧是否失效，如已失效应及时更换。检查离合器拉线各个部位是否有磨损或变形损坏，如有磨损或损坏，应更换。

38. 怎样检查和安装分离轴承？

(1)首先应检查分离轴承的转动是否平顺，可用手转动分离轴承，同时加轴向压力，检查是否有卡滞现象或异常感觉。其次要检查分离轴承套筒、分离轴承卡簧接触表面和分离轴承套筒滑动表面是否有损坏及磨损。

(2)在分离轴承装复后，必须正确安装回位弹簧，回位弹簧一端支承在罩壳上，另一端与拨叉相连。安装橡胶防尘套时，先将压簧推入分离轴承，再将挡圈预压至$A=18mm$锁死。分离轴承锁紧力矩为15N·m。

(3)桑塔纳轿车离合器轴承内衬和导向轴套的材料有钢板和尼龙两种。根据这一对摩擦副的材料性质不同，其润滑情况也有所不同。如果分离轴承内衬是钢板、导向轴套也是钢板的，则需要润滑；否则将使磨损增大。如果是钢板与尼龙材料配合的，则不需要润滑;否则将粘灰尘,使离合器踏板沉重,甚至造成分离轴承内衬与导向轴套“咬”,此时必须换用新件。因此必须根据材质来决定是否加注润滑脂,如果该加的不加,不该加的加了,都会引起离合器踏板越来越重。此外,离合器踏板的传动机构润滑不良,也会影响到踏板的轻重。

39. 安装离合器应注意什么?

在安装离合器之前,首先应检查飞轮定心销是否固定牢固,离合器的摩擦表面是否光滑平整,有无油垢,然后对正离合器盖和飞轮上所作的记号,再均匀地以规定的力矩分三次对角拧紧各螺栓,拧紧力矩为 23N·m。

40. 怎样诊断排除从动盘摩擦片的磨损?

(1)原因:

①正常磨损。

②驾驶员频繁操作离合器,由于过热造成过快的磨损。

③膜片弹簧弹力不足。

④离合器踏板自由行程过小,或无自由行程。

(2)排除方法:上述①~③更换从动盘,如果弹簧压力不足或压盘表面受损,则更换压盘总成,同时应改变驾驶方式;④调整离合器踏板的自由行程。

41. 怎样诊断排除离合器分离不彻底故障?

(1)原因:

①离合器盖总成松动。

②装错从动盘。

③从动盘在装配中变形弯曲。

④在变速器安装中,压盘总成及膜片弹簧变形弯曲。

⑤从动盘装反。

⑥分离轴承发生粘结现象而不能回复到正常工作位置。

(2)排除方法:

①紧固螺栓。

②安装正确的从动盘。

③更换从动盘。

④更换离合器盖总成。

⑤拆下从动盘，重新正确安装，使从动盘轴套较短一端面向飞轮。

⑥如轴承被粘结，则清洁、擦、洗，严重时更换。

42. 怎样诊断从动盘被油污？

(1)原因：

①后主油封或输入轴油封泄漏。

②花键、从动盘和输入轴上润滑脂太多。

③压盘螺栓松动或离合器盖裂纹。

(2)排除方法：

①检查泄漏处，更换泄漏的油封和从动盘。

②减少输入轴花键处的润滑脂。

③紧固螺栓或更换压盘总成。

43. 怎样诊断排除从动盘接合不完全故障？

(1)原因：

①压盘位置不正确或变动。

②压盘、膜片弹簧、分离拨叉弯曲变形。

③从动盘受损变形。

④离合器安装偏差。

(2)排除方法：上述①和②更换压盘总成及从动盘；③更换从动盘；④检查飞轮、从动盘、压盘总成的位置及跳动，并根据需要校正。

44. 怎样诊断排除分离轴承卡住故障？

(1)原因：

①装配中轴承变形。

②轴承不合格。

③轴承未经润滑。

④离合器安装偏差。

(2)排除方法:润滑、安装新轴承;检查有无偏差并校正。

45. 怎样诊断排除分离轴承接触面受损?

(1)原因:

①压盘总成不合适或分离拨叉变形弯曲受损。

②分离轴承本身不合格。

③分离轴承安装偏差。

(2)排除方法:

①更换压盘和分离轴承总成。

②更换分离轴承总成。

③检查校正部件的跳动;检查输入轴和分离轴承;更换受损的轴和分离轴承。

46. 怎样诊断排除从动盘卡滞在变速器输入轴花键上故障?

(1)原因:

①在装配时,从动盘毂花键受损。

②输入轴花键制造粗糙、受损。

③从动盘和输入轴花键处生锈。

(2)排除方法:清洁、打磨、润滑从动盘和输入轴花键,如花键严重受损,则更换从动盘和输入轴。

47. 怎样诊断排除离合器从动盘表面烧结的故障?

(1)原因:

①在大负荷和较大加速度下频繁操作。

②由于驾驶员频繁操作离合器,使得从动盘和压盘过热和过快磨损。

(2)排除方法:用砂纸打磨飞轮,更换压盘和从动盘,改变加强方式。

48. 怎样诊断排除离合器从动盘、离合器盖或膜片弹簧弯曲变形的故障?

(1)原因:

①剧烈的操作使压盘、离合器和膜片弹簧弯曲。

②不正确的螺栓紧固次序和方法使离合器盖弯曲。

(2)排除方法:重新紧固、安装新的从动盘和离合器盖,若只是膜片弹簧弯曲,应检查并校正之。

49. 怎样诊断排除离合器踏板有杂声?

(1)原因:

①紧固件松动。

②踏板衬套磨损或裂纹。

③分离轴承磨损或脏污。

④分离拨叉和传动部分有卡滞现象。

(2)排除方法:

①将松动处紧固。

②更换磨损或受损的衬套,用润滑脂润滑销和衬套。

③更换分离轴承。

④清洁、修理分离拨叉和传动部分。

第三章　变速器故障诊断与检修

1. 变速器的作用是什么？

目前，汽车上广泛采用的往复活塞式内燃发动机，其输出的力矩变化范围较小，而汽车的使用条件却非常复杂，为使汽车的行驶速度和驱动力能在相当大的范围内变化，汽车上均设有变速器。

变速器的功用首先是扩大发动机传到驱动轮上的力矩，扩大转速变化范围，以适应各种行驶条件下的需要；其次，在发动机旋转方向不变的条件下，可满足汽车调头、出入场地情况下倒车行驶的需要；另外，可切断发动机与驱动轮间的动力传递，以满足汽车短暂停驶和滑行等情况的需要。

在多轴驱动的越野汽车上，还装有分动器，其功用是把力矩分配到各个驱动桥上。

为保证变速器和主减速器与发动机良好的配合，并实现其功能，对变速器的基本要求是：首先应具有合理的档数和适当的传动比；其次，应具有倒挡和空档；三是传动效率要高；四是操纵轻便可靠。

2. 自动变速器是怎样分类的？

自动变速器除了按传动比变化形式可分为有级式、无级式和综合式三种外，还可以按齿轮变速系统的控制方式分为液控液动自动变速和电控液动自动变速两类。

(1)液控液动自动变速器。液控液动自动变速器在手控制阀选定位置后，由反映节气门开度的车速转变为液压信号，在换档点，这些液压信号上接控制换档阀进行换档。

(2)电控液动自动变速器。电控液动自动变速器控制阀选定位置后，由反映节气门开度的节气门位置传感器和反映车速的车速传感器把节气门开度和车速转变为电信号，这些电信号输入电子控制单元(ECU)，由电子控制单元控制液压阀和液压执行机构进行换档。现在越来越多的汽车采用这种电控液动自动变速。

3. 两轴变速器是怎样工作的?

这类变速器的前进档主要由输入和输出两根轴组成。与传统的三轴变速器相比,由于省去了中间轴,在一般档位只经过一对齿轮就可以将输入轴的动力传至输出轴,所以传动效率要高一些,但均不如三轴变速器直接档的传动效率高。同于参与传动的齿轮对数的减少,其实现的最大传动比不如三轴式变速器的大。

如图 3-1 所示为两轴五挡变速器结构简图,这是一个横置式变速器。与纵置式变速器相比,横置式变速器受布置空间的限制,传递功率有限,只适合在中、低级轿车上使用。

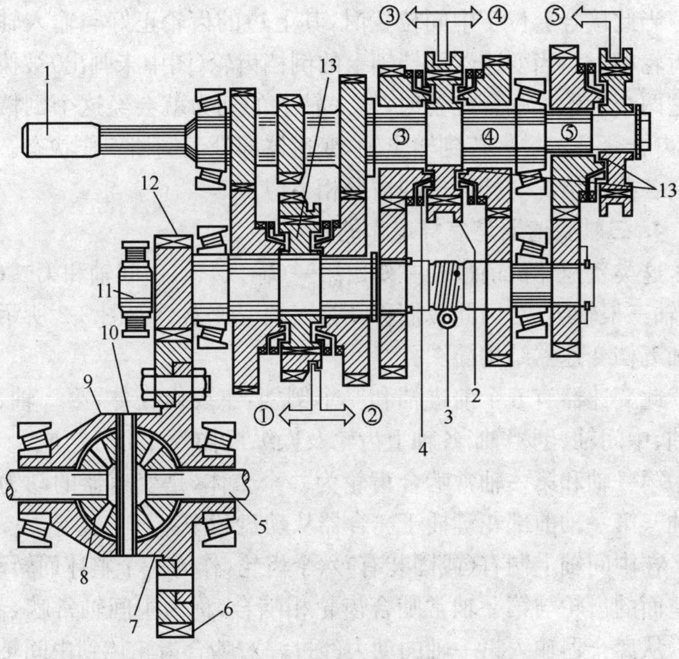

图 3-1 两轴五档变速器及部分驱动桥结构图

1. 输入轴 2. 接合套 3. 里程表齿轮 4. 同步环 5. 半轴 6. 主减速器被动齿轮 7. 差速器壳 8. 半轴齿轮 9. 行星齿轮 10. 星齿轮轴 11. 输出轴 12. 主减速器主动齿轮 13. 花键毂

在输入轴上,从左向右依次为一档、倒档、二档、三档、四档和五档齿轮,其中三、四、五档齿轮是通过活套在输入轴上的。在三档、四档齿轮之间和五档齿轮之后,都有通过花键与输入轴固装的花键毂。在输出轴上,与输入轴上齿轮对应的有一档、二档、三档、四档和五档齿轮,其装的花键毂外的接合套上制有倒档从动齿轮。主减速器主动齿轮与轴一体,位于输出轴最左端。

当三个接合套都位于花键毂中央时,变速器处于空档状态。当变速器操 纵机构将输出轴花键毂上的接合套向左推时,一档从动齿轮通过接合套与输出轴连为一体,动力由输入轴经一档主、从动齿轮、接合套及花键毂传到输出轴,变速器即处于一档工作状态。当此接合套位于中间位置时,其上边的齿轮正好与输入轴倒档齿轮相对。当变速器倒档轴上的倒档齿轮(图中未画出)被拨到与这两个齿轮相啮合位置时,输入轴上的动力就会经这个倒档齿轮、齿合套及花键毂传到输出轴,变速器即处于倒档工作状态。挂其余各档的情况与挂一档的情况相类似。

4. 三轴变速器是怎样工作的?

这类变速器的前进档主要由第一(输入)轴、中间轴和第二(输出)轴三根轴组成,因此我们称其为三轴变速器。如图 3-2 所示为三轴五档变速器结构简图。

此变速器有五个前进档和一个倒档,主要由壳体、第一轴、第二轴、中间轴、倒档轴、各轴上齿轮及操纵机构等几部分组成。

第一轴和第一轴常啮合齿轮为一个整体,是变速器的动力输入轴。第一轴前部花键插于离合器从动盘毂中。

在中间轴上制有(或固装有)六个齿轮,作为一个整体而转动。最左面的齿轮与第一轴常啮合齿轮相啮合,称为中间轴常啮合齿轮。从离合器输入第一轴的动力经过一对啮合齿轮传到中间轴各齿轮上。向后依次称各齿轮为中间轴三档、二档、倒档、一档和五档齿轮。

在第二轴上,通过花键固装有三个花键毂,通过轴承安装有第

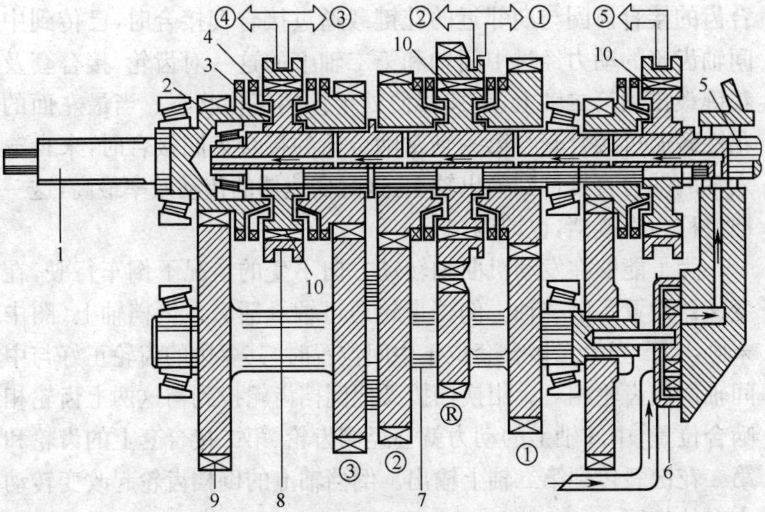

图 3-2　三轴五档变速器结构简图

1. 第一轴　2. 轴承　3. 接合齿圈　4. 同步环　5. 第二轴　6. 油泵　7. 中间轴　8. 接合套　9. 中间轴常啮合齿轮　10. 花键毂

二轴各档齿轮。其中从左向右，在第一和第二花键毂之间装有三档和二档齿轮，在第二和第三花键毂这间装有一档和五档齿轮，它们分别与中间轴上各相充满档齿轮相啮合。在三个花键毂上分别套有带有内花键的接合套，并设有同步机构。通过接合套的前后移动，可以使花键毂与相邻齿轮上的接合齿圈连接在一起，将齿轮上的动力传给第二轴。其中在第二个接合套上还制有倒档齿轮。第二轴前端插入第一轴常啮合齿轮的中心孔内，两者之间设有轴承。第二轴后端是变速器的输出端。

当变速器第一轴被离合器从动盘驱动时，第一轴常啮合齿轮通过中间轴常啮合齿轮带动中间轴转动，中间轴上各档齿轮又带动第二轴上相应各档齿轮转动。未挂档时，各接合套都位于花键毂中央，第二轴上各档齿轮都在轴上空转，第二轴不输出力，变速器处于空档状态；当变速器操纵机构将第二轴上某一档齿轮的接合齿的接合齿圈与期邻近的花键毂通过接合套接合时,已传到中间轴齿轮的动力经过中间轴和第二轴上的这一对齿轮、接合套及花键毂传到第二轴上,变速器便处于该档工作状态。当最左面的花键毂通过接合套与第一轴常啮合轮的接合齿圈接合时,来自输入轴的动力直接传到输出轴上,这时变速器的传动效率最高,这一档位称为直接档,也即四档。

为了能够在发动机曲轴转动方向不变的情况下倒车行驶,在变速器设置了倒档轴。倒档齿轮通过轴承活套在倒档轴上(图中未画出)。当第二接合套位于中间位置时,其上边的齿轮正好与中间轴倒档齿轮相对。用换档拨叉把倒档齿轮拨到与这两上齿轮相啮合位置,中间轴上的动力就会经倒齿轮、第二接合套上的齿轮和第二花键毂传到第二轴上输出。倒档轴上的倒档齿轮起改变转动方向的作用。

在该变速器中,各轴上倒档齿轮均为直齿圆柱齿轮,采用移动齿轮换档方式。其余各齿轮全部为斜齿圆柱齿轮,具有传动平稳的特点。

在有些旧式变速器中,第二轴上的齿轮及相应中间轴上的各档齿轮均为直齿圆柱齿轮,第二轴上的齿轮通过花键安装在轴上,可以沿轴向相对于第二轴滑动。通过操纵换档拨叉直接移轴上的齿轮通过花键安装在轴上,可以沿轴向相对于第二轴滑动。能通过操纵换档拨叉直接移动第二轴上的各档齿轮,使其与中间轴上各档齿轮有选择地啮合,即可实现不同档位的变换。

在五档变速器中,往往将第五档设计为超速档。变速器处于超速档工况时传动比小于1,输出轴比输入轴转得要快。在路况良好,汽车不需要频繁加减速的情况下,使用超速档能让发动机工作在最经济工况附近。但由于在超速档时汽车驱动能力不需要为加速留出很大的余地,匹配合适的发动机所输出的转矩完全可能满足超速档工况的需要。行驶同样的路程,使用超速档时曲轴转的圈数要少于使用直接档时曲轴转的圈数,这样就减少了由于活塞上下运动所造成的摩擦损失,减少了单位行驶里程的油耗。

为了减小因摩擦引起的零件磨损和功率损失,变速器的壳体内一般要加入一定量的齿轮油,以保证变速器润滑良好。当变速器工作时,浸在油内的齿轮把齿轮油飞溅到各处,润滑各齿轮、轴的工作表面。为了能润滑第一轴和第二轴之间的轴承和第二轴上的滑动或滚针轴承,在图 3-2 所示的变速器中专设了油泵,将齿轮油经第二轴内的油路输送给各个轴承。而目前大多数变速器内往往是在第一轴常啮合齿轮、第二轴轮及倒档齿轮上钻出径向油孔,在第二轴上其他齿轮的端面处于出径向油槽,使润滑能流向轴承处。

为了防止润滑油从第一轴及第二轴与轴承盖之间的间隙处流出,在轴承盖内设有橡胶油封,并在壳体上开有回油孔。因为第一轴的转动方向是不变的,所以可以用回油螺纹代替橡胶油封。在箱体与箱盖,箱体与侧盖,箱体与轴承盖间的接合面处都装入密封纸垫,或加涂密封胶。为了防止因温度升高,箱体内压力增大使润滑油渗出,在变速器箱盖上装有通气塞。大多数通气塞都在两上方向上各设一个单向阀,两个单向阀平时是关闭的,当箱体内外压差达到一定值时,通气塞便打开,放出或吸入空气。齿轮油需要换时,可从变速器壳体底部的放油口放出。

5. 同步器的作用是什么?

为了说明同步器的作用,我们首先以图 3-1 所示两轴变速器三、四档之间的换档过程为例,假设换档机构中只有接合套而无同步环,来分析无同步器时变速器的换档过程。图 3-3 所示为无同步器的两轴五档变速器三、四齿轮示意图。

(1)从低档(三档)换入高速档(四档):变速器在三档工作时,接合套 3 与齿轮 2 齿上的接合齿圈接合,它们的转速是相等的。

由于齿轮 2 与齿轮 6 转速之比($n_2/n_6=Z_6/Z_2$)大于齿轮 4 与齿轮 5 转速之比($n_4/n_5=Z_5/Z_4$),而齿轮 6 与齿轮 5 的转速又是一样的($n_6=n_5$),所以齿轮 2 的转速永远比齿轮 4 的转速高,即

$n_2>n_4$。在接合套3与齿轮2刚分离这一时刻,两者转速还是相等的,即 $n_3=n_2$,由此可以得出 $n_3>n_4$,即接合套3的转速大于齿轮4上接合齿圈转速的结论。这时如果立即推动接合套3与齿轮4上的接合齿圈接合,就会发生打齿现象。

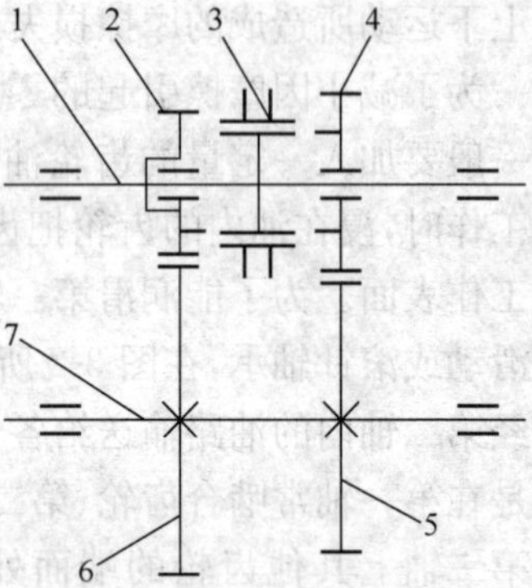

图3-3　同步器的两轴五档变速器三、四档齿轮示意图

1. 输入轴　2. 输入轴三档齿轮
3. 接合套　4. 输入轴四档齿轮
5. 输出轴四档齿轮
6. 输出轴三档齿轮　7. 输出轴

此时,由于变速器处于空档,接合套3和齿轮4之间没有联系,离合器从动盘又与发动机脱离,所以接合套3与齿轮4的转速都在分别逐渐降低。因为齿轮4与5、输出轴、万向传动装置、驱动桥、行驶系以及整个汽车联系在一起,惯性很大,所以 n_4 下降较慢;而接合套3只与输入轴和离合器从动盘相联系,惯性很小,故 n_3 下降较快。因为 n_3 原先大于 n_4,n_3 下降得使接合套右移而挂入四档。与接合套3联系的一系列零件的惯性越小,则 n_3 下降得越快,达到同步的需时间越少,并且在同样速度差的情况下,齿间的冲击力也越小。因此离合器从动部分转动惯量应尽可能小一些。

(2)从高速档(四档)换人低速档(三档)。变速器在四档工作时,接合套3与齿轮4上的接合齿圈接合,在刚从四档推到空档时,接合套3与齿轮4的转速相同,即 $n_3=n_4$,同时又有 $n_2>n_4$,所以 $n_2>n_3$ 进入空档后,由于 n_3 下降得比 n_2 快,所以在接合套3停下来之前,随着时间的推移,两者转速的差值将越来越大。为了使接合套3与齿轮2转速达到相同,驾驶员应在此时重新接合离合器,同时踩一下加速踏板,使变速器输入轴及接合套3的转速高于齿轮的2转速,即 $n_3>n_2$,然后再分离离合器,等待片刻,到 $n_3=n_2$

时，即可让接合套3与齿轮2上的接合齿圈相接合，从而挂入三档。

上述相邻档位相互转换时，应采取不同操作步骤的道理同样适用于移动齿轮换档的情况，只是前者的待接合套的转动角速度要求一致，而后者的待接合齿轮啮合点的线速度要求一致，但所依据的速度分析原理是一样的。

以上变速器的换档操作，尤其是从高档向低档的换档操作比较复杂，而且很容易产生轮齿或花键齿间的冲击。为了简化操作，并避免齿间冲击，现在生产的汽车一般在变速器换档装置中均设置了同步器。

同步器有常压式、惯性式等多种，这里仅介绍目前广泛采用的惯性式同步器。

6. 惯性式同步器是怎样工作的?

惯性式同步器是领先摩擦作用实现同步的。它是通过专门的机构来保证接合套与待接合的花键齿圈在达到同步之前不可能接触，从而避免了齿间冲击。

轿车和轻、中型货车的变速器广泛采用锁环式惯性同步器。虽然各个车型同步器的细微结构可能会有所不同，但其工作原理是一样的。我们以图3-4所示的三档变速器中的二、三档同步器为例来说明其工作原理。

图中的花键毂7与第二轴用花键连接，并用垫片和卡环作轴向定位。在花键毂两端与齿轮1与4之间，各有一个青铜制成的锁环(也称同步环)9和5。锁环上有短花键齿圈，花键齿的断面轮廓尺寸与齿轮1、4及花键毂7上的外花键齿均相同。在两个锁环上，花键齿对着接合套8的一端都有倒角(称锁止角)，且与接合套齿端的倒角相同。锁环具有与齿轮1和4上的摩擦面锥度相同的内锥面，锥面上制出细牙的螺旋槽，以便两锥面接角后破坏油膜，增加锥面间的摩擦。三个滑块2分别嵌合在花键毂的三个轴向槽11内，并可沿槽轴向滑动。在两个弹簧圈6的作用下，滑块压向

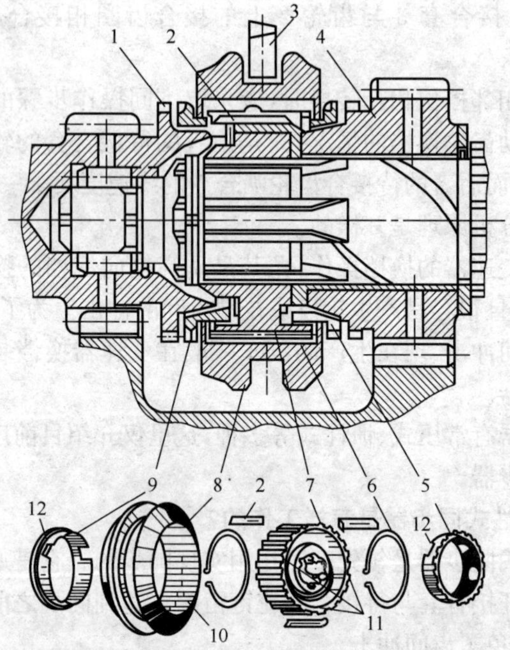

图 3-4　锁环式惯性同步器

1. 第一轴齿轮　2. 滑块　3. 拨叉　4. 第二轴齿轮　5. 锁环　6. 弹簧圈　7. 花键毂　8. 接合套　9. 锁环　10. 环槽　11. 三个轴向槽　12. 缺口

接合套 8,使滑块中部的凸起部分正好嵌在接合套中部的凹槽 10 中,起到空档定位作用。滑块 2 的两端伸入锁环 9 和 5 的三个缺口 12 中。只有当滑块位于缺口 12 的中央时,接合套与锁环的齿方可能接合。

当变速器由二档换入三档(直接档)时,锁环式惯性同步器的工作过程如图 3-5 所示。当接合套 8 刚从二档退到空档时,见图 3-5a,齿轮 1 和接合套 8 连同锁环 9 都在其本身及其所联系的一系列运动件的惯性作用下,继续沿原方向(如图中箭头所示)旋转。设它们的转速分别为 n_1、n_8 和 n_9,则此时 $n_9=n_8$,$n_1>n_8$,则 $n_1>n_9$。锁环 9 在轴向是自由的,故其内锥面与齿轮 1 的外锥面并不发生很大摩擦。

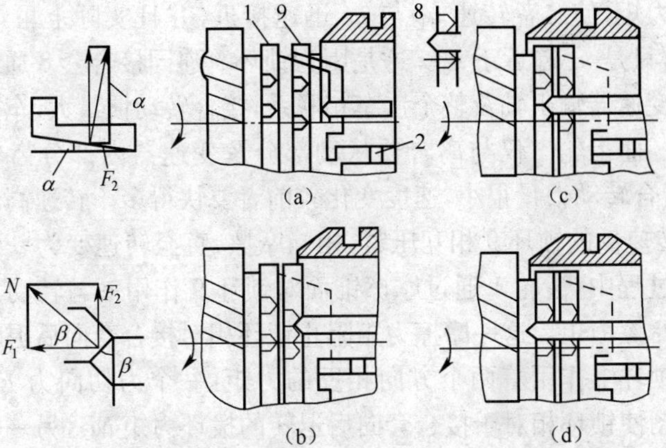

图 3-5　锁环式惯性同步器工作过程示意图

1. 第一轴齿轮　2. 滑块　8. 接合套　9. 锁环

若要挂入三档，可用拨叉拨动接合套 8 并带动滑块 2 一起向左移动。当滑快左端面与锁环 9 的缺口面接触时，便推动锁环压向齿轮 1，使锁环 9 的内锥面压向齿轮 1 的外锥面。由于两锥面具有转速差（$n_1 > n_9$），所以一接触便产生摩擦作用，齿轮 1 即通过摩擦作用带动锁环相对于接合套超前转过一个角度，直到锁环 9 的缺口与滑块的另一侧面接触时，见图 3-5b，锁环便与接合套同步转动。此时，接合套的齿与锁环的齿错开了约半个齿厚，从而使接合套的齿端倒角面与锁环相应的齿端倒角面正好互相抵触而不能进入啮合。

显然，此时若要接合套的齿圈与锁环的齿圈接合上，必须使锁环相对于接合套后退一个角度。如图 3-5b 左边的局部示意图表示，由于驾驶员始终对于接合套施加一个轴向力，接合套齿端倒角面压紧锁环齿端倒角面，于是在锁环的齿端倒角斜面上作用有法向压力 N。力 N 中分解为轴向上力 F_1 和切向力 F_2。切向力 F_2 所形成的力矩有使锁环要对于接合套向后转动的趋势，这一力矩称为拨环力矩。轴向力 F_1 则使锁环 9 与齿轮 1 二者的锥面产生摩擦力矩,使二者转速 n_1 与 n_9 迅速接近,并且实际上可认为 n_9 不变,只是 n_1 趋近于 n_9。这是因为锁环 9 连同接合套 8 通过花键毂与变速器输出轴及整个汽车相联系,接合转动惯量大,车速下降很慢。而齿轮 1 仅与离合器从动部分及变速器内部分齿轮相联系,接合转动惯量很小,速度变化较前者要快得多。转速高的齿轮 1 与转速低的锁环 9 相互压紧,相互摩擦,直至转速变为一致。在这个过程中,齿轮 1 通过摩擦锥面对锁环 9 作用一与转动方向同向的摩擦力矩。这一摩擦力矩阻止锁环相对接合套向后退转。亦即在锁环上作用着两个方向相反的力矩:一个为切向力 F_2 形成的力图使锁环相对于接合套向后退转的拨环力矩 M_2,另一个为摩擦锥面上阻止锁环向后退转的摩擦力矩 M_1。如果拨环力矩 M_2 大于摩擦力 M_1,则锁环 9 即相对于接合套向后退转一个角度,以便二者进入接合;若 M_2 小于 M_1(此时还有滑块对锁环缺口一侧的阻挡作用),则二者要对位置不变,不可能进入接合。摩擦力矩 M_1 与轴向力 F_1 的垂直于摩擦锥面的分力成正比,而 M_2 则与切向力 F_2 成正比。F_1 F_2 都是法向力 N 的分力,二者的比值取决于花键齿锁止角 β 的大小。故在设计同步器时,适当地选择锁止角和摩擦锥面的锥角,便能保证在达到同步($n_1=n_9$)之前,齿轮 1 施加在锁环 9 上的摩擦力矩 M_1 总是大于切向力 F_1 形成的拨环力矩 M_2。因而,不论驾驶员通过操纵机构加在接合套上的轴向推力有多大,接合套齿端与锁环齿端总是互相抵触而不能接合。这说明锁环 9 对接合套的锁止作用是由于齿轮 1 对锁环 9 相互压紧、相互转动所产生的摩擦力矩造成的。因为上述摩擦力矩的作用与锁环 9(及与之连接的接合套 8、花键毂、变速器输出轴及整个汽车等)和齿轮 1(及与之连接的离合器从动部分和变速器内部分齿轮)两部分的转动惯性有关,此即“惯性式”名称的由来。

只要驾驶员继续加力于接合套上,摩擦作用就会迅速使齿轮 1 的转速下降到与锁环 9 的转速相同,二者开始同步旋转,紧接着相互转动趋势也迅速降低，摩擦力矩 M_1 也相应迅速降低。当拨环力矩 M_2 大于摩擦力矩 M_1 时，便使锁环相对于接合套向后退转一个角度。在锁环的摩擦带动下，齿轮 1 及与之相连的所有零件跟锁环一起要对于接合套向后退转一个角度，当滑块对正缺口的中央时，接合套花键齿键齿圈与锁环的花键齿圈不再抵触，接合套 8 继续左移，而与锁环的花键齿圈进入接合状态，锁环的锁止作用即行消失。接合套与锁环接合后，轴向力 F_1 不再存在，锥面间的摩擦力矩也不消失。如果此时接合套 8 花键齿与齿轮 1 的花键齿发生抵触，见图 3-5c，则与上述情况相似，接合套 8 花键齿作用在齿轮 1 花键齿端斜面上的切向分力，使齿轮 1 及其相连零件相对于锁环及接合套转过一个角度，使接合套与齿轮 1 进入接合，见图 3-5d，而最后完成了换入三档（由低速档换入高速档）的全过程。

如果是由三档（直接档）换入二档，也即由高速档换入低速档，上述过程也适用。但此时齿轮 4（见图 3-4）是被锁环 5 加速到与接合套 8 同步，从而使接合套 8 先后与锁环 5 及齿轮 4 进入啮合而完成换档过程。

考虑结构布置上的合理性、紧凑性及锥面间产生的摩擦力矩的大小等因素，锁环式同步器多用于轿车和轻型货车上。近年来，一些中型货车的中高速档也开始采用这种同步器。

7. 什么是互锁装置？

选档及挂档横轴上两个与其连在一起的互锁挡块，两挡块之间的下方是拨档指，它与轴 1 连在一起；3、4、5 为拨叉片，每个拨叉片均有拨档槽，且其宽度刚好能容下拨档指并允许拨档指在槽中沿轴 1 的轴线方向滑动。选档时，由选档及挂档横轴 1 上方的球传来的力使得轴 1 沿其轴线移动，相应地，拨档指便可在各拨档槽中滑动，当拨档指与基本欲挂的档位的拨档槽对正时，便是完成了选档动作。如图 3-6a 所示便为拨档指与三四档拨叉片 4 的拨档槽对正的位置。

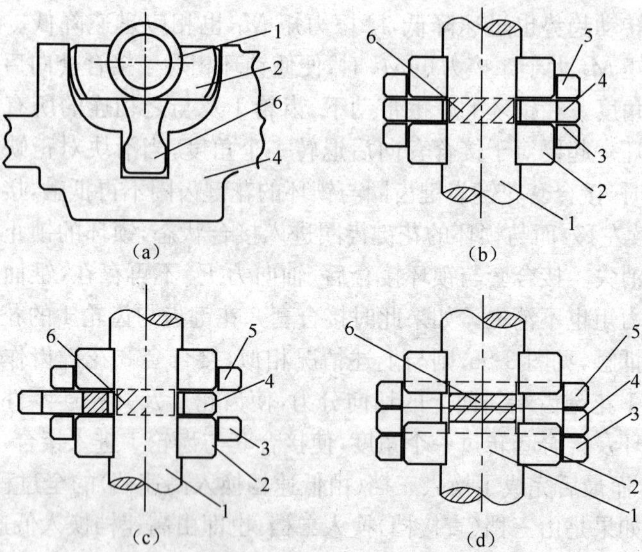

图 3-6　五档变速器操纵互锁装置原理

1. 选档及挂档横轴　2. 互锁挡块　3. 一二档拨叉片
4. 三四档拨叉片　5. 五倒档拨叉片　6. 拨档指

挂档时,横轴 1 绕其轴线转动,拨档指 6 在轴 1 的带动下可挂入四档。如图 3-6c 所示为拨档指推动三四档拨叉片 4 挂入三档的情形。从此图中也可以看出,由于挂档横轴上互锁挡块的存在,使得只有当拨档指退回空档位置时,从此图中也可以看出,由于挂档横轴上互锁挡块的存在,使得只有当拨档指退回空档位置时,才能作下一步的选档动作。

在选档过程中,当拨档指位于三四档拨叉片 4 与五倒档拨叉片 5 之间时,这时候如果施以挂档动作,则会使拨档指同时拨动两个拨叉片 4 和 5,但当由于互锁挡块 2 挡住了拨叉片 4 和 5 的挂档动作(向左或右移动),故此时不能挂档,见图 3-6d。只有当拨档指只与一个拨叉片对齐,即只能拨动一个拨叉片时互锁挡块才不会挡住拨叉片的移动,使拨档指推动一个拨叉片顺利地挂档。

8. 什么是自锁装置?

选档及挂档横轴的末端有一个与之连接在一起的自锁片拨块,它被卡在自锁片的槽中。自锁片被夹在导套中,并可以在其中滑动。两个滚动柱在弹簧丝的作用下将自锁片夹住。自锁片上有凸起,而凸起部分的两边均是凹坑。当变速器的器械纵机构在空档位置时,自锁片上的凸起部分与滚动柱接触,当挂上某一档位时,自锁片则被移动到使其凹坑与滚动柱相接触的位置。以挂三档为例,当驾驶员施以挂档动作时,绕其轴线并带动自锁片拨动顺时针转动,拨块向左推动自锁片,使自锁片向左滑动,滚动柱在弹簧丝的作用下卡入自锁片的凹坑中。由于弹簧的作用,两个滚动柱对自锁片有一定的压紧力,所以要从三档摘回到空档,即拨块要向右推动自锁片,则需要克服两个滚动柱的压紧力,这样就避免了自动脱档。

9. 什么是倒档锁装置?

图 3-7 所示为五档变速器中常用的倒档锁装置。它由倒档块 3 中的倒档锁销 1 及弹簧 2 组成。要挂倒档时,必须用较大的力,才能克服弹簧 2 的弹力,使变速杆下端进入拨块 3 的凹槽内,这就使驾驶员感觉与挂其他档不同从而不会误挂倒档。

10. 怎样分解桑塔纳变速器?

变速器从车上拆下前的准备工作:断开蓄电池接地线;拆下车速里程表软轴、倒车灯线在变速器上的插头;拆下排气管在变速器上的支承吊板;拆下离合器拉索与离合器杠杆的连接头;拆下两侧的传 动轴;拆下起动机;拆下变速操纵机构的十字接合套(图 3-8 件 32)与内选档杆(图 3-9 件 1)的连接;拆下变速操纵机构的右轴承压板(图 3-8 件 31)与支承杆(图 3-8 件 41)的连接。

变速器支架的拆卸。如图 3-10 所示,用千斤顶将变速器慢慢举起,旋下螺栓 5、15,从副车架上 1 上拆下橡胶金属支承 16。旋下螺栓 12,从变速器前支架 6 及后支架 7 上取下缓冲块 10;旋下螺栓 9,取下变速器前支架 6。拆下变速器与发动

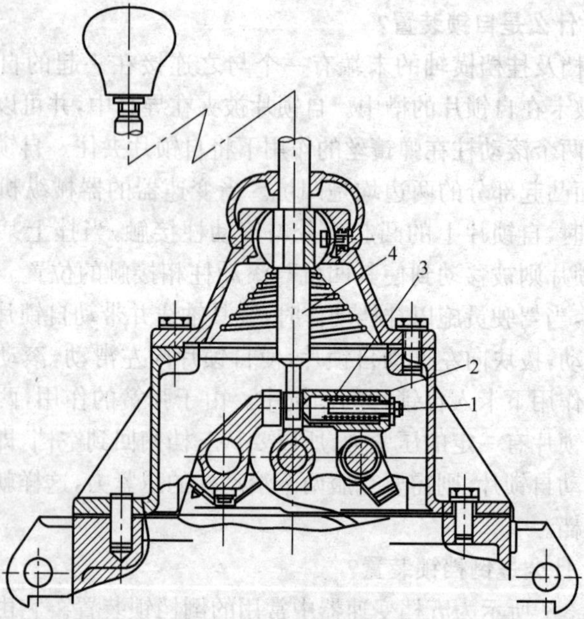

图 3-7　倒档锁装置

1. 倒档锁销　2. 倒档锁弹簧　3. 倒档拨块　4. 变速杆

机之间的安装螺栓后，使用撬棒便变速器与发动机分开，小心地取出变速器。

变速器后盖的拆卸。如图 3-11 示。将变速器壳体 1 的前端固定在修理架 40 上，然后装上输入轴压出工具 41，顶住输入轴 38 的前端。工具 41 上的螺栓 4 与应与输入轴 38 在同一直线上，旋下放油塞 5，放出机油。从后盖 16 后方旋下螺栓 25、28 和 29，从后壳体 12 上取下后盖组合 18、衬垫 21、输出轴调整垫圈 23 和输入轴调整衬垫 35。从变速器后盖 16 上向前取出内选档杆 43、回位弹簧 44。向后拆下倒档灯开关 42。先从后盖 16 上取出后油封 17，再用工具 45 压出内选档杆孔前衬套 22。再从后盖 16 上用工具 46 和平板 47 压出内选档杆孔后衬套 34。

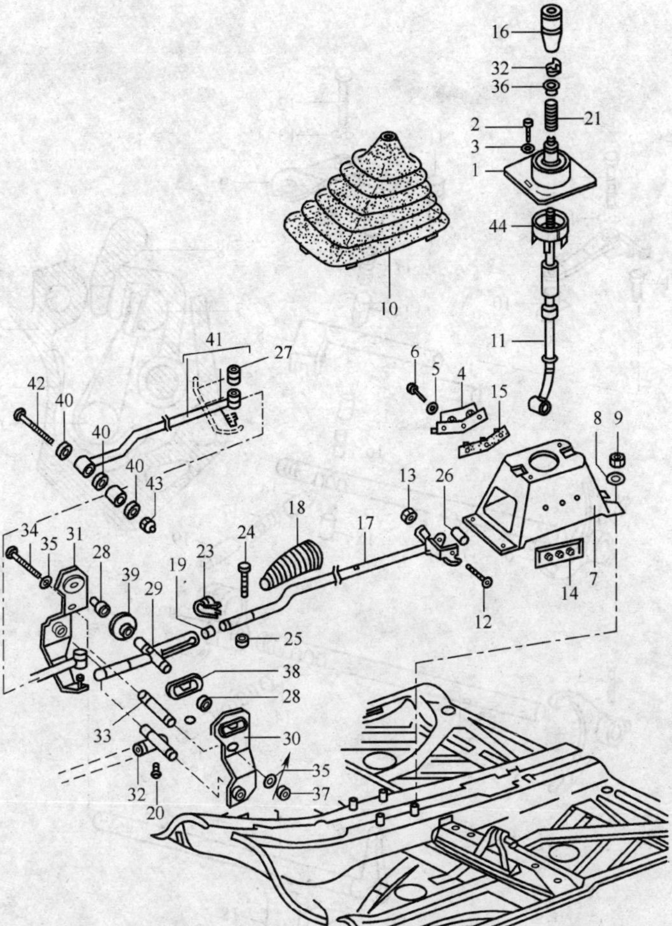

图 3-8　桑塔纳外换档机构的简介

1. 变速杆支承总成　2. 螺栓　3. 垫圈　4. 倒档限位板　5. 垫圈　6. 螺栓　7. 变速杆壳　8. 垫圈　9. 螺母　10. 变速杆防尘套　11. 变速杆　12. 螺栓　13. 螺母　14、15. 塑料缓冲块　16. 手柄　17. 换档操纵杆　18. 操纵杆防尘套　19. 橡皮塞　20. 螺栓　21. 弹簧　22. 卡簧　23. 夹头　24. 螺栓　25. 螺母　26. 隔套　27. 球头座　28. 衬套　29. 操纵十字轴　30. 左轴承压板　31. 右轴承压板　32. 十字接合套　33. 隔套　34. 螺栓　35. 垫圈　36. 弹簧座　37. 螺母　38、39. 十字轴防尘套　40. 垫圈　41. 支承杆　42. 螺栓　43. 螺母　44. 固定环

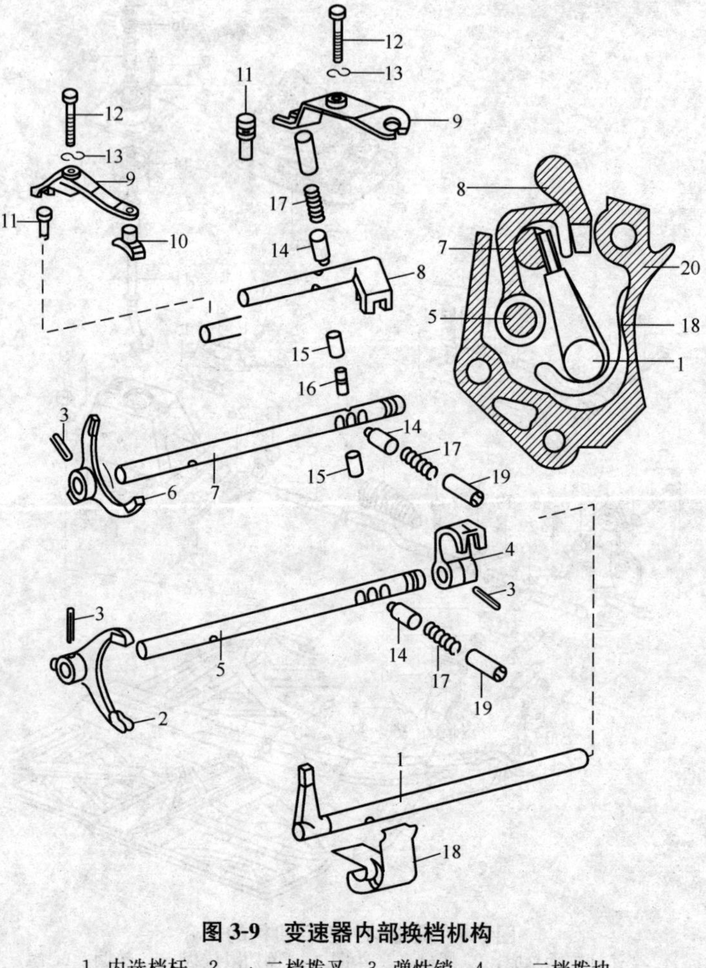

图 3-9　变速器内部换档机构

1. 内选档杆　2. 一、二档拨叉　3. 弹性销　4. 一、二档拨块　5. 一、二档拨叉轴　6. 三、四档拨叉　7. 三、四档拨叉轴　8. 倒档拨叉轴　9. 倒档驱动杠杆　10. 倒档拨档块　11. 传动销　12. 螺栓　13. 弹簧　14. 自锁定位销　15. 大互锁销　16. 小互锁销　17. 弹簧　18. 内选档杆回位弹簧　19. 弹簧导向套　20. 变速器罩壳

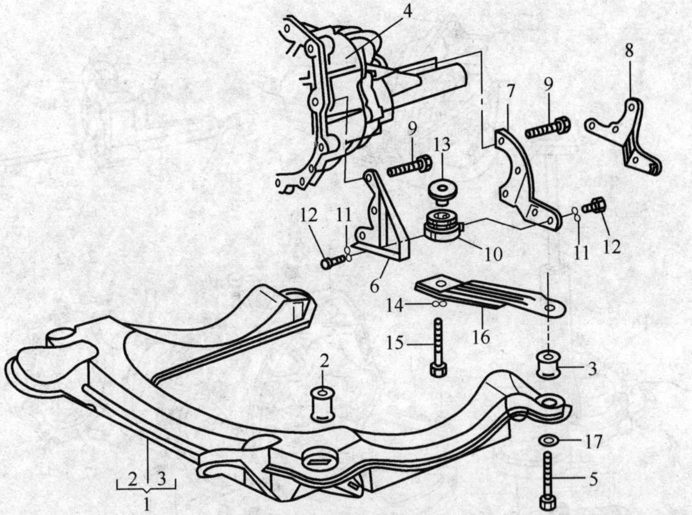

图 3-10 变速器支架的拆卸

1. 副车架 2. 缓冲套 3. 缓冲套 4. 变速器 5. 螺栓 6. 变速器前支架 7. 变速器后支架 8. 排气管支架 9. 螺栓 10. 缓冲块 11. 弹垫 12. 螺栓 13. 螺母 14. 弹垫 15. 螺栓 16. 橡胶金属支承 17. 垫圈

后壳体的拆卸。首先拆卸倒档齿轮轴、输入轴、输出轴。如图3-12 所示,将后壳体 7 上的三、四档拨叉轴 10 向后拉出一点,将小锁销 9 取出(不但不要将三、四档拨叉轴 10 向后拉出得太多,以防止拉出得太多,以防止三四挡拨叉轴 10 推回到空档档位),此时已无互锁作用。为了将输出轴 8 固定,应同时将一二档拨叉轴 11 和倒档拨叉轴 6 向后拉,使变速器同时挂上二档和倒档,输入轴 13 和输出轴 8 便被卡死。再用套筒扳手旋下输出轴 8 后的后螺母 12。旋下后壳体固定螺栓(图 3-11 件 25)。然后用图 3-11 的输入轴压出工具顶住输入轴并旋紧其上的螺栓,向后顶动输入轴 13,直至将后壳体 7 从变速器壳体顶下来(禁止敲打输入轴 13 前端,以免轴端变粗不能使用)。此时输入轴 13 与输入轴 8 都仍在后壳体 7 上。

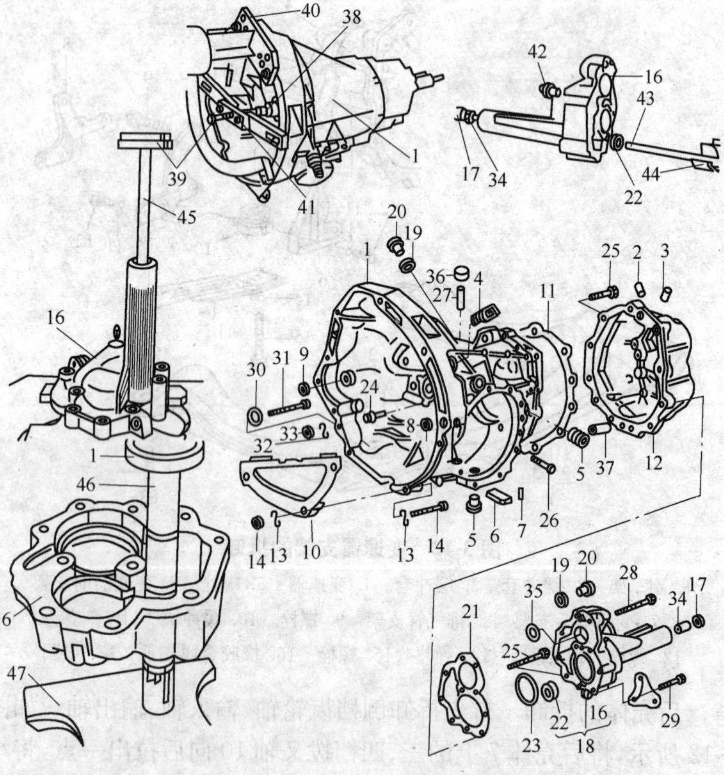

图 3-11 桑塔纳变速器后盖的拆卸

1. 变速器壳体 2、3. 堵塞 4. 测检孔橡皮塞(点火时间) 5. 放油塞 6. 异形磁铁 7. 销钉 8. 定位销 9. 轴承 10. 盖板 11. 衬垫 12. 后壳 13. 弹垫 14. 螺栓 15. 螺母 16. 后盖 17. 油封 18. 后盖组合 19. 垫圈 20. 安装塞 21. 衬垫 22. 前衬套 23. 调整垫圈 24. 螺栓 25. 螺栓 26. 螺栓 27. 通气阀 28. 螺栓 29. 螺栓 30. 平垫 31. 螺栓 32. 弹垫 33. 螺母 34. 后衬套 35. 调整衬垫 36. 盖 37. 定位销 38. 输入轴 39. 螺栓 40. 修理架 41. 输入轴压出工具 42. 倒车灯开关 43. 内选档杆 44. 回位弹簧 45、46.0 工具 47. 平板

从输入轴 13 后端取下挡圈 14、垫圈 15,再用轴承拉出输入轴球轴承 16[组合式轴承(图 b)需用旋具撬出塑料保持架]。然后旋

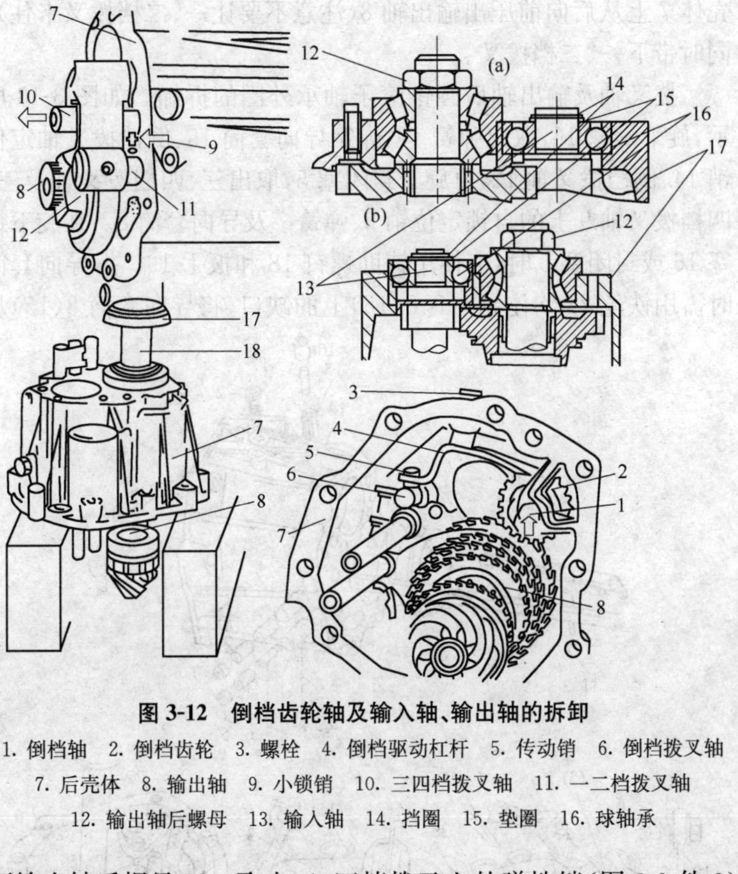

图 3-12 倒档齿轮轴及输入轴、输出轴的拆卸

1. 倒档轴 2. 倒档齿轮 3. 螺栓 4. 倒档驱动杠杆 5. 传动销 6. 倒档拨叉轴 7. 后壳体 8. 输出轴 9. 小锁销 10. 三四档拨叉轴 11. 一二档拨叉轴 12. 输出轴后螺母 13. 输入轴 14. 挡圈 15. 垫圈 16. 球轴承

下输出轴后螺母 12。取出三、四档拨叉上的弹性销(图 3-9 件 3)使三、四档拨叉轴 10 脱开三、四档拨叉 6。再从后壳体 7 上取下输入轴 13(同时带下三、四档拨叉)。取下倒档轴 1 上的弹性销后,向后压出倒档轴 1,取下倒档齿轮 2。从倒档齿轮 2 上取下倒档拨档块(图 3-9 件 10)旋下螺栓 3,取下倒档驱动杠杆 4,从倒档拨叉轴 6 上取下传动销 5。

从一、二档拨叉上冲出弹性销(图 3-9 件 3),这样一、二档拨叉与一、二档拨叉轴 11 便脱开连接关系。最后,用工具 17、18,从后壳体 7 上从后向前压出输出轴 8(注意不要让一、二档拨叉卡住),同时带下一、二档拨叉。

拨叉轴及输出轴后圆锥滚子轴承外圈的拆卸。如图 3-13 所示,旋下螺塞 16,取出弹簧 17、弹簧导向套筒 15、倒档拨叉轴定位销 14、倒档拨叉轴 12,再旋下封闭塞 5,取出三、四档拨叉轴及三、四档拨叉轴 9 上的自锁定位销 6、弹簧 7 及导向套筒 8。在旋下螺塞 16 或封闭塞 5 时,需使用辅助螺钉 18 和扳手 19。拆导向套筒时需用铁丝 22 钩住导向套 8(15)上的缺口,将导向套筒 8(15)从

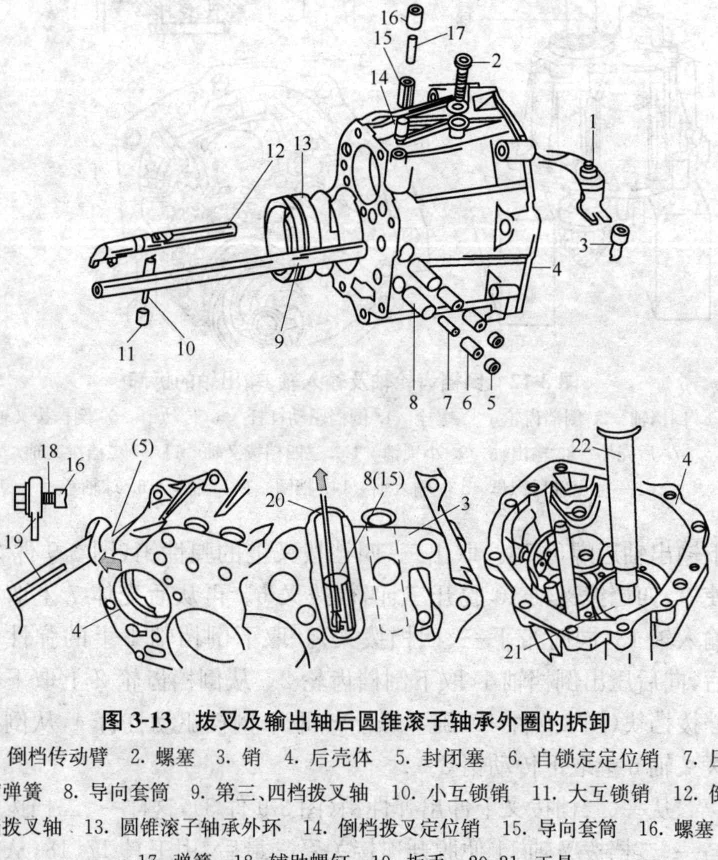

图 3-13　拨叉及输出轴后圆锥滚子轴承外圈的拆卸

1. 倒档传动臂　2. 螺塞　3. 销　4. 后壳体　5. 封闭塞　6. 自锁定定位销　7. 压缩弹簧　8. 导向套筒　9. 第三、四档拨叉轴　10. 小互锁销　11. 大互锁销　12. 倒档拨叉轴　13. 圆锥滚子轴承外环　14. 倒档拨叉定位销　15. 导向套筒　16. 螺塞　17. 弹簧　18. 辅助螺钉　19. 扳手　20、21. 工具

后壳体 4 上的孔中拉出。最后从后壳体 4 上，从前向后用工具 20、21 压出输出轴后圆锥滚子轴承外圈。

11. 怎样分解桑塔纳差速器？

差速器的拆卸与分解，如图 3-14 所示，先从主减速器盖 2 上

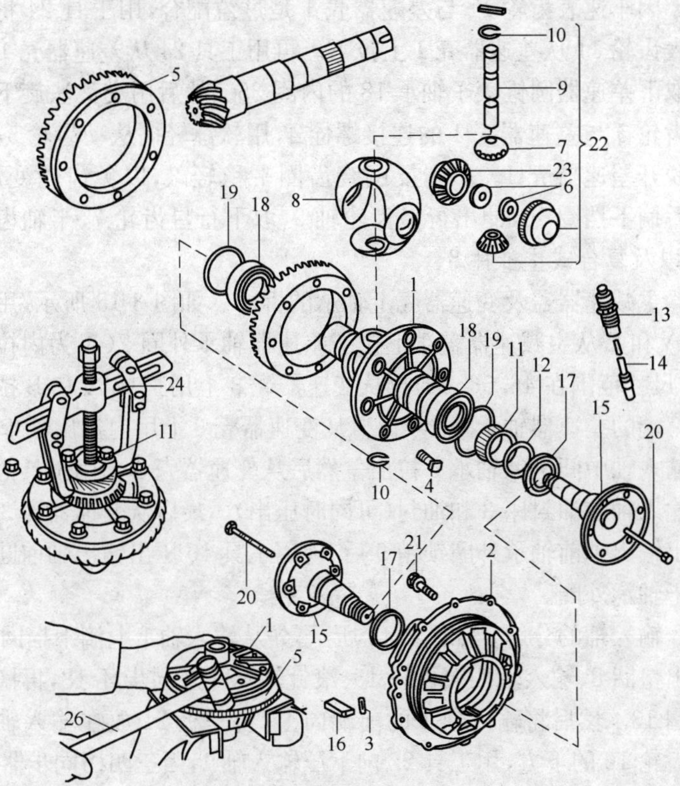

图 3-14　差速器的拆卸与分解

1. 差速器壳　2. 主减速器盖　3. 弹性销　4. 螺栓　5. 从动齿轮　6. 螺纹套　7. 行星齿轮　8. 复合式止推片　9. 行星齿轮轴　10. 挡圈　11. 车速表齿轮　12. 锁紧套筒　13. 车速表被动齿轮轴套　14. 车速表被动齿轮　15. 半轴　16. 磁铁　17. 油封　18. 圆锥滚柱轴承　19. 调整垫片　20. 螺栓　21. 螺栓　22. 差速器总成　23. 半轴齿轮　24. 工具　25. 圆锥滚子轴承内圈　26. 胶皮锤

旋下车速表被动齿轮 14 的轴套 13,取出车速表被动齿轮 14;旋下螺栓 20,用芯棒支承住半轴 15,旋下螺栓 21,从变速器壳体上取下左侧的主减速器盖 2,取下半轴 15 和差速器总成 22。再从主传动器盖 2 上取下油封 17。从车速表齿轮 11 外侧,取下锁紧套筒 12。因车速表齿轮 11 与差速器壳 1 是过盈配合,用工具 24 将车速表齿轮 11 从差速器壳 1 上拉下。再用工具 24 从差速器壳 1 上了取下差速器圆锥滚子轴承 18 的内圈 25。然后用交叉法旋下从动齿轮 5 与差速器壳 1 的连接螺栓 4,用软锤轻搞从动齿轮 5,使其脱开差速器壳 1。敲击要围绕齿圈平稳轻敲,以免齿轮变形。最后摘下挡圈 10,冲出行星齿轮轴 9,取下行星齿轮 7、半轴齿轮 23 以及复合式止推片 8。

主减速器盖及变速器壳上轴承的拆卸。如图 3-15 所示,用工具 A 和 B 从主减速器盖 1 上拉了差速器轴承外圈 2(A 为内拉出器,尺寸范围在 46.56mm)再从变速器壳 3 上用工具 A 和 B 拉出另一端的差速器轴承外圈 2。再从变速器壳 3 上用内拉出器 4、5,将输入轴中间滚针轴承 6 拉出。然后从变速器壳 3 上用工具 7 压出输入轴前油封座 8 和油封(可同时压出)。最后从变速器壳 3 上拉出输出轴前轴承外圈锁销 9 后,现用工具 10 压出输出轴前圆锥滚子轴承外圈。

输入轴的分解。如图 3-16 所示,先从输入轴 1 上摘下挡圈 9,取出垫圈 8、输入轴四档齿轮 15、滚针轴承 4 及同步环 18,再摘下挡圈 13。然后将输入轴 1 的前端向上,将平板 21 放在输入轴三档齿轮 16 的下方,用工具 22 向下压输入轴 1,因三四档同步器 19 的同步器的毂与输入轴 1 配合较紧,必须用压床压出输入轴 1。同时取下三四档同步器 19 及输入轴三档轮 16。

输出轴及倒档轴的分解。如图 3-17 所示,输出轴后螺母 4 在图 3-12 中已拆下,并同时从变速器后壳体上压下输出轴 19。现在从拆卸输出轴后轴承 9 开始。因输出轴后轴承 9 内圈与输出轴 19 为过盈配合,需用压出工具 20。将输出轴一档齿轮 14 放在支

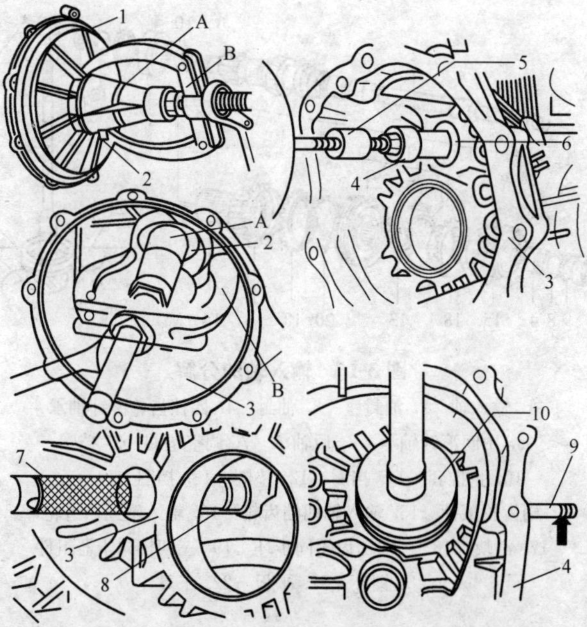

图 3-15　主减速器盖及变速器壳上轴承的拆卸

A、B. 工具　1. 主减速器盖　2. 差速器轴承外圈　3. 变速器壳
4、5. 内拉出器　6. 输入轴中间滚针轴承　7. 工具
8. 输入轴前油封座　9. 输出轴承前轴承外圈锁销　10. 工具

承工具 21 上，用工具 20 向下压出输出轴 19。再让输出轴 19 后端向上，将平板 22 和 23 放在输出轴二档齿轮 15 的下方，让压出工具 24 向下压出输出轴 19，这样就可从输出轴 19 上取下输出轴一二轴同步器组件 13 及输出轴二档齿轮 15。因为输出轴三档齿轮 6 与输出轴 19 为过盈配合，为此在摘下挡圈 17 后，需用平板 25 放在输出轴三档齿轮 6 下方，再用工具 26 下压出输出轴 19，从输出轴 19 上取下输出轴三档齿轮 6。因为输出轴四档齿轮 7 与输出轴 19 为过盈配合，在摘下挡圈 8 后，需用拆输出轴三档齿轮的方法，从输出轴 19 上压下输出轴四档齿轮 7。因输出轴前轴承

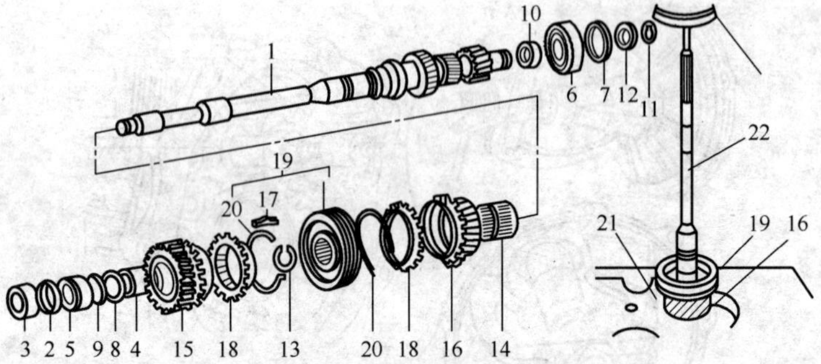

图 3-16 输入轴的分解

1. 输入轴 2. 油封座 3. 油封 4. 四档齿轮滚针轴承 5. 中间滚针轴承 6. 后轴承 7. 调整垫圈 9. 挡圈 10. 止推套 11. 挡圈 12. 垫圈 13. 挡圈 14. 三档齿轮滚针 15. 输入轴四档齿轮 16. 输入轴三档齿轮 17. 滑块 18. 三四档齿轮同步环 19. 三四档同步器组件 20. 锁环 21. 平板 22. 工具

12 的内圈与输出轴 19 为过盈配合,需用平板 25,放在输出轴前轴承 12 的下方,让输出轴 19 后端向上,用压力机 27 向下压出输出轴 19,从输出轴 19 上取下前轴承 12。最后,从倒档齿轮 31 上取下倒档齿轮衬套 29。

12. 怎样拆卸桑塔纳变速操纵机构?

变速操纵机构从车身上拆下。如图 3-18 所示,旋下螺母 9,从车身上取下变速操纵机构总成,旋下螺栓 12,分开变速杆 11 与档操纵杆 17。旋下螺栓 34,分天花板左右轴承压板 31、30,取下衬套 28。旋下螺栓 24,松开夹头 23,从换档操纵杆 17 上取下操纵十字轴 29。

变速杆的分解。如图 3-18 所示,旋下螺栓 12,从变速杆壳 6 上取下变速杆 3,拉下挡圈 14,从变速杆 3 上取下罩壳 16,取出固定环 17、橡胶导套 8、上半球座 2 及半球瓦 1。

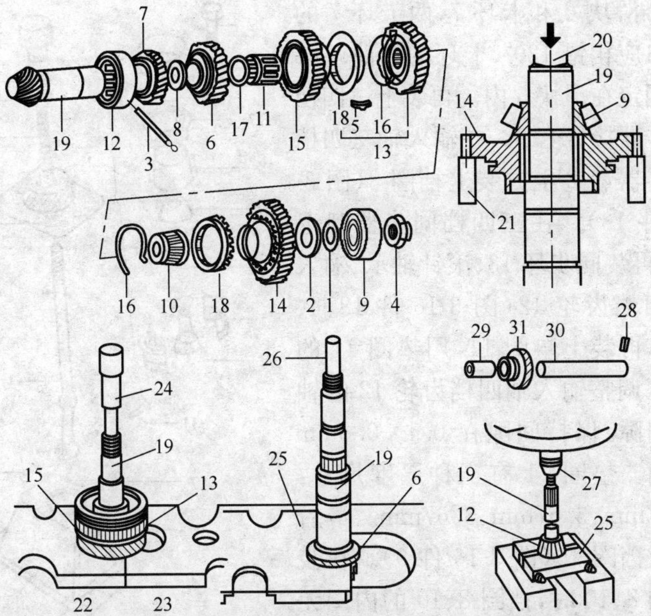

图 3-17　输出轴及倒档轴的分解

1. 垫圈　2. 调整垫圈　3. 锁销　4. 螺母　5. 滑块　6. 输出轴三档齿轮　7. 输出轴四档齿轮　8. 挡圈　9. 输出轴后轴承　10. 输出轴一档齿轮滚针轴承　11. 输出轴二档齿轮滚针轴承　12. 输出轴前轴承　13. 同步器组件　14. 输出轴一档齿轮　15. 输出轴二档齿轮　16. 卡环　17. 挡圈　18. 同步环　19. 输出轴　20. 工具　21. 工具　22、23. 平板　24. 工具　25. 平板　26. 工具　27. 压力机　28. 弹性销　29. 衬套　30. 倒档轴　31. 倒档齿轮

13. 怎样组装桑塔纳变速器？

输入轴的组装。如图 3-19 所示，将输入轴 5 前端向上，装上输入轴三档齿轮 4 及滚针轴承同步环 3，用工具 1 压入三四档同步器毂 2。注意三四档同步器毂 2 内花键的倒角 A 应朝向三档齿轮 4(该同步顺毂的 A 处为倒角，B 处为在外齿项上有标记"轴向槽")。检查三档齿轮 4 的轴向间隙应为 0.1.0.3mm，否则应调整三四档同步器毂的位置。再在三四档同步器毂 2 上按 120°角装上

三个滑块 6 和卡环 7,两卡环 7 的开口应相错 120°,卡环的弯曲端必须固定在滑快 6 内。再装上三四档同步器接合套 9。在输入轴三四档同步器毂 2 上方装上档圈 8(图 3-16 件 13)。在三四档同步器毂上方,再装同步环 13、滚针轴承、输入轴四档齿轮 12(图 3-16 件 18、4、15),再装上垫圈 11,用垫圈 11 的厚度调整输入轴四档齿轮 12 的轴向间隙,保持间隙在 0.1—0.3mm 之间。垫圈 11 有三种厚度尺寸:3.47mm、3.57mm、3.67mm。最后装上挡圈 10(图 3-16 件 9)。在装挡圈 8、10 时,挡圈 8、10 的内圈无倒角一侧 14 应在受力方向 15 的外侧。

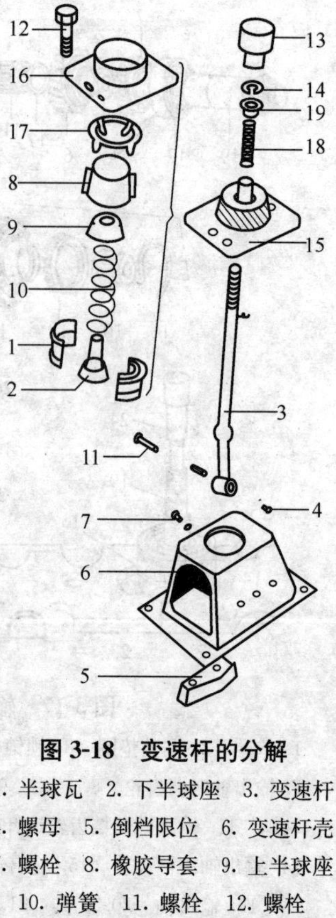

图 3-18　变速杆的分解

1. 半球瓦　2. 下半球座　3. 变速杆　4. 螺母　5. 倒档限位　6. 变速杆壳　7. 螺栓　8. 橡胶导套　9. 上半球座　10. 弹簧　11. 螺栓　12. 螺栓　13. 手柄　14. 挡圈　15. 罩壳组件　16. 罩过　17. 固定环　18. 弹簧　19. 弹簧座

输出轴的组装。如图 3-20 所示,使输出轴前圆锥滚子轴承内圈 3 的小端向上,放在平板 4 上,将输出轴 2 前端向下,然后用工具 1 压下输出轴 2 进入轴承内圈 3。再将输出轴四档齿轮 5 有凸肩的一面向上,放在平板 6 上,再将装好前轴承 7 的输出轴 2,从上向下用工具 1 压进输出轴四档齿轮 5(可将四档齿轮加热至 120℃)然后在输出轴四档齿轮 5 上方安装挡圈 9 时,要使用调整垫圈以确保四档齿轮 65 无轴向窜动,调整垫片 11 厚度有 5 种(2.35mm、2.38mm、2.41mm、2.44mm、2.47mm)。将输出轴三档齿轮 10 加热至 120°后,将其有上凸肩一面向上放在平

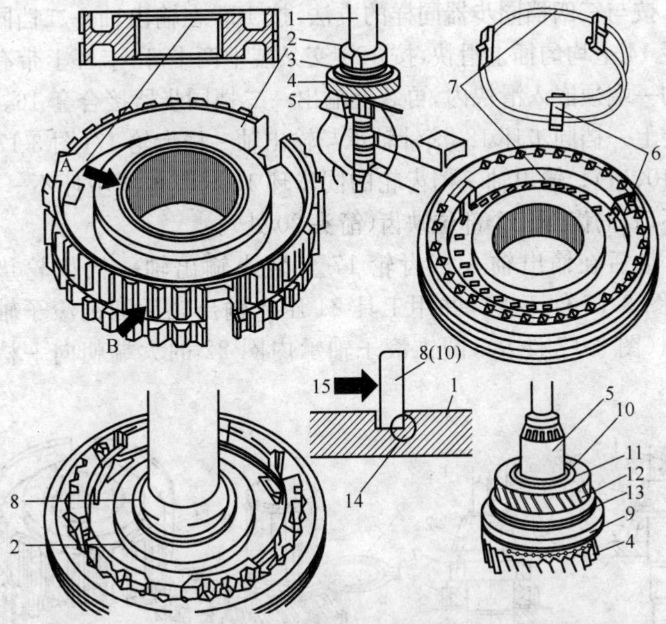

图 3-19　桑塔纳输出轴的组装

1. 压入工具　2. 三四档同步器毂　3. 同步环　4. 输入轴三档齿轮　5. 输入轴　6. 滑块　7. 卡环　8. 挡圈　9. 三四档同步器接合套　10. 挡圈　11. 调整垫圈　12. 输入轴四档齿轮　13. 三四档同步器同步环　14. 内圈无倒角的一侧　15. 受力方向　A. 倒角　B. 轴向槽

板 4 上，将装好输出轴四档齿轮 5 的输出轴 2 用工具 1 压入已加热的输出轴三档齿轮 10 中。注意，加热时不能用油只能用电炉或水。

在输出轴三档齿轮 10 后方安装挡圈 8(图 3-17 件 17)，为使输出轴三档齿轮 10 无轴向窜动，需要挡圈 8 与三档齿轮 10 之间装调整垫片 11，垫片 3 的厚度为 1.5mm 及 1.6mm 两种。再在输出轴三档齿轮 10 后装上输出轴二档齿轮 12、滚针轴承及二档同步环 15(图 3-17 件 15、11、18)。然后用工具 13 压入一二档同步器毂 14。同步器毂 14 上的上面有标记槽 A 的一面朝向一档齿轮

17。按与三四档同步器同样的方法:按 120°在输出轴一二档同步器毂 14 上均匀插上滑快,按 120°交叉装上两卡环,卡环上带有弯勾的一端须嵌入滑快内,再装上输出一二档同步器接合套 16。然后装上一档同步环 18、滚针轴承与输出轴一档齿轮 17(图 3-17 件 18、10、14)。输出轴一档齿轮的同步环 18 与其他同步环不一样,该环 18 的齿部三个部位缺齿(箭头 20 处)。

最后在输出轴一档齿轮 17 上装入输出轴一档齿轮垫圈 19(图 3-17 件 1、2),并用工具 21 压入输出轴后圆锥滚子轴承内圈(图 3-17 件 9),圆锥滚子轴承内圈 22 的大端朝向一档齿轮 17。

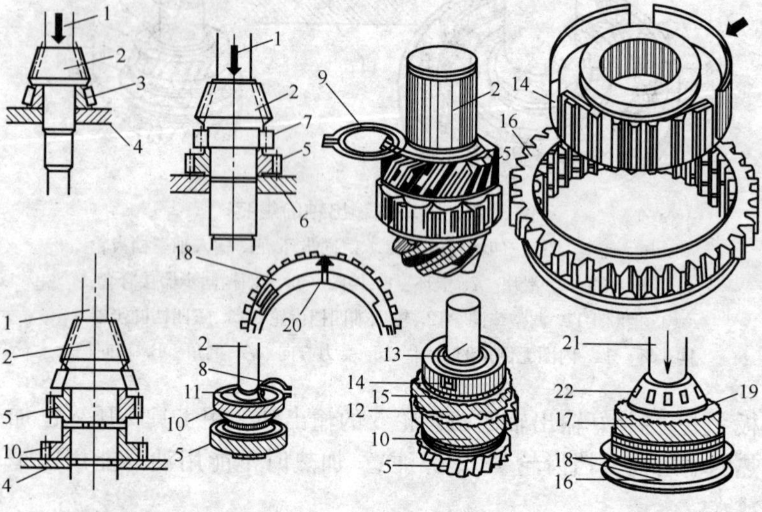

图 3-20 桑塔纳输出轴的组装

1. 工具 2. 输出轴 3. 输出轴前轴承内圈 4. 平板 5. 输出轴四档齿轮 6. 平板 7. 输出轴前轴承 8. 挡圈 9. 挡圈 10. 输出轴三档齿轮 11. 调整垫片 12. 输出轴二档齿轮 13. 工具 14. 输出轴一二档齿垫圈 15. 二档同步环 16. 输出轴一二档同步器接合套 17. 输出轴一档齿轮 18. 一档同步环 19. 输出轴一档齿轮垫圈 20. 一档同步环缺齿处 21. 工具 22. 输出轴后圆锥滚子轴承内圈

14. 桑塔纳2000变速器有什么特点?

塔纳2000系列轿车采用五档手动变速器,由传动机构、操纵机构、变速器壳体等组成,其结构紧凑、噪声低、操作灵活可靠。该变速器的五个前进档均装有锁环惯性式同步器。换档轻便,所有档位都采用防跳档措施等特点。

当驾驶员挂上某一档位时,动力由输入轴传入变速器,通过相啮合的齿轮副将动力由输出轴传至主减速器,在变速器中实现了变速、变扭的作用。变速器设置有超速挡(传动比小于),主要用于在良好路面或空车行驶时,提高汽车的燃料经济性。

15. 怎样拆卸桑塔纳2000变速器?

(1)拆下蓄电池的搭铁线。

(2)拆下离合器拉索。

(3)举升起汽车。

(4)将传动轴(半轴)从变速器上拆下来并支撑好。

(5)旋松变速操纵机构的内换档杆螺栓。

(6)压出支撑杆球头并将内换档杆与离合块分离。

(7)拆下倒档灯开关的接头。

(8)拆下车速里程表软轴。

(9)卸下离合器盖板。

(10)拆下排气管。必要时将化油器上的滤清器取下,有利于拆下排气管的螺母。

(11)放下汽车并将发动机固定好。

(12)拆下发动机与变速器上部连接螺栓。

(13)再举升起汽车。

(14)拆下起动机的紧固螺栓。

(15)拆下发动机中间支架。

(16)拆下发动机中间支架螺栓,并旋松螺栓。

(17)拆下变速器减振垫和减振垫前支架。

(18)拆下发动机与变速器下部连接螺栓,并拆卸变速器。

16. 怎样安装桑塔纳 2000 变速器?

变速器的安装按拆卸相反的顺序地行,但注意以下事项:

(1)用 55N·m 的力矩旋紧变速器固定在发动机上的螺栓。

(2)用 25N·m 的力矩旋紧变速器减振垫前支架的固定螺栓。

(3)用 20N·m 的力矩旋紧减振垫固定在前后支架上的螺栓。

(4)用 110N·m 的力矩旋紧减振垫固定在车身上的螺栓。

(5)用 70N·m 的力矩旋紧变速器支架固定在横梁上的螺栓。

(6)用 30N·m 的力矩旋紧发动机中间支架固定在车身上的螺栓。

(7)用 40N·m 的力矩旋紧传动轴固定在变速器上的螺栓。

(8)用 30N·m 的力矩旋紧内变速杆固定螺栓。

(9)如果需要,调整离合器踏板自由行程。

17. 检修安装桑塔纳 2000 变速器注意哪些事项?

(1)衬垫、油封。

①每次修理必须更换密封垫圈。

②每次修理必须更换 O 形圈。

③轴油封装入前,在外径上涂上一层薄油,在唇形密封圈之间的空隙内填满润滑油脂。车油封装入后,检查变速器的油面,有时须添加到注油口边缘。

④接合面顺保持清洁。

⑤密封剂应涂均匀,不要太厚,且通气孔应保持通畅。

(2)调整垫片。

①用千分卡多点检测调整垫片不同的公差,可以精确地测出所需的垫片的厚度。

②检查边缘是否有损坏。

③只准装入完好好的调整垫片。

(3)挡圈、锁圈。

①修理中须调整挡圈。

②修理时不能将挡圈拉开过度。

③安装时必须将挡圈、锁圈放在规定的槽内。

④每次修理须调换弹簧销,安装位置在纵向槽内。

⑤敲进或敲出换档拨叉夹紧套筒时用锤子顶住,以免拨叉轴滑槽变形。

(4)螺栓、螺母。

①固定盖和罩壳的螺栓和螺母应交叉拧紧和拧松。对于特别易损的部件,例如:离合器压盘要摆正,并逐步对有拧紧和拧松。

②按规定的力矩调换自锁螺栓和螺母。

(5)轴承。

①将有标志的一面的滚针轴承(壁厚较大)朝向安装工具。

②在轴与轴承之间涂一层润滑油。

③变速器内的全部轴承都要使用变速器油。摩擦力矩应予以检查,注油时要特别小心。

(6)润滑油。该变速器不需换油,只有当进行某些需放油修理时,才更换。

18. 怎样更换桑塔纳 2000 减振垫?

(1)拆下螺栓 1 和 2,如图 3-21、3-22 所示。

(2)拆下减振垫固定前后支架上的螺栓。

(3)装上新的减振垫,但不要将固定螺栓旋紧。

(4)用螺栓 1 将减振垫固定在车身上,用 110N·m 的力矩旋紧。

(5)清洁中间的力矩销,将其粘在螺栓 2 上。

(6)装上螺栓 2,用 70N·m

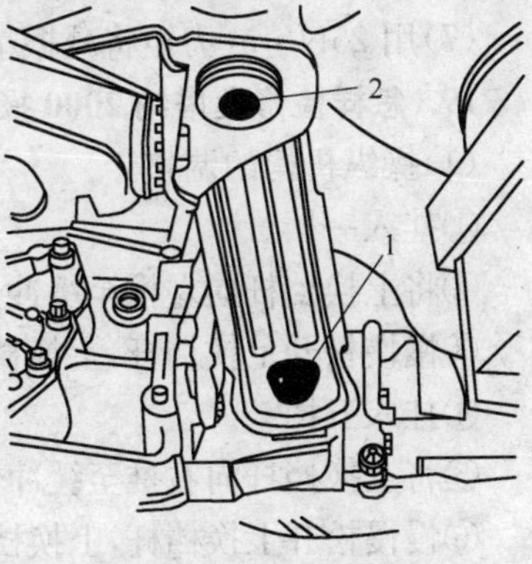

图 3-21 拆下减振垫螺栓

1、2. 减振垫螺栓

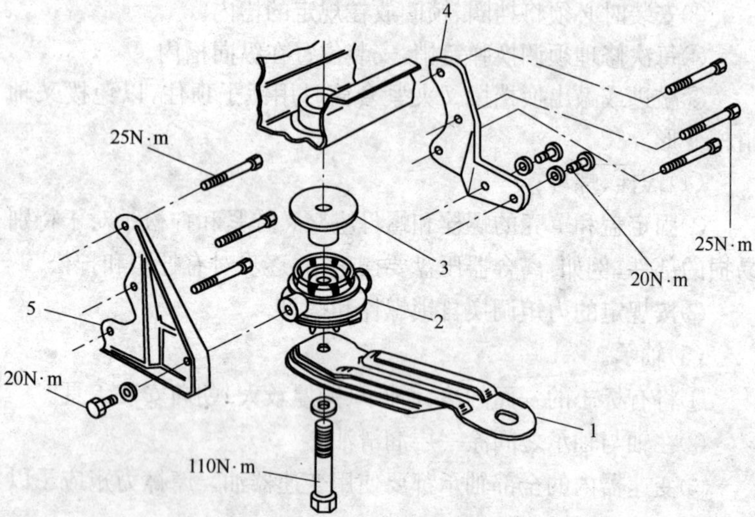

图 3-22 变速器减振垫组件

1. 变速器支架 2. 变速器减振垫 3. 减振垫 4. 减振垫后支架 5. 减振垫前支架

的力矩旋紧。

(7)用 25N·m 力矩将减振垫固定在支架上的螺栓旋紧。

19. 怎样检修桑塔纳 2000 操纵机构?

(1)操纵机构的调整。

①挂入一档。

②将上换档杆向左推至缓冲垫处。

③慢慢松开上换档杆,上换档杆朝右返回约 5.10mm。

④挂入五档。

⑤将上换档杆向右推至缓冲垫。

⑥慢慢松开上换档杆,上换档杆朝左返回约 5.10mm。

⑦当上换档杆朝一档和五档压去时,上换档杆大致返回同样的距离,如有必要,可通过移动换档杆支架的椭圆形孔进行调整。

⑧检查和档齿轮啮合是否平滑。

⑨如果啮合困难，要进行调整。

⑩将上换档杆置于极限的位置上。

⑪旋松夹箍的螺母，移动上换档杆，要求下换档杆在连接时自由滑动。

⑫取下换档手柄和防尘罩

⑬将换档杆支架孔与变速杆罩壳对准，并旋紧螺栓。

⑭用专用工具 VW5305/7 进行安装，将上换档杆放在如图 3-23 所示，箭头所指之处。

⑮轻轻地旋紧下面的螺栓，将专用工具固定好。

⑯将上换档杆放到最右面，直至缓冲垫，旋紧定位器螺栓。

⑰将上换档杆放在如图 3-24 所示，箭头指向位置。

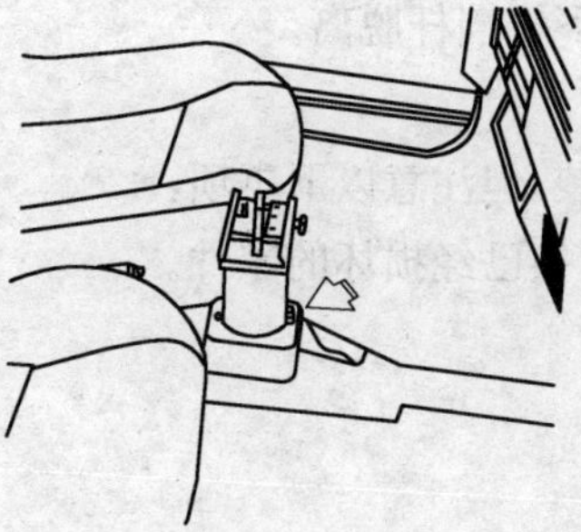

图 3-23 将上换档杆放在(一)位置上(箭头指向位置)

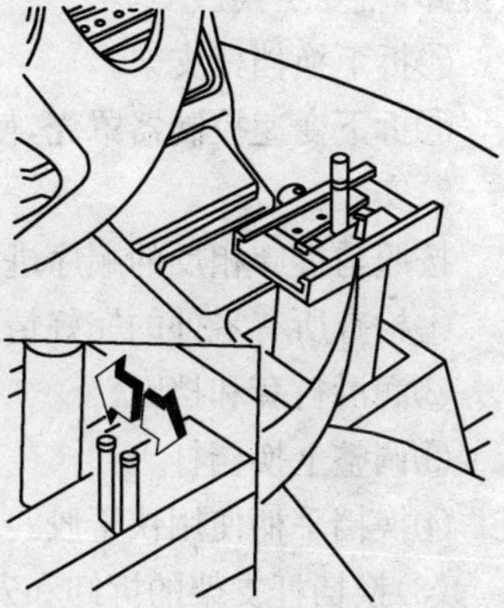

图 3-24 将上换档杆放在(二)位置上(箭头指向位置)

⑱用 20N·m 的力矩旋紧夹箍螺母。

⑲取下专用工具 VW5305/7。

⑳挂入一档，将上换档杆向左压到底。

㉑松开上换档杆，由于弹簧的作用上换档杆返回到右边。

㉒挂入五档，将上换档杆向右压到底。

㉓松开上换档杆,由于弹簧的作用上换档杆返回到左边(在挂入一档和五档时,上换档杆大致返回相同的距离。如果不是这样,可移动换档杆支架上的椭圆形孔来修正)。

㉔先挂入所有的档位,特别要注意倒档的锁住功能。

㉕装上仪表板,防尘罩和换档手柄。

(2)上换档杆的拆卸和安装。

1)拆卸。

①拆下换档手柄,取下防尘罩。

②取下仪表板。

③拆下固定在上换档杆的弹簧锁环,取下挡圈和弹簧(锁环一经拆卸,就要更换。)

④拆下换档杆支架。

⑤拆下变速控制器罩壳,使上、下换档杆脱离。

2)安装。

按照与拆卸相反的顺序进行安装,但注意以下事项:

①检查所有零件的完好情况,更换已经损坏的零件。

②润滑衬套和挡圈。

③调整上换档杆。

④换档手柄使用快干胶。

(3)换档杆支架的拆卸和安装。

1)拆卸。

①取下换档手柄和防尘罩。

②拆下锁环,挡圈和弹簧(锁环一经拆卸,就要更换)。

③拆下换档杆支架的固定螺栓,取下换档杆支架。

④用手取下换档杆支架,上换档杆支架及其零件分解。换档杆支架只有加润滑油时才分解,一旦发现任何零件损坏,就要全部更换。

2)安装。

①用润滑脂润滑换档杆支架内部件。

②装配换档杆支架。

③装上换档杆支架,螺栓不用旋紧。

④将换档杆支架上的孔与变速操纵机构罩壳上的忆对准,用10N·m的力矩旋紧螺栓。

⑤装上弹簧,挡圈和新的锁环。

⑥检查各档的啮合情况(如有必要移动换档杆支架上的椭圆孔来调整)。

⑦装上防尘罩和手柄(固定换档手柄,使用快干胶)。

20. 怎样检修桑塔纳2000变速器?

变速器壳体的分解如图3-25所示。

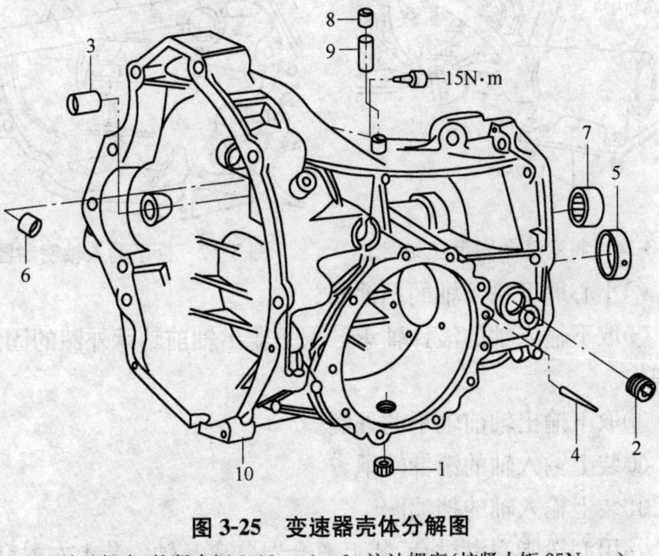

图3-25　变速器壳体分解图

1. 放油螺塞(拧紧力矩25N·m)　2. 注油螺塞(拧紧力矩25N·m)
3. 起动机衬套　4. 圆柱销　5. 输出轴前轴承外圈
6. 离合器分离叉轴右衬套　7. 输入轴滚针轴承
8. 防护罩　9. 通气管　10. 变速器壳

(1)变速器壳体的更换。

①拆卸变速器,将其固定在支架上,如图 3-26 所示。

②将变速器的油全部放净。

③拆下变速器的后盖,轴承支座。

④拆下离合器分离叉轴。

⑤旋下加油螺塞。拆下差速器。

⑥拆下输入轴密封圈,如图 3-27 所示。密封圈一经拆卸,就应更换。

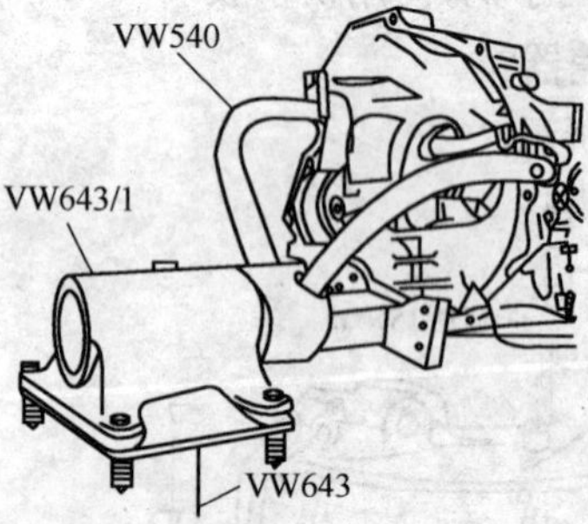

图 3-26　将变速器固定在支架上

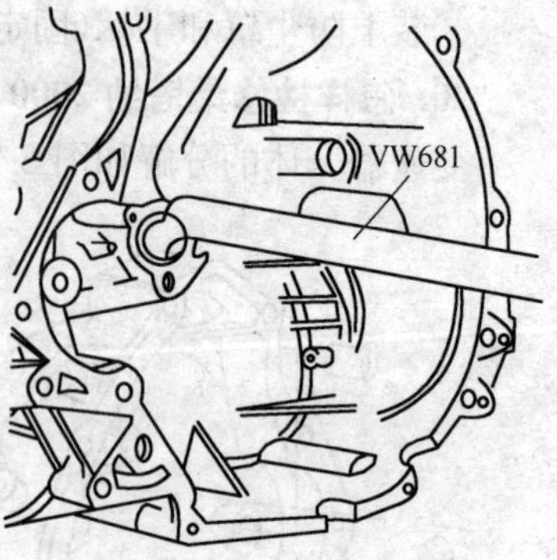

图 3-27　拆下输入轴密封圈

⑦小心取下输入轴的挡油圈。

⑧取下输入轴的滚针轴承。取下输出轴前轴承外圈的固定圆柱销。

⑨取下输出轴前轴承的外圈。

⑩装上输入轴的滚针轴承。

⑪装上输入轴的挡油圈。

⑫用润滑脂润滑衬套,装上离合器分离叉轴。装上左衬套,橡胶衬套和锁环。

⑬装上输入轴的密封圈。装上分离套筒和分离轴承。

⑭装上输出轴前轴承的外圈。在装上输出轴前轴承外圈时,注意要将外圈上的小孔与壳体上的小孔对准。

⑮装上输出轴前轴承外圈的固定圆柱销并封住(圆柱销不应全部插入,头部应突出壳体大约 3.0mm)。

⑯计算出输出轴调整垫片 S_3 厚度。

⑰计算出主减速器主动齿轮调整垫片 S_1 和 S_2 的厚度。

⑱装上有成套齿轮的变速器轴承支座。装上变速器后盖。

⑲装上放油螺塞,给变速器加上油。装上注油螺塞,用 25N·m 的力矩旋紧。

(2)变速器后盖的拆卸和安装。

1)变速器后盖的拆卸。

①卸下变速器和将其固定在支架上,见图 3-26 所示。

②将变速器的油放空。拆下后轴承盖(一经拆卸就应更换)。

③锁住输入轴。拆下输入轴的固定螺栓。

④拆下变速器后盖的固定螺栓,取下后盖。如有轴承防护罩,需小心取下,并重新装在轴承上。

2)变速器后盖的安装。

①在变速器轴承支座和后盖之间装上新的衬垫。

②将罩盖放在适当位置,插进带螺母的螺旋销 A(M10mm×70mm),直至罩盖完全顶住。

③拆下螺旋销,装上输入轴的固定螺栓,用 45N·m 的力矩旋紧。

④装上轴承支座和后盖的连接螺栓,用 25N·m 的力矩旋紧螺栓。

(3)输入轴后轴承的更换。

①拆卸变速器,将油全部放净。

②拆下变速器后盖,再拆下后盖内换档杆的密封圈。

③拆下内换档杆的衬套。

④取下挡油圈,如有必要可用水泵钳帮助拆卸。

⑤拆下锁环及输入轴的后轴承。

⑥将输入轴轴承装在新的后盖上。

⑦装上锁环及新的挡油圈。挡油圈一经拆卸就应更换,在箭头所指的部位冲压将其固定。

⑧装上内换档杆的衬套,装上衬套的密封圈。

(4)变速器轴承支座的更换。

①拆下变速器后。

②下一档和二档拨叉的锁销,接把拨叉向左转动。

③挂入二档,边转边拉下拨叉轴。

④取下一档和二档的拨叉。

⑤取出锁销,取下拨叉轴和五档齿轮的套管。

⑥取下同步器和输入轴的五档齿轮,如图 3-28 所示。

⑦拆下五档轮滚针同承内圈和固定垫圈。

⑧挂上一档,锁住输入轴,取下输出轴的五档齿轮紧固螺母。拆下五档齿轮。

⑨分开导向锁(不用取下)。拆下轴承支座。

⑩取下三档和四档拨叉的锁销和拨叉轴。

⑪拆下倒档自锁装置及倒档拨叉轴。

⑫拆下输入轴和输出轴。输出轴的外后轴承也在这次操作中取下。

⑬取出倒档轴和齿轮、倒档传动臂。

⑭取下输出轴后轴承的止动环。

⑮取下拨叉轴衬套。取下互锁销。

⑯拆下输入轴中间轴承。

⑰拆下输出轴后轴承外圈。

⑱钻一个 6mm 的螺纹,用螺栓将堵塞拆下。拆下自锁弹簧和分离套筒(只要变速器的罩盖更换了,就必须计算输出轴调整垫片 S_3 厚度)

⑲将导向套筒和弹簧装在新的轴承支座上如图 3-29 所示。

⑳装上输出轴后轴承外圈。

㉑调整主减速器主动齿轮。

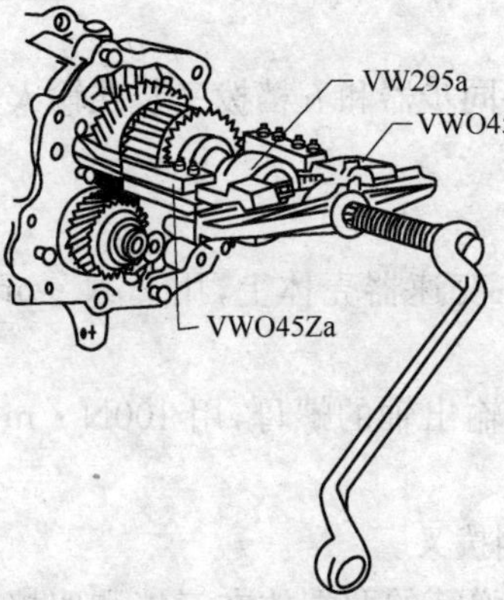

图 3-28　取下同步器和输入轴五档齿轮

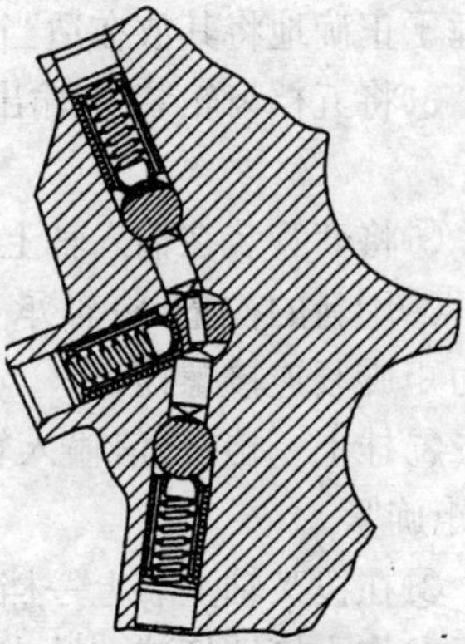

图 3-29　变速器自锁和互锁装置

㉒从变速器的壳体上取下轴承支座。装上锁环。

㉓装上输入轴的中间轴承。

㉔装上后轴承的止动环，用 25N·m 的力矩旋紧螺栓。

㉕装上拨叉轴衬套。

㉖装上倒档齿轮、轴及传动臂，再装上垫圈和倒档传 动臂的固定螺栓。将传动臂往下(箭头所指)压，并插入螺栓，直至碰到传动臂。

㉗将传动臂朝螺栓压去旋入螺栓，直至听到螺栓旋入声音。用 35N·m 的力矩旋紧螺栓，挂倒档几次，并证实在各个位置上操作灵活(如果操作不灵活，挂倒档就不可能，重复操作)

㉘装上倒档的自锁装置，取下倒档轴和齿轮。

㉙将带拨叉的一档和二档拨叉轴及输出轴装在轴承支座上。

㉚装上倒档轴和倒档齿轮。将带三档和四档拨叉的输入轴及输出轴的外后轴承装在轴承支座上。

㉛装上三档和四档的拨叉轴和爪叉，并用锁销固定。

㉜用 120℃的温度给输出轴的五档齿轮、滚针轴承的内圈和同步器的壳体加热。

㉝装上固定垫圈和五档齿轮滚针轴承的内圈，使用 VW224b

和锤子正确地将其放在适当的位置。

㉞将五档齿轮装 在输出轴上,将同步器和五档拨叉装在输入轴上。

㉟将套管装在输入轴上。

㊱用新的衬垫,将轴承支座装在变速器壳体上,用 25N·m 的力矩旋紧连接螺栓。

㊲挂上一档,锁信输入轴。装上输出轴的螺母,用 100N·m 的 矩旋紧。

㊳在拨叉轴上装上一档和第二档拨叉。

㊴将内换档杆装在轴支座上,将弹簧的两端放在三档和四档的拨叉轴上,将凸缘部分与拨叉给的凹槽对齐(成直线),将内换档杆朝左转动。

㊵用锁销固定一档和二档拨叉。用锁销固定五档的拨叉。

㊶使用新的密封衬垫,装上变速器的后盖。

21. 怎样检修桑塔纳 2000 变速器传动机构?

变速器传动机构包括输入轴、输出轴及其上的齿轮组成。输入轴和输出轴如图 3-30 和图 3-31 所示。

(1)输入轴、输出轴的拆卸。

1)拆卸整套齿轮。

①拆卸变速器。

②拆下变速器后盖。

③拆下轴承支座。

④拆下整套齿轮。

2)拆卸输入轴。

①拆下四档齿轮的有齿锁环。取下四档齿轮,同步环和滚针轴承。

②拆下同步器锁环。

③取下三档和四档同步器、三档同步环和齿轮。取下三档齿轮的滚针轴承。

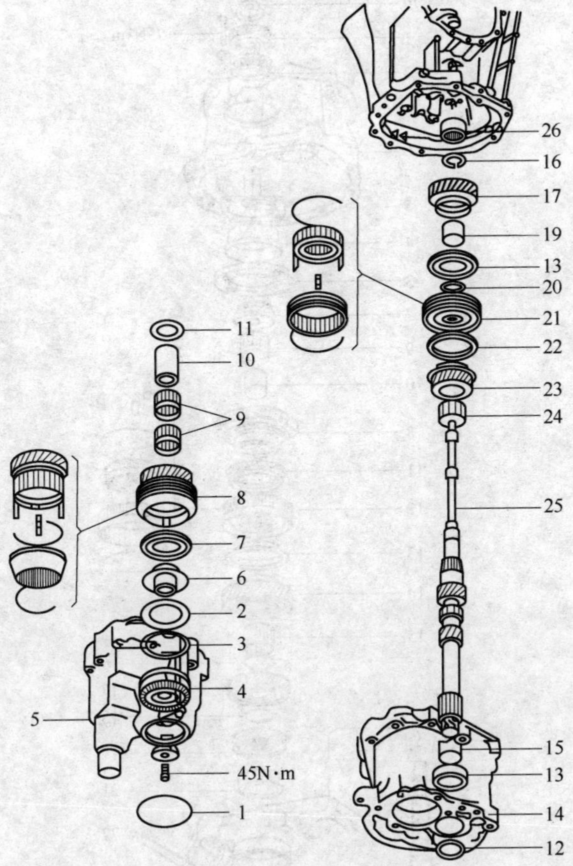

图 3-30　输入轴分解圈

1. 后轴承的罩盖　2. 挡油圈　3. 锁环　4. 输入轴后轴承　5. 变速器后盖　6. 五档同步器套管　7. 五档同步环　8. 五档同步器和齿轮　9. 五档齿轮滚针轴承　10. 五档齿轮滚针轴承内圈　11. 固定垫圈　12. 锁环　13. 中间轴承　14. 轴承支座　15. 中间轴承内圈　16. 有齿的锁环　18. 四档同步环　19. 四档齿轮滚针轴承　20. 锁环　21. 三档和四档同步器　22. 三档同步环　23. 三档齿轮　24. 三档齿轮滚针轴承　25. 输入轴　26. 输入轴滚针轴承

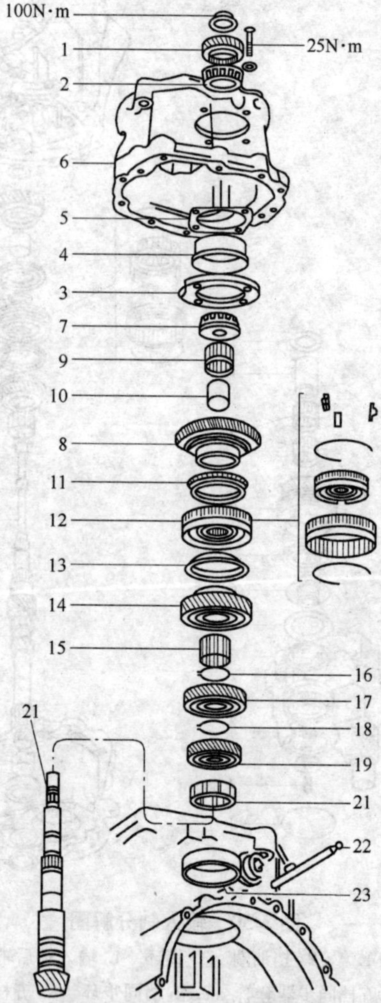

图 3-31　输出轴分解图

1. 五档齿轮　2. 输出轴外后轴承　3. 轴承保持架　4. 后轴承外圈　5. 调整垫片 S3　6. 轴承支座　7. 输出轴内后轴承　8. 一档齿轮　9. 一档齿轮滚针轴承　10. 一档齿轮滚针轴承内圈　11. 一档同步环　12. 一档和二档同步器　13. 二档同步环　14. 二档齿轮　15. 二档步轮滚针轴承　16. 挡环(厚度应用测量薄板用的样板测定,可使用的厚度为 1.5～1.6mm)　17. 三档齿轮(凸缘应转向四档齿轮)　18. 挡环　19. 四档齿轮(凸缘应转向锥主动齿轮)　20. 输出轴前轴承　21. 输出轴　22. 圆柱销　23. 输出轴前轴承外圈

④取下输入轴的中间轴承内圈。

3)拆卸输出轴。

①拆下输出轴内后轴承和一档齿轮。取下滚针轴承和一档同步环。

②取下滚针轴承的内圈、同步器和二档齿轮。取下二档齿轮的滚针轴承。

③拆下三档齿轮的锁环、三档齿轮。

④拆下四档齿轮的锁环、四档齿轮。

⑤拆下输出轴的前轴承。

(2)输入轴、输出轴的安装。

1)安装准备。

①检查主减速器主动锥齿轮的情况。如果已经损坏,同主减速器从动锥齿轮一起更换,并计算从动锥齿轮和主动锥齿轮调整垫片厚度。

②检查所有齿轮和轴承的损坏情况。如果要换,除更换所损坏的外,还需将其他轴上的相应齿轮更换。

③用钢丝刷清洗同步环的内维面。

④在更换一档齿轮滚针轴承的内圈或输出轴的后轴承时,计算输出轴的调整垫片厚度。

⑤同步环。将同步环压在各自齿轮的锥面上,检查间隙 A 值,如图 3-32 所示。间隙 A 的规定值如表3-1所示。

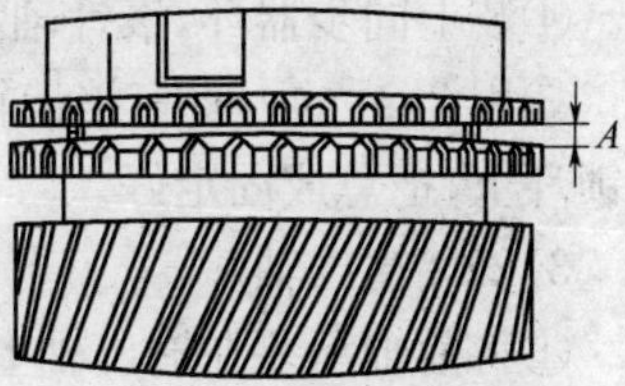

图 3-32　检查间隙

表 3-1　间隙 A 值　(mm)

同步环	间隙 A	
	新的零件	磨损的限度
一档和二档	1.10～1.17	0.05
三档和四档	1.35～1.90	0.05
五档	1.10～1.70	0.05

将同步环贴在极其平滑的表面上(平板,玻璃等)对其扭曲进行分析。

用轻度的压力将同步环装在各自齿轮的锥面上,移动齿轮的锥环,对过度的侧面间隙(成椭圆形)进行分析,如图 3-33 所示。如果出现上述任何一种不正常现象,就应更换同步环。

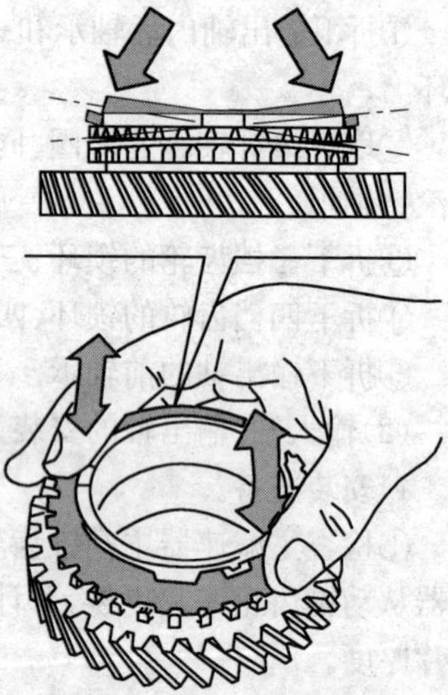

图 3-33　检查同步环

2)安装输入轴。

①装上中间轴承的内圈,将预先润滑过的三档齿轮滚针轴承装上,把油槽转向二档齿轮。

②组装三档和四档同步器。

③装上三档齿轮及三档和四档同步器。装上锁环。

④装上同步器环,滚针轴承和四档齿轮,再装上有齿的锁环。

⑤用 2kN 的力将三档齿轮、同步器备战档齿轮紧紧压在有齿的锁环上,把总成固定好。

3)安装输出轴。

①将前轴承装在输出轴上。

②装上四档齿轮。用手扶住前轴承,齿轮有凸级的一边应朝向轴承。

③利用可供使用锁环中的一个将四档齿轮固定好。先从较厚锁环的开始,锁环厚度有:2.35mm、2.38mm、2.41mm、2.44mm、2.47mm 几中。

④安装三档齿轮。凸缘应朝向四档齿轮。

⑤利用塞尺测量锁环的厚度,如图 3-34 所示。根据测得的尺

寸，选择适当的锁环装上，如表 3-2 所示。

⑥安装滚针轴承、齿轮和二档同步环。

⑦装配一档和二档同步器，如图 3-35 所示。

在同步器的凹槽中的槽应转向装拨叉槽的对面一边，如图 3-36 所示。同步器壳体有三个凹口，凹口上有三个凹陷的内齿。在安装中，三个凹口和槽吻合，这样可以安装锁环，然后，装止动弹簧，相互间隙 120°，弯的一端应嵌入锁环中的一个之内，如图 3-37、38、39 所示。

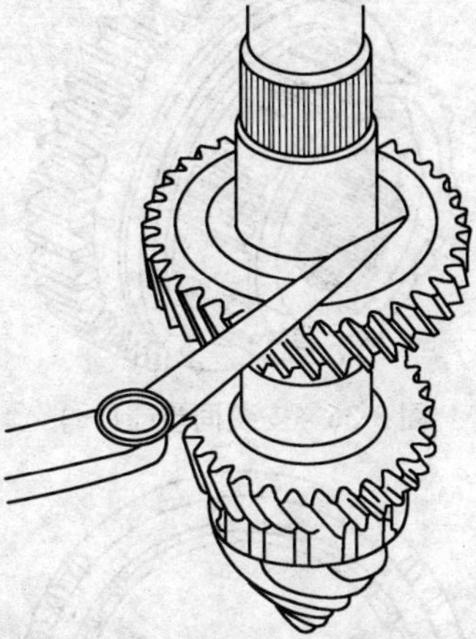

图 3-34 测量锁环的厚度

表 3-2 选择锁环厚度 (mm)

测得尺寸	锁环厚度
小于 1.6	1.5
1.6 或大于 1.6	1.6

⑧装上一档和二档同步器，如图 3-40 所示。同步器壳体的槽应朝一档齿轮。

⑨装上一档齿轮滚针轴承的内圈。装上一档同步环、一档齿轮、一档齿轮滚针轴承。只要下列的任何一个零件列换了就要计算调整垫片 S_3：a 轴承支座；b 输出轴后轴承；C 一档齿轮的滚针轴承内圈；d 主减速器从动锥齿轮和主动锥齿轮总成。

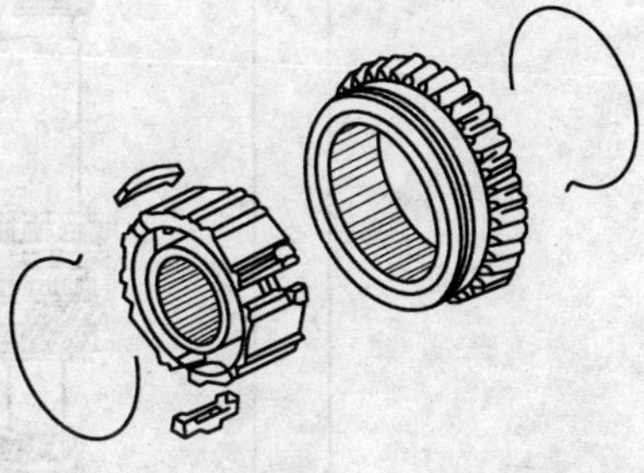

图 3-35 装配一档和二档同步器

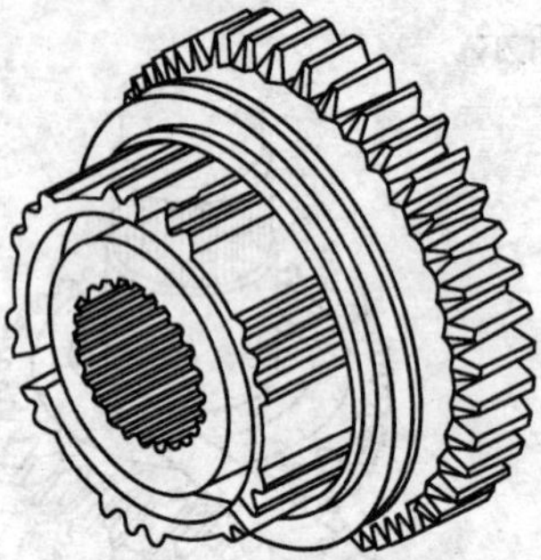

图 3-36 安装同步器(一)

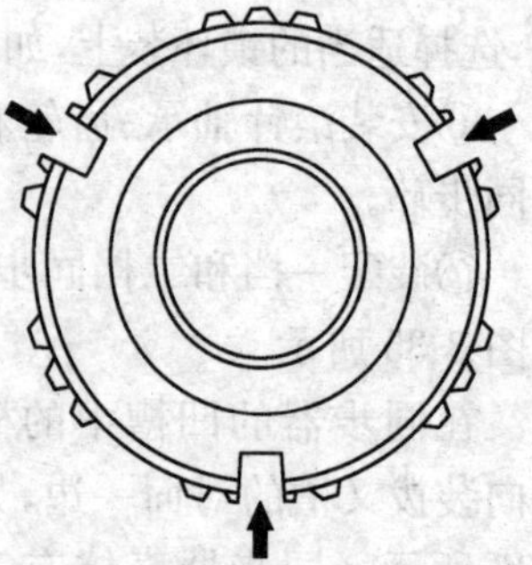

图 3-37 安装同步器(二)

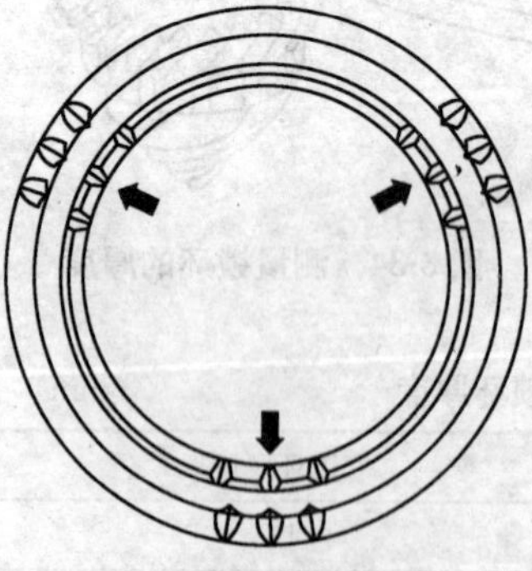

图 3-38 安装同步器(三)

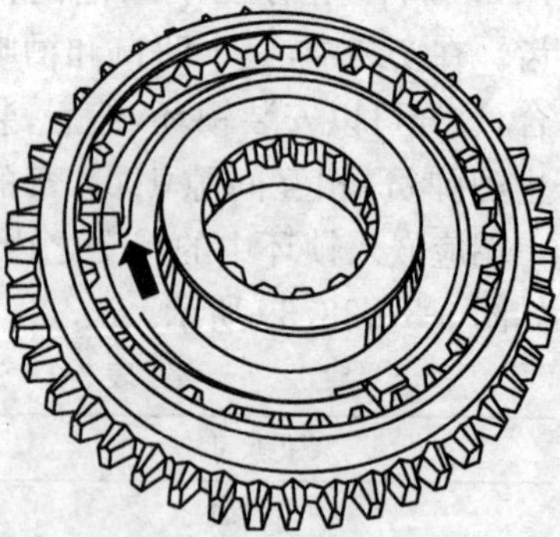

图 3-39 安装同步器(四)

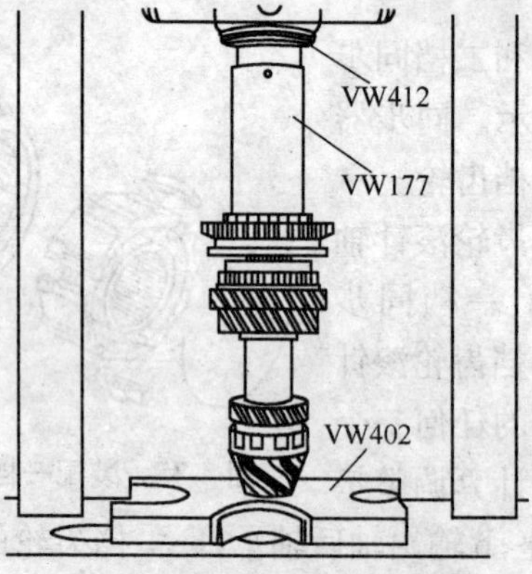

图 3-40 安装一档和二档同步器

⑩装上内后轴承。

⑪将输入轴和输出轴装在轴承支座上，将轴承支座装在变速器壳体上。

⑫将变速器后盖装在变速器轴承支座上。

22. 自动变速器由哪几部分组成?

电控液动自动变速器通常由液力变矩器、行星齿轮变速系统(包括换档执行器)、液压操纵系统、电子控制系统四部分组成，图3-41 所示为典型的电控液动四档自动变速器结构图。

23. 液力变矩器是怎样工作的?

图 3-42 所示为目前轿车上广泛采用的由泵轮、涡轮和导轮组成的单级双相三元件闭锁式综合液力变矩器。泵轮和涡轮均为盆状，泵轮与变矩器外壳连为一体，是主动元件；涡轮悬浮在变矩器内，通过花键与输出轴相连，是从动元件；导轮悬浮在泵轮和涡轮之间，通过单向离合器及导输轴套固定在变速器外壳上。泵轮、涡轮和导轮之间靠工作液传递动力，它们的叶片端面之间都留有一定间隙。为保证变矩器的性能和工作液的良好的循环，泵轮、导轮的叶片都弯曲成一定的弧度并沿径向倾斜排列。

发动机起动后，曲轴带动泵轮旋转，因旋转产生的离心力使泵轮叶片间的工作液沿叶片从内缘向外缘甩出。这部分工作液既具有随泵轮一起转动的圆周向的分速度，又有冲向涡轮的轴向分速度。这些工作液冲击涡轮叶片，推动涡轮与泵轮同方向转动。

当涡轮转速比较小时，从涡轮流出的工作液向后流动，撞击导轮叶片的前面。因为导轮被单向离合器限定不能向后转动，所以导轮叶片将向后流动的工作液导向向前推动泵轮叶片，促进泵轮旋转。这相当于导轮与泵轮都对液力变矩器内工作液施加了正向力矩。当输入与输出转速稳定时，两正向力矩之和在大小上等于涡轮对液力变矩器内工作液施加的反向力矩，从而使涡轮的输出转矩大于泵轮的输入转矩，也就是此时液力变矩器处于增大转矩的变矩工况。涡轮的转速越低，导轮改变工作液流动方向的作用

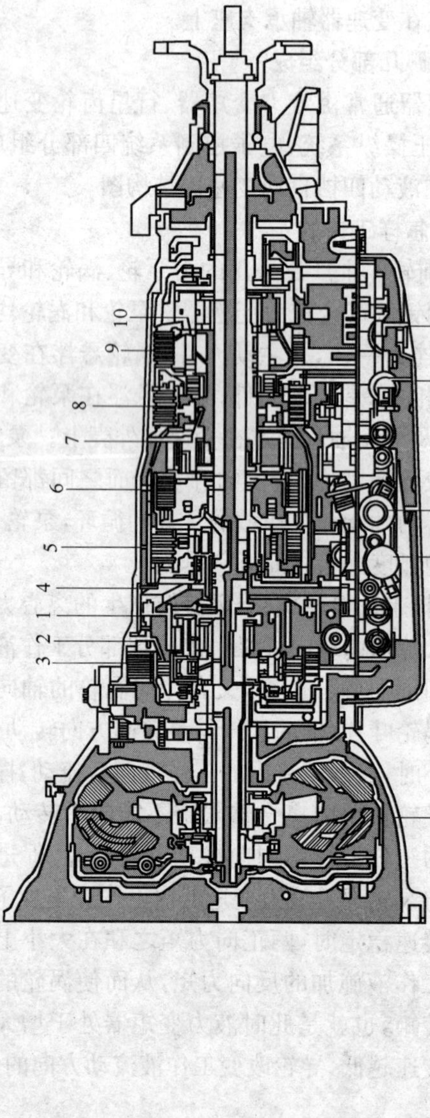

图 3-41 电控液动四档自动变速器

1. O/D 单向离合器(Fo) 2. O/D 单向直接档离合器(Co) 3. O/D 制动器(Bo) 4. 直接档离合器(C_2)
5. 第二档跟踪惯性制动器(B_1) 6. 前进档离合器(C_1) 7. 1 号单向离合器(F_1)
8. 第二档制动器(B_2) 9. 第一和倒档制动器(B_3) 10. 2 号单向离合器(F_2)
11. 1 号电磁阀 12. 2 号电磁阀 13. 3 号电磁阀 14. 4 号电磁阀 15. 液力变矩器

越强，变矩器增大转矩的效果越明显。考虑到传动效率等因素，一般把变矩器的输出转矩与输入转矩之比的最大值设计为 2～2.5。

随着涡轮转速的增加，从涡轮流出的工作液逐渐转为向前流动，当工作液开始流向导轮叶片的背面时，变矩器到达临界点。因为单向离合器允许导轮与泵轮一同向前旋转，所以在向前流动工作液的带动下，导轮沿泵轮转动方向自由旋转，工作液顺利地回流到泵轮。当从涡轮流出的工作液正好与导轮叶片出口方向一致时，导轮对工作液作用转矩为零，变矩器不产生增扭作用，这时液力变矩器的工况称为液力偶合工况。

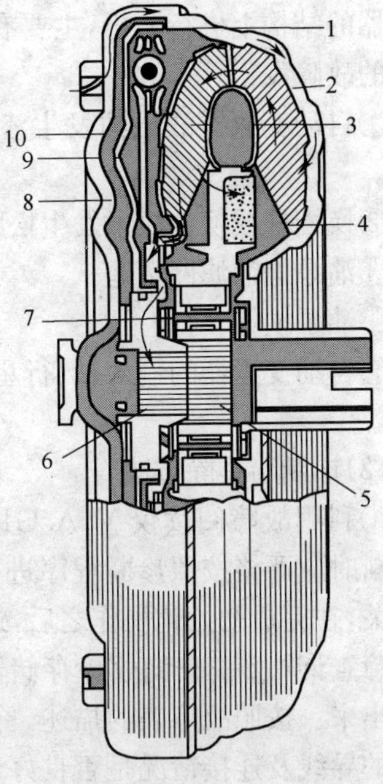

图 3-42　带锁止离合器的液力变矩器

1. 减振盘　2. 泵轮　3. 涡轮　4. 导轮　5. 导轮轴套　6. 涡轮输出轴　7. 单向离合器　8. 外壳　9. 涡轮传动板　10. 锁止活塞

24. 为什么帕萨特自动变速器不能行驶？

(1)故障现象。

①无论操纵手柄位于前进档或倒档，汽车都不能行驶。

②汽车起动后汽车能行驶一段路程，但热车状态下起动汽车不能行驶。

(2)原因分析。

首先用故障阅读仪 V. A. G1551 对自动变速器进行自诊断，如果是电子/电气系统发生故障，应按照故障代码对相应部位的电子/电气元件进行检查和维修,如不是控制系统的原因,应从自动变速器的结构上进行分析,主要有以下几种情况可引起汽车不能行驶的故障发生。

①自动变速器液压油发生渗漏,液压油全部漏光,导致无法挂档。

②换档杆或换档拉索发生松脱。

③油泵进油滤网堵塞。

④油泵损坏。

⑤自动变速器的输入轴、行星齿轮减速器部分或输出轴出现故障。

(3)诊断与排除方法。

①利用故障阅读仪 V. A. G1551 对自动变速器进行自诊断:自诊断时应严格按照诊断程序进行操作。连接好导线,并打开点火开关,在完成初始化操作之后,进入"02 一变速器电子系统",进行故障查询"02 一查询故障存储器",接通打印机,将故障显示并打印出来。按照故障表的描述,首先对照电路图检查对应故障码元件的导线及连接情况是否良好,对地是否短路。对有问题的导线及触点进行维修,维修后应对故障阅读仪 V. A. G1551 进行"05 一清除故障存储器"操作,并再一次进入"02 一查询故障存储器",以确定故障是否排除。

如果自诊断已经表明电子元件无故障,而路试时故障现象仍然存在,应做以下检查。

②检查自动变速器 ATF 液位。

③检查自动变速器操纵手柄与换档杆之间,换档杆与换档杆拉索之间有无松脱。如有松脱,应予以装复,并重新调整好操纵柄的位置。

对换档机构进行拆卸分解前,应先进行操作检查如下:将换档杆放在"P"或"N"位时,接通点火开关,如不踩制动踏板,换档杆被锁止,当踩下制动踏板时,换档杆可切换至各行驶档位;如果换档杆位于各行驶档位时，起动机不能被接通。一旦情况异常，即说明换档机构发生故障。可实施拆卸。

拆卸时，应把换档杆移至“P”位；记下收音机密码；拆下蓄电池负极线；拆下换档杆的手柄（按下套筒，拔出制动块上的按钮并向上拔出手柄）和中央控制台；举起汽车，拆三元催化装置和前排气管；如图 3-43 所示，按箭头 A 的方向按下弹簧锁，松开盖板，从安装支架 2 上取下盖板。按固定卡环 4 的两端然后拆下，拔下换档杆 5 上的换档杆拉索 3。向下拔出安装支架上换档杆拉索的止退板 6，拔出安装支架上的换档杆拉索。注意：拔拉索的过程中，不要弯折拉索。拆下带导向装置的盖板。稍稍提升锁止弹簧，从安装支架的锁止弹簧上松开锁止拉索。如图 3-44 所示，松开磁铁和换档杆照明线束的插头。拆下螺母 7（图 3-43，共 4 个），向下拆除安装支架 2。对各连接处进行仔细检查，有松动和松脱处，应进行紧固和修复。

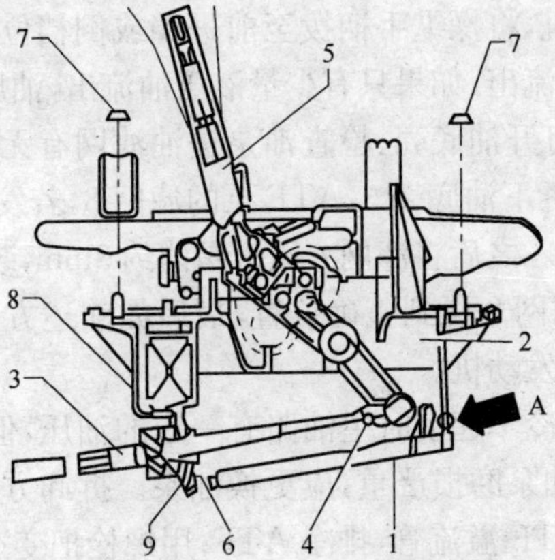

图 3-43 取下盖板

1. 盖板 2. 安装支架 3. 换档杆拉索 4. 固定卡环
5. 换档杆 6. 止退板 7. 螺母 8. 安装支架 9. 导入槽

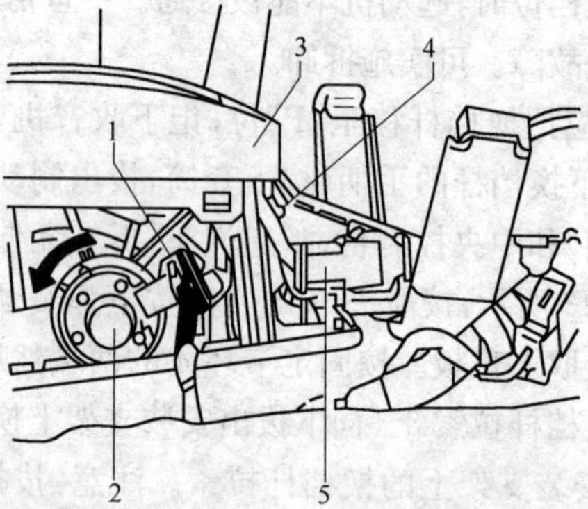

图 3-44　松开磁铁和换档杆照明线束插头

1. 插头　2. 磁铁　3. 导向装置　4. 凹槽　5. 换档杆照明线束插头

安装时,按照拆卸的相反步骤进行,注意检查换档杆拉索的调整状况,必要时应进行调整。

④对油泵进行故障排除检查时首先拆下主油路测压孔上的螺丝,起动发动机,将操纵手柄拨至前进挡或倒档位置,检查测压孔内有无液压油流出,如果只有少量液压油流出,油压很低或基本上没有油压,应打开油底壳、检查油泵进油滤网有无堵塞,首先是排空 ATF 液。拆下油底壳 3,ATF 泵的滤网 8,若发现有堵塞物,对滤网进行清洗。之后将滤网 8 压入阀体约 3mm,装入油底壳 3,拧紧螺栓 4,将滤网 8 压到正确位置,最后如前述方法加注 ATF 液之后才能起动发动机。

如果出现冷车起动时主油路有一定的油压,但热车后油压明显下降,说明油泵磨损严重,应更换油泵。拆卸方法如下:拆下检查孔螺塞和 ATF 溢流管,排净 ATF;用螺栓把变速器固定在总成支架上;拆下盖板,如图 3-43 所示;拆下油底壳和 ATF 过滤网,拆下扁平线束的阀体,如图 3-45 所示;取出倒档制动器 B1 的密封塞;拆下 ATF 泵的螺栓,如图 3-46 所示;把螺栓(M8)拧入 ATF 泵的螺孔中,均匀地拧入螺栓,将 ATF 泵从变速器壳体内取出。

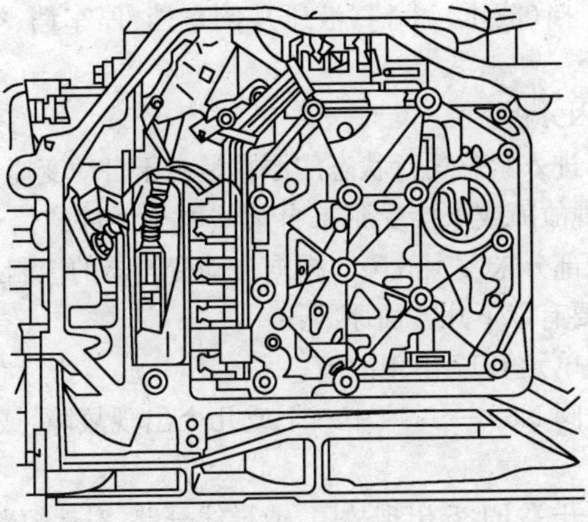

图 3-45　拆下阀体

安装时注意，用 8Nm 的力均匀交叉地拧紧螺栓，确保 O 形圈不被损坏；然后用百分表测量离合器间隙；安装盖板、O 形圈、扁平线束的阀体、油底壳和变矩器；将变速器装到车上后要加注 ATF，并检查和补充 ATF 液位。

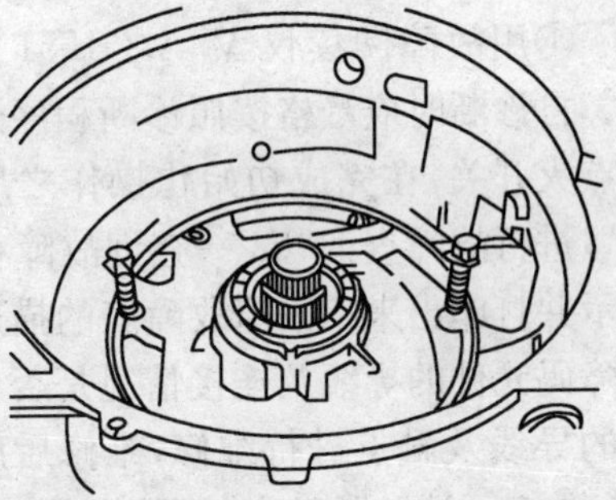

图 3-46　拆下 ATF 泵的螺栓取出 ATF 泵

⑤如果测压孔有大量液压油喷出，说明油泵及油路无故障，应对自动变速器的输入轴、行星齿轮减速器及输出轴进行拆卸检查。是否有零件损坏，一旦损坏应进行更换。

25. 为什么帕萨特自动变速器突然失去自动变速能力？

(1)故障现象。

汽车行驶时，突然失去自动变速功能，但仍然能操纵变速杆，让汽车在3挡(液压)、1档(液压)、倒车档、停车档、空档行驶或驻车。

(2)原因分析。

使汽车进入紧急运行状态的原因是由于自动变速器内控制单元J217出现故障或未接受到来自某些电子元件的信号。而液压部分和机械部分未发生故障。根据自动变速器的控制原理及电路图,分析主要有以下几方面原因:

①控制单元J217出现故障。

②电磁阀N88—N94中一个或几个出现故障,或导线开路、对地短路。

③功能开关F125出现故障,或导线开路、对地短路。

④自动变速器转速传感器出现故障,或导线开路。

(3)诊断与排除方法。

①用故障阅读仪V. A. G1551对自动变速器系统进行自诊断。自诊断时应严格按照诊断程序进行操作。连接好导线,并打开点火开关,在完成初始化操作之后,进入"02—变速器电子系统",进行故障查询"02—查询故障存储器",接通打印机,将故障显示并打印出来。按照故障表的描述,首先对照电路图检查对应故障码元件的导线及连接情况是否良好,对地是否短路。对有问题的导线及触点进行维修,维修后应对故障阅读仪V. A. G1551进行"05—清除故障存储器"操作,并再一次进入"02—查询故障存储器",以确定故障是否排除。

如果故障阅读仪V. A. G1551显示"No fault recognized(未识别到故障)",可以结束输出"06—结束输出"。然后进行路试。路试后必须用故障阅读仪V. A. G1551对自动变速器再进行一次自诊断。

如果故障阅读仪V. A. G1551仍然显示原有的故障代码,应进行读测试数据块操作。在对电磁阀进行"读测试数据块"操作时,应选择"显示组编号004",而且可以在汽车行驶过程中检查电磁阀。假如输出值与规定值不符,应按表中提示进一步做电气检测检查。

②进行电气检测。

26. 为什么帕萨特自动变速器打滑?

(1)故障现象。

①起步时踩下油门踏板,发动机转速很快升高但车速升高很慢。

②行驶中踩下油门踏板加速时,发动机转速很快升高但车速升高很慢。

③平路行驶基本正常,但上坡无力,且发动机转速很高。

(2)原因分析。

首先利用 V. A. G1551 对自动变速器进行故障诊断,如果诊断结果是电子/电气系统的故障,应排除相应故障,一旦自诊断无故障,应结合变速器的结构进行分析。

①液压油油面太低。

②液压油油面太高,运转中被搅动后产生大量气泡。

③离合器和制动器摩擦片磨损严重和烧焦。

④油泵磨损严重和油路泄漏,造成油压过低。

⑤单向超越离合器打滑。

⑥离合器和制动器活塞密封圈损坏,导致漏油。

⑦减振器活塞密封圈损坏,导致漏油。

(3)诊断与排除方法。

对于出现打滑现象的自动变速器,不要急于拆卸分解,应先做各种检查测试,以找出造成打滑的真正原因。

①应先检查其液压油的油面高度,如果油面过高和过低,应先调整至正常。

②检查液压油的品质。若液压油呈棕黑色或有烧焦味,说明离合器和制动器的摩擦片有烧焦现象,应对自动变速器进行拆卸分解,检查并更换离合器或制动器。

③通过路试，可以确定自动变速器是否打滑，以及打滑的档位和打滑的程度。将操纵手柄拨入不同的位置，让汽车行驶。自升至某一档位时发动机转速突然升高，但车速没有相应地提高，既说明该档位有打滑。打滑时发动机的转速越容易升高，说明打滑越严重。根据出现打滑的规律，还可以判断产生打滑的是哪一个换档执行元件：

若自动变速器在所有前进档都出现打滑现象，则前进档离合器打滑。

若自动变速器在操纵手柄位于D位或1位时，1档都打滑，如倒档也打滑(R)，则低档及倒档制动器打滑。

④有打滑现象的自动变速器，应先检查自动变速器的主油路油压，以找出造成自动变速器打滑的原因。如果前进档和倒档均打滑，其原因往往是主油路油压过低。若主油路油压正常，则只要更换磨损或烧焦的摩擦元件即可。若主油路油压不正常，则在拆修自动变速器的过程中，应根据主油路油压，相应地对油泵或阀板进行检修，并更换自动变速器的所有密封圈和密封环。

排空ATF液，取出变矩器，将变速器固定到VW353和VW309支架上，进行拆卸、检查，发现问题进行更换。

27. 为什么帕萨特变速器换档冲击大?

(1)故障现象。

①在起步时，由停车档(P)或空档(N)挂入倒档(R)或前进档(D)时，汽车振动较严重。

②行驶中，在自动变速器升档的瞬间汽车有较明显的闯动。

(2)分析原因。

导致自动变速器换档冲击大的原因很多，主要原因在于调整不当，机械元件性能下降或损坏，电子控制系统有故障，具体原因有：

①发动机怠速过高。

②节气门位置传感器调整不当，使主油路油压过高。

③升挡过迟。

④主油路调压阀有故障,使主油路油压过高。

⑤单向阀漏装,换档执行元件(离合器或制动器)接合过快。

⑥换档执行元件打滑。

⑦油压电磁阀不工作。

⑧电脑有故障。

(3)诊断与排除方法。应首先利用 V. A. G155l 对自动变速器进行自诊断,如果是电子系统的故障,应根据出现的故障代码有针对性的检查并排除故障。

①帕萨特轿车的怠速标准为 860±40/min,参照发动机部分用故障阅读仪 V. A. G1551 对发动机怠速进行检查(进入"01 一发动机电子系统"),如超出规定范围应按发动机规定对怠速进行调整。

②利用故障阅读仪 V. A. G1551 对节气门位置传感器(V60)进行诊断(进入"01 一发动机电子系统"),如调整不当,应进行重新调整。

③做道路试验,如有升档过迟现象,则说明换档冲击大的故障是升档过迟所致。如果在升档之前发动机转速异常升高,导致在升档的瞬间有较大的换档冲击,则说明离合器或制动器打滑,应对自动变速器进行分解检查,予以修理。

④检测主油路油压。如果怠速时,主油路油压过高,则说明主油路调压阀或调压电磁阀有故障,可能是调压弹簧的预紧力过大或阀心卡滞所致;如果怠速时主油路油压正常,但起步进档时有较大的冲击,则说明前进离合器或倒档及高挡离合器的进油单向阀阀球损坏或漏装。对此,应拆卸阀板,予以修理。

⑤检查油压电磁阀的线路以及油压电磁阀是否正常,电脑是否在换档的瞬间向油压电磁阀发出控制信号,如果线路有故障,应予以修复;如果电磁阀损坏,应更换电磁阀;如果电脑在换档瞬间没有向油压电磁阀发出控制信号,说明电脑有故障,

应更换电脑。

28. 为什么变速器跳档?

(1)原因。

①操纵杆调整不正确,齿轮或套合齿牙磨损成锥形。

②变速器轴、轴承或齿轮磨损松旷,轴向间隙过大,使轴在转动时发生窜动。

③换档叉轴凹槽定位球磨损严重,或定位球弹簧过软。

④同步器磨损或损坏,换档叉弯曲,换档杆磨损严重。

(2)排除方法。

①检查换档操纵机构是否正确,并调整正确;齿轮磨损成锥形应更换。

②检查轴承是否磨损松旷,必要时更换;轴的前后窜动量过大,应进行调整。

③检查并更换不合格零件。

④同步器磨损严重,应更换,换档叉弯曲和换档杆磨损严重,应进行校正焊接或换用新件。

29. 桑塔纳变速器有什么特点?

(1)桑塔纳变速器重量轻,除侧盖选用铝合金外,变速器壳体的其余部分均选用镁合金,使壳体的重量大为减轻;并大量选用了冲压件、压铸件、橡胶件、塑料件,使整个变速器总成的重量明显降低,仅为30.9kg。

(2)结构合理、布局紧凑桑塔纳轿车变速器结构采用两轴布置的形式,取消常规的中间轴。由输入轴输入发动机动力,通过各档齿轮进行变速,利用输出轴主减速齿轮和差速齿轮机构以驱动前轮行驶。

30. 变速器内的同步器有什么特点?

变速器的各前进档采用惯性锁环式同步器。挂档时,拨叉推动啮合套向右(或向左)移动。啮合套压动滑块并推动同步环同向移动,此时同步环的内锥面与要挂齿轮的外锥面逐渐贴合,它们之间产生摩擦力使同步环的转速与要挂档的齿轮转速逐渐接近，到转速相同时，啮合套就越过滑环无声地与要挂档的齿轮全部啮合。这样就实现了换档过程中的同步，齿间没有冲击，换档便很平稳。

31. 怎样正确使用同步器？

变速器换档机构中采用了锁环式惯性同步器，使换档动作轻便、齿轮冲击减轻、换档时间缩短、加速性和行驶安全性得到提高。正确使用同步器，可以延长使用寿命 ，否则，将大大缩短其寿命。同步器的正确操作方法如下：

(1)采用两脚离合器加减档。减档时，若用一脚离合器，则减档的车速和时机必须正确和适时，必要时采用两脚离合器并加油的方法来减档。这样的加减档操作方法可以减少相啮合齿轮之间的圆周速度差，从而减小同步器的磨损，延长同步器的寿命。

(2)换档时严禁使用拍打方法即一推一松操作。应该始终用手按住变速杆，这样能大大地减少同步器锁环的滑磨时间，并减少磨损。

(3)严禁在空档熄火状态下，利用同步器强行挂档起动发动机。因为发动机的转动惯量很大，同步器的摩擦力矩又很小，所以同步过程时间很长，滑摩剧增，使锁环温度急剧增高，很容易烧毁同步器。

(4)严禁用同步器代替离合器起步(即不使用离合器而利用同步器的摩擦作用挂档起步)。严禁用同步器控制车速和制动。

32. 操纵机构怎样完成变速工作？

(1)变速器的操纵机构由变速杆支承总成、换档结合器、变速杆壳体、变速杆、换档操纵杆、操纵支承杆以及安全装置等组成，结构简单、操纵方便。

(2)在变速杆支承中装有上下半球和半轴瓦以及橡皮导套等零件，起到防松、防振作用。

(3)通过变速杆手柄、变速杆、换档操纵杆、操纵十字轴、十字开关接套与换档机构连接，完成换档工作。

33. 怎样选用变速器油?

在出厂时,变速器中已加入了优质的润滑油。一般情况下,变速器润滑油的液面无需进行检查。

桑塔纳轿车变速器使用的润滑油牌号为:齿轮油 API. GL4(MIL. L. 2105),SAE80W. 90 等级以上。

34. 挂档时应注意什么?

(1)车辆静止时,才能挂入倒档。

(2)发动机运转时,换档前应将离合器踩到底。

(3)行驶时,不能将手放在换档拨杆上,否则会造成拨叉过早磨损。

(4)行驶时,不能将左脚放在离合器踩板上。

35. 怎样检查和调整变速器操纵杆?

(1)检查换档调节。

①啮合第一档齿轮。

②将换档杆向左压足。

③用一个手指将换档杆固定住,然后让它慢慢地回弹至压力点,在换档杆手柄处测量,弹簧的压缩量必须达到 5. 10mm。

如果达到了上述压缩量,再调节变速器控制装置时,变速质量将不会再改变。

(2)调整换档杆(微调)。如果弹簧压缩量达不到上述数值,可将换档杆支架从侧面推向长形孔内,对变速控制器进行校正。

换档支架向右,第一档弹簧压缩量减少;换档杆支架向左,第一档弹簧压缩量增加。

(3)变速杆的基准调整。如果微调达不到目的或在修理时卡箍松开了,这时才需要基准调整。

①将变速器齿轮置于空档位置,把传动杆的卡箍松开,此时变速杆和变速杆拨动端的连杆必须活动灵活。

②将变速器手柄和波纹管取下,支架不用拆卸。把旧壳和变速器架的中心孔重叠,并拧紧螺钉。

③安装换档量规时，应将制动销放在前面的中心孔内，再将变速杆推到滑块的左侧止档（换档拨块凹槽的1/2），拧紧下面的滚花螺钉。将变速杆压至滑块右侧档块位置。

④将变速杆置于空档，校准变速杆，旋紧夹箍，拆掉量规。

⑤检查变速杆，必要时再进行微调。

⑥检查各档啮合情况。

⑦安装波纹管，旋紧变速手柄。

36. 变速器装配有哪些要点？

（1）变速器装配前应检查各部零件是否合乎规定的要求，并修除毛刺。

（2）旧齿轮应尽量保持原有成对磨合的关系。但个别齿轮牙齿磨损过多，间隙超过0.45mm时，可进行选配或换用新齿轮，使间隙得以减小。选配或换用后，齿轮间隙最好降到0.30mm以下。

（3）在一对齿轮中的一个齿轮面，涂上一层薄薄的颜色，转动齿轮检查齿面接触情况。接触良好者，其接触痕迹应在齿面的中间部分；其面积在牙齿高度方向上应不小于70%。在长度方向上应不小于75%。

（4）在装配之前，应将所有零件彻底清洗，并用压缩空气吹净或擦干。

（5）各部轴承及键槽叉轴和齿轮安装时，应涂以齿轮油。

（6）在装配过程中，应按照零件相互配合的技术标准进行装配，不要用锤子在零件表面上直接敲击，以防止打手或断裂。

37. 怎样检修变速器齿轮？

（1）变速器齿轮的损坏现象有：齿厚磨损，齿长磨损，齿面磨损成阶梯形，轴承及键槽磨损，齿面擦伤、剥落，齿端毛刺或剥落，牙齿裂纹或打坏，缺油烧坏等。

（2）一般齿轮牙齿的裂缝、打坏、齿面剥落、齿端毛刺或剥落等，均可由外观检查发现，齿厚及齿长磨损可用齿轮卡尺、游标卡尺及样板等检查。齿面有轻微斑点或边缘有破损,在不影响质量的情况下可用油石修磨当齿厚磨损超过 0.2mm,齿长磨损超过原齿长的 15%以上时,则应更换。

38. 怎样检修变速器轴?

变速器轴的损坏有:裂缝、弯曲,前端轴颈磨损,装滚珠轴承的轴颈磨损,与齿轮配合的键槽磨损,装突缘的键槽磨损等。

(1)输出轴的检修。输出轴轴颈及轴颈间隙圆盘磨损过大,不仅使齿轮啮合间隙过大,而且轴全在轴承内座圈中活动,从而烧蚀轴颈。检修方法如下。

①用卡尺测量输出圆盘和内座法兰的厚度,若磨损严重应更换输出轴或涂镀修复。

②用测微计测量输出轴颈的外径,如果磨损严重应更换或涂镀修复。

③用千分表测量输出轴的径向摆差不得超过 0.05mm,否则应校正输出轴。

(2)输入轴的检修。变速器输入轴的花键齿是与离合器的花键槽套配合的,经常作轴向滑动,易出现损坏。常见的损伤为键槽的磨损及轴的弯曲,接合牙齿有时因装配不当或使用不当而造成损坏。输入轴的轴承也是易损件。出现上述现象时应更换或修理。

如果检查输入轴的弯曲度超过极限,应冷压校正或更换。检查轴颈主轴承的磨损程度,如轴承磨损松旷更换。将同步器环压到换档齿轮的锥面上,检查摩擦效能,并用塞尺测量环齿与轮齿之间的间隙,其标准间隙为 1.35~1.90mm;若磨损超过 0.5mm 必须更换同步环。

39. 怎样检修变速器操纵机构零件?

变速器操纵机构零件主要损坏现象是磨损和弯曲变形较多。

(1)操纵横杆的检修。

①检查变速外横杆有无弯曲变形。在拨动外横杆时有无发

卡，横杆轴与锁紧螺栓及锁紧钢丝能否锁紧，否则应更换外横杆或钢丝。若外横杆变形，可校正修复。

②检查变速外横杆轴与衬套磨损的情况，如磨损严重，则应更换。

③检查变速外横杆是否弯曲变形，如变形则校正。

④如发现变速横杆轴花键及杆轴磨损，应更换。

(2)变速叉的检修。变速叉的损坏现象是叉的弯曲和扭曲，叉上端导动块以及下端端面磨薄或磨成沟槽，从而影响齿轮的正常啮合，导致“跳档”的故障。变速叉弯曲后，可用敲击法校正。导动快和端面磨损严重，应进行焊修或更换。

变速叉轴弯曲，锁销、定位球及凹槽的磨损，定位弹簧变软和折断等均会造成“跳档”、“乱档”。变速叉轴的弯曲，可通过冷压校正或更换。定位球、锁销磨损严重，定位弹簧变软或折断，均应更换。

40. 怎样诊断和排除变速器乱档?

(1)主要原因。

①变速杆定位销磨损松旷、断裂或丢失，使变速杆失去控制，任意乱挂。

②互锁销磨损过甚，而失去连锁作用，甚至造成同时换人两个档位。

③变速杆下端拨头的工作面磨损过甚，不能正确拨动换档导块。

(2)排除方法。

①应更换定位销，调整变速操纵杆。

②更换互锁槽。

③焊修变速杆下端头，或更换变速杆。

41. 怎样诊断和排除变速器异响?

(1)主要原因。

①齿轮牙齿磨损过甚变薄，间隙过大致使运动中发出冲击声。

②齿面啮合不良,修理时没成对更换齿轮。

③齿面疲劳剥落或个别牙齿损坏折断。

④轴弯曲或轴承松旷引起齿轮啮合间隙改变。

⑤轴承磨损严重或轴承烧蚀。

⑥轴承内、外座圈与轴颈配合松动。

⑦变速器缺油或润滑油过稠、过稀或变质。

⑧变速器内掉入异物等。

(2)排除方法。

①行驶时换入新档若有时显出异响声,即为该挡齿轮牙齿磨损,应检查磨损情况,必要时更换一对新齿轮。

②重新搭配一对新齿轮。

③更换一对新齿轮

④检查并较正弯曲的轴,或更换调整轴承。

⑤更换轴承。

⑥调整配合。

⑦应按规定加注润滑油,必要时更换润滑油。

⑧分解变速器,取出异物,重新装配。

42. 怎样诊断和排除变速器挂不上档的故障?

(1)主要原因。

①叉轴弯曲,轴与导向孔严重锈蚀。

②换档叉紧定螺栓松动。

③操纵杆调整不良。

④同步系统损坏。

(2)排除方法。

①应拆开变速器盖,检查换档叉轴是否弯曲,如弯曲应校正轴与导向孔锈蚀,应除锈修复。

②紧固换档叉固定螺栓。

③正确调整操纵杆。

④更换损坏的同步系统零件。

43. 怎样诊断变速器漏油?

变速器的漏油部件,可以通过检视漏油的痕迹来发现。变速器漏油的原因,大致有以下几个方面:

①变速器各部密封衬垫不良。

②变速器油封损坏。

③变速叉轴两端油堵密封不良。

④变速器轴承盖油封不良或轴承间隙过大。

⑤变速器壳破裂。

⑥加注齿轮油过多。

⑦变速器盖安装松动。

⑧通气孔堵塞。

44. 行驶中为什么换档时发响?

汽车在行驶过程中,由于道路和地形情况的变化以及行驶速度的需要,换档操作是相当频繁的。能否及时、正确地换档,对维护车辆机件、保持车辆行驶平稳,对充分利用发动机动力、节约行车燃料都有很大的关系,也是考核每个驾驶员操作技能的一项基本内容。

一般来说换档时响与不响的关键在于是否能掌握油门大小、车速高低、换档时机和发动机声音四个方面。

(1)油门大小。油门大小即为空油门的程度。在整个换档过程中难度较大的是高档位换低档位,其操作方法是“两脚离合器加一脚空油门”。汽车在一定的条件下行驶时,空油加得过大,则换档时齿轮会响;过小,齿轮也会响。

(2)车速高低。在一般情况下,行驶车速快,加空油则大;车速慢,加空油则小。

(3)换档时机。车辆在行驶中,使用的档位不同,则换档时机也不相同。如:在车速保持不变的情况下,使用档位愈低,则换档速度愈快;在车速较快的情况下,三档换二档,要确保一次性换进、齿轮不响,则空油门不仅加的大,而且换档时加空油同时进行,一档,要确保一次性换进、齿轮不响,则空油门不仅加的大,而且换档与加空油几乎同时进行,一般情况下,若空油加的适当,可及时换档;过小,则不利换档,可再补一脚;若过大,可稍等片刻。

(4)听发动机声音。通过听声音判别出汽车在不同档位、以不同速度行驶时发动机转速的声调,是驾驶员熟练掌握操作要领的一个核心环节。如:在三档减二档的过程中,必须加一脚空油,而加空油大小的程度可根据二档速比行驶,在达到该车速时发动机应具有的声调来定;即通过加空油,使得发动机转速提高的声调,与在该档位、该车速时发动机应具有的声调来定;即通过加空油,使得发动机转速提高的声调,与在该档位、该车速下发动机应具有的声调相吻合,则换档时齿轮就不会响,否则,变速器齿轮就会发出尖锐的撞击声。

以上所指出的四个方面,在实际操作中虽然各自要领不一,但相互之间的依赖性、连贯性很大。如车辆在爬坡时:车速高,发动机转速高,加空油则大;车速高,发动机转速低,加空油则小;车速低,发动机转速高,加空油则大;车速低,发动机转速低,加空油则小。在这四种情况下,换档时机又取决于加空油大小的程度与实际需要的程度之间是否协调,若空油略小或适当,则换档要快;若空油偏大,则换档要慢。

45. 怎样检验变速器拨叉?

变速器拨叉的检验可用量具进行。检查时,将被测拨档叉装在心轴上,用止动螺钉固紧,心轴装在靠板上,用螺母锁紧。用游标尺测量拨档叉工作端面与靠板平面间的距离;再测出上动螺钉至靠板平面的距离;计算出拨档叉工作面与止动螺钉中心线间的距离。转动靠板及移动游标尺,可以测出拨叉工作面与轴孔中心线的不垂直度。

不同车型变速器的拨档叉,可换用不同心轴即可。各型拨档叉换算测量高度,可预先计算好,刻在靠板上,以使查用。

46. 怎样检修变速器叉轴?

先将换档叉上螺丝拆下,然后,并用V型铁将两端架起,用百分表进行检验和校正。再用比叉轴销细的铜棒(或铁棍)用手锤将叉轴敲出,向外敲打时,应用手垫上布,堵住钢珠的孔眼,以免从孔眼中弹出伤人或丢失。

变速叉轴弯曲,端头严重起毛,应将两端头起毛部分打磨、磨平,并用V型铁将两端架起,用百分表进行检验和校正。

若叉轴的钢球磨损过甚或弹簧折断等,应予更换;若弹簧弹力弱,可在弹簧下面加装适当厚度的垫圈,以增加其弹力,但不可垫得过多,使弹簧压死失去弹力,引起挂档困难。

47. 怎样检修同步器?

(1)检查。将同步器齿环,二、三档滑动啮合套等均装于第一、二轴上,同时将啮合套放入空档,使一、二轴不要移动,并使滑口处于缺口的中间位置。此时轻轻拨动同步器二档或三档齿环,当齿环与滑块之间间隙消除时(即滑块已抵在齿环缺口中侧),齿环上的轮齿与第一轴上三档齿轮上的轮齿或与二档齿轮上的轮齿相抵,而可以挂入二档或三档位置,这说明齿环上的缺口是符合要求的。若因磨损缺口变大,则齿环上的轮齿就会超过三档(或二档)齿轮上的轮齿而不平齐;若因更换齿环而缺口不足,则齿环上的轮齿也同样达不到与三档(或二档)齿轮上的轮齿平齐。其间隙过大或过小,都将使两轮齿不平齐,即使在"同步"的情况下,也会给换档带来困难。

(2)常压式同步器的修理。常压式同步器的滑动毂前后两端均镶有用铆钉铆合的铜质带槽的锥面。由于长期使用,受到自然磨损,可以拆换重新铆新件,滑动毂具有径向孔,孔内装有定位销顶住齿合套的凹部。由于滑动毂与齿合套经常移动,定位销和凹部均会有磨损而松旷,应予修配适当。如磨损松旷过大,应予更换。

(3)惯性式同步器的修理。在惯性同步器中,最经常产生的故障是齿环的磨损、个别牙齿的断裂、齿毂的磨耗以及定位滑块的磨损等。同步器的锁环内锥面螺纹槽的齿顶宽不应小于0.15mm，一般经验检查方法是:在齿轮内斜面上涂上齿轮油，且与锁环相接触;使两者压紧，在相对转动时锁环不应从齿轮的斜面滑出。

(4)同步器的维护。很多汽车在使用中，常有同步器早期损坏的现象。其原因是:为节油驾驶员在下长坡时利用空档熄火滑行所致。因空档熄火滑行时中间轴停止工作，第二轴处于无润滑下运转，产生了干磨，而且新车同步器的锥环与齿轮锥盘间的间隙很小，干磨产生高温，造成同步器损坏。为此，要延长同步器的使用寿命，首先要定期保养和维护好同步器，各间隙的调整要得当，润滑要充分。此外，还应杜绝不正确的操作方法，下坡时不要熄火空档滑行，汽车滑行后不要不踩离合器就强行挂档，以免增大同步器锥面的磨损，特别要杜绝熄火滑行后不踩离合器强行挂档的错误操作。为减少换档时的啮合齿轮的转速差，换档时最好采用两脚离合器的方法。

48. 怎样磨合变速器?

(1)磨合与试验的目的与规范。变速器磨合与试验的目的，主要是为了改善各运动配合副的工作表面状况，检查和确保变速器修理与装配的质量，例如各档齿轮的工作情况，噪声鉴定，换档机构是否轻便灵活，有无跳档、乱档、漏油及轴承发热等情况。

变速器装合后，在专门的试验台上进行一定时间的试验磨合，能将工作表面上的凸起磨掉一些，增大了实际接触面积，减少了单位面积上的载荷，避免了变速器各使用配合副的剧烈磨损，这是很必要的。

变速器的磨合，分有负荷和无负荷两个阶段来进行。因为有些修理中的隐患只有通过有负荷试验才能发现，所以只有无负荷试验还不够的。

磨合试验时，各车型变速器第一轴的转速都有规定。一般为1000～1500r/min。

各档试验时间主要取决于试验时能发现装配质量问题所需要的时间。各档运转时间一般不少于15min。

磨合试验所用机油温度一般不低于15℃，磨合中温度升高不超过40℃，磨合后放掉机油，用煤油、柴油各占50%的混合液清洗。

(2)磨合的设备。磨合的驱动装置可采用同步转速为1500r/min的电动机，也可用汽车发动机驱动。

磨合加载的形式很多，根据制动力矩的产生方式，可以分以下几种：液力制动器；电磁涡流制动器；封闭式加载装置；交流发电机及直流发电机制动器；机械制动器等。

由于电涡流制动器在低速下有较大的制动力矩，且制动力矩随转速变化较小，改变激磁强度又可以使制动力矩在很大范围内变化；加上它结构简单，工作可靠，因此被大多数修理厂所采用。

封闭式加载装置，虽能节约功率，但它需要两个相同的变速器，而且工作时要挂同一档位，修理厂一般不采用。直流发电机制动器需要整流设备，成本较高，一般修理厂也不采用。机械式制动器，虽然结构简单，容易制造，但性能不稳定，也限制了它的发展。

(3)磨合后的要求及检查项目。经磨合的变速器，应符合下列技术要求：

齿轮在任何档位不允许有跳档、乱档现象；换档时应轻便自如，灵活可靠；各档齿轮运转或换档时无异响；所有的密封装置不得漏油。

磨合后应检查各齿轮齿面，啮合印痕应在齿的中部，新齿啮合面积应不小于工作面的1/2，原有齿不小于2/3。不符合要求时应用油石或手砂轮修磨后重新磨合，否则，应成对更换齿轮。

(4)电脉冲磨合。有的汽车修理厂采用电脉冲齿轮磨合机。磨合时间只有30min，磨合面的硬度高，耐磨性好，不需要用砂轮修磨齿面。

电脉冲磨合的原理是：利用15000Hz脉冲电流通过两个齿轮

之间产生电火花。电火花放电区有很强的磁场,使该区的介质电离和金属气化,在能量高度集中的细微质点上产生高达10000℃的高温,因此齿轮表面突出点逐渐被脉冲放电形成了金属气体、离子和熔态金属微粒。金属的气体和离子被润滑油吸收,而熔态金属微粒被挤移到齿轮的不平表面,同时受到润滑油冷却而淬火。

电脉冲磨合机是在一般专用磨合台上加装一套脉冲发生器构成的,导通的脉冲电流是通过变速器第二轴上的接触器(相当于电刷),使磨合的两齿轮之间形成正负电极,为防止从外壳处短路,应在中间轴上进行绝缘(可用尼龙或胶木套)。

49. 怎样更换变速器润滑油?

行驶回场后进行,因此时油温较高的流动性好,能将润滑油和沉淀物放净。放油时,应观察油液中是否有发亮的金属屑,来判断变速器的磨损情况。润滑油放净后,应清洗变速器,清洗后再按规定要求加入符合季节和牌号的新润滑油。

50. 变速器发热什么原因?

(1)变速器发热的故障现象:汽车行驶一段路程后,用手触摸变速器,有烫手感觉。产生上述故障现象的原因是:

①轴承装配过紧。

②缺少齿轮油或齿轮油黏度太小。

③齿轮啮合间隙过小。

(2)对以上故障原因进行判断及排除:应结合发热部位,逐项检查,调整间隙,添加或更换合格的齿轮油,予以排除。

第四章　驱动桥故障诊断与检修

1. 转向驱动桥由哪些零件组成？它是怎样工作的？

桑塔纳轿车采用前轮驱动方式，即轿车发动机和变速箱前置（置于驾驶室前），由主减速器将变速器所传来的动力进行减速，减速后的动力再通过差速器和万向节传动轴使前轮驱动并兼有转向功能，因此称为转向驱动桥。

主减速器、差速器和万向节传动轴是前桥驱动的重要部件，可隶属于前桥，由于与传动系统关系密切，也可视为传动系统的一部分，现放在此处讲述。

2. 怎样拆装主减速器与差速器？

如图 4-1 所示，桑塔纳轿车的主减速器是一对双曲线锥齿轮，其中主动锥齿轮与变速器输出轴制成一体，从动锥齿轮与它啮合，并依靠螺栓固定在差速器壳上。

差速器壳与差速器盖装合，内装行星齿轮，可实现差速调整，以使前左轮与前右轮在转弯时产生的轮胎不均匀磨损状况得到改善。差速器的拆装顺序，如图 4-2 所示。

3. 怎样拆装万向节传动轴？

差速器壳、盖两侧各有一根万向节传动轴，它把经减速后的动力分别传至前左轮和前右轮，使前轮既能驱动，又在前轮转向时不致受阻。

桑塔纳轿车万向节传动轴的结构外形如图 4-3 所示，剖面图如图 4-4 所示。

传动轴为中间断开式，有两根。在传动轴两端分别采用了德国洛保罗公司生产的两种不同型号的球笼式等角速度万向节，一端为 RF 型，另一端为 VL 型。RF 型等速万向节是一种固定式钟型万向节，其特点是摆角大(可达 47℃)；VL 型等速万向节是一种补偿轴距型万向节，其特点是轴距可伸缩，以补偿前轮发生跳动而

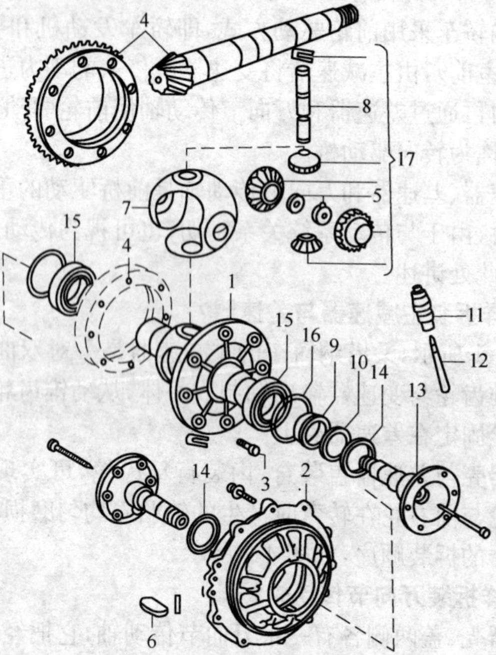

图 4-1　主减速齿轮和差速器分解图

1. 差速器壳　2. 差速器盖　3. 减速齿轮固定螺栓　4. 主减器齿轮
5. 锁紧螺母　6. 异型磁铁　7. 球形垫圈　8. 行星齿轮轴
9. 里程表主动齿轮　10. 齿轮衬套　11. 里程表芯子齿轮衬套
12. 里程表从动齿轮　13. 轴带突缘　14. 减速器半轴油封
15. 差速器轴承　16. 差速 S1、S2 调整片　17. 差速器圆锥齿轮组

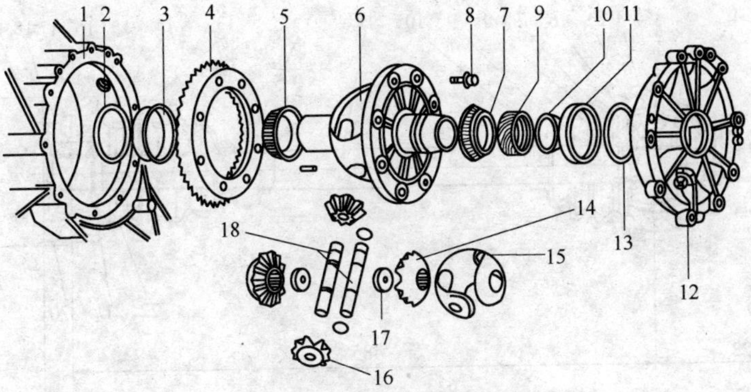

图 4-2　差速器的拆装顺序

1. 变速器罩壳　2. 调整垫片 S2(从动锥齿轮对面)　3. 圆锥滚柱轴承　4. 从动锥齿轮　5. 圆锥滚柱轴承　6. 差速器罩壳　7. 圆锥滚柱轴承　8. 从动锥齿轮螺栓　9. 车速表驱动齿轮　10. 锁紧套筒　11. 圆锥滚柱轴承外圈　12. 主传动器盖　13. 调整垫片 S1(从动锥齿轮侧)　14. 半轴齿轮　15. 复合式止推垫片　16. 行星齿轮　17. 螺纹套　18. 行星齿轮轴

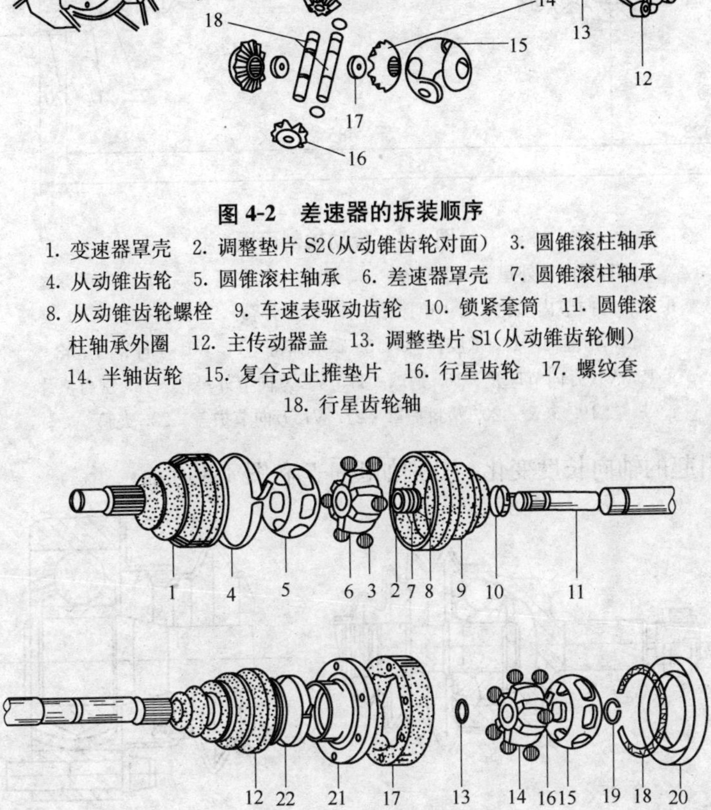

图 4-3　传动轴结构

1. RF 万向节外星轮　2. 卡簧　3. 钢球　4. 夹箍　5. RF 万向节球笼　6. RF 万向节内星轮　7. 中间挡圈　8. 碟形弹簧　9. 橡胶护套　10. 夹箍　11. 花键轴　12. 橡胶护套　13. 碟形弹簧　14. VL 万向节内星轮　15. VL 万向节球笼　16. 钢球　17. VL 万向节外星轮　18. 密封垫片　19. 卡簧　20. 塑料护罩　21. VL 万向节护盖　22. 夹箍

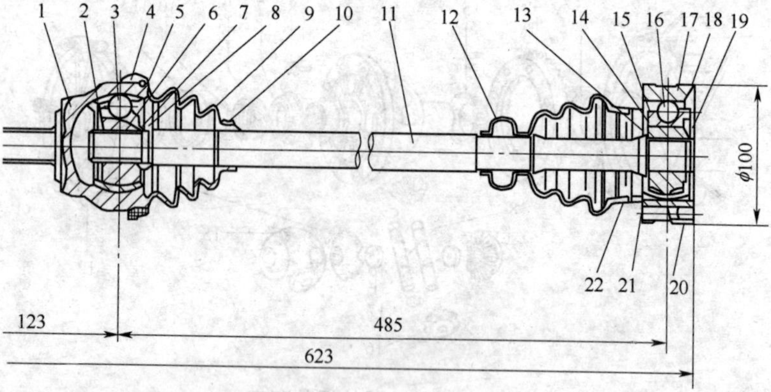

图 4-4 传动轴剖面图

1. RF 万向节外星轮 2. 卡簧 3. 钢球 4. 夹箍 5. RF 万向节球笼 6. RF 万向节内星轮 7. 中间挡圈 8. 碟形弹簧 9. 橡胶护套 10. 夹箍 11. 花键轴 12. 橡胶护套 13. 碟形弹簧 14. VL 万向节内星轮 15. VL 万向节球笼 16. 钢球 17. VL 万向节外星轮 18. 密封垫片 19. 卡簧 20. 塑料护罩 21. VL 万向节护盖 22. 夹箍

引起的轴向长度变化。分别如图 4-5 和图 4-6 所示。

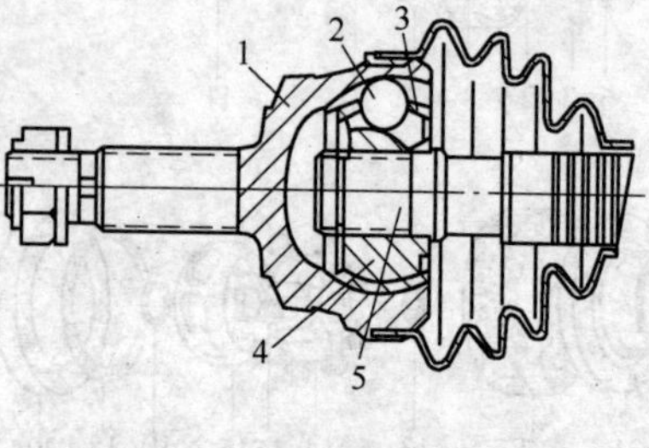

图 4-5 RF 型等速万向节

1. 外星轮 2. 钢珠 3. 钢球保持架（球笼） 4. 内星轮 5. 驱动半轴

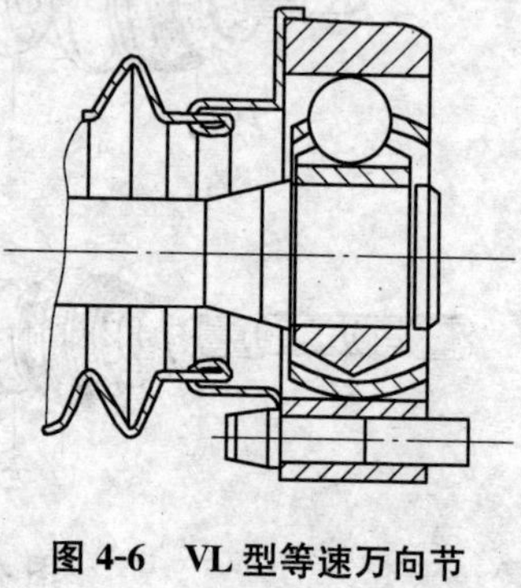

图 4-6 VL 型等速万向节

这两种万向节又称球笼式万向节。所谓球笼就是钢球保持架,它是一个空心球体,内外球面同心,在球体上开有 6 个均布的、能分别容纳一个钢球的长圆形球槽。球笼的内球面与内星轮的外球面相配合,外球面与外星轮的内球面相配合。球心是内星轮、外星轮相对运动的公共中心。因此,球笼有两个作用:一是使内星轮、外星轮围绕同一中心 O 转动;二是使 6 个钢球保持在同一平面上。外星轮是内周上有 6 个球道的零件,内星轮是外周上有 6 个球道的零件,嵌入球笼的 6 个钢球在内星轮和外星轮的球道上滚动。RF 型万向节的内、外星轮分别如图 4-7、图 4-8 所示,VL 型万向节的内、外星轮分别如图 4-9、图 4-10 所示。

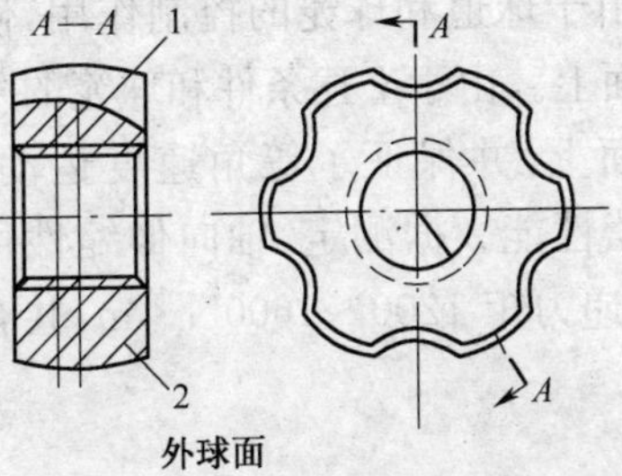

图 4-7　RF 型万向节内星轮剖面图
1. 球道　2. 外球面

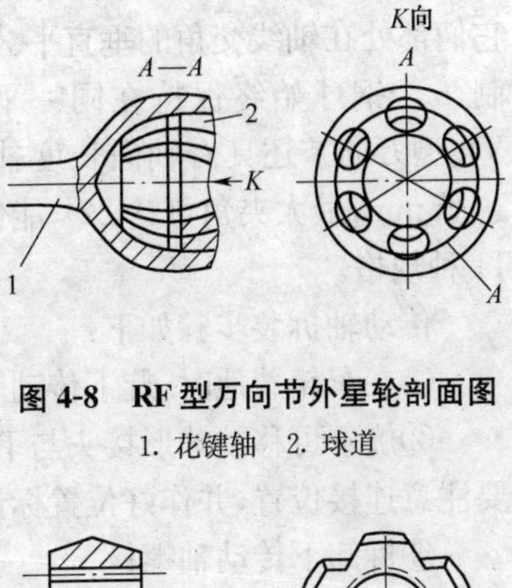

图 4-8　RF 型万向节外星轮剖面图
1. 花键轴　2. 球道

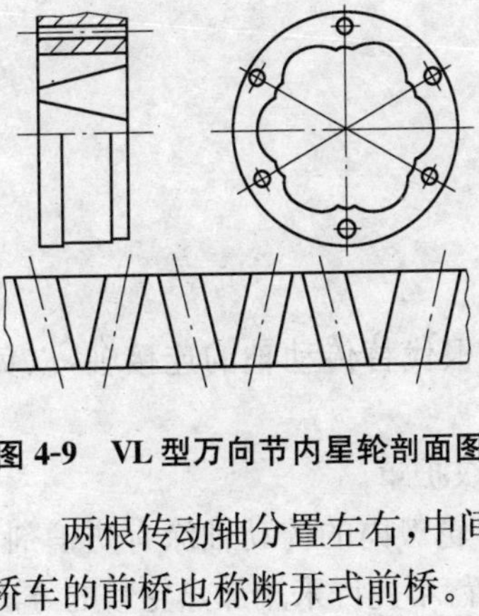

图 4-9　VL 型万向节内星轮剖面图

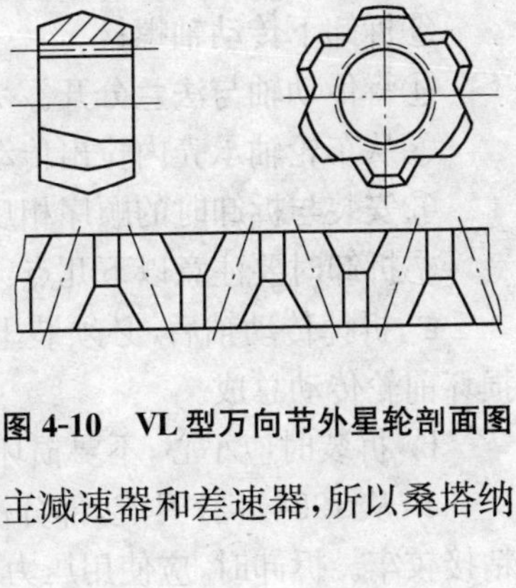

图 4-10　VL 型万向节外星轮剖面图

两根传动轴分置左右,中间是主减速器和差速器,所以桑塔纳轿车的前桥也称断开式前桥。

VL 型球笼式等角速度万向节分别与差速器的左右半轴连接(即位于差速器两侧);RF 型球笼式等角速度万向节通过花键轴,分别与前左轮、前右轮连接。由于球笼式万向节的特定结构,在 RF 型号中,这些结构保证了钢球在二轴任何允许交角的情况下,都处于其交角的平面上。从而使输入轴的角速度与输出轴的角速度相等,保证了等角速度运动。在 VL 型号中,钢球就处在内、外星轮球道的交叉口上,当内、外星轮的轴线无交角时,球道相交在同一垂直面上,即 6 个钢球都处在轴线的同一垂直平面上,这时内、外星轮的角速度相等,即输出轴与输入轴的角速度相等。当内、外星轮的轴线有交角时,钢球由于球道和球笼的控制作用,使它们都处在轴线交角的垂直平分面上。由于上述条件和球笼的限制,6 个钢球始终保持在同一平面上,并保证了等角速度运动。VL 型万向节还具有轴向长度补偿性能。据测定,轴向伸缩性可达 45mm,最大夹角可达 22°,能传递力矩 1200～1600N·m,共有 11 种规格。

传动轴拆装步骤如下:

①在车轮着地时,旋下传动轴与轮毂的紧固螺母。

②旋下可移动球形接头与下摇臂的连接螺母,放下下摇臂,但要注意连接位置,并作好位置标记。

③拆卸下传动轴螺栓。

④将传动轴与法兰分开。

⑤从车轮轴承壳内拉出传动轴。

⑥安装与拆卸时的顺序相反。

⑦拆卸时要注意以下几点:

a. 拆掉传动轴后,必须装上一根代替传动轴的连接轴,以免损坏前轮传动总成。

b. 拆装时应小心,不要损坏波纹护罩。

c. 从 1984 年 3 月起,部分汽车轮毂内的传动轴涂有防护剂,粘接较牢。拆卸时,应使用压力装置,不允许采用加热轮毂的方法拆卸传动轴，否则会损坏轮毂轴承。

4. 主减速器的作用是什么?

主减速器是在传动系中起降低转速、增大转矩作用的主要部件，当发动机纵置时还具有改变转矩旋转方向的作用。主减速器是依靠齿数少的齿轮带齿数多的齿轮来实现减速的。采用圆锥齿轮传动则可以改变转矩旋转方向。将主减速器布置在动力向驱动轮分流之前的位置，有利于减小其前面的传动部件，如变速器、传动轴等所传递的转矩，从而减小这些部件的尺寸和质量。

5. 主减速器的种类和结构是怎样的?

按参加减速传动的齿轮副数分，主减速器可分为单级式和双级式两种。除了一些要求大传动比的中、重型车采用双级式主减速器外，轿车和一般轻、中型货车基本采用单级式主减速器。单级式主减速器具有结构简单、体积小，重量轻和传动效率高等优点。

在双级式主减速器中，若第二级减速在车轮附近进行，实际上构成两个车轮处的独立部件，则称为轮边减速器。这样布置的好处是可以减小半轴所传递的转矩，有利于减小半轴的尺寸和质量。轮边减速器可以是行星齿轮式的，也可以由一对圆柱齿轮副构成。当采用圆柱齿轮副进行轮边减速时，可以通过调节两齿轮的相互位置，改变车轮轴线与半轴之间的上下位置关系(采用这种结构的车桥称为门式车桥，常用于对桥车高低位置有特殊要求的汽车)。

按主减速器传动比档数分，有单速式和双速式两种。目前，国产汽车大都采用传动比固定的单速式主减速器。在双速式主减速器上，设有供选择的两个传动比，这种主减速器实际上又起了变速的作用。

按齿轮副结构型式分，有圆柱齿轮式、圆锥齿轮式和准双曲面齿轮式主减速器。在发动机横向布置的汽车驱动桥上，主减速器往往采用简单的斜齿圆柱齿轮；在发动机纵向布置的汽车驱动桥上，主减速器往往采用圆锥齿轮式或准双曲面齿轮式。与圆锥齿轮相比，准双曲面齿轮不仅工作平稳性更好，弯曲强度和接触强度更高,同时还可使主动齿轮的轴线相对于从动齿轮轴线偏移。不主动准双曲面齿轮轴线向下偏移时,可降低传动轴的位置,从而有利于降低车身及整车重心高度,提高汽车行驶的稳定性。

目前国产轿车大量采用的准双曲面齿轮式和圆柱齿轮式单级主减速器。

桑塔纳、奥迪100、华利、切诺基这些纵置发动机汽车采用的是准双曲面齿轮式单级主减速器,其结构如图4-11所示。它采用一对准双曲面锥齿轮传动,传动比可用下式进行计算:

$$i_o = \text{从动齿轮数}/\text{主动齿轮齿数}$$

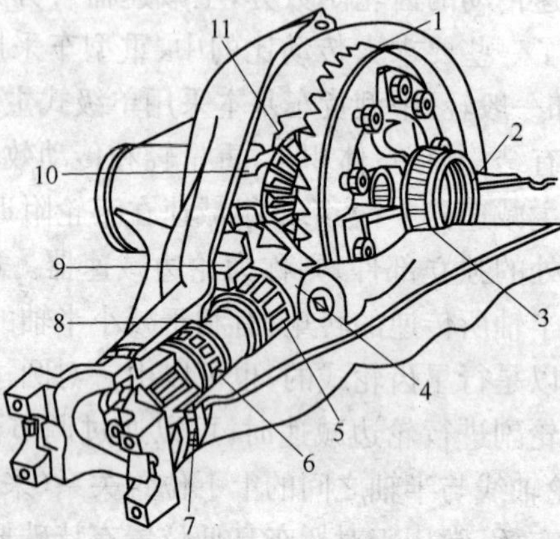

图4-11　准双曲面齿轮式单级主减速器

1. 从动齿轮　2. 薄垫片　3. 差速器轴承　4. 主动齿轮　5. 主动齿轮后轴承　6. 主动齿轮前轴承　7. 主动齿轮密封圈　8. 隔离套管　9. 半轴齿轮　10. 差速器壳　11. 进油道

主动齿轮4与主动轴制成一体,用两个安装方向相反的圆锥滚子轴承5和6支承。在主减速器工作时,对主动齿轮4产生的轴向和径向力分别由这两个轴承承受。当主动轴前端的固定螺母拧紧在轴上时,就把垫圈、叉形凸缘、轴承6内圈、预紧调整垫片、隔离套管8、轴承5内圈和齿轮前后位置调整垫片等轴向固定在主动齿轮 4 的前端面上。轴承 5 和 6 的外圈都安装在主减速器壳的轴承孔内，并被台阶轴向定位。这样，主动齿轮 4 及主动轴便被定位于桥壳内。因为主动齿轮 4 处于圆锥滚子轴承 5 和 6 支承点的外面，属悬臂式支承方式，所以让两轴承的小端相对，这样能够增大两轴承有效支承点的距离，并使轴承 5 有效支承点距主动齿轮 4 更近，有利于增加主动齿轮的支承刚度。

从动齿轮 1 以螺栓固定在差速器壳 10 上，与差速器壳一起通过两个圆锥滚子轴承 3 支承在主减速器壳内。因为从动齿轮 1 处于两个圆锥滚子轴承之间，属于跨置式支承，所以让两轴承的大端相对，这样能够适当减小两轴承有效支承点的距离，增加从动齿轮的支承刚度。

6. 主减速器齿轮的支承、调整和润滑是怎样的?

为了使主减速器内齿轮传动时的冲击噪声较小，并保证轮齿沿其长度方向的磨损比较均匀，在主减速器内设有啮合调整装置，以保证其主动和从动齿轮之间的正确位置关系。为了保持在传动过程中不至于发生较大变形而影响正常啮合，还要使这些齿轮有足够的支承刚度。

在齿轮传动过程中，会对齿轮产生轴向力，并引起齿轮轴的轴向位移。为了提高轴的支承刚度，减小轴向位移，保证齿轮副的正常啮合，在装配主减速器时，应对圆锥滚子轴承进行一定的预紧。预紧的方法是在消除轴承间隙后，再对轴承加一定的轴向压紧力，这样才能保证工作中相关零件变形后有合适的配合关系。压紧力过小，则不能满足轴的支承刚度需要；压紧力过大，则会导致传动效率降低，并且加速轴承磨损。为了调节加在圆锥滚子轴承上的压紧力，在两轴承内圈之间的隔离套管的一端装有预紧调整垫片，如过紧则增加垫片的厚度，过松则减少垫片的厚度。在未装油封时，按规定力矩拧紧主动齿轮前端螺母后，应调整到能以 $M_1=0.8\sim1.3\mathrm{N\cdot m}$ 左右的力矩使主动齿轮单独转动。调整垫片的厚度，可以调整支承差速器壳的圆锥滚子轴承的预紧程度。

当圆锥滚子轴承预紧程度调整合适后,还需进行锥齿轮对啮合时齿面接触情况和齿侧间隙的调整。检查锥齿轮啮合的齿面接触位置时,先在主动齿轮轮齿上涂以红色颜料(红丹粉与机油的混合物),然后用手使主动齿轮往复转动,于是从动齿轮轮齿的两工作面上便出现红色印迹。若从动齿轮轮齿正转和逆转工作面上的印迹均位于齿高的中间偏于小端,并占齿面宽度的60%以上,则为齿面接触情况良好,如图4-12所示。通过调整主动齿轮的前后位置和从动齿轮的左右位置,可以调节齿面接触情况和齿轮间的啮合间隙。啮合间隙应在0.15～0.40mm范围内。

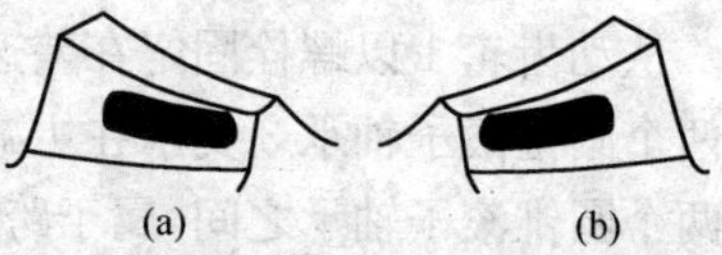

图4-12　从动齿轮正确的啮合印迹位置

(a)正转工作时　(b)逆转工作时

增减装在主动齿轮与轴承2内圈之间的齿轮前后位置调整垫片厚度,可以移动主动齿轮的前后位置。调整从动齿轮两个轴承外薄垫片的厚度,可以改变从动齿轮的左右位置。为保持已调好的圆锥滚子轴承预紧程度不变,一端调整垫片增加的厚度应等于另一端调整垫片减小的厚度。也有的从动齿轮位置是靠拧动调整螺母调整的。

为了对主减速器中齿轮和轴承进行润滑,在主减速器壳后面设有加油口,应按加油口的高度加注齿轮油。从动齿轮转动时,把齿轮油甩溅到各齿轮和轴承上进行润滑。为保证主动齿轮前端的圆锥滚子轴承6(见图4-11)得到可靠润滑,在主减速器壳体中铸出了进油道11和轮回油道(在圆锥滚子轴承6的前面下方,图中未示出)。被甩溅到主减速器壳内壁的一部分齿轮油从进油道进入两圆锥轴承小端之间,在离心力作用下,齿轮油自轴承小端流向大端。流出圆锥滚子轴承6大端的齿轮油经回油道流回主减速器内。在主减速器壳体上装有通气塞,防止壳内气压过高而使齿轮油渗漏。在更换齿轮油时,可通过设在主减速器壳下面的放油口将齿轮油放出。

近年来，准双曲面齿轮在轿车及中、重型车上得到广泛应用。应该特别注意的是，在传递转矩时，准双曲面齿轮的齿面间有较大的相对滑动，齿面上的油膜容易被破坏。若使用普通齿轮油，将使齿面迅速擦伤和磨损，大大降低使用寿命。为减少摩擦，提高效率，必须采用含防刮伤添加剂的双曲面齿轮油。

7. 差速器的作用是什么？

汽车差速器是一个差速传动机构，用来保证各驱动轮在各种运动条件下的动力传递，避免轮胎与地面间打滑。

当汽车转弯行驶时，外侧车轮所走过的路要比内侧车轮所走过的路程长；同样，汽车在不平路面上直线行驶时，两侧车轮实际移动的曲线长短也不相等。即使路面非常平直，但由于轮胎制造尺寸误差，磨损程度不同，承受的载荷不同或充气压力不同等，各个轮胎的滚动半径实际上不可能相等，若两侧车轮都固定在同一刚性转轴上，两轮角速度相等，则两侧车轮必须出现边滚动边滑动的现象。

车轮对路面的滑动不仅会加速轮胎磨损，增加汽车的动力消耗，而且可能导致转向和制动性能的恶化。为此，在汽车结构上，必须使各个车轮有可能以不同速度旋转，以避免正常行驶条件下车轮与地面间的相对滑动。这一要求对从动车轮是不成问题的，因为它们分别用轴承支承在心轴上，自然可以不同角速度旋转，而驱动车轮与其转轴是刚性相连的，若主减速器从动齿轮通过一根整轴同时带动两侧驱动轮，则两侧车轮只能以同样的转速转动。为了保证两侧驱动轮处于纯滚动状态，就必须改用两根半轴分别连接两侧车轮，而由主减速器从动齿轮通过差速器分别驱动两侧半轴和车轮，使它们可用不同角速度旋转。这种装在同一驱动桥两侧驱动轮之间的差速器称为轮间差速器。

在多轴驱动汽车的各驱动桥之间，也存在类似问题。为了适应各驱动桥所处的不同路面情况，使各驱动桥有可能具有不同的输入角速度，可以在各驱动桥之间装设轴间差速器。

8. 差速器的结构及工作原理是怎样的?

目前国产汽车基本都采用普通差速器。如图4-13所示,普通差速器由行星齿轮、半轴齿轮、行星齿轮轴(十字轴或一根直销轴)和差速器壳等组成。左半差速器壳2和右半差速器壳8用螺栓固紧在一起。主减速器的从动齿轮7用螺栓(或铆钉)固定在差速器壳右半部8的凸缘上。十字形行星齿轮轴9安装在差速器壳接合面处所对出的圆孔内,每个轴颈上套有一个带有滑动轴承(衬套)的直齿圆锥行星齿轮6,四个行星齿轮的左右两侧各与一个直齿圆锥半轴齿轮4相啮合。半轴齿轮的轴颈支承在差速器壳左右相应的孔中,用内花键与半轴相连。与差速器壳一起转动(公转)的行星齿轮拨动两侧的半轴齿轮转动,当两侧车轮所受阻力不同时,行星齿轮还要绕自身轴线转动(自转),实现对两侧车轮的差速驱动。

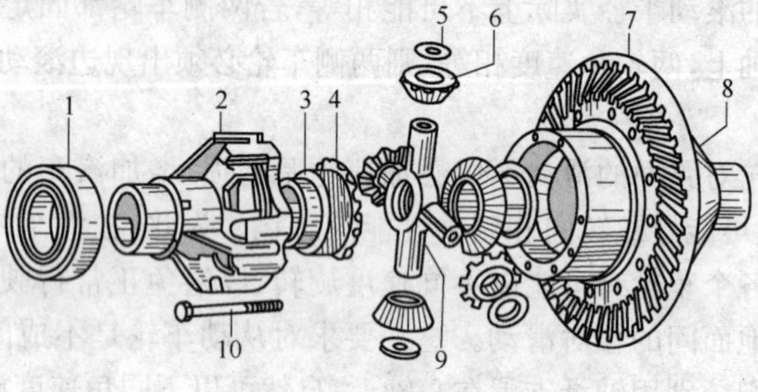

图4-13　普通差速器构造

1. 轴承　2. 左半差速器壳　3. 平垫片　4. 半轴齿轮　5. 球面垫片　6. 行星齿轮　7. 从动齿轮　8. 右半差速器壳　9. 十字轴　10. 螺栓

行星齿轮的背面和差速器壳相应位置的内表面,均做成球面,这样做能增加行星齿轮轴孔长度,并有利于和两个半轴齿轮正确地啮合。

在传力过程中,行星齿轮和半轴齿轮这两个锥齿轮间作用着很大的轴向力,为减少齿轮和差速器壳之间的磨损,在半轴齿轮和行星齿轮背面分别装有平垫片3和球面垫片5。垫片通常用软钢、铜或者聚甲醛塑料等制成。

差速器的润滑是和主减速器一起进行的。为了使润滑油进入差速器内,往往在差速器壳体上开有窗口。为保证润滑油能顺利到达行星齿轮和行星齿轮轴轴颈之间,在行星齿轮轴轴颈上铣出一平面,并在行星齿轮的齿间钻出径向油孔。

在中、小排量的汽车上,由于驱动车轮的转矩不大,差速器内多用两个行星齿轮,相应的行星齿轮轴为一根直销轴,差速器壳可以制成开有大窗孔的整体式壳,通过大窗孔,可以进行拆装行星齿轮和半轴齿轮的操作。

9. 主减速器和差速器的构造是怎样的?

桑塔纳轿车主减速器为单级主减速器,主减速齿轮是一对准双曲面齿轮,齿面为准双曲面。主动齿轮和变速器输出轴制成一体。差速器为行星齿轮式,并采用复合式止推垫圈,车速表驱动齿轮安装于差速器壳上,如图 4-14 所示。

10. 怎样拆卸主减速器和差速器?

桑塔纳 2000GSi 型轿车变速器为两轴式,其输出轴上的锥齿轮即为主减速器的主动锥齿轮,主减速器传动比为 4.444。

主减速器主、从动锥齿轮必须成对更换。拆卸时按下列顺序进行。

(1)拆卸变速器,将其固定在支架上,见图 4-14 所示。

(2)拆下轴承支座和后盖。

(3)取下车速里程表的传感器。

(4)锁住传动轴(半轴)拆下紧固螺栓。

(5)取下传动轴。

(6)取下车速里程表的从动齿轮导向器和齿轮。

(7)拆下主减速器盖。

(8)从变速器壳体中取下差速器。

(9)用铝质的夹具将差速器壳固定在台虎钳上,拆下从动锥齿轮的紧固螺栓。注意:从动锥齿轮的紧固螺栓是自动锁紧的,一经拆卸就必须更换。

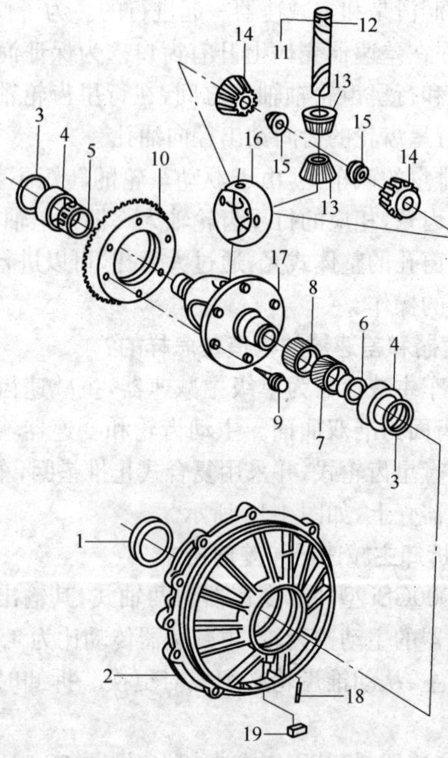

图 4-14 主减速器和差速器

1. 油封 2. 主减速器盖 3. 从动锥齿轮的调整垫片(S1 和 S2) 4. 轴承外圈 5. 差速器轴承 6. 锁紧套筒 7. 车速表主动齿轮 8. 差速器轴承 9. 螺栓(拧紧力矩 70N·m) 10. 从动锥齿轮 11. 夹紧销 12. 行星齿轮轴 13. 行星齿轮 14. 半轴齿轮 15. 螺纹管 16. 复合式止推垫片 17. 差速器壳 18. 磁铁固定销 19. 磁铁

(10)取下从动锥齿轮。

(11)拆下并分解变速器输出轴。仔细检查所有零件,尤其是同步环和齿轮,对于损坏和磨损的,如需要应进行更换。

11. 怎样安装主减速器和差速器?

(1)在变速器的输出轴上装上所有齿轮、轴承及同步器。

(2)计算输出轴的调整垫片 S3 厚度。

(3)用 120℃的温度将从动锥齿轮加热,并将其装在差速器壳上,用两个螺纹销作导向。

(4)装上新的从动锥齿轮螺栓,并用 70N · m 的力矩交替旋紧。

(5)计算从动锥齿轮的调整垫片 S1 和 S2 的厚度,并将计算好的调整垫片装在适当的位置上。

(6)将轴承支座装在变速器壳体上,并使用新的衬垫。

(7)装上变速器后盖。

(8)将差速器装在变速器壳体中。

(9)将主减速器盖装在变速器壳体上,用 25N · m 的力矩拧紧螺栓。

(10)装上车速里程表的从动齿轮和导向器,再装上车速里程表的传感器。

(11)装上半轴凸缘中的一个,用凿子将其锁住。装上螺栓,用 20N · m 的力矩拧紧。

(12)装上另一个半轴凸缘。

(13)加注齿轮油,安装变速器。

12. 怎样拆卸半轴齿轮和行星齿轮?

(1)拆卸变速器。

(2)拆下差速器。

(3)拆下从动锥齿轮。

(4)拆下行星齿轮轴的夹紧销,如图 4-15 所示。

(5)取下行星齿轮轴。

(6)取下行星齿轮和半轴齿轮。

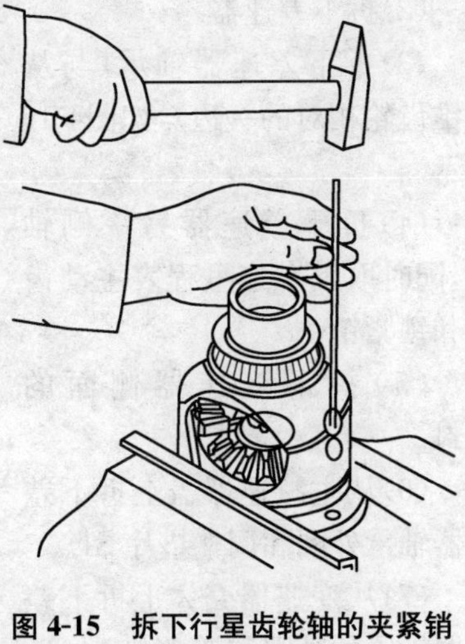

图 4-15　拆下行星齿轮轴的夹紧销

13. 怎样安装半轴齿轮和行星齿轮?

在安装之前,检查复合式止推垫片是否损坏,如需要应进行更换。

(1)通过半轴凸缘将半轴齿轮固定在差速器壳中。

(2)将行星齿轮放在适当的位置上,接着转动半轴凸缘使行星齿轮进入差速器壳中。

(3)装上行星齿轮轴。

(4)在行星齿轮轴装上夹紧销。

(5)取下差速器半轴凸缘。

(6)用 120℃ 的温度加热从动锥齿轮,并将其装在差速器壳上。

(7)将差速器装在变速器壳体内。

(8)装上半轴凸缘。

(9)安装变速器。

14. 怎样拆卸差速器壳?

(1)拆卸变速器。

(2)拆下差速器。

(3)拆下差速器轴承(与从动锥齿轮相对的一边),如图4-16所示。

(4)拆下差速器另一侧轴承,同时取下车速里程表主动齿轮和锁紧销。

(5)拆下变速器侧面的油封。

(6)从主减速器盖上拆下差速器轴承外圈和调整垫片 S1。

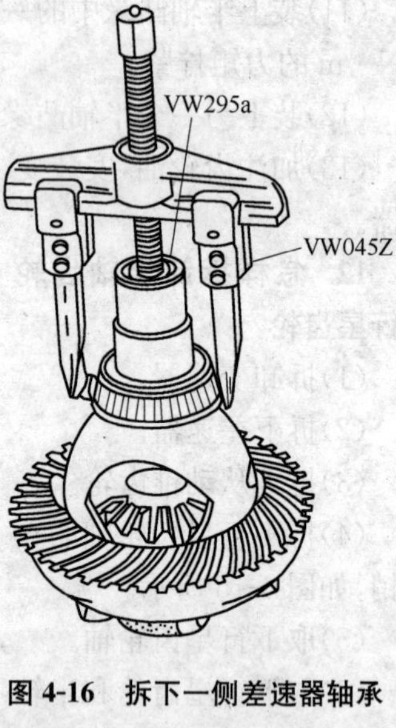

图 4-16　拆下一侧差速器轴承

(7)从变速器壳体上拆下差速器轴承的外圈和调整垫片 S2。注意:当更换差速器轴承时,轴承外圈需要一起更换，同时必须计算从动锥齿轮的调整垫片 S1 和 S2 的厚度。

15. 怎样安装差速器壳？

(1)装上调整垫片 S2 和差速器轴承外圈，如图 4-17 所示。

(2)装上调整垫片 S1 和差速器轴承外圈，如图 4-18 所示。

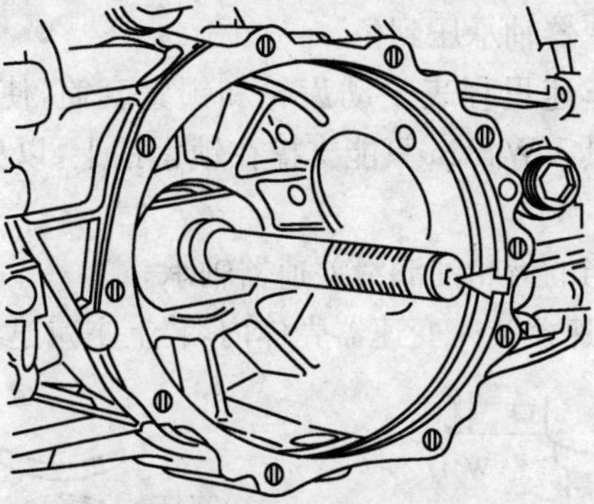

图 4-17　安装调整垫片 S2 和差速器轴承外圈

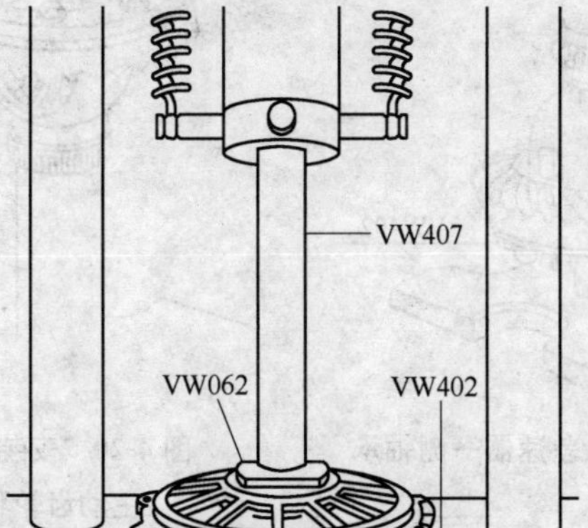

图 4-18　安装调整垫片 S1 差速器轴承外圈

(3)装上变速器侧面的油封。

(4)用120℃的温度加热差速器轴承(与从动齿轮相对一面),并将其安装在差速器壳上。

(5)将差速器轴承压到位,如图4-19所示。

(6)用120℃的温度加热差速器另一侧轴承,并将其安装在差速器壳上。

(7)将差速器轴承压到位。

(8)装上车速里程表主动齿轮和锁紧套筒,使X=1.88mm。注意:专用工具VW433a只能支撑在锁紧销上,以免齿轮受损,如图4-20所示。

(9)用适当的齿轮油润滑差速器轴承。

(10)将差速器装入变速器壳体内,装上主减速器盖。

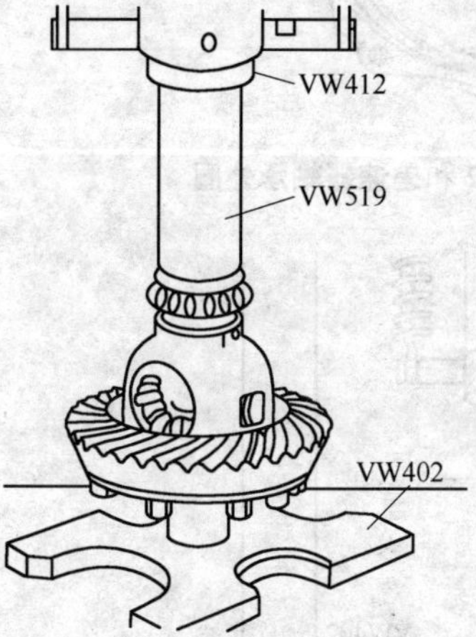

图4-19　压入差速器一侧轴承

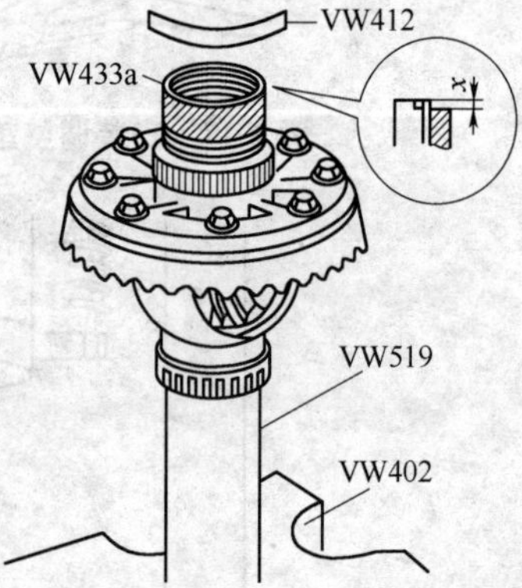

图4-20　安装车速里程表主动齿轮和锁紧销

(11)拆下变速器后盖和轴承支座。

(12)将专用工具VW521/4、VW521/8和扭力扳手一起装在差速器上。

(13)通过扭力扳手,转动差速器,检查摩擦力矩,对新的轴承来说最小应为 2.5N·m。注意：检查摩擦力矩必须将差速器轴承用适当的齿轮油润滑。

(14)调整从动锥齿轮。

(15)装上变速器后盖和轴承支座。

(16)装上半轴凸缘。

(17)加注齿轮轴，安装变速器。

16. 怎样检查主减速器间隙？

由于主减速器的主动锥齿轮与变速器的输出轴作成一体，拆卸修理主动锥齿轮时需将它与输出轴一起拆卸，整体更换、拆卸及调整。从动锥齿轮装在差速器壳上，一般不拆卸，当有必要更换从动锥齿轮时才予以拆卸，对其齿面磨损状况进行检查后，再决定是重新装上或予以更换。为保证主减速器主、从动锥齿轮之间及差速器之间的良好啮合，必须合理调整间隙，以下结合装配情况加以说明。

(1)将止推垫片涂上齿轮油，装入差速器壳内。

(2)安装半轴齿轮、凸缘轴并用六角螺栓拧紧。

(3)把两个小行星齿轮错开 180°，转动凸缘轴，使行星齿轮、止推垫片和差速器罩壳对正，推入行星齿轮轴并锁紧。

(4)将从动齿轮加热到 100℃左右，安装到差速器壳上，并使用定心锁导向，将圆锥滚柱轴承加热到 100℃左右压紧，并压入转速表齿轮，压入深度为 1.4mm，因使用的垫圈厚度约为 1.4mm。

(5)调整主动齿轮和从动(盆形)齿轮的间隙。桑塔纳轿车驱动桥是通过改变 S1(从动齿轮调整垫片)、S2(从动齿轮调整垫片)、S3(主动齿轮调整垫片)的厚度来达到正确的啮合。主、从动齿轮调整位置各标记如图 4-21 所示。

“K738”是标记，表示速比为 7 : 38；“312”表示主动齿轮与盆形齿轮的配对号码；在生产过程中使用特殊检验机器测量的校对规的偏差“r”是以 1/100mm 标出的，例如“25”表示 r=0.25mm；R_0 特殊检验机器使用校对规的长度，R_0=50.70mm；R. 盆形齿轮

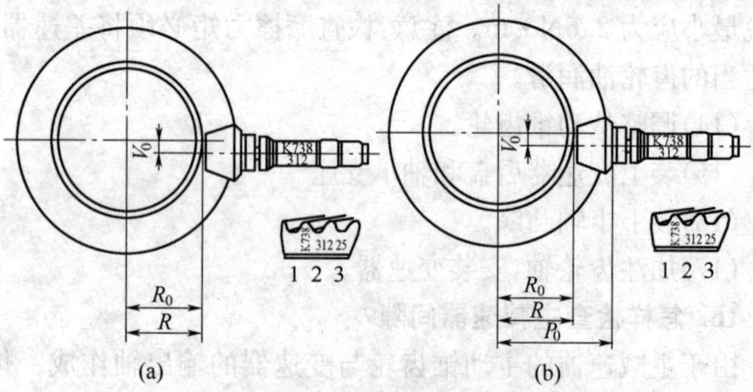

图 4-21　传动组件调整位置各标记

a. 作为维修替换件的传动组件　b. 成批生产的传动组件

轴和主动齿轮端面之间最平稳运转时的实际尺寸；V_0 双曲线偏心距，V_0＝13mm；X 这个数据在批量生产中不需要；P_0 批量生产的调节尺寸。

17. 怎样调整主动锥齿轮？

(1)求出主动齿轮垫片与差速器垫片总厚度。更换变速器壳、主减速器盖、差速器的滚柱轴承、差速器壳时，需重新调整，就必须对调整垫片厚度进行测量和计算。

(2)将圆锥滚柱轴承的外圆和 1.2mm 厚的调整垫片一起推进罩壳，直至挡块为止。并将有调整垫片的圆锥滚柱轴承外圈推进到盖内，直至挡块为止。

(3)将不带转速表齿轮的差速器轴承端装进壳罩，然后装上轴承盖，按对角顺序以 24.5N·m 力矩拧紧螺栓。

(4)安装夹紧套筒和套筒，上下移动夹紧套筒，读出千分表的摆差。需加垫片厚度＝摆差＋预紧量 0.4mm。调整垫片的位置如图 4-22 所示。

(5)下面分两种情况，求出调整垫片(S3)的厚度：

1)在更换主动齿轮用双列圆锥滚柱轴承、齿轮箱罩壳、第一档齿轮用轴承支座和滚针轴承，或主、从动齿轮上没有偏差值“r”标

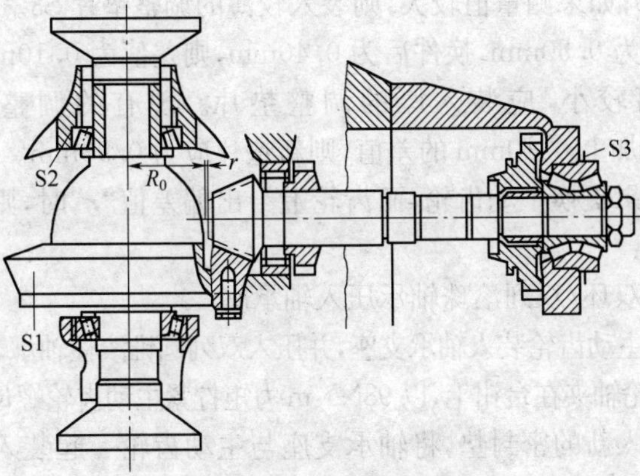

图 4-22　调整垫片的位置

计时，则按以下方法调整：

①安装 VW381/11 压板。旋松变速器罩壳的螺钉，用 2 个螺栓旋紧 VW381/11 压板，如图 4-23 所示，使压板与主动齿轮成直角，螺栓 A 用 1.96N·m 力矩拧紧。

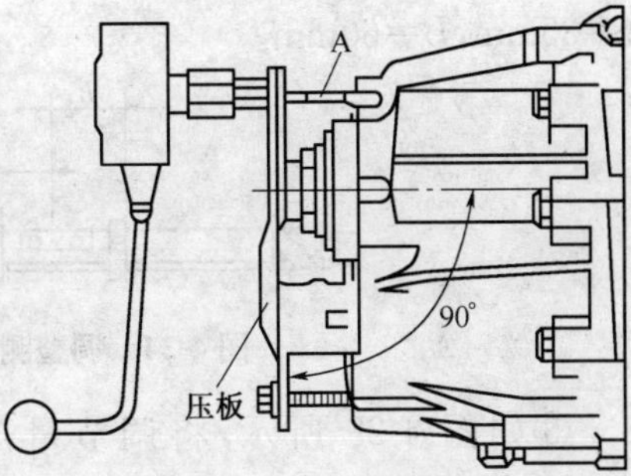

图 4-23　安装 VW381/11 压板

②拆下差速器，将测量芯棒 VW385 放在齿轮箱罩壳下，测出与“R”差异。记下测得的数值，在调换零件后，应尽可能达到已测得的数值。

③换用新件以后，将双列圆锥滚柱轴承的外环同调整垫片 S3 一起压入轴承支座，并压入双列圆锥滚柱轴承的第一内环，用 98N·m的力矩将轴齿轮螺母拧紧。装入新密封圈，将轴承支座与联轴齿轮一起装进齿轮箱内，拧紧固定螺栓。通过测量芯棒重新测出安装位置。调换零件后，如果测量值较小，则装入较厚的调

整垫片 S3;如果测量值较大,则装入较薄的调整垫片 S3。例如,换件前测量为 0.50mm,换件后为 0.40mm,则差值为 0.10mm,换件后测得值较小,应装入厚的调整垫片。现有的调整垫片为 0.80mm,加上 0.10mm 的差值,则新垫片应为 0.90mm。

2)如果更换主动齿轮,而齿轮上给出偏差值“*r*”时,则按以下方法调整:

①把双环/双列滚珠轴承压入轴承座。

②把主动齿轮装入轴承支座,并压入双列圆锥滚柱轴承。用保护夹板将齿轮轴夹在台钳上,以 98N·m 力矩拧紧主动齿轮螺母。

③装入新的密封垫,将轴承支座与主动齿轮一起装入齿轮箱罩壳,并用螺栓固定。装上 VW381/11 压板,并使压板与主动齿轮成直角,螺栓 A 用 1.96N·m 力矩拧紧(见图 4-23)。

④如图 4-24 所示,将测量芯棒 VW381/11 的调节环调整到 $A=35\text{mm}$,$B=60\text{mm}$。

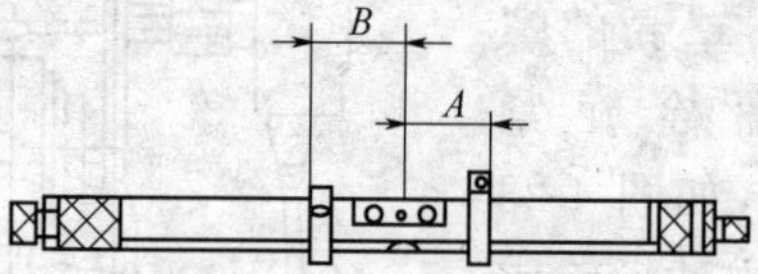

图 4-24　调整测量芯棒

⑤如图 4-25 所示,将调节量规 VW385/30 调整到 $R_0=50.70\text{mm}$,并装在测量芯棒上,把千分表调到 0 位。

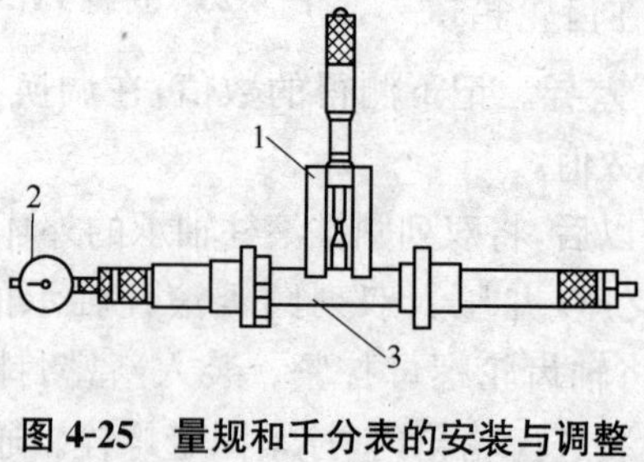

图 4-25　量规和千分表的安装与调整

1. VW385/30 量规　2. 千分表　3. 测量芯棒

⑥如图 4-26 所示，将 VW385/33 块规板放在主动齿轮的端部，并将测量芯棒放入罩壳内。

⑦把主动轴承盖与轴承外环安装在一起，并用螺栓固定。

⑧使用量具测量出偏差值 e，如图 4-26 所示。测量时，移动调整环，把定心垫片向外拉，转动测量芯棒，直至千分表指导示出最大值，此时 VW385/33 调节量规仍回复到“0”位，否则应重新测量。然后再确定调整垫片 S3 的厚度，即

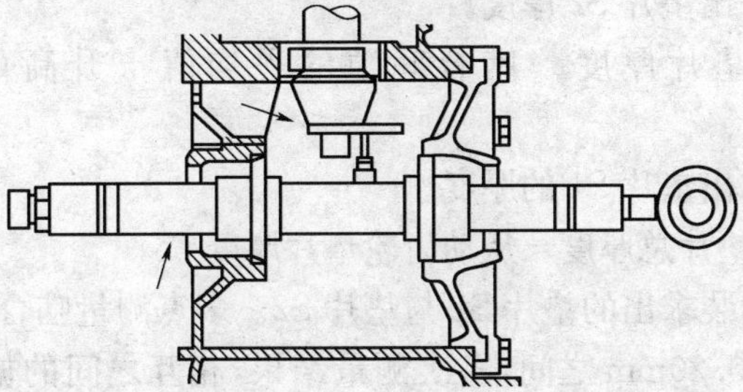

图 4-26　偏差值 e 的测量

$$S_3 = e + r$$

式中，e 为测出的最大值，r 为偏差值（在从动齿轮上的 1/100mm 标出值）。

例如：$e=0.15\text{mm}$，$r=0.45\text{mm}$，则

$$S_3 = e + r = 0.15 + 0.45 = 0.60(\text{mm})$$

18. 怎样调整从动锥齿轮？

将主、从动齿轮与垫片 S3 安装平衡壳上的垫片厚度为 1.2mm，以及盖上的测量值＋预紧度为 0.70mm，然后求出 S1 和 S2，步骤如下：

(1)将差速器转动几次，以便固定圆锥滚柱轴承，并安装千分表。

(2) 以 1.96N · m 力矩，用两个 M8 × 50 的螺钉将压板 VW381/11 以角压紧，并使压板与主动齿轮垂直，通过压板使主动

齿轮拧紧在变速器壳上。

(3)将从动齿轮旋至挡块,把千分表调到“0”位,转动从动齿轮,读出啮合间隙并作记录。

(4)拧松差速器上夹紧套筒的螺钉及主动齿轮上的压板,把从动齿轮转动900,再重复测量3次,将4次测出的数相加,算出啮合的平均值。如果每次测得的偏差超过0.50mm,安装的从动轮或传动组件就不能正常工作,应复查装配工作,必要时更换传动组件。

(5)求出垫片S2厚度。

S2＝垫片厚度－啮合间隙的平均值＋升高(常数值为0.15mm)

(6)求出垫片S1的厚度。

S1＝垫片总厚度－从动齿轮垫片厚度

(7)安装求出的垫片S1与垫片S2。多点测量啮合间隙,必须在0.10～0.20mm之间,多次测量结果,相互之间的偏差值最大约0.50mm。

桑塔纳轿车底盘各总成安装采用带有嵌件的自锁螺母。其嵌件是高强度塑料。厚度一般为螺距2倍,嵌件外径比螺纹外径约大2mm左右,其内径小于螺纹内径1～2mm,这种螺母的最大优点是具有良好的防松功能,可以省去弹簧垫圈。使用时要注意按规定的力矩拧紧,不能过紧,否则会破坏塑料嵌件,过松则不起防松作用。防松螺母不宜多拆,因为随拆装次数的增加,自锁防松效果下降。

需要进行调整的部分,详见表4-1。

表4-1　转向驱动桥调整表

需要进行调整部分 / 调换零件	主动齿轮垫片S3厚度	主动齿轮校对规偏差 r	从动齿轮垫片S1、S2厚度	轴承支座和变速器罩壳之间的调整垫片
齿轮箱罩罩壳	调整		调整	
主传动盖			调整	
变速器用圆锥滚子轴承			调整	

续表 4-1

需要进行调整部分 / 调换零件	主动齿轮垫片 S3 厚度	主动齿轮校对规偏差 r	从动齿轮垫片 S1、S2 厚度	轴承支座和变速器罩壳之间的调整垫片
传动组件		调整	调整	
差速器罩壳			调整	
主动齿轮用双列圆锥滚子轴承	调整			调整
输入轴用轴承				调整
轴承支座	调整			调整
变速器罩壳				调整
第一档齿轮用滚针轴承	调整			

19. 怎样拆卸传动轴?

(1)拧松传动轴与轮毂间的紧定螺母,拆下传动轴与结合盘螺栓,将传动轴与结合盘分开,从车轮轴承壳内拆出传动轴。

(2)拆卸传动轴时,应注意球形接头与前悬架下臂连接的位置,从前悬架下臂上拆开球形接头。

(3)目前生产发动机汽车的轮毂内的传动轴涂有防护剂,粘接较牢。拆卸时,应使用压力装置,不允许采用加热的方法拆卸传动轴,否则会损坏轮毂轴承。

(4)拆卸时,先拆下车轮,再将压力装置安装在轮毂的凸缘上,将传动轴压出。在压的过程中,应注意内等角速万向节与变速器之间的空间。

20. 怎样分解传动轴?

(1)用钢锯将卡箍锯开,拆下软管卡箍或夹头,方能拆下防尘罩。

(2)分解万向节内、外圈时,先拆下弹簧卡环,再用锤子卸下万向节外圈,然后用专用工具压出万向节内圈。

(3)分解等速万向节。分解前应在钢球球笼和壳上标出球毂的位置。然后转动球毂、球笼,依次取出钢球。用力转动球笼,使两个方孔球笼对正,将球毂、球笼一起拆下。将球毂上扇形齿旋入球笼的方形孔里,然后从球笼中取下球毂。

(4)分解内等速万向节。转动球毂和球笼,按垂直向前的方向压出球笼里的钢球。从球槽面取出球笼里的球毂。等速万向节球毂与壳体分解,在拆卸时,必须成对放置不许互换。

21. 怎样安装传动轴?

(1)应擦净传动轴与轮毂花键上的油污。

(2)将等速万向节的花键涂上一层防护剂 D6,然后装上传动轴花键套。注意涂上防护剂后,应停车 1h,方可使用汽车。

(3)将球形接头重新装置在原位置,并拧紧螺母,拧紧力矩为 20N·m。

(4)必要时检查前轮外倾角,在前悬架下臂上固定球形接头时,应注意不要损坏波纹管护套。

(5)拧紧轮毂紧定螺母,拧紧力矩为 230N·m。

22. 驱动桥漏油有哪些原因?怎样排除?

(1)原因。

①油封磨损或损坏。

②润滑油黏度不足。

③润滑油过多。

④结合凸缘有损伤,引起主动齿轮油封泄漏。

(2)排除方法。

①更换油封。

②换用黏度合适的润滑油。

③放掉多余的润滑油。

④更换已损坏的结合凸缘。

23. 传动轴振动有哪些原因?怎样排除?

(1)原因。

①传动轴装配不当,以致失去平衡。

②传动轴弯曲,旋转时产生附加离心力。

(2)排除方法。

①按拆卸分解时的记号装配，以保持原有装配关系，如有必要，可作动平衡处理。

②校正传动轴，无法校正者应予以更换。

24. 为什么传动轴有异响?

传动轴在万向节和花键松旷、轴承间隙过大，或是传动轴本身不平衡的情况下，都会发生异响。

(1)不同的异响指明不同的故障：

①起步和换档时有撞击声响，行驶时始终有异响，特别是高速档位作低速行驶时更为明显。

引起此类故障的原因为：万向节间隙过大、输出轴与其支承磨损过大、紧固不良。

②起步无异响，行驶中有“克啦、克啦”的金属撞击声，或是连续的“呜……”声响。

引起此类故障的原因是：万向节配合过紧或装配不良、中间支承有损伤且安装不良。

③行驶中有随车速增大而增大的周期性异响，且伴随车身抖振(车速50公里/小时以上时)。

引起此类故障的原因是：传动轴弯曲(弯曲度大于0.5mm)、万向节定位安装不良、轴管凹陷、花键配合不良。

(2)在对上述故障部位判断时，可做如下试验：

①对于第一种情况，先起步再改变车速，若起步时出现“刚铛”一响或响声杂乱，而在缓坡路向后倒车时又发出“格叭”的断续声响，则可判断为滚针轴承损坏所引起，予以更换即可排除；若起动或加、减速行驶中出现明显的撞击声，低速时更为明显，则可判断为轴承松旷或缺油所引起，应针对故障原因予以排除；若突然车速行驶时出现一种金属撞击声，则是传动轴紧固不良所引起，可在停车后用手推万向节来证实，然后予以修复或更换。

②对于第二种情况，可在行驶中注意察听，若脱档滑行中出现

有规律的清脆响声,低速更为明显,则应判断为万向节轴承装配过紧;若行驶中出现连续的"呜……"声响,且随车速而加强,则应判断为轴承安装不良或缺油所引起;若行驶中响声杂乱无规则,时而出现金属撞击声,则应判断为万向节等速排列遭到破坏;若行驶中出现混浊沉闷的连续响声,空档滑行响声加强,则应判断为中间支承轴承散架所引起,可拆卸后更换予以排除。

有一种情况值得用户注意,若运行超载会使传动轴扭曲变形甚至折断。若在下坡时发生,会给行车带来危险,所以对传动轴的异响不容忽视。

25. 为什么差速器有异响?

桑塔纳轿车在行驶中,差速器会由于轴承损坏或紧固不良而发出无节奏的"嗯、嗯"异响,在放松加速踏板时发出较强声响并感到行车阻力有所增加,这是由于差速器的啮合变松所致。

26. 为什么驱动桥有异响?

桑塔纳轿车以前桥作为驱动桥和转向桥,在行驶时由于内部齿轮啮合间隙或花键的配合间隙过大,而发出"吭铛、吭铛"的金属撞击声;如转向驱动桥异响随车速增高而增大,但在滑行时响声变小,则是轴承磨损松旷所致;操作不当、猛抬离合器强行越坑、超载或在大坡度上起步运行,使内部机件承受猛烈冲击时也会发出异响;润滑油过脏、润滑不良时,也会发生异响。此外,转向节主销松旷、转向节轴承松旷、前轴轴承损坏、车轮不正常、制动鼓失圆等,远离会引起异响。

针对以上故障,用户应注意加强润滑、保养,注意操作方法,检查间隙并进行调整,对松动零件及时紧固,必要时应更换。

27. 怎样诊断汽车起步和停车时驱动桥响声?

(1)圆锥主、从动齿轮啮合间隙超过使用限度。如为双级主减速器第一级和第二级减速齿轮副的啮合间隙超过使用限度,均会出现这种不正常的响声。可调整齿轮的啮合间隙,消除响声。

(2)行星齿轮和半轴齿轮啮合间隙超过使用限度。用更换止推垫圈的方法来调整啮合间隙,从而消除这种响声。

(3)半轴齿轮和半轴花键啮合间隙超过使用限度。用更换磨损件(如半轴齿轮的内花键或半轴的外花键)的方法来消除响声。

(4)圆锥被动齿轮在左速器壳上的安装螺栓松动。可重新紧固该螺栓。

(5)半轴突缘的锁紧螺母松动,使半轴端部自由间隙过大。拆散后,如发现磨损严重部件应予更换或拧紧锁紧螺母,消除不正常的间隙。

28. 怎样排除汽车转弯时的响声?

汽车转弯时前桥差速器有响声,直线行驶时响声消失。对此故障可按下列步骤进行诊断:

(1)顶起前桥,将变速器置空档,转动任一侧后轮。若两后轮旋转方向不同,但有异响,说明行星齿轮牙齿损伤。若两后轮转向一致,是行星齿轮与十字轴卡滞或行星齿传输线止推垫过厚,使其转动困难。

(2)做上述试验时,若两个后轮转向不同且无噪声,但汽车行驶转弯时仍有异响,则表明行星齿轮与半轴齿轮不配套。

(3)汽车低速滑行转弯时虽无异响,但感到车身略有抖动,则应检查差速器壳固定螺栓或铆钉是否松动,行星齿轮是否转动困难。

(4)若汽车起步或车速急促变化时,均有金属撞击声,且转弯时车身后部略有抖动,则说明差速器壳固定铆钉或螺栓已严重松动,应立即停车修理。

29. 怎样排除驱动桥过热?

(1)汽车在行驶途中,检查后桥温度有烫手感觉,其原因有:

①轴承装配过紧;

②主、从动轮齿轮啮合间隙过小;

③缺少润滑油或润滑油过稀。

(2)诊断与排除:汽车行驶一段路程后,停车检查,用手摸驱动桥,不烫手为正常。若摸轴承处感到烫手,说明轴承装配过紧;若普遍过热,说明缺少润滑油或齿轮啮合间隙小。

30. 怎样走合与试验驱动桥?

驱动桥装复后,应进行走合试验(也称拖磨试验),试验的目的是为了进一步检查修理质量,发现故障及时排除,以改善各运动副的技术工作状况。

驱动桥的修理装配质量主要通过齿轮工作时啮合印痕位置、噪音大小、轴承的温升和有无漏油等情况来判断。齿轮的噪音检查,目前尚无统一的控制标准,一般依靠检验人员的经验辨别噪音的强度和噪音的性质。仪器检验目前还不理想。

试验前按规定油量加注比正常使用时黏度较低的润滑油。试验时,圆锥主动齿轮轴的转速应符合本车型的要求,一般为1000～1500r/min,在此转速下进行无负荷、有负荷及正、反转试验,运转时间不小于1.5h,各项试验的时间均应不短于10min,带负荷试验一般为15min。

试验一般是将装复好的驱动桥总成装到试验台上进行,检查项目及要求如下:

①各运转齿轮不得有异常的噪声,当一边制动时,差速器不得有异常的噪声。

②运转5～6min后,所有装置轴承的部位应是凉的或微热,一般不应高于50℃。

③油封及接合面处不应有渗漏油现象。

④所有转动和不转动件不得有相碰现象。

⑤试验合格后,应放净润滑油,进行清洗后换装规定的齿轮油,并拧紧螺塞,将驱动桥总成装复车上。

31. 检修万向节传动轴时要注意什么?

万向节传动轴的检修主要是检修万向节,在检修时需要特别注意以下几点:

(1)各球节处的6个钢球需要有一定的配合公差,并与球毂一起成为一组配合件。球毂与毂体为选配，不能互换，因此，必须整体更换。

(2)检查球笼壳、球笼、球毂与钢球有无凹陷及磨损情况。从正常速加速到超速挡，或从超速挡变为正常速加速时，如万向节游隙已明显过大，则必须更换万向节。如钢球光滑无损坏时，或者能够看到钢球在运转，则可不必更换。

(3)组装万向节时，球毂花键上的倒角必须面向传动轴靠肩。

32. 怎样拆卸万向节？

(1)检查前，先锯开 RF 型万向节的卡箍取下防尘罩。

(2)用木榔头轻轻敲下外万向节。

(3)拆下弹簧卡环，如图 4-27 所示，并作好标记。

(4)用榔头从传动轴上卸下万向节外圈，然后用专用工具压出万向节内圈，如图 4-28 所示。

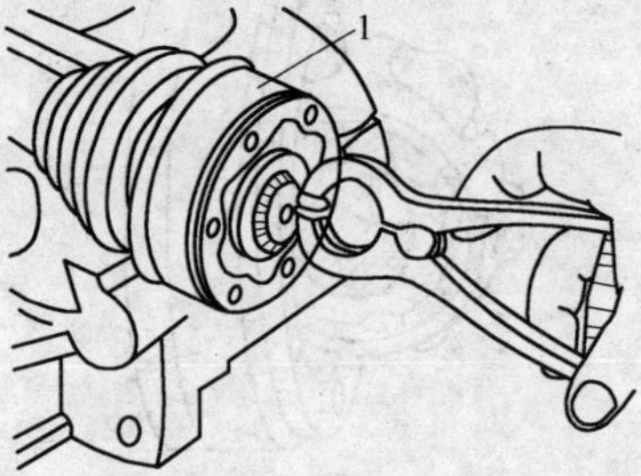

图 4-27　拆卸弹簧卡环

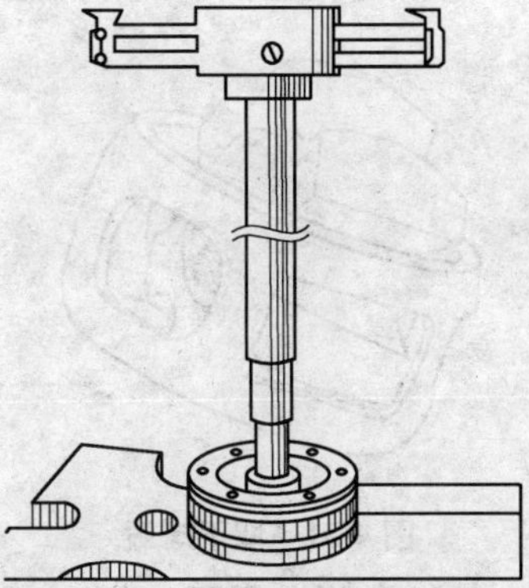

图 4-28　万向节内圈的分解

(5)在钢球球笼和球壳上标出球毂的位置。

33. 怎样检查万向节？

(1)检查 RF 型外万向节按下列步骤进行：

①如图 4-29 所示，旋转球笼与球毂，依次取下钢球。

②如图 4-30 所示，用力转动球笼，直到方孔(箭头所指位置)

与壳体垂直,连球毂一起拆卸下球笼。

③如图 4-31 所示,把球毂上的扇形齿旋入球笼的方孔,然后从球笼中取下球毂。

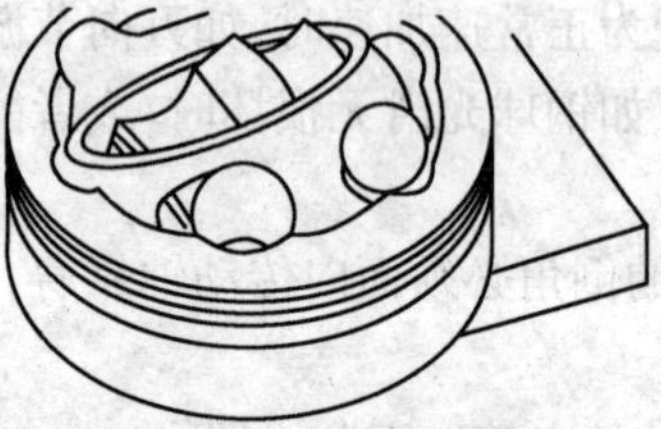
图 4-29　取下钢球(RF 型)

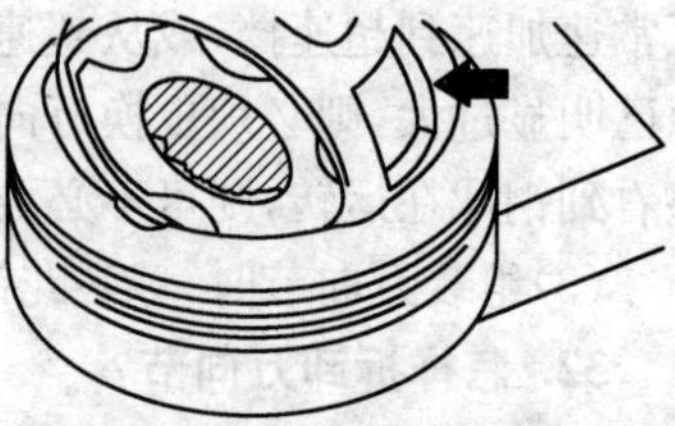
图 4-30　拆卸球笼

(2)检查 VL 型内万向节按以下步骤进行:

①转动球毂与球笼按箭头方向压出球笼,然后取出笼里的钢球,如图 4-32 所示。

②从球槽上面取出球笼里的球毂。

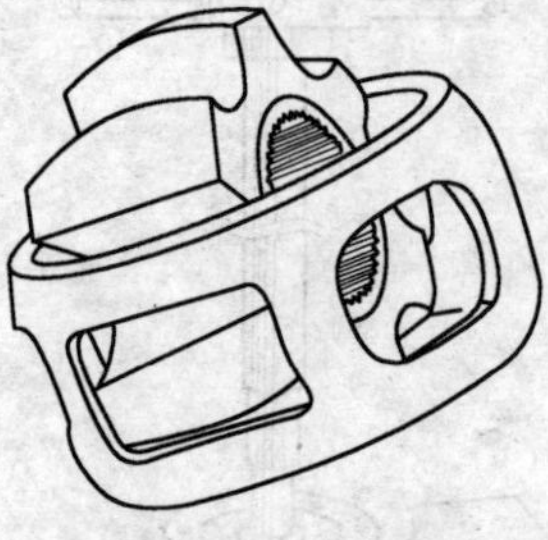
图 4-31　取下球毂

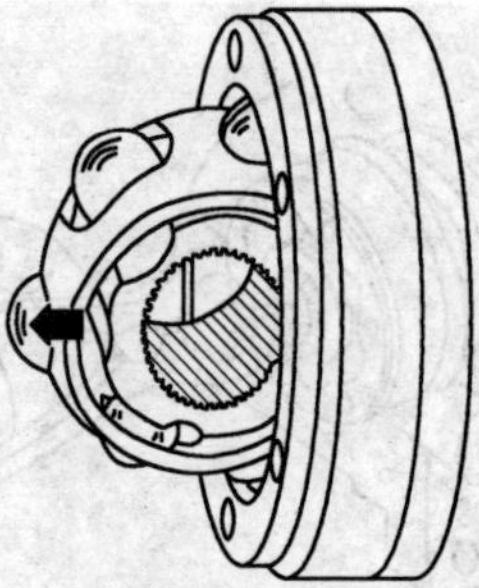
图 4-32　取出钢球(VL 型)

34. 怎样装配万向节?

(1)RF 型外万向节的装配。将润滑脂注入万向节内,并将球笼连同球壳一起装入球笼壳体,对角交替地压入钢球,必须保持球壳在球笼以及球笼壳内的原先位置。将弹簧挡圈装入球毂,并将剩余的润滑脂压入万向节。

(2)VL 型内万向节的装配。对准凹槽将球毂嵌入球笼,将钢球压入球笼,如图 4-33 所示。装配时注意球笼壳上的宽间隙应对准球毂上的窄间隙，如图 4-34 所示，且球壳花键齿上的倒角必须对准球笼的大直径端。转动球毂，球毂就能转出球笼，使钢球与壳体中的球槽有足够的间隙配合，如图 4-35 所示。用手揿压球笼，使球毂完全转入球笼，如果用手能将球毂在转向范围内来回灵活推动，则表明球笼、球壳装配正确。装配后，将万向节来回推转检查它是否能灵活转动，若能灵活转动，就可安装在传动轴上，其组装方法如下：

①在传动轴上套上防护罩。

②将碟形座圈带齿的内径装在同实心轴配合的位置上。

③把万向节压入传动轴，并安装卡簧，如图 4-36 所示。

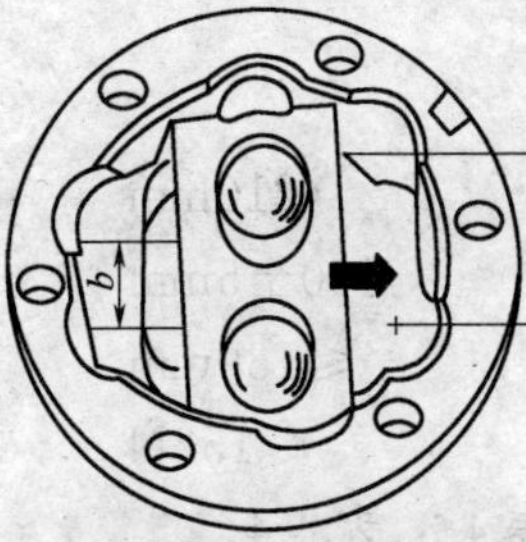

图 4-33　将钢球取出

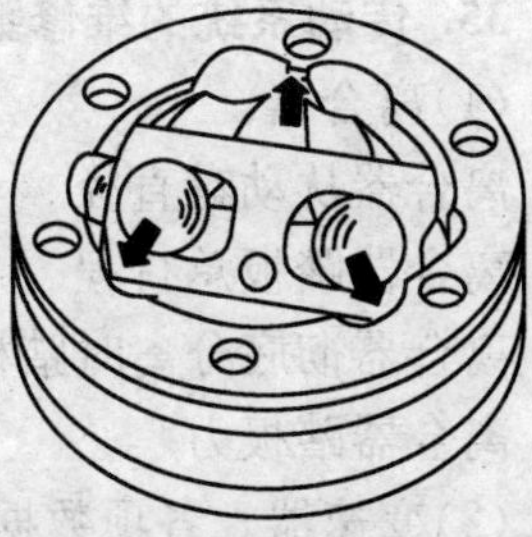

图 4-34　将球笼垂直装入壳体

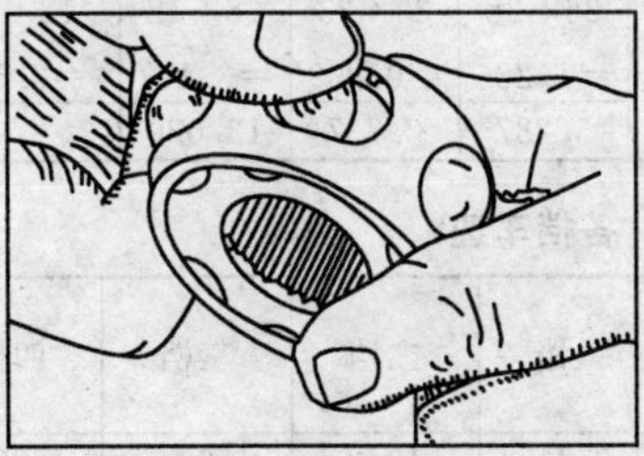

图 4-35　转动球毂使钢球与球槽配合

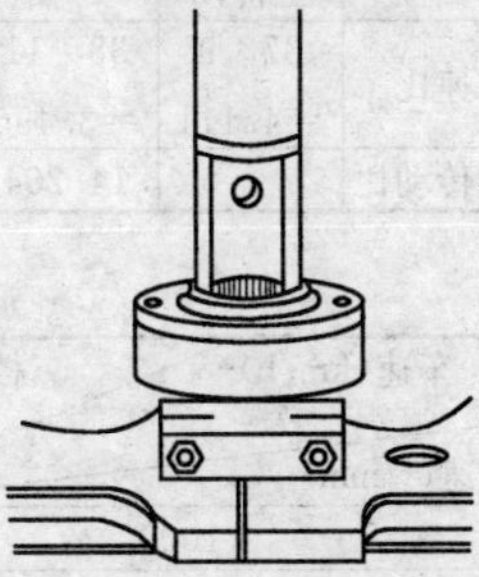

图 4-36　把万向节压入传动轴

④装上外万向节。

⑤给防尘罩充气，使压力平衡，以防止车辆行驶时产生折痕，如图 4-37 所示。

⑥用管箍夹住防尘罩,如图4-38所示。

图4-37　给防尘罩充气

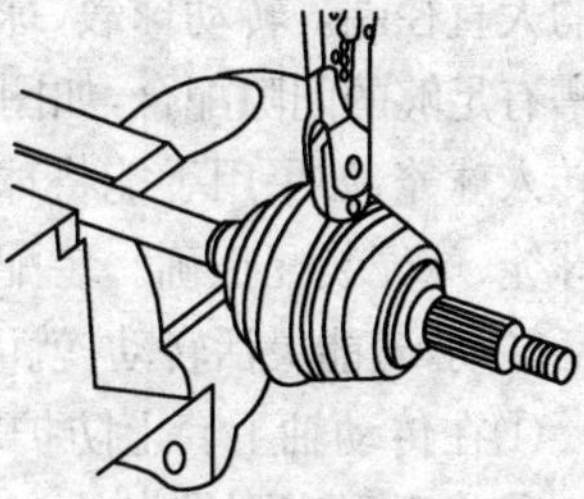

图4-38　用管箍夹住防尘罩

35. 传动系统的维修数据有哪些?

(1)离合器。

离合器从动盘直径　ϕ210mm

离合器踏板总行程　150±5mm

离合器彻底分离时踏板总行程　≤130mm

离合器踏板力　≤152N

(2)变速器。各项数据见表4-2、表4-3、表4-4。

表4-2　传动比

档位	主传动	一档	二档	三档	四档	倒档	车速表
速比	37∶9 =4.111	38∶11 =3.455	35∶18 =1.994	36∶28 =1.286	30∶33 =0.909	38∶12 =3.167	12∶12 =0.571
总传动比		14.204	7.992	5.287	3.737	13.020	

表4-3　各档车速

车速(km/h)　档位 传速(r/min)	一档	二档	三档	四档
1000	7.41	13.2	20	28
2000	14.87	26.4	40	56
3000	22.30	39.6	60	84
4000	29.60	52.8	80	112
4000	29.60	52.8	80	112
5000	37.00	66	100	140
5200	38.50	68.6	104	145.6

表 4-4　齿轮技术参数

名　称	输　入　轴				输　出　轴			
	一档齿轮	二档齿轮	三档齿轮	四档齿轮	一档齿轮	二档齿轮	三档齿轮	四档齿轮
齿数	11	18	28	33	38	35	36	30
法向模数(mm)	2. 30910	2	1. 75	1. 75	2. 30910	2	1. 75	1. 75
法向压力角	17°30′	15°	15°	15°	17°30′	15°	15°	15°
分度圆螺旋角	27°30′ (右)	33° (右)	29° (右)	31° (右)	27°30′ (左)	33° (左)	29° (左)	31° (左)
分离圆直径(mm)	28. 6356	42. 9251	56. 0243	67. 3731	98. 9230	83. 4654	72. 0313	61. 2483
基圆直径(mm)	26. 9817	40. 8889	53. 5669	64. 3045	93. 2095	79. 5062	69. 8717	58. 4586
导程(mm)	172. 8143	207. 6556	317. 5227	352. 2593	596. 9949	403. 7747	408. 2434	320. 2358
齿形修正量(max)	1. 5009	0. 60	0. 65	0. 20	0. 3434	1. 29	0. 28	0. 41
齿顶高系数	1. 03	1. 27	1. 32	1. 28	1. 07	1. 26	1. 32	1. 34
径向圆跳动(mm)	0. 050	0. 050	0. 040	0. 040	0. 050	0. 050	0. 040	0. 045

(3)齿轮油规格和容量。

齿轮油规格	GL4 齿轮油(MIL～IL105)SAE80
齿轮油容量	1.7L
(4)RF 型万向节。	固定型等速万向节
最大摆角	47°
最大传递力矩(00～100 摆角内)	2600N·m
最大外径	90mm
(5)VL 型万向节。	伸缩型等速万向节
允许最大摆动角	22°
最大传递力矩(00～100 摆角内)	2100N·m

第五章　行驶系统故障诊断与检修

1. 前桥前悬架的结构及作用是什么?

桑塔纳轿车采用前桥驱动,兼有驱动和转向的双重功能,整个前桥系统如图 5-1 所示,图中不仅表示出了前桥前悬架,也表示出了转向部件,以便给人一个整体印象。图中前桥装用了麦克弗逊式独立前悬架,又叫滑柱摆臂式前悬架。它是一种车轮沿摆动的主销轴线移动的独立悬架,是由弹性元件、导向元件、减振器组成。减振器能缓冲振动,导向元件承受纵向力、侧向力和力矩,弹性元件承受垂直方向力,共同作用的结果,是使车身与车桥形成弹性连接而传递力与力矩,更主要的是缓和与吸收车轮的冲击振动。

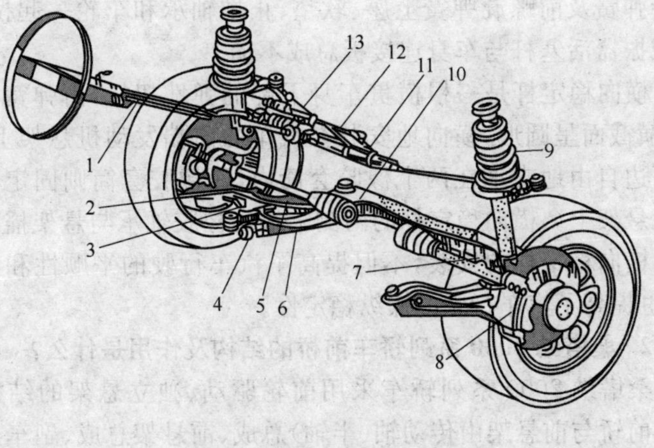

图 5-1　桑塔纳轿车前桥系统

1. 转向柱　2. 车轮与下悬臂的连接螺栓　3. 下摇臂　4. 下摇臂橡胶轴承　5. 稳定杆　6. 副车架　7. 传动轴　8. 前轮制动器　9. 减振支柱　10. 副车架前橡胶轴承　11. 齿条式转向装置　12. 转向减振器　13. 横拉杆(可调整)

前桥的减振器分别安装了螺旋弹簧和辅助橡胶弹簧,当螺旋弹簧上升到行程顶端时,辅助橡胶弹簧就开始作用。减振器的活塞杆和活塞直接装在前轮传动总成的支撑轴管中。筒式减振器上端用螺栓和橡胶垫圈与车身连接,下端通过球铰链与悬架摆臂相连接,承受前桥的侧向力和弯矩,使前轮不易发生偏摆,以增加侧向刚度。减振器上端通过减振支柱座与车身连接,下端通过左右摆臂与固定在车身上的副车架连接,从而达到固定前轮的作用。车轮轴承壳与下摇臂之间通过可移动球形接头连接,并通过下摇臂上的长孔来调整车轮外倾角。

螺旋弹簧套在筒式减振顺外面。主销(并无主销实体,只有想象中的"主销"或主销轴线)的轴线为上、下铰链的中心连线。当车轮上、下跳动时,减振器的下支点随前悬架摆臂摆动。所以主销轴线的角度与是变化。故车轮也是沿着摆动的主销轴线而上、下运动。车轮转向时,减振器筒、悬架柱焊接件、制动盘、前螺旋弹簧及前螺旋弹簧上座、软垫、止推轴承和车轮一起摆动,而减振器活塞杆与车身连接板总成不动。

横向稳定杆是一根横贯车身下部的弹性扭杆,由弹簧钢制成,横截面呈圆形,横向地安装在汽车的前端发动机悬架上,中部两边自由地支承在两个橡胶套筒内,而橡胶套筒则固定在发动机悬架上。横向稳定杆的两侧末端用橡胶轴承与悬架摇臂相连。横向稳定杆的安装,不但提高了汽车行驶的平顺性和舒适性,也提高了汽车行驶的操纵稳定性。

2. 桑塔纳 2000 系列轿车前桥的结构及作用是什么?

桑塔纳 2000 系列轿车采用前轮驱动、独立悬架的结构形式。前轿与前悬架由传动轴(半轴)总成、前悬架总成、副车架和下摇臂组成。

前桥上端通过减振支柱座与车身连接,下端通过左右下摇臂与固定在车身上的副车架连接,从而达到固定前轮的作用。车轮轴承壳通过球形接头连接下摇臂。并通过下摇臂上的孔来调整车轮外倾角。为减小转弯时车辆的倾斜度，装有一根稳定杆。

前桥的减振器分别安装了螺旋弹簧和辅助橡胶弹簧，当螺旋弹簧上升到它行程顶端时，辅助弹簧开始作用，减振器的活塞杆和活塞都直接装在支撑套管中，如有磨损，必须调换。经常在坏路行驶的车辆，必须安装加强的减振器。

轮毂通过花键将半轴的动力传给车轮。轮毂安装在双列滚子轴承的车轮轴轴壳内。转向盘和齿轮齿条转向机构，通过一根可脱开的连接柱连在一起，二根横拉杆（左边一根可调整车轮前束）将转向运动传递到车轮上。

等速万向节（球笼式万向节）传动轴由 RF 等速万向节、VL 等速万向节和花键轴组成。VL 节用螺栓与差速器半轴凸缘相连接，RF 节通过外星轮端部的花键轴与前轮相连接。左右、前轮各由一根等速万向节半轴驱动。

桑塔纳 2000 系列轿车前桥与前悬架部件如图 5-2 所示。

3. 怎样拆卸前悬架总成？

桑塔纳 2000 系列轿车前悬架为独立悬架，采用滑柱连杆式，由双向筒式减振器、螺旋弹簧、悬架柱焊接件、缓冲垫、橡胶防尘罩等组成，如图 5-3 所示。其特点是筒式减振器作为悬架杆系的一部分兼起主销作用，滑柱在作为主销的圆筒内上下移动，减振器支柱座与车身连接取消了摇臂。这种悬架结构简单、布置紧凑、操纵稳定性好。

（1）取下车轮装饰罩。

（2）旋下轮毂与传动轴的紧固螺母（力矩 230N·m），车轮必须着地。

（3）卸下垫圈。旋松车轮紧固螺母（力矩 110N·m），拆下车轮。

（4）旋下制动钳紧固螺栓（力矩 70N·m），旋下制动盘。

（5）取下制动软管支架，并用铁丝将制动钳固定在车身上，注意不要损坏制动软管。拆下球形接头紧固螺栓。

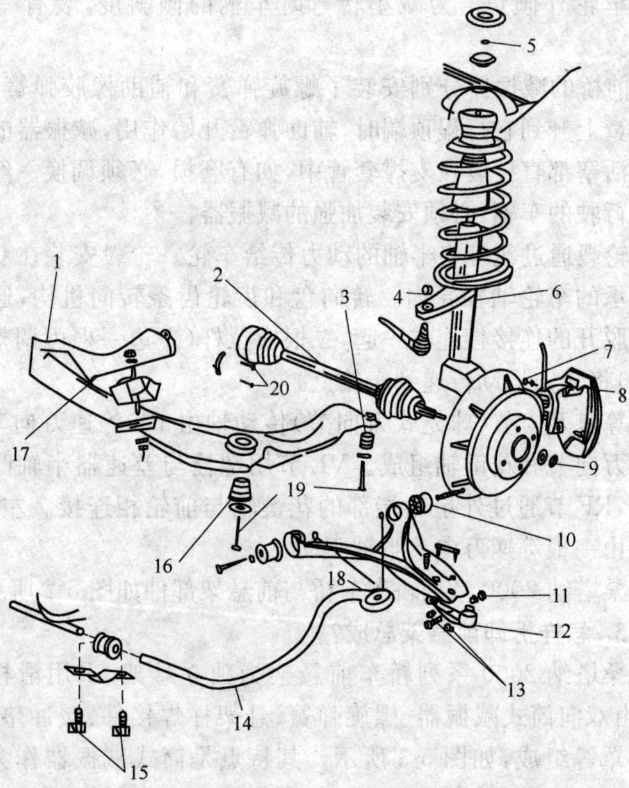

图 5-2 前桥与前悬架部件分解图

1. 副车架 2. 传动轴 3. 副车架后橡胶轴承 4. 螺母(拧紧力矩 30N·m) 5. 自锁螺母(拧紧力矩 60N·m) 6. 减振支柱 7. 螺栓(拧紧力矩 70N·m) 8. 制动钳 9. 自锁螺母(拧紧力矩 230N·m) 10. 下摇臂下支座 11. 自锁螺母(拧紧力矩 50N·m) 12. 球形接头 13. 自锁螺母(拧紧力矩 65N·m) 14. 稳定杆 15. 螺栓(拧紧力矩 25N·m) 16. 副车架前橡胶轴承 17. 自锁螺母(拧紧力矩 40N·m) 18. 自锁螺母(拧紧力矩 60N·m) 19. 螺栓(拧紧力矩 70N·m) 20. 螺栓(拧紧力矩 45N·m)

(6)压下横拉杆接头(力矩 30N·m)。

(7)旋下稳定杆的紧固螺栓(力矩 25N·m)。

(8)向下撤压下臂,从车轮轴承壳内拉出传动轴。或利用两个固定车轮凸缘上的螺孔,将压力装置 V. A. G1389 固定在轮毂上,用液压装置从轮毂中压出传动轴,如图 5-4 所示。

(9)拆掉压力装置。取下盖子,支撑减振器支柱下部,旋下活塞杆的螺母,用内六角扳手阻止活塞杆的转动。

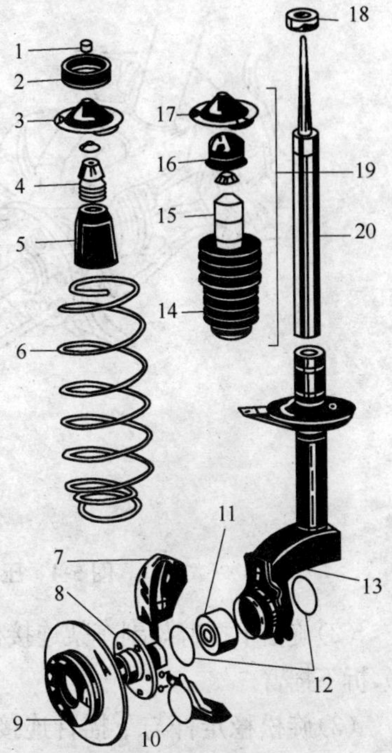

图 5-3　前悬架分解图

1. 开槽螺母　2. 悬架支承轴轴承(只能整件更换)　3. 弹簧护圈　4. 限位缓冲器　5. 护套　6. 螺旋弹簧　7. 挡泥板　8. 轮毂　9. 制动盘　10. 紧固螺栓(拧紧力矩 10N·m)　11. 车轮轴承　12. 卡簧　13. 车轮轴承壳　14. 辅助橡胶弹簧　15. 限位缓冲器　16. 波纹管盖　17. 弹簧护圈带通气孔　18. 螺母盖(拧紧力矩 150N·m)　19. 崎岖路面选装件(M103)　20. 减振器

4. 怎样安装前悬架总成?

前悬架总成的安装顺序基本上与拆卸顺序相反,但在安装时应注意以下事项:

(1)不允许对前悬架总成进行焊接或整形处理,不合格的要更换新的零部件总成。

(2)安装传动轴时,应擦净传动轴与轮毂花键齿面上的油污,去除防护剂的残留物。

(3)安装时,所有螺栓和螺母的紧固力矩应符合规定。所有自锁螺母,必须更换。

5. 怎样拆卸副车架、下摇臂和稳定杆?

(1)旋下副车架与车身固定的前悬架螺栓(力矩 70N·m),拆下副车架下摇臂与稳定杆组合件。

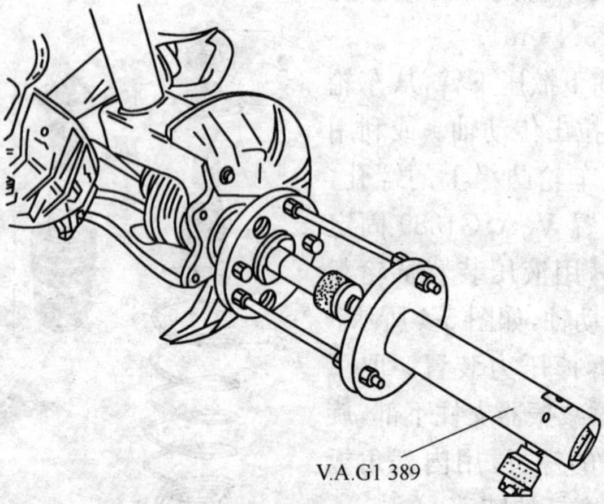

图 5-4 压出传动轴

(2)旋松下摇臂与副车架连接橡胶轴套的螺栓螺母(力矩 60N·m),拆下摇臂。

(3)旋松稳定杆与下摇臂连接螺栓的紧固螺母,并且拆下固定在副车架处支架螺栓(力矩 25N·m),拆下稳定杆。

(4)用专用工具压出副车架前后橡胶支承四个。

(5)用专用工具压出下摇臂两端橡胶轴承。

6. 怎样安装副车架、下摇臂和稳定杆?

(1)用专用工具压入下摇臂橡胶轴承,如图 5-5 所示。

(2)用专用工具压入副车架前后端 4 只橡胶支承。

(3)安装稳定杆。稳定杆安装正确位置是弯管向下弯曲,如果安装位置不留出适当余量的话,那么卡箍就很难装在橡胶支座上。正确的安装方法是先装上较松的卡箍,然后进行短距离试车。这时橡胶支座就会自动滑入规定的位置,然后用 25N·m 的力矩固定螺栓。进一步进行调整时应将车辆开到举升台上,然后紧固稳定杆。

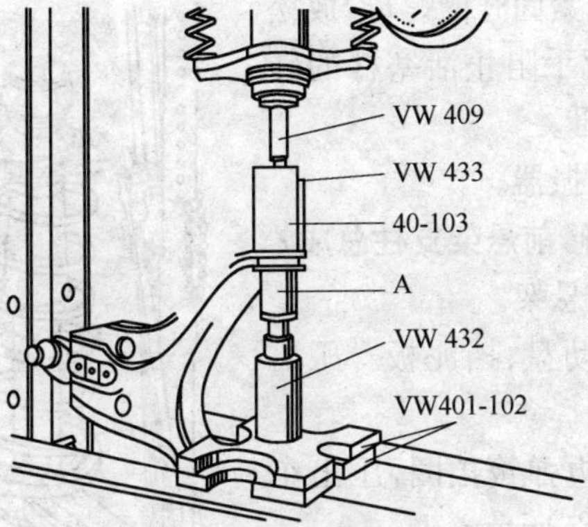

图 5-5　压入下摇臂橡胶轴承

(4)拧紧固定下摇臂与副车架的连接螺栓螺母(力矩 60N·m)。

(5)发动机悬架安装之后,发动机悬架内部都要用防腐剂进行处理。自锁螺栓(螺母)拆装后要再次使用须调换新的螺栓和螺母。

(6)如果要装一个新的副车架,在前悬架下臂安装之后,这个新的副车架内部必须用防护蜡进行处理。

(7)副车架安装固定至车身上,其固定螺栓按车辆行驶方向拧紧顺序为后左、后右、前左、前右。

7. 怎样检查和更换减振器?

在车辆行驶过程中,如减振器发出异常的响声,则说明该减振器已损坏,必须更换。一般减振器是不进行修理的。减振器上如有很小渗油现象不必调换,如有漏油多则必须推拉减振器活塞杆,通过拉伸和压缩减振器来检查渗油现象,漏出的减振器油,不能再加入减振器内重新使用,漏油的减振器不能再使用。

更换减振器的拆装方法如下:

(1)用拉具压住弹簧座圈,压缩压紧弹簧,如图 5-6 所示。如果没有 V. A. G1403 工具,可用 VW340 代替。

(2)松开与紧固开槽螺母,放松弹簧,可以用扳手阻止活塞杆的转动以便松开螺母。

(3)拆卸减振器。

8. 怎样检修前悬架支柱总成?

(1)拆卸前悬架。

①拆下制动盘、挡泥板。压出轮毂。

②拆下两边弹簧挡圈,压出车轮轴承,如图 5-7 所示。

③拉出轴承内圈,如图 5-8 所示。注意只能使用带箍圈的拉具,拉具上的钩子表面在使用前要用砂纸打磨一下。

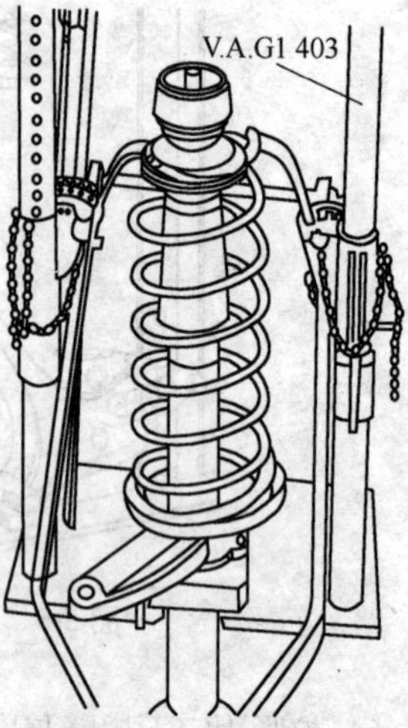

图 5-6 用拉具压缩弹簧

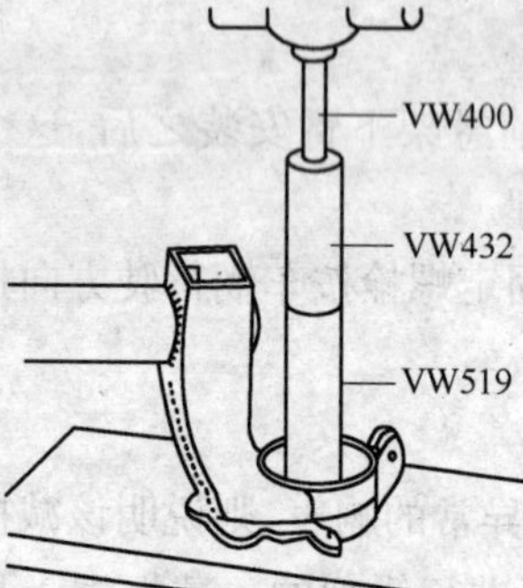

图 5-7 用专用工具压出车轮轴承

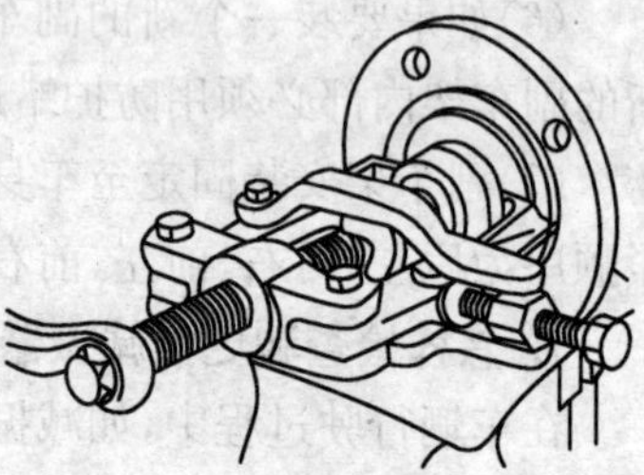

图 5-8 拉出轴承内圈

(2)检查零部件。在零件全部解体后,应进行清洗、检查,必要时测量。如有下列情况,必须更换:

①制动盘工作面严重磨损,超出规定,或表面出现裂纹。

②挡泥板严重扭曲变形。

③轮毂花键松旷,磨损严重。

④弹簧挡圈失效。

⑤车轮轴承损坏(注意整套轴承调换)。

⑥前悬架支柱件焊缝任何一条出现裂纹或严重变形。

(3)安装与调整。

①先装外弹簧挡圈,在车轮轴承座涂上润滑脂,然后压入轴承,压至终止位置,最后装上内弹簧挡圈。

②调整内外挡圈开口的位置,使其相差 1800。然后转动轴承内圈,观察是否正常。

③在轮毂花键和轴承颈上涂上润滑脂,压入轴承内。压入轮毂时,专用 VW519 只能顶住内轴承的内圈。

④用 3 个 M6 螺栓固定挡泥板(力矩 10N·m),使其紧贴在车轮轴承座的凸缘上。

⑤用非纤维材料擦净制动盘工作表面,不能有油污。装上制动盘,且紧贴在轮毂的接合面上。

⑥用手转动制动盘,观察是否有卡滞或异响现象。

9. 怎样检修副车架、下摇臂?

副车架、下摇臂和稳定杆拆卸下来后,主要检查各部位橡胶轴承是否损坏,检查零件是否变形,各焊接部位是否有脱焊或裂纹产生。若橡胶轴承损坏,则更换。若副车架零件和下摇臂变形和脱焊,也必须更换,不允许对副车架和下摇臂进行焊接或整形处理。

需要更换橡胶轴承,可按以下方法进行:

①更换下摇臂橡胶轴承。压出下摇臂橡胶轴承,将新的橡胶轴承用螺栓与导向杆紧固成一体。然后在轴承表面涂一些润滑脂,再将其压入下摇臂。当轴套压入深度达 3/4 左右时,拆下导向管 3039,然后继续小心地将轴套压入最终固定位置。

②更换副车架前后橡胶轴承。

③更换稳定杆橡胶轴承。

10. 前轮偏摆是什么原因?

(1)两前轮气压不相同。

(2)减振器失效。

(3)前轮定位不正确。

(4)悬架臂轴套磨损严重。

(5)转向器在车架上固定松动。

(6)转向机件磨损严重。

(7)车轮不平衡。

(8)轮毂轴承松动。

(9)稳定器失效。

对以上故障原因进行判断及排除时,首先检查轮胎的气压并予以调整,使前轮相同;若发现车轮不平衡,应立即进行车轮平衡;对于松动部分应按规定力矩进行紧固,正确调整前轮定位;更换失效及磨损严重的部件。

11. 前轮侧滑是什么原因?

(1)产生前轮侧滑故障的原因是:

①前束不符合规定。

②轮胎气压不符合标准。

③前轮毂轴承和横拉杆松旷。

④前轮偏摆。

(2)对以上故障原因进行判断及排除时,应按以下步骤:

①如发现前束不符合规定、轮胎气压不符合标准,则应按规定数据调整前束,并按标准给轮胎充气。

②消除前轮毂轴承和横拉杆松旷,必要时更换已损坏的零件。

③若前轮偏摆,除按前述方法进行检查并排除外,还应检查轮辋是否变形,必要时应更换轮辋。

12. 为什么减振器工作不良?

(1)如果轿车在行驶过程中感到振动很大,特别是通过颠簸起伏路面时,车身连续颤抖并伴有"咕咚、咕咚"的响声,这多半是减振器工作不良，失去缓冲作用所致。其故障原因是：

①减振器内的减振油渗漏，主要是油封和毛毡垫圈损坏，致使密封不良，降低甚至失去缓冲作用。

②活塞与缸筒磨损过剧，使缓冲性能下降。

(2)出现以上情况，最好更换减振器，如一时没有备件，可以应急修理，局部更换损坏件，在适当位置钻小孔以便注入减振油，然后以环氧树脂封闭所钻小孔。修复后的减振器可进行下列检查，以判断其工作寿命长短。

①察看外部有否渗漏。

②用于推拉减振器活塞杆，察看所需拉力是否均匀。

13. 汽车行驶时跑偏什么原因？

(1)桑塔纳汽车行驶时跑偏故障的原因是：

①两侧轮胎气压不相同。

②前制动器分离不彻底。

③前弹簧失效。

④两侧前轮定位不相同。

⑤前轮轴承过紧。

⑥车身底部或车架变形。

⑦后桥变形。

⑧减振器失效。

(2)对以上故障原因进行判断及排除如下：

①如两侧轮胎气压不相同，则应调整轮胎气压，使两侧轮胎气压一致。

②检修前制动器，消除分离不彻底现象。

③更换失效的前弹簧。

④调整两侧前轮定位数据，使其一致。

⑤调整前轮轴承，消除过紧现象。

⑥校正或更换车身或车架。

⑦更换后桥和失效的减振器。

14. 为什么前悬架异响?

桑塔纳轿车的前悬架在拉杆球接头、摆杆球接头、摆杆弹性衬套、扭杆前后花键、扭杆后支架或上摆杆花键套过度磨损时,均会发生异响;在减振器失效或悬架、转向带紧固不良、前轮毂轴承间隙过大时,也会发生异响。应针对不同情况,在检查后进行调整、紧固或更换。

15. 后桥后悬架由哪些主要零件组成?其作用是什么?

桑塔纳轿车的后桥,为非独立悬架式的整体摆动桥。它由后车体、螺旋弹簧、减振器等组成,如图 5-9 所示。

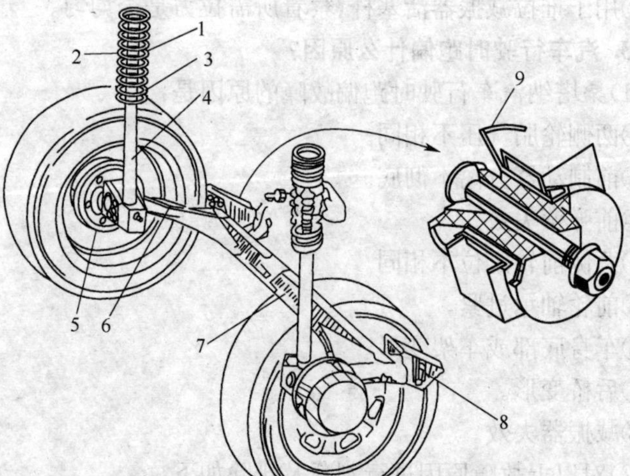

图 5-9 桑塔纳轿车后桥

1. 支承杆座 2. 螺旋弹簧 3. 减振支柱 4. 减振器 5. 短轴门柱 6. 后摇臂 7. 后桥体 8. 带橡胶金属支座的轴承支架 9. 橡胶金属轴承座

后桥体由纵向布置的左、右悬架臂与 V 型截面钢板梁组成。两后悬架臂前端两个橡胶金属支承轴与承载式车身相连接,后端与车毂、悬架减振器相连,整个后桥体连同车轮可以相对于车身作上、下纵向摆动。与前悬架相同,后悬架螺旋弹簧套在减振器外的弹簧支座上，减振器壳下端与后桥摆臂铰链相连接，上端减振器杆用螺栓和橡胶垫圈与车身相连。当车轮上、下摆动时，减振器和套在外面的螺旋弹簧起消振和缓冲作用，以改善后桥的行驶平顺性。后桥体不仅承受轿车重量，而且当两侧车轮上的悬架弹簧变形不同时，后桥体的横梁发生扭转，从而起到横向稳定器的作用。

桑塔纳轿车后悬架的主要特点，是将液压筒式减振器作为悬架杆系的一部分，并采用螺旋弹簧。螺旋弹簧与钢板弹簧比较，具有以下优点：不需润滑，不怕污泥，重量轻，占据空间小。但螺旋弹簧没有减振作用，为了加速振动的衰减，在弹簧作为弹性元件的悬架中，必须另加减振器。

16. 怎样拆卸后桥及后悬架?

(1)将驻车制动拉索从拉杆上吊出(如图 5-10 所示)，必要时脱开制动蹄。

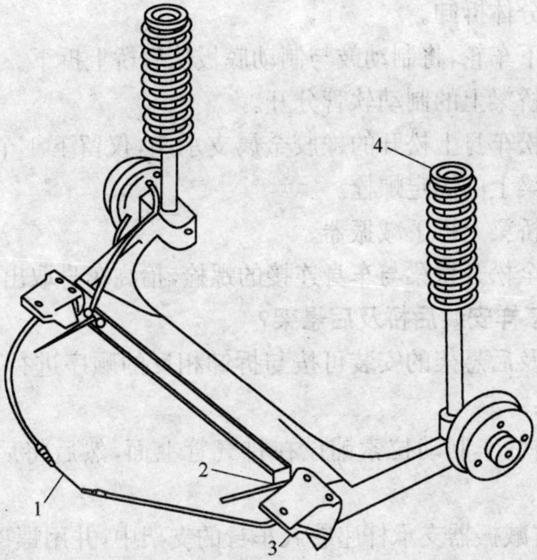

图 5-10　后桥总成的拆装

1. 驻车制动拉索　2. 制动软管　3. 支承座　4. 支承杆座螺母

(2)分开桥梁上的制动软管。

(3)松开车身上的支承座,仅留1个螺母支承。

注意:如要把支承座留在车身上,需要拆下支承座与横梁上的固定螺栓。安装时要注意,为了避免金属橡胶支座在行驶中橡胶扭曲,在旋紧螺栓之前,横梁须平放。

(4)拆下排气管吊环。

(5)用专用工具撑住后桥横梁。

(6)从车厢内取下减振器盖板。

(7)从车身上拧下支承杆座螺母。

(8)拆卸车身上的整个轴承支架。

(9)慢慢升起车辆。

(10)将驻车制动拉索从排气管上拉出。

(11)将后桥及悬架从车身底下移出。

(12)分体拆卸。

①拆下车轮,将制动鼓与制动底板从后桥上拆下。

②将桥梁上的制动软管分开。

③放松车身上松开的橡胶金属支承座,仅留下1个螺母支撑或拧松桥梁上的固定螺栓。

④从桥梁上拆下减振器。

⑤完全松开桥梁与车身连接的螺栓,抬高车身取出后桥。

17. 怎样安装后桥及后悬架?

后桥及后悬架的安装可按与拆卸相反的顺序进行,但应注意以下事项:

(1)将驻车制动拉索铺设在排气管上面,然后将后轿装到车身上。

(2)将减振器支承杆座装入车身的支架中,并用螺母固定。

(3)横梁必须平放,车身与横梁的夹角应为17°±2°。

(4)更换所有自锁螺母,并且按规定力矩拧紧。后桥及后悬架螺栓拧紧力矩如表5-1所示。

表 5-1　后桥及后悬架螺栓的拧紧力矩

项　　目	力矩(N·m)
减振器下端至后桥固定螺母	70
减振器上端与车身固定螺母	35
支承座与车身固定螺母	45
橡胶金属支承座固定螺栓	70
制动底板固定螺母	60
车轮固定螺栓	90

(5)分体安装。按照拆卸相反的顺序安装后桥及后悬架，但应注意以下几点：

①橡胶金属轴承座与后桥桥梁夹角成 18°±1°。

②各部件之间的拧紧力矩应符合规定。

③自锁螺母必须更换新的。

18. 怎样检修后桥轮毂轴承?

检修时注意：不允许对后桥进行焊接和整形。

(1)拆卸。

①用千斤顶支起后轮。

②用专用工具撬下后轮毂盖。

③取下开口销及开槽垫圈。

④拧下六角螺母，取出止推垫圈。

⑤拆下 1 个车轮螺栓，用改锥通过车轮螺栓孔向上拨动楔形块(见图 5-11 所示)，使制动蹄摩擦片与制动鼓放松。

⑥拉出车轮和制动鼓，并带出车轮外轴承。

⑦取出车轮内轴承和油封。

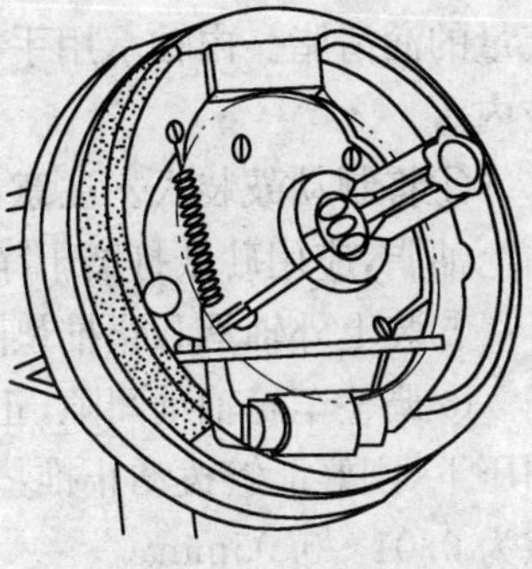

图 5-11　用改锥向上拨动楔形块

⑧用铜冲头敲出内、外轴承外圈。

(2)检修。

①检查内、外轴承的磨损和变形情况,如果有破坏,应更换。内轴承型号:L45449/L45410,外轴承型号:LM11749/LM11710,油封型号:32150/6416。

②制动鼓表面磨损严重或端面圆跳动大于0.2mm,则应更换制动鼓。

③检查后轮毂短轴的弯曲程度,用游标卡尺和直尺沿圆周方向测量直尺和轴颈的距离,如图5-12所示。至少测量3点,比较各次测得的读数,不得超过0.25mm,否则应更换短轴。

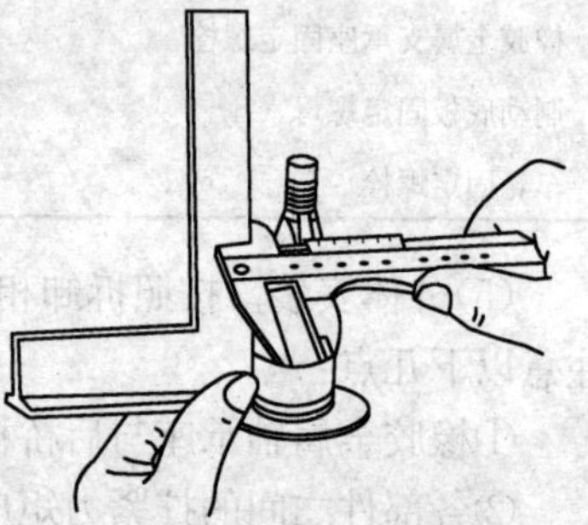

图5-12 检查后轮毂短轴

(3)安装及调整。

①用专用工具将车轮内、外轴承外圈压入制动轮毂。

②在轮毂短轴上放上油封,用橡胶锤均匀地敲入。测量油封凸出制动鼓小端面的高度,应为1.10～1.15mm。

③在内、外轴承上涂抹适量的锂基润滑脂,轮毂内腔也注入一定量的润滑脂。内轴承用手推入至轮毂短轴上,外轴承装入制动鼓内。

④将制动鼓装入。注意:不能使制动鼓内表面沾上油脂,如果沾上油脂,应用砂纸打磨干净。

⑤装上外轴承和止推垫圈,拧上六角螺母。

⑥调整车轮轴承间隙,正确的间隙是用一字形旋具在手指的加压下,刚好能够拨动止推垫圈。也可以用专用工具调整,轴承间隙为0.01～0.05mm。

⑦装上开槽垫圈,换上新的开口销。

⑧在轮毂盖内加入适量的润滑脂，用橡皮锤将其轻轻敲入。

19. 怎样检修减振器和弹簧？

(1)拆卸。

①用千斤顶或垫块支撑起后桥。

②向上弯起车厢内减振器上方三角形底搁板。

③从车身上拧下减振器支承杆座螺母。

④慢慢抬高车辆，拧下减振器支柱下端与后桥的固定螺母。

⑤小心地从车轮与轮罩之间移出减振器支柱，注意不要碰坏弹簧和轮罩上的油漆。

注意：不要同时拆卸两边的支承杆座，以免使橡胶金属支承受压过大。

(2)检修。

①后减振器如果在支承处有裂纹、筒体外漏油严重，或用专门仪器检验达不到要求，应整体更换。

②弹簧如果有损伤、裂纹或弹力下降，均需要更换。

③橡胶件、缓冲块如果有损伤、龟裂、老化等现象，也要更换。

(3)安装。按照拆卸相反的顺序进行安装，但应注意：支架上的自锁螺母拧紧力矩为 35N·m，减振器支承上的螺母拧紧力矩为 60～70N·m，最后应将后隔板两边用胶带封住。

20. 怎样检修悬架臂支承？

(1)拆卸。

①车辆着地，支撑起后桥。

②拆下一侧后桥与车身连接的支承座，见图 5-10 所示。

③用分离工具将橡胶金属支承逐一拉出，如图 5-13 所示。

(2)检修。金属橡胶支承不能进行修理，如果有松动、裂纹、损伤、破裂等现象，均需要更换。

(3)安装。

①装入新的两半橡胶金属支承(如图 5-14 所示)，并使两半橡胶金属支承扇形体和沟槽相互嵌在一起。

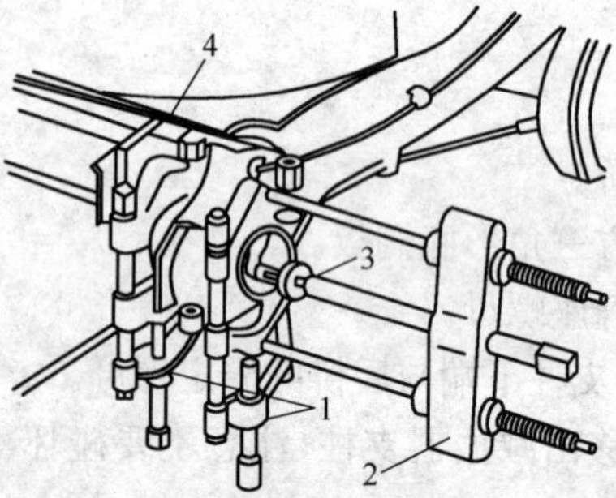

图 5-13 从后横梁中拉出橡胶金属支承

1. 分离工具(KuKK17/1)
2. 拉具(KuKKO18/1)
3. 顶杆螺栓(ϕ12mm×120mm)
4. 桥形支承(30.211A)

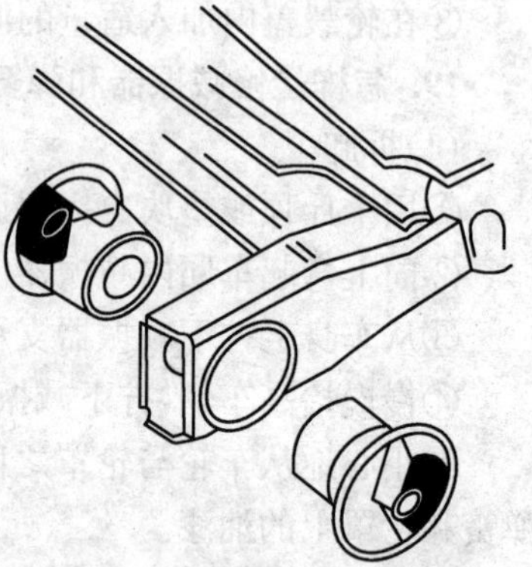

图 5-14 橡胶金属支承的安装位置

②如有可能,用电动工具将橡胶金属支承压入到正确位置(如图 5-15 所示)。其安装深度应为 a=61.6～62.6mm,如图 5-16 所示。

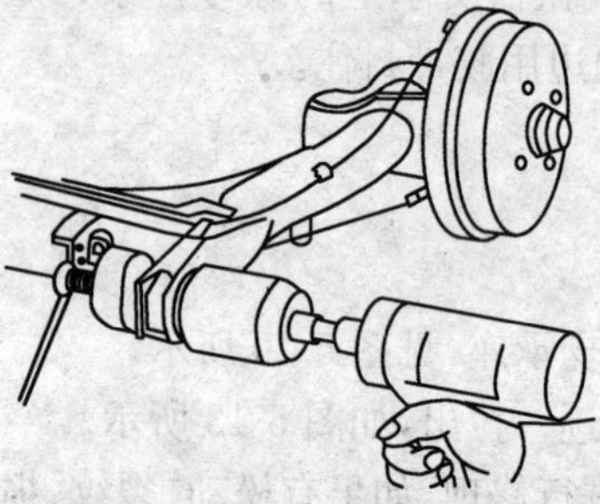

图 5-15 将橡胶金属支承压到正确位置

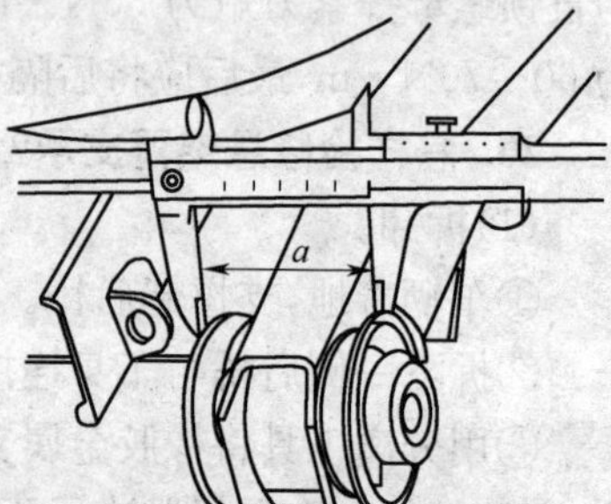

图 5-16 测量支承套的安装深度

③安装支承座,插入 M12mm×100mm 的螺栓,按规定力矩拧紧自锁螺母(60～70N·m)。注意:拧紧螺母之前,横梁应水平

放好，以免给橡胶金属支承带来不必要的扭曲变形。

④支承座与横梁应成17°±2°的角度。

21. 后桥后悬架发现裂纹怎么办？

后桥后悬架裂纹，可用观察法或油浸敲击法查找。如发生裂纹应及时焊补，切不可继续行驶，以免裂缝扩大。

22. 后轮支承短轴发现裂纹和磨损怎么办？

后轮支承短轴发生裂纹，可采用观察法或油浸敲击法查找。如发生裂纹应立即更换，以免折断造成事故。要确定此短轴是否磨损，可进行测量，磨损的短轴应予以更换，或镀铬后磨光修复。

23. 后轮毂损坏怎么办？

轮毂（含前、后轮毂）损伤，包括裂纹与失圆。对于轮毂裂纹，最好予以更换，若无备件，可在轮毂外面焊补或以环氧树脂胶临时粘补应急；对于轮毂失圆，应分别对待，若失圆度不大，可在车床上车圆；若失圆度较大，可在车削后重新配制动蹄块制动片，并在粘接制动片后配套车削制动蹄块的制动片，使其与后毂内圆相匹配；若失圆过度，则应更换。

悬架系统出现故障，多为减振器漏油、连接部门松旷等。因此，先检查后减振器、察看支承处有无裂纹，筒体外有无渗漏油迹。减振器不能正常工作，主要是减振器密封磨损后造成漏油，如外观漏油明显，则应更换。察看螺旋弹簧是否折断，如有问题成对更换左右两侧螺旋弹簧。检查悬架系统中的连接螺栓等是否松脱或掉落，然后将螺栓按规定力矩进行紧固。

24. 后悬架发现异响怎么办？

桑塔纳轿车的后悬架在减振器失效、钢板弹簧松散或润滑不良时，均会在行驶中发生异响。可针对不同原因，采用更换减振器，加强紧固，加强润滑，并更换断裂的中心螺栓和夹箍铆钉等方法予以排除。

25. 怎样拆卸和分解前轮毂？

(1)拧下轮辋，传动轴紧定螺母，顶起车轮后拧下轮辋螺母，卸下车轮。拧下制动钳紧定螺栓，取下制动钳，拆下制动软管支架并用铁丝将制动钳固定在车身上。拧下悬架臂上车轮轴承壳的紧定螺栓，用工具压下横拉杆接头。

(2)拧下悬架臂螺杆上的螺母，从车轮轴承壳中压出万向节。将压力装置固定在轮毂上，从轮毂中压出传动轴，然后拆下压力装置。拆卸轮毂不能加热，否则会损坏轴承。

(3)取下前悬架支撑柱盖子，用内六角扳手顶住活塞杆以防转动，拧下活塞杆上的螺母。

(4)拆下弹簧护圈、波纹管盖、限位缓冲器、护套及减振器等。

(5)取下车轮轴承壳，用专用工具压出轮毂。

(6)拆下弹簧挡圈，使用压具压出车轮轴承。

26. 怎样检修前轮毂？

拆卸前轮毂时，可先拆下轮毂与传动轴紧固螺母，顶起车轮，拆下轮辋螺母，卸下车轮。拆下制动钳紧固螺栓，取下制动钳，拆下制动软管支架并用铁丝把制动钳固定在车身上。然后参照图5-17、图5-18的程序进行。

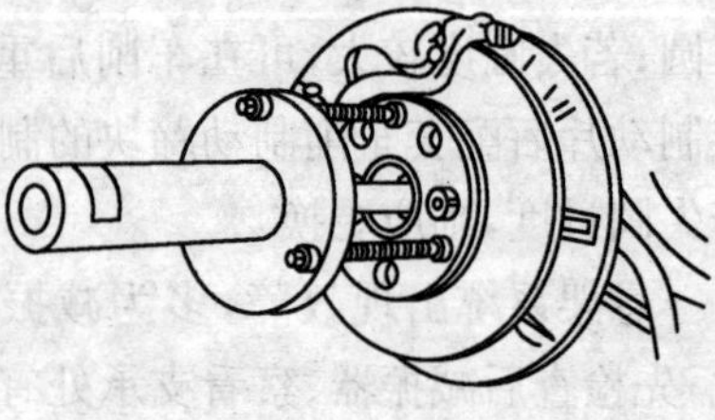

图 5-17　将拉力器固定在轮毂上

27. 怎样装配前轮毂？

车轮轴承和轴承壳及传动轴是容易损伤部位，装配时，轴承应转动灵活无卡滞，没有明显的间隙感觉，否则应予更换。轴承壳应无裂纹，轴承变形较小时可用敲击校正，变形较大时应予更换。安装前轮毂时应按以下规定进行：

(1)安装弹簧挡圈。将轴承涂上润滑油并压装到位，装上内弹簧挡圈，用专用工具将轮毂压入轮轴。

(2)安装减振支柱。装上螺旋弹簧、减振器护套、限位缓冲器。用专用工具压紧弹簧，再拧紧螺母。拧紧力矩为 597N·m。拧紧时，用内六角扳手阻止活塞杆转动。

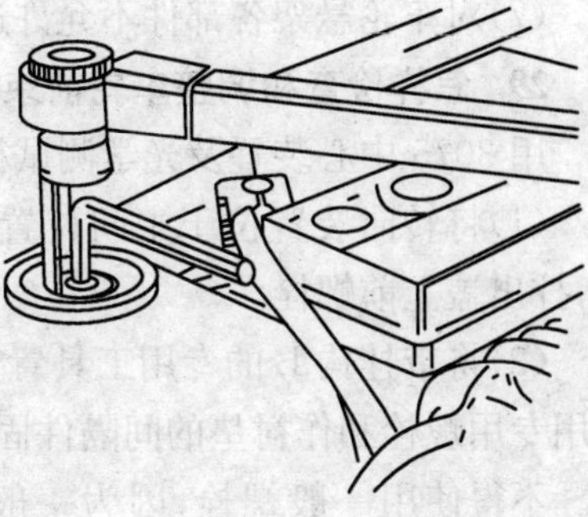

图 5-18　拆下支撑柱活塞杆螺母

(3)装上螺母盖，在等速万向节花键上涂上一圈防护剂 D6，然后进行传动轴装配。传动轴防护剂 D6 安装 60min 后，方可使用汽车。

28. 怎样检修前悬架?

(1)发动机悬架安装以后，悬架内部要用防腐剂进行处理。

(2)自锁螺栓和螺母拆卸后，再次使用须换用新件。

(3)发动机固定螺栓应按下列顺序拧紧，即按车辆行驶方向：左后，右后，左前，右前。

(4)如果需要移动已卸掉传动的车辆，必须先装上一根代替传动轴的连接轴，否则车轮轴易损坏。

(5)减振器不仅起减振阻尼作用，而且还起着运动导向作用，由于道路路面质量差，尤其是“搓板”路，会影响减振器的使用寿命。减振器损坏的另一个原因是轮胎气压太高。因桑塔纳轿车使用低压轮胎，行驶中轮胎的弹性可以吸收一部分路面不平引起的振动。如果轮胎气压过高，所有路面引起的振动均由悬架系统和减振器来承受，引起减振器过早损坏。如果减振器发生异响或漏油，应予以更换。

(6)横向稳定杆安装时，应注意弯管向下弯曲并在安装位置留出适当的余隙，以便安装卡箍。可采用先装较松的卡箍，进行短距离试车时，使橡胶支座自动滑入规定的位置后，再进一步拧紧固定螺栓。

(7)对车轮悬架各部件不允许进行焊接。

29. 怎样检查和调整车轮前束?

用3075中心装置及光学测试检查并调整,步骤如下。

(1)将转向装置位于中间位置,即车辆摆正处于直线行驶位置,拧出盖上前螺栓。

(2)将带挂钩B的专用工具置于左横拉杆的紧定螺母上。然后用专用螺栓和作衬垫的间隔件固定到标有"L"记号的转向器孔中。不得使用一般螺栓,因为一般螺栓太短且会碰坏转向器的螺纹。

(3)将总前束值平分两半,在左、右横拉杆上分别调整,调整后固定横拉杆。

(4)拆下专用工具3075,重新拧紧盖上前螺栓,力矩为20N·m。

30. 怎样调整前轮外倾角?

桑塔纳轿车前轮外倾角是通过移动球形接头在悬架长孔中的位置进行调整。其调整步骤如下。

(1)松开下悬架臂球形接头的紧定螺母,将外倾调整杆(40～200mm)插入。横向移动球形接头,直至达到外倾值。一般是右侧从前面插入调整杆,左侧从后面插入调整杆。

(2)调整后紧定螺母,并再次检查外倾角及前束值。车轮定位数据见表5-2(自底盘号HWD43575起)。

表5-2　车轮定位数据

前轮	车轮前束角(空载)	−3～−1mm (−20′±10′)
	车轮前束角(加载)	−30′±10′
	车轮加载力	100N±20N
	车轮外倾角(直线行驶时)	−30′±20′
	主销后倾角	30′

续表 5-2

后轮	车轮外倾角	$-1°40'\pm20'$
	车轮外倾角两边最大允差	$30'$
	车轮前束角	$25'\pm15'$
	车轮前束角两边最大允差	$20'$

桑塔纳轿车后轮内倾在规定内倾角范围内是完全正确的。用户自行把后轮校正到与地面垂直或成正外倾角是完全错误的。

31. 怎样检修后悬架?

(1)检查后轮轴承磨损情况,如有损坏或转动不灵活,应予以更换。座圈装复时,用压力压入。

(2)检查后轮支承短轴。短轴根部易发生裂纹,如果继续使用,遇到较大冲击载荷时,可能折断而造成严重事故。修理时,应仔细检查有无裂纹,可用磁力探伤器或油浸敲击法进行检查,如有裂纹应更换短轴。

测量支承短轴的圆周点,至少周向均匀测量三个点,比较各次测量的读数,不得超过 0.25mm,否则应更换短轴。

(3)检查轴衬是否磨损,如果损坏应予以更换。更换时,应用专用拉具将轴衬拉出。安装时,应用专用压具将两半轴轴衬压入轴衬孔,应注意轴衬的安装位置和测量轴衬的安装深度,即轴衬两端面距离为 61.6～62mm,箭头朝前行驶方向。

32. 悬架装置各部件连接拧紧力矩是多少?

悬架装置连接拧紧力矩见表 5-3。

表 5-3　悬架装置连接扭紧力矩

连　接　项　目	拧紧扭矩(N·m)
滑柱式悬架至车身	60
滑柱式悬架轴承至活塞杆	50
滑柱式悬架螺栓螺母	150
转向横拉杆至滑柱式悬架	30

续表 5-3

连 接 项 目	拧紧力矩(N·m)
固定制动钳体至滑柱式悬架	50
轮缸体至制动机构支架	35
球接头至轮毂	50
球接头至下摇臂	65
轮毂至驱动轴	230
驱动轴至凸缘	45
下摇臂至副车架	60
副车架至车身	70
横向稳定杆至副车架与下摇臂	25
后桥至支座	70
支座至车身	45
减振器至后桥	70
减振器至车身	3.5

33. 安全气囊有什么结构特点?

大众帕萨特轿车装配前座双安全气囊。驾驶员正面气囊(64L)安装在转向盘罩下,副驾驶员正面囊(113L)则位于仪表板的右部。气囊系统与三点式安全带是一个整体,发生正面碰撞时,它们将协同作用,安全带将乘员固定在座位上,而气囊将起缓冲减振作用,最大限度地发挥保护作用。

大众帕萨特轿车驾驶员安全气囊如图 5-19 所示,前排乘员安全气囊如图 5-20 所示。

安全气囊系统主要由电子控制装置和检测装置(控制设备)、两个正面安全气囊(安装了气体发生器的气袋)及仪表板内的指示灯组成。

安全气囊系统从转向盘中心和仪表板右侧展开气囊,膝垫和转向柱吸收碰撞能量。驾驶员座和乘客座膝垫的仪表板下面。安

图 5-19　驾驶员安全气囊

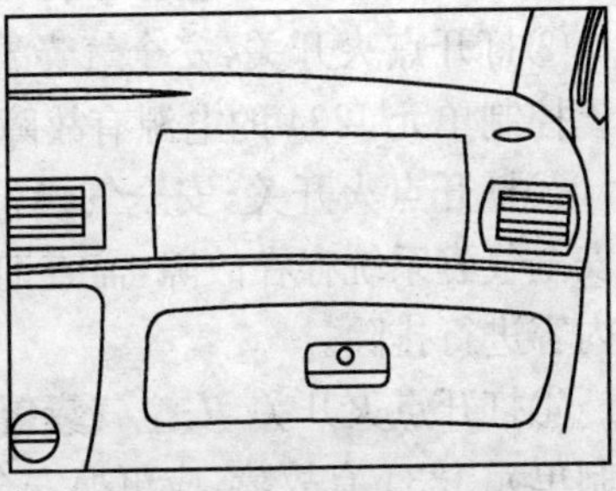

图 5-20　乘员安全气囊

全气囊的设计使得安全气囊在发生严重的正面碰撞时被激活而起作用。由前方足够的碰撞力在偏高中心线 30°，人会使气囊展开。如果系统被激活起作用，膨胀气体充满气袋，在驾驶员或者副驾驶员前展开。通过浸在完全吹起的气袋内，前排乘员的向前运动会被吸收并且会降低头部和身体上部的伤害。专门设计的气袋在乘员产生的压力作用下可以有控制地排出气体，以更柔和的支撑头和身体上部。因此在事故结束后气袋会排空，向前的视野又恢复了。安全气囊在几十毫秒内以很高的速度膨胀开来，以便在发生事故能起保护作用。在气囊膨胀时产生细微的灰尘，这是正常的，不会引起火灾。

安全气囊的系统功能由电子设备监控，在每次点火开关打开之后，气囊指示灯大约亮 3S(自检)。如果有以下情况，系统就存在故障；

①点火开关打开时指示灯没有亮。

②点火开关打开后指示灯在 3S 以后没有熄灭。

③点火开关打开后指示灯熄灭并又重新亮起来。

④在行驶的过程中指示灯亮或闪烁。

如果有故障,应立刻到维修站进行检查。否则会有发生碰撞事故中安全气囊不能起作用的危险。

34. 怎样检修安全气囊警告灯(K75)亮?

(1)故障现象。打开点火开关,安全气囊警告灯(K75)不熄灭。

(2)故障原因及排除。

①打开点火开关,安全气囊警告灯闪烁 4S 后又闪烁 15S,则说明前排乘客侧安全气囊关闭。

②打开点火开关,安全气囊警告灯闪烁 4S 后不熄灭,则安全气囊控制单元 J234 的电源有故障。

③打开点火开关,安全气囊警告灯闪烁 4S 熄灭后再次闪烁,则安全气囊系统存在故障,需查询故障存储器的内容,并按查询出的内容进行排除。

④打开点火开关,安全气囊警告灯一直闪烁,则说明安全气囊控制单元 J234 有故障,应更换安全气囊控制单元 J234。

35. 怎样检修防盗装置?

帕萨特 B5 轿车防盗系统由防盗控制单元、防盗报警灯 K117、发动机控制单元、点火开关上的防盗系统阅读线圈和带有电子设备的点火钥匙(带发送器/应答读取存储器)等组成。防盗电控单元和防盗报警灯 K117,均位于组合仪表中。组合仪表不可拆,若防盗电控单元或防盗报警灯 K117 损坏,则须更换组合仪表。

(1)连接 V. A. G1551(图 3-8),操作仪屏幕显示。

(2)按 0 和 2 键,选择“查询故障存储器”功能,屏幕显示。

(3)按“Q”键确认,屏幕可能显示;这时按“→”键,程序返回起始位置。则可依次显示和打印出存储的故障屏幕显示。

(4)按 0 和 5 键,选择“清除故障存储器”功能,屏幕显示。

(5)按 Q 键确认,屏幕显示。

(6)按"→"键,程序回到。

(7)按 0 和 6 键,选择"结束输出"功能,屏幕显示。

(8)按 Q 键确认,屏幕显示。

36. 为什么发动机起动后很快就容易熄火?

(1)故障现象。发动机刚起动时可以运转,在大约 1s 之后熄火。

(2)故障检查及排除。连接故障阅读仪 V. A. G1551,进行自诊断,输入地址"码"01。选择"发动机控制单元",查询故障存储器的内容。可能有两种情况:

1)故障码 17978(含义为发动机控制单元锁死)出现在故障存储器中,也就是说,防盗控制单元发动机控制单元不工作,发动机控制单元锁死,按以下步骤排除故障:

①清除故障存储器中的内容,并且结束输出,试验发动机能否正常工作。

②输入地址码"17",选择"组合仪表自诊断"。

③查询防盗系统故障存储器的内容,并根据故障码表判断故障原因,清除故障码。

④在修理结束以及防盗系统的元件进行匹配之后,查发动机控制单元的故障存储器的内容,若有故障码,则按规定排除故障,清除故障码;若无故障码,则退出。

2)故障码 17978(含义为发动机控制单元锁死)没有出现故障存储器中,也就是说防盗系统没有故障,应查找发动机故障。

37. 防盗装置出现故障后为什么发动机不能起动。

(1)故障现象。电源正常;组合仪表 V. A. G1551 之间的诊断电源线正常;发动机不能起动。在起动时,发动机开始运转,并且在大约 1s 之后熄火。接通 V. AG1551 故障阅读仪,并且进行自诊断。使用地址词 01,选择发动机控制单元。读出故障代码存储器(功能 02)。

(2)原因分析。

1)错误代码 17978“发动机控制单元被阻止”出现故障代码存储器中的,也就是说:防盗装置的控制单元不允许发动机控制单元工作。清除误码存储器(功能 05),并且结束输出。使用地址词 17,选择用于组合仪表的自诊断。读出故障代码存储器(功能 02),并且根据故障代码表鉴定故障存储器,如果要的话清除故障存储器的内容。在修理结束和防盗装置的元件匹配之后,读发动机控制单元的故障代码存储器内容,并且如果必须要的话清除误码存椿器作为结束工作,这是必不可缺的。

2)错误代码 17978“发动机控制单元被阻止”没有出现在误码存储器中,也就是说:防盗装置上没有出现故障。在发动机的修理操作中,按照说明书规定进行故障查询。

3)钥匙匹配有错误或者有故障。错误代码 01179“钥匙编程错误”出现在防盗装置的控制单元故障代码存储器中。使用地址词 17,选择用于组合仪表的自诊断;按下“一”键。显示器上显示:把在显示器所显示的 14 位识别码与钥匙挂件牌上的识别码相比较。如果两个识别码不一致的话,那么就借助显示器所显示的辨认号码经过主管的销售中心来查明与此有关的密码。

4)故障:①在组合仪表中,在路程显示“故障”并且发动机无法起动。②3 次输入一个错误的密码。③20 多次试图用一个未认可的或不匹配的钥匙进行起动。

在两种情况下的改正措施:一是把认可的或匹配过的点火钥匙插入到点火开关中。二是接通 V. A. G1551 故障阅读仪,选择“快速数据传输”操作状态 1,接通点火,输入组合仪表“地址词 17”。

防盗装置的特征码显示之后,按下“①”键,显示器上显示:

快速数据传输　　　帮助

选择功能××

两次按下键 1(使用 11 选择:“注册一过程”功能),显示器显示:

快速数据传输　　Q

I1——注册 ——过程，

使用Q键确认输入。显示器上显示：

注册——过程　　c

输入代码编号 xxxxx，输入密码，与此同时在4位(数)的号码之前置位一个0(例如01915)。密码附在钥匙挂件上；密码通过防护层小心的摩擦(例如使用一个硬币)才可以看见。

38. 子午线轮胎的结构特点及作用是什么？

桑塔纳轿车使用的是子午线无内胎轮胎，如图5-21所示，与有内胎的轮胎相比，它的气密性较好。并且由于可直接通过轮辋散热，因此工作温度低，轮胎使用寿命长，耐磨损，承载能力强，缓冲性能好，滚动阻力小，吸收能量少，滑行距离长，能够减少耗油量，轿车的行驶平顺性也大大提高。此外，子午线轮胎结构简单，质量较好。无内胎轮胎在穿孔时压力也不会迅速下降，仍能行驶，除非轮胎爆破才失效，这是由于它具有如下的独特结构：

无内胎轮胎充气时，空气直接压入外胎中，因此轮胎与轮辋之间具有良好的气密性。为此，无内胎轮胎的外胎内壁上附加了一层厚约2～3mm的专门用来封气的橡胶密封层，用硫化法使其粘附在轮胎内壁。同时，在胎圈上做出若干道同心的环形槽纹，在轮胎内空气压力作用下，槽纹能使胎圈可靠地紧贴在轮辋边缘上，以保证轮胎与轮辋之间的气密性。用于安装无内胎的轮辋应不漏气，气门嘴直接固定在轮辋上，其间垫以密封用的橡胶垫圈。

桑塔纳轿车使用的是深槽式钢质(或铝合金)轮辋，轮胎与轮辋必须配套使用。拆装时需用轮胎拆装机，不许对进行敲击和使用撬棒，以防止其变形和破坏气密性。另外，新车的车轮是经过平衡试验处理的，但经过一段时间使用后，有很多因素使车轮变得不平衡。不平衡的车轮会影响转向稳定性，以及造成车轮进一步磨损。因此，新换上的或修理过的轮胎，必须经过动平衡试验后才能使用。

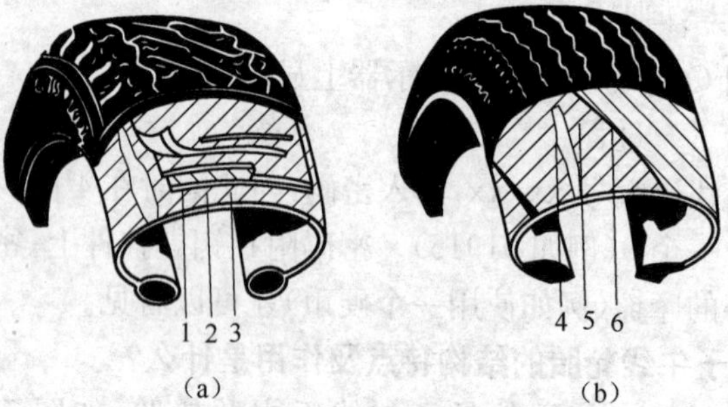

图 5-21　子午线及斜交轮胎的结构

1、5. 外胎面　2、4、6. 胎体　3. 束带

39. 拆装与更换轮胎时应注意什么?

(1)不能装用其他型号的轮胎,桑塔纳轿车用轮胎侧面压铸有"VARRIOR195/60R1485H"标记,以供选用时识别。

(2)车轮及车轮螺栓是相互配对的,调换不同规格的车轮(如合金车轮或带冬季用轮胎的车轮),必须采用长度及锥度合适的螺栓。它影响车轮的紧固程度及制动系统的功能。

(3)应使所有的轮胎磨损均匀一致。如果发现前轮磨损量比后轮大,应互相调换轮胎。较深的花纹使汽车行驶更为安全,尤其是在潮湿的路面上。

(4)基于安全原因,轮胎应成对调换,而不可单个调换,花纹深的轮胎应装在前轮。在装上新的无内胎轮胎时应同时装上新的橡胶气门。

(5)拆轮胎时,应用千斤顶将车身顶起,但必须将千斤顶顶在指定的位置上。

(6)轮胎与轮辋必须配套使用,拆装时需用轮胎拆装机,不允许对轮辋进行敲击,也不能用撬棒去撬。

(7)新车上的车轮是经过动平衡的,但汽车行驶后很多因素会影响车轮的平衡性,从而影响汽车的操纵稳定性,并且加速轮胎磨损。所以修理过的或新的轮胎必须经过动平衡才能使用。车轮动态不平衡量应在规定的范围内。

40. 为什么桑塔纳轿车轮胎磨损不均?

轮胎磨损不均匀产生的原因及排除方法如下:

(1)车轮摆差过大,应更换车轮。

(2)前轮定位不正确,前束和外倾角调整不当,应调整至标准值。

(3)制动器分离不彻底,应检修制动器。

(4)轮胎气压过高,应按标准充气。

(5)悬架零件磨损严重,应更换不合格零件。

(6)转弯速度太快,应改变驾驶方法,转弯时将速度放慢。

41. 为什么轮毂磨损或变形?

桑塔纳轿车的前轮毂承受载荷及冲击载荷,车轮轮毂和轴承及传动轴是容易损伤部位。检查时轴承转动应灵活、无卡滞,轴向及径向没有明显的间隙感觉,否则应进行修理或更换。轴承壳应无裂纹,若轴承变形较小,可以敲击校正;变形较大则应予以更换。

42. 轮胎非正常磨损有哪些原因?

(1)轮胎花纹的磨损。在新轮胎的花纹上有12mm宽、1.6mm厚的磨损指示条。如轮胎上的磨损指示条已露出来,则说明轮胎磨损已接近极限;如这些指示条已被磨,则应更换轮胎。车辆每行驶3000公里左右,最好交换一次轮胎位置。

(2)轮胎呈多角形磨损。其主要原因是:轮胎、车轮偏心或弯曲,轮毂、转向节偏心或弯曲,轴承松旷,回转部分不平衡。

(3)轮胎某一部位早期严重磨损。是由于急剧制动或起步,引起某部位磨损,因某一部位发生早期磨损后,往往容易在该处继续磨损。

(4)轮胎单侧台肩处(主要是外侧)发生早期磨损,轮胎凸棱处发生单侧锯齿状磨损。主要是由于车轮外倾角、前束调整不良,频繁地急刹车所致。

(5)轮辋及底板。当轮辋法兰盘处发生变形、锈蚀时,容易引起轮胎、轮辋错位,以及车轮周缘处损伤、漏气等。当锈蚀严重、变形过大或装配孔周缘发生龟裂时,应更换。

(6)由于路面锐利物品致使轮胎侧壁划伤等。

(7)轮胎的半周出现早期磨损。其原因可能是回转部分的不平衡状态或车胎、车轮偏心,也可能是轮毂、转向节偏心或弯曲造成的,应对症排除。

轮胎在磨损之后,可以视情况进行交叉换位,(见图 5-22),以延长轮胎寿命并保证行驶安全。

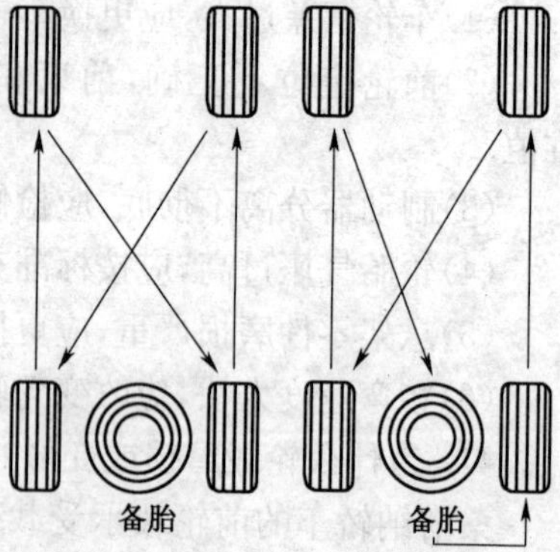

图 5-22　轮胎交叉换位

43. 怎样检修车轮不平衡?

如果前轮不平衡,高速行驶时就会产生摆振,这与轮胎磨损不均有关。车轮在使用过程中,由于变形、磨损、损伤和更换零件等,打乱了原来的配套装配。修理时采用堆焊等措施,也可能造成轮辋各处质量不均匀、厚薄不均匀,或者新件翻砂质量不高,也影响车轮的平衡。

若发现车轮不平衡,可采用路试观察法或停车检查法。

路试观察法的做法是:一个人站在公路边观察,另一个人驾车从 300～500 米以远的地方开过来,观察是哪个车轮发生摆振。

停车检查法,是利用发动机怠速运转时的振动,来确定车轮偏重部位,其作法是:用手将转动灵活的车轮转动 2～3 转,待车轮停止转动后,用粉笔作记号标注下边较重的部位。连续试验三次,每次都作上记号,如每次记号的位置都一样,说明该点是不平衡(或称偏重)的方位(这种现象就是静不平衡)。如果车轮每次自然停止时,粉笔的记号位置都不一样,而且将该记号无论转到哪里,用手停住车轮后,车轮都能稳稳地停在那里,这时车轮处于静平衡状态。处于静不平衡的车轮,高速旋转会产生很大的离心力,引起车轮周期性的跳动，这就是摆振。若轮胎（包括轮辋）无问题时，则应检查制动盘等。

当认定某个前轮有问题时，应进行轮胎换位。若轮胎属于不平衡，还可采取粘接平衡块（铅块）的办法解决，确定其是否达到平衡，可将较重部位转到轮胎中心的水平线上，观察车轮是停止还是转动。若静止，表示车轮已平衡。不平衡的轮胎装在后轮，一般不会出现什么问题。车轮平衡解决后，还要再一次检查车轮的前束与外倾角，使它达到厂方要求的标准。这很重要，因为它是造成轮胎不正常磨损的根本原因。

44. 为什么要掌握充气标准并及时补气？

桑塔纳轿车上装用低压胎，其充气压力见表 5-4。

表 5-4　轮胎充气压力

载重	气　压(kPa)		
	前轮	后轮	备胎
半载	180	180	230
全载	190	230	

检查轮胎压力应在冷态下进行，冬季轮胎压力应增高 20kPa。使用中应遵守轮胎充气标准，防止轮胎早期损坏。轮胎气压过高，轮胎在行驶时会发生跳动，前轮摆头，使转向盘抖动，不能高速行车，并且会降低使用寿命。轮胎气压不足，将使胎侧弯曲变形过大，各层帘布之间摩擦加剧，轮胎过度发热，橡胶耐磨性和帘线强度降低，轮胎使用寿命缩短。同时因轮胎与地面接触面积增大，胎肩部位加速磨损，也使滚动阻力增加，因而增加燃料消耗。所以，应按轮胎气压的要求，及时查气补气。对于常用车辆，应在出场前、回场后检查轮胎气压。回场后的检查，应在轮胎降至常温后进行。对于停驶车辆，应每周检查 1 次。为减少自行漏气，必须配齐气门帽，保护好气嘴和气门芯。这些虽然都是轮胎的细小零件，然而却是保持轮胎气压的关键。

45. 为什么要控制轮胎温度，保持中速行车?

(1)汽车行驶时，轮胎因变形摩擦而发热，促使前胎内温度升高，轮胎内部的温度达到100℃以上时，胎体强度大大降低，极易引起脱层、爆破等破坏。因此，在使用中控制轮胎的温度，及时采取正确的降温方法，也是防止轮胎损坏的重要措施。

(2)轮胎内部的温度，通常根据其气压升高的程度来判定，气压升高越多，表示轮胎温度也越高。试验表明，气温在30℃以上时，轮胎在行驶中气压升高不应超过充气标准的20%。由于散热条件差，极易使轮胎温度超过100℃。

46. 怎样检查轮胎?

车轮偏摆：径向，不超过0.889mm；横向，不超过1.143mm。

轮胎径向跳动：不超过2.032mm.

轮胎横偏摆：不超过2.540mm。

桑塔纳轿车使用子午线轮胎，它与普通斜交线轮胎相比，具有使用寿命长、附着性能和缓冲性能好等优点，在使用中不能混装。因子午线轮胎的静半径和滚动半径都与相同规格的普通斜交线轮胎不同，易使轮胎超载和早期损坏。

47. 怎样检修后轮毂?

对于后轮毂，要先检查后轮轴承磨损情况，如有损坏或转动不灵活，应予以更换。座圈装复时，用压力压入。由于后轮支承短轴根部容易发生裂纹，如产生裂纹后还继续使用，遇到较大冲击载荷时就可能折断而造成严重事故。因此必须仔细检查，可用磁力探伤器或油浸敲击法进行检查，如有裂纹应更换短轴。测量支承短轴的圆周尖，至少要均匀测量三个点，比较各次测量的读数，其差值不得超过0.25mm，否则应更换短轴。

后轮毂轴承如磨损，应予以更换，更换时用专用工具压入。

安装后应保持轮毂与轴承间的间隙，以旋具刚好能拨动止推垫圈为宜，如图5-23所示。

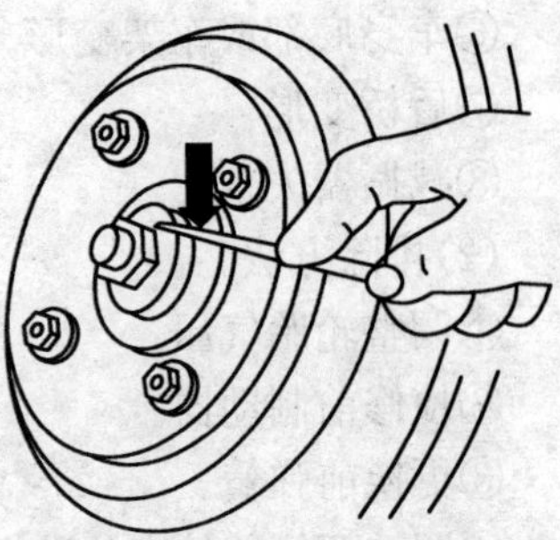
图 5-23　拨动止推垫圈

48. 怎样诊断和排除前轮摆动或颠簸的故障？

(1)主要原因。

①两前轮气压不相同。

②车轮不平衡。

③减振器失效。

④轮毂轴承松动。

⑤前轮定位不正确。

⑥稳定器失效。

⑦悬架臂轴套磨损严重。

⑧转向机件磨损严重。

⑨转向器在车架上固定松动。

(2)排除方法。

①调整轮胎气压。

②动平衡车轮。

③更换减振器。

④调整轮毂轴承松紧度。

⑤正确调整前轮定位。

⑥更换稳定器。

⑦更换悬架臂轴套。

⑧更换磨损严重的转向机件。

⑨拧紧转向器固定螺栓。

49. 怎样诊断和排除汽车跑偏？

(1)主要原因。

①两侧轮胎气压不等。

②前制动器分离不彻底。

③前弹簧失效。

④两侧前轮定位不同。

⑤前轮轴承过紧。

⑥车身底部或车架变形。

⑦后桥变形。

⑧减振器失效。

(2)排除方法。

①调整轮胎气压。

②检修前制动器。

③更换前弹簧。

④调整两侧前轮定位数据一致。

⑤调整前轮轴承。

⑥校正或更换车身或车架。

⑦更换后桥。

⑧更换减振器。

50. 怎样诊断和排除前轮侧滑?

(1)原因。

①前束不符合规定。

②轮胎气压不符合标准。

③前轮毂轴承和横拉杆松旷。

④前轮偏摆。

(2)排除方法。

①按规定数据调整前束。

②按标准给轮胎充气。

③消除前轮毂轴承和横拉杆松旷,必要时更换不合格零件。

④检查轮辋是否变形,必要时更换轮辋。

51. 轮胎使用时的温度变化对寿命有什么影响?

汽车行驶中应注意轮胎使用时的外界温度变化。温度对轮胎寿命的影响在不同车速下是不相同的。如车速为55km/h,外界温度为22℃时,轮胎寿命为100%;当外界温度高达36℃,车速为35km/h时,其里程寿命仅为50%;当车速为75km/h时,轮胎寿命只能达到38%;如果车速超过100km/h,轮胎寿命只有25%。

因此，轮胎温度的变化，一定要用车速来控制。汽车行驶中，如果发现轮胎温度过高；应停车，待轮胎温度降低后再继续行驶。尤其是夏天炎热季节更要注意。当轮胎温度过高时，应注意一定不要采用浇冷水或放气降压的错误作法。

52. 轮胎气门有哪些常见故障？怎样处理？

轮胎气门的常见故障有轮胎气门芯折断漏气与轮胎气门漏气。

轮胎气门芯在行车中可能不慎折断，造成轮胎漏气，此时如有备用胎，应立即更换备用胎。在没有备用胎的情况下，可用一块胶皮剪成与气门嘴内径一样大小的圆块，等轮胎充足气后，将圆胶皮块平放入气门嘴内，然后将气门芯断头压住圆胸皮块，拧入气门嘴内即可，如果有内径与气门嘴外径相同或相近的胶管，可用胶管套住气门嘴，用金属丝扎紧，另一头也用金属丝扎紧封口。

汽车行驶中突然遇上轮胎气门漏气，可以自己动手简单修复：

(1)自制一个合适的胶皮垫圈放在金属气嘴帽中，用手钳拧紧气门帽，用水或唾液试验是否漏气即可。制作胶皮垫圈时，可用剪刀剪出皮垫，最好用直径合适的钢管帽或子弹壳等。在胶皮上冲击，这样制出的皮垫较好。

(2)找一段直径稍大于气门铜杆的胶管，一头用金属丝扎紧，另一头套在金属铜杆上，然后用金属丝将其牢牢扎紧即可。

53. 为什么胎面中央部位会出现过度磨损？怎样排除？

当充气压力过高时，胎面两侧悬空，使中央部位着地工作形成早期过度磨损。正确的充气方法是使用可靠的轮胎压力表进行充气检查，要充标准气压，避免只凭目测的充气方法。有的个体司机为了省钱，装用了不合适的轮胎，即把比较宽的轮胎装在窄的轮辋上而造成不好的后果，应换用轮胎或合适的轮辋。

54. 轮胎的胎肩过度磨损是什么原因？怎样纠正？

这种现象是由于充气压力过低造成轮胎胎肩过度磨损。杜绝这种现象的办法是，不能目测充气检查，而必须使用可靠的轮胎压力表,按规定使用气压表进行充气。

当发生这种磨损,胎压不正常时,则表示转向部件弯曲或磨损,或者车轮的定位发生改变,转向机件或转向摇臂弯曲,并会使汽车前束值改变,造成转弯时加强操作性能变坏。纠正方法是更换弯曲磨损的转向部件,重新进行前轮定位。

55. 为什么轮胎胎面会发生锯齿形磨损?怎样纠正?

锯齿状胎面的形成,是由于胎面的每条花纹的一个锐边被磨成小圆角,而另一边轻微转动则形成了锐边,用手摸胎面可感觉到锐边的存在,轻微地用眼睛可能看不出来。锯齿(羽毛)状胎面磨损的主要原因是前束校对不准。纠正方法:只要重新校准前束即可。也存在即使已经校准前束,而这种磨损现象仍存在。其原因是前悬挂系统衬套、减振器损坏,使汽车在路面上运行时,前轮定位不断变动而产生锯齿形磨损。纠正方法是更换前悬挂衬套和减振器。

56. 为什么轮胎会发生半边磨损?怎样纠正?

当轮胎内边或外边的花纹磨损,一边比另一边严重时,应该重新进行前轮定位。前悬挂的侧倾过大时,使车轮向内和向外倾斜太大,并使轮胎单边负荷过重。只要重新进行前轮定位即可解决。注意前轮定位失调的原因,也可能是由于减振器失效造成弹簧下垂、球头磨损或稳定拉杆的衬套磨损。由于负荷会严重影响前轮定位,所以要经常保持前轮定位准确。这样,轮胎承担的负荷就会正常,行车的情况也会正常。必要时要更换失效的减振器和定位杆衬套、球头等。

57. 为什么会出现轮胎的杯形或贝壳形磨损?怎样排除?

杯形或贝壳形磨损,一般出现在胎肩部位,这是由于悬挂部件磨损或变形所致。这种情况仅调整前轮定位不能解决根本问题,因为它与任一个连接车轮与车桥的部位,如球头、轮、轴承、减振器、减振弹簧、定位标衬套等都有关系,这些件如有磨损,都会出现这种现象。纠正方法是,凡磨损了的部件应更换。此外,磨损了的轮胎也会出现这种现象。

58. 为什么轮胎会产生第二道花纹磨损？怎样纠正？

平时只出现在标准的子午线轮胎上，而且出现在胎中钢带相对轮胎面的端部，正常情况下，如能细心地关注胎压，按要求进行轮胎换位，可以使这种现象减小。一般来说，第二道花纹磨损稍多是正常的，普通车辆上的轮胎第二道花纹磨损，是轮胎宽度尺寸不标准所致，个别由于前束不准也会造成这种磨损。

综合上述，轮胎磨损出现的各种情况，必须引起注意，加强前轮定位的保养检查工作，应一周进行一次，要检查全部车轮气压，并保持经常进行轮胎换位。

59. 无内胎充气轮胎有什么特点？

近年来轿车对无内胎充气轮胎的使用渐多。无内胎充气轮胎在外观上和结构上与有内胎充气轮胎近似，不同之处是无内胎轮胎的外胎内壁上，采用硫化的方法粘附上一层厚约 2～3mm 的用来密封空气的橡胶密封层，空气直接充入外胎中，由轮胎与轮辋间良好的密封性来确保气压的要求。在密封层正对着胎面下面，还贴有一层用未硫化橡胶的特殊混合物制成的自粘层，当轮胎穿孔时，自粘层能自行将刺穿的孔粘合，故称之为有自粘层的无内胎轮胎。

安装无内胎的轮辋应是不漏气的，故有着倾斜底部和均匀的漆层。气门嘴直接固定在轮辋上。

无内胎轮胎只在轮胎爆破时才会失效，而在穿孔时，压力不会急剧下降，仍能安全地继续行驶，不存在因内胎与外胎之间的摩擦和卡住而损坏。与有内胎轮胎相比，它的气密性较好，由于可直接通过轮辋散热，所以工作温度较低，使用寿命较长，而且结构简单，质量较小。

无内胎轮胎的缺点是途中修理较困难。自粘层可能软化而向下流动，破坏车轮平衡，一般多采用无自粘层的无内胎轮胎。无自粘层外胎内臂只有一层密封层，当轮胎穿孔后，由于其本身处于压缩状态而紧裹着穿刺物,故能长期不漏气。即使将穿刺物拔出,亦能暂时保持胎内气压,这就部分地代替了自粘层的功能。

60. 怎样修补外胎?

(1)用冷补法修补外胎:此法仅用于处理外胎的小裂口、扎伤等。胎面胶的破损裂口,绝大多数是胎面花纹沟底嵌入石子所致。为了不让这种小裂口扩大,日常检查轮胎,应及时挖除胎面花纹中的夹石,发现裂口应用锥子或其他工具将里面的砂土灰渣等杂物清除干净,用木锉锉糙裂口内面,并用压缩空气吹尽胶末,涂上胶浆,塞上生胶条填补,填塞要到洞伤深处。最好再用小型补胎夹具或电烫夹具在标准大气压下夹烘 10 分钟以上。

(2)外胎出现裂口、穿洞、起泡、脱层等损伤:通常送专厂用切割法、热硫化修补法等进行修补,但修补成本高,周期长,耽误使用。若仅为运行中被利物刺穿,可采用轮胎蘑菇塞修补法进行修理。

轮胎蘑菇塞简称蘑菇钉,是简单、方便、经济、快速的一种修补轮胎丁洞新工艺,用手修补丁洞及小穿洞效果良好,可行驶 30000km 以上无移位、爆裂等异常现象,但为了安全起见,前轮还不宜提倡使用。使用蘑菇钉操作简便,成效快,并可减少烘补次数,缩短周转期,增加轮胎翻新率,延长轮胎使用寿命,具有一定的经济效益。

各类型汽车轮胎在冠部或肩部若遇有小石块、铁片等利物刺伤穿洞(洞口在 $20mm^2$ 以下)者,均可使用本方法修补。使用蘑菇钉修补汽车轮胎的要求及方法如下:

先清除洞内淤泥、砂石、杂物等,并测定洞口大小,选用相应规格的蘑菇钉。用木工锉刀将钉部菇面略为锉毛,用修补胎胶水涂于钉部及锉毛菇面、洞口及洞口胎里周围(与菇面相似大小)。用手电钻装上与待补蘑菇钉相同规格的引具,引具锥头对准洞口,旋转推进直至穿透,锥头即会自动脱落。把已涂好胶浆的蘑菇钉插进引具洞口,并用力将蘑菇面与台内面压紧,然后旋转退出引具。

检查蘑菇面与胎内面是否紧靠，若不紧时可用鲤鱼钳夹住钉头上下提位数次，同时配合蘑菇面，钉头伸出胎面部分可用利刃切平，即可装车使用。

(3)早期损坏的修补：外胎具有下列情况之一者，即属早期损坏。应根据具体情况分别予以修补。

外胎内侧起黑圈、碾线、跳线；外胎表层脱空（夹空）、起瘤；胎面、胎侧操作；胎圈子口腐蚀、破损；胎面偏蘑菇、花纹崩裂（开裂、缺块）。

(4)外胎有下列情况之一者应予以报废：胎体周转有连续不断的裂纹，不堪使用者；胎面胶已磨光，并有大洞口，失去翻新条件，无法利用者；胎体帘线层有环形破裂及整圈分离者；胎缘钢丝断裂或口子大爆炸，无法修理者；其他不堪损坏者。

61. 为什么轮胎温度升高后不能放气和泼冷水？

汽车在炎热季节行驶时，轮胎的温度升高较快，并且气压也随之相应增高，但当轮胎的发热量与散热量达到平衡时，其温度和气压都不再上升。如果不了解这种情况，在发现轮胎的温度和气压上升较多时放出一部分空气，结果轮胎的温度不仅不会降低，反而会因气压降低、变形增大而继续升高，致使气压也随之升高，直到轮胎的发热量与散热量达到新的平衡为止。如果这时再进行放气，轮胎的温度会上升得更高，从而给轮胎带来严重的损害，大幅度降低轮胎的使用寿命。

在轮胎温度过高时，若用泼冷水的办法降温，会因轮胎突然冷却造成胎面和胎侧胶层各部分收缩不均而发生裂纹，缩短轮胎使用寿命。因此，在行驶中发现轮胎温度过高时，既不能放气，也不能泼冷水，而应降低行车速度或在荫凉地点适当休息，避免日光照射轮胎，以防其加速老化，待胎温冷却下来后再继续行驶。

62. 怎样避免轮胎早期磨损？

汽车使用保养不当是造成轮胎早期磨损、寿命过短的主要原因,如轮胎气压过大或过小,前轮定位不当、长期在无路、坏路地区行驶,长期无限制地超载使用汽车等等。

汽车常用车速范围为 50～60km/h,轮胎的负荷只能在额定负荷上增加 5%～7.5%,过量的超载必然会造成轮胎早期磨损。

过量的超载还会造成后桥垂直方向弹性变形加大,这时,对同一侧的双轮胎来说,内轮的负荷情况将比外轮恶劣,而且公路路面横向拱形断面均会造成内车轮胎面的过量磨损。

应当随时清除卡在轮胎外缘花纹中的碎石块等异物。长途行驶的车辆,应在行驶中适当停车休息,使轮胎面适当降温,胎温过高也会加速磨损。

63. 超载时对轮胎有什么影响?

当汽车总的超载或者负荷在汽车分布不正确时,便引起轮胎超载。

超载时外胎损坏的特点和在低气压下行驶的损坏相近似。但是超载损坏时磨耗更严重,因为在这种情况下,胎体帘线的应力增大,生热大(特别是在外胎胎肩部位),以及轮胎和路面的接触面积上压强大和分布不均匀。

在这种情况下,轮胎材料的疲劳及其强度的降低,比在同一变形下气压低的轮胎更快。轮胎超载时,胎侧所承受的应力过大,常在胎侧出现帘层折断和爆破。

当超载的轮胎碰上障碍物时,常发生对角线形或十字形、直线形及 Y 形胎冠爆破。超载还能引起胎体脱层,胎面和胎侧脱空。

增大轮胎上的负荷,由于压强在轮胎和路面的接触面积上分布不均匀,还提高了胎面的磨耗,和轮胎气压低时的情况相似,但是压强比较大,这加重了外胎行驶面温度的急剧升高。必须指出,轮胎超载不能用提高轮胎气压的方法予以完全补偿,因为这会引起胎体帘线的应力显著增大。这应力可能超过允许的范围,以至于不可避免地造成轮胎的早期报废。

汽车如果超载,弹簧变形时可能使轮胎和车身接触,引起轮胎损坏。这可能导致胎面脱空，甚至引起轮胎刺穿。轮胎超载时也和气压低时一样，使汽车消耗在车轮滚动上的功率损失和燃料消耗增大。

64. 错误的驾驶方法对轮胎有什么影响?

汽车的驾驶方法对汽车的所有部件影响极大。汽车的大修间隔里程由于驾驶员的技术熟练程度的不同，可以相差几倍。轮胎的耐用性更在很大程度上取决于汽车的驾驶技术，因为与路面相互作用的所有的力，都由轮胎来承受。不正确或不经心地驾驶汽车，能使轮胎的行驶里程急剧缩短。和驾驶员直接有关的缩短轮胎使用寿命的主要原因如下：急剧起步；急剧制动；超速行驶和急剧转向；不经心地驶过和碰撞障碍物。

汽车急剧起步能引起轮胎严重磨损，特别是车轮打滑时。同时，长时间打滑能引起轮胎生热，因而也使材料的强度降低和加速胎面的磨耗。

汽车车轮在松软的地面上打滑时，一些尖锐的石头可能会露出来，因而严重地损伤轮胎。

汽车急剧制动是轮胎行驶面不均匀磨耗和磨耗加快的主要原因之一。制动时“抱死”，在沥青混凝土路面上便留下由轮胎的胶末形成的两道黑印。长时间和不止一次地“抱死”制动，能使胎面完全磨损，甚至能使外胎的外层帘布磨损。在硬路面(如沥青混凝土路面)上摩擦力高达几吨。

急剧制动时，在外胎的胎面上出现一些斑点，这些斑点以后便变成深坑。除了胎面完全磨损以外，在缓冲层和帘布层中还产生大的剪切应力，这个剪切应力有时能引起胎面脱空或胎体脱层。在某些情况下，在高速中急剧制动时，轮胎在轮辋上可能发生转动，使气门嘴脱离和胎圈损坏。

高速行驶可能使胎面迅速磨损，特别是在坚硬不平的路面上行驶时，因为在和地面接触部位上的胎面各部滑动量增大。

长时间高速行驶时，由于轮胎中的内摩擦，以及轮胎和路面间摩擦的结果,轮胎产生非常高的温度,也加速了轮胎的磨损。因此,必须避免长时间高速行驶,特别是在炎热的季节里。

速度增加一倍量(从 20km/h 增加到 100km/h),轮胎的行驶里程大约降低 2/3 左右。

在高速行驶中汽车转弯时,产生大的侧向惯性力,常引起汽车侧滑。在这种情况下,胎面各部分产生强烈的滑动,胎面的磨耗加快,特别是外胎行驶面的边缘。

长时间高速行驶时,由于生热和因此而产生的气压升高,以及由于碰撞障碍物受到大的冲击,帘线产生非常大的应力集中,使轮胎的胎体严重超载。这可能引起严重损坏——胎体爆破或小的局部脱层,继续行驶时,还能引起胎体完全脱层和爆破。

当不小心将汽车开上人行道时,或通过突出的电车或铁路的钢轨时,外胎胎侧容易损坏,因为在轮辋和突出的障碍物之间,轮胎可能被夹伤。因此,由于胎侧部分的帘布层爆破或外胎胎侧磨破,轮胎可能早期报废。下雨天轧上酒瓶、碗块等,因酒瓶碗块轧碎时,在车速快的作用下,雨水润滑峰刃,易使轮胎划伤或大爆破。应在雨天有酒瓶碗块地方更加小心慢行。

为了避免轮胎损坏,在路面状况不好的道路上行驶和通过时,汽车的行驶速度必须降低到 10～15km/h 左右。应当仔细观察,寻找路面适于车辆通过的部分,绕过能够损坏轮胎的尖锐的东西。

汽车在碎石路上行驶时,常出现石子夹在轮胎花纹内。如果不及时去掉这些石子,它们扎入外胎时,就要损坏外胎。

65. 路面和气候对轮胎有什么影响?

路面条件对轮胎使用寿命的影响很大。路面的类型、状况、纵横坡度和弯曲度,都影响轮胎的磨耗。

公路的技术等级是根据其使用任务、性质和交通量划分的。行车速度是用以设计各级公路受限制部分的主要指标。我国公路的技术等级分为四级。

轮胎的磨耗随着路面粗糙程度的增加而增大。路面的拱度增大时，轮胎磨耗的不均匀性增大；右侧行车时，右侧的轮胎由于负荷大而磨耗大，下坡、上坡、道路弯曲也急剧增加轮胎的磨耗，因为汽车在这种情况下行驶时，加速和制动较频繁。

根据路面条件对轮胎耐用性的影响，最合适的是将所有的公路分为如下三级：

甲级——路面状况令人满意的一级公路；

乙级——路面状况令人满意的二、三、四级公路；

丙级——路面状况不令人满意的各级公路。

根据某些资料，汽车在乙级公路上行驶时，轮胎的行驶里程比在甲级公中上行驶时的行驶里程低20%～25%，在丙级公路上行驶时低40%～50%。汽车在恶劣的路面条件下行驶时，延长轮胎寿命的主要方法，是降低速度和谨慎驾驶。在山路上行车，轮胎的使用寿命比在平原道路上行车低15%～20%。因为在这种道路上，转弯次数多，坡度大，加速了胎面的磨耗。

除了路面条件之外，气候条件对轮胎行驶里程的影响也很大。不但周围的气温与气候和季节有关，而且在某种程度上，路面条件也与气候和季节有关。轮胎的工作温度随着周围气温的变化而变化，轮胎材料的强度也相应地随之而变化。

在夏季，轮胎的磨耗显著大于冬季。出现这种现象的原因是：冬季轮胎的工作温度低，胎面和被冰雪覆盖的路面之间的摩擦力小。轮胎的行驶里程与气温的大概关系：在22℃的温度条件下，行驶里程为100%。在冬季，轮胎的磨耗低，还由于在这个季节中汽车的使用速度低。统计资料表明，在秋季和冬季使用汽车，轮胎的行驶里程，比春季和夏季高20%～30%（在中等路面条件下）。

在炎热的季节里，谨慎驾驶汽车，长距离行驶时中途多停歇几次，使轮胎有可能冷却，以及加上勤检查轮胎，也能提高轮胎的行驶里程。汽车在露天停放时，必须对停车地点加以选择，全轮胎处于荫凉之处，因为日光直接照射，能加速橡胶的老化。

在特别严寒的情况下，使用轮胎必须仔细。例如，不可从车身上抛下备用车轮,因为在低温下(−50℃～−60℃),轮胎逐渐变脆,它可能被冻裂,甚至被碰碎。

在初寒的情况下,汽车长时间停在露天车场上或无车库存放时,为了防止轮胎冻住,必须把木板、树枝、砂土垫在轮胎底下。

气温低的季节(或在寒冷地带),在停车之后行驶时,为了加热轮胎,建议在头几公里以非常低的速度驾驶汽车(5～7km/h)。

66. 汽车故障对轮胎有什么影响?

在使用中,由于汽车各机构的故障而引起汽车轮胎损坏或迅速磨耗的情况是不少的。这些故障中最常见的是前轮定位不对。

前轮的前束或外倾角不对,不可避免地将引起轮胎在其和路面接触处产生附加的滑移,加速其磨耗。前轮外倾角不合标准,轮胎有一面会很快磨耗(单边磨耗)。前轮的前束即使偏离标准不多,也会招致轮胎胎面的严重磨耗。这时发生集中的磨耗,称为"斑状磨耗",通常分布于全周。在这种情况下,就应当立即用工具检查前轮前束和外倾角,并进行调整和校正。

把车轮固定在轮毂上的螺母,由于车轮摇晃而松动时,轮胎也可能出现不均匀磨耗。车辆固定不牢,甚至能使汽车发生事故,因为汽车长时间行驶时,螺柱容易被圆盘上的孔磨损,螺柱被切断的情况是不少的。

如果汽车的前轮轴轴承磨损或未调整正确,车轮与轮毂固定不够紧固,转向拉杆弯曲或球节头磨损,车轴弯曲或者歪斜,以及其他类似的故障,都会使轮胎的胎面磨耗增大。

制动鼓磨损大,也可以引起胎面局部磨耗增大。制动鼓呈椭圆形时,造成车轮制动不均匀。因此,在轮胎圆周的某些部分胎面磨耗比较严重。

制动器拖滞时,制动鼓过热也可以增加轮胎的生热,因而加速其磨耗。

如果制动器调整不正确或者传动机构有故障,产生过于急剧的制动，引起车轮侧滑（"抱死"），也可以增大轮胎胎面的磨耗。此外，挡泥板突出的锐边，固定弹簧的螺栓，都可能刷坏轮胎；在这种情况下，轮胎因胎面或胎侧产生深的切口而损坏。

由于弹簧装配不好，弹簧叶片折断或材料质量低而弹簧发生下沉时，汽车车身和轮胎接触而使轮胎损坏的情况，也是经常发生的。

由于发动机油底壳、变速器、后桥连接处的故障，以及后半轴油封等故障，油类滴落到轮胎上，也可以造成轮胎的早期损坏。

67. 没有千斤顶怎样换轮胎？

汽车在行驶中车轮故障是常见的，当没有千斤顶又需要换轮胎时，可用下列简易方法解决：

拆换外胎时，让车的内轮停在适当高度的木块或石块上，只需外轮离开地面即可拆换。拆换轮胎时，用木块或砖、石将前轴或后桥垫稳，在需拆下的轮胎下面挖坑，让轮胎悬空即可拆换。另外，也可使车轮停在一垫高的位置上，在前轴或后桥下面稍前或稍后的地方垫好木块或砖、石，就可以拆换轮胎了。

68. 怎样紧急处理轮胎漏气和爆破？

轮胎漏气和爆破的故障，有这样的现象：如果轮胎漏气，在操纵时感觉到汽车车身朝一边倾斜，并随着行驶时间加长而严重，控制汽车不够灵便，现象与轮胎爆破时相似，但比爆胎时要缓慢得多。如果轮胎爆裂，行驶中有时突然一声巨响，随即车身向一边下沉，控制车辆感到困难，这就是轮胎爆裂了，也俗称为"放炮"。

处理这些故障时，要紧握住转向盘，慢慢刹车减速，打开右转向灯，将车子开离车道，停放在道边合适地点。在汽车退出公路时，不要急刹车，以免自己翻车或使后面的汽车因刹车不及而撞到车尾。因情况特殊必须行驶时，驾驶员要打开紧急闪烁指示灯，特别当心地慢慢行驶。不要冒险在不平坦或丘陵地段换胎，如果千斤顶松落，会造成车辆溜滑倾覆的事故。

第六章　转向系统故障诊断与检修

1. 转向系统由哪些部件组成？其作用是什么？

转向传动机构由转向减振器，左、右转向横拉杆和转向臂组成。

(1)转向减振器。转向减振器缸筒一端固定在转向器壳体上，活塞一端则与转向支架连接，防松螺母的拧紧力矩为 35N·m。转向减振器实际上是一个液压阻尼装置，通过活塞杆和活塞在缸筒内的往复运动，驱使油液在活塞的节流阀上、下流动而产生阻尼，吸收由道路崎岖而产生的作用力，减轻转向盘的振动，避免转向盘“打手”。

(2)转向横拉杆。转向横拉杆分为左、右两根，其内端均为有孔的接头，与横拉杆压接成整体，不能调节。孔内压配有橡胶——金属缓冲杯。横拉杆外侧均有一个带球销的可调接头，球头销与转向臂相连，均用防松螺母以 30N·m 的力矩拧紧。球头销的球碗用两种不同的摩擦材料制成，即聚甲醛和聚氨酯。球碗由弹簧顶紧球头以消除间隙。

(3)前桥转向臂。前转向臂焊在前桥架悬架支柱上，如图 6-1 所示。

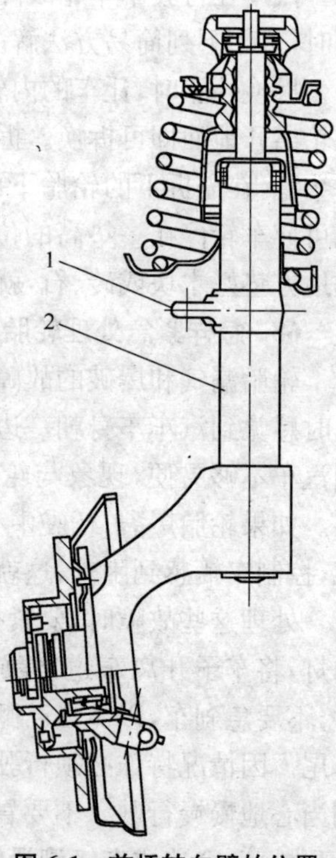

图 6-1　前桥转向臂的位置

1. 转向臂　2. 前悬架支柱

2. 转向操纵机构由哪些部件组成？

转向操纵机构由转向盘和转向

柱等部件组成，如图 6-2 所示。

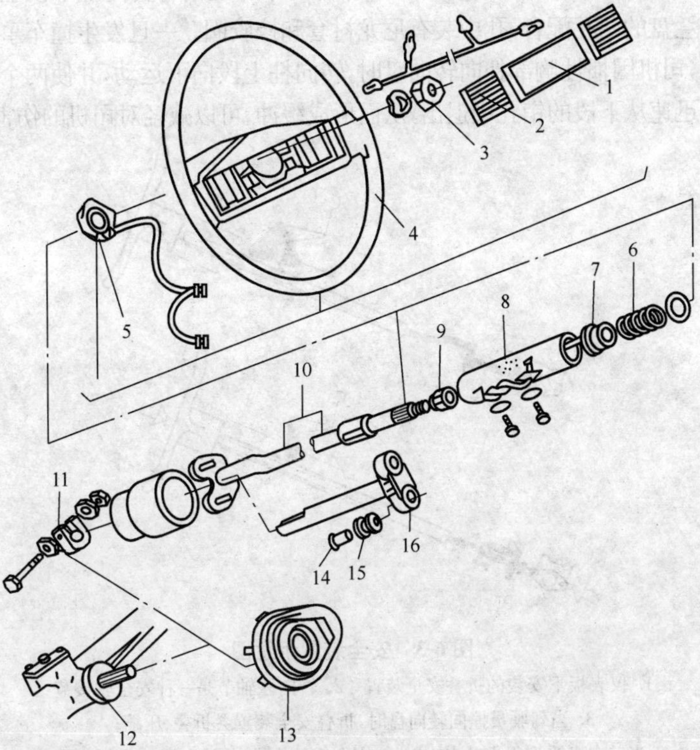

图 6-2　转向操纵机构

1. 大盖板　2. 喇叭按钮盖板　3. 转向盘与转向柱紧固螺母 M16(45N·m)　4. 转向盘　5. 接触环　6. 压缩弹簧　7. 连接圈　8. 转向柱套管　9. 轴承　10. 转向柱上段　11. 夹紧箍　12. 转向机　13. 转向柱管橡皮圈　14. 转向减振尼龙销　15. 转向减振橡胶圈　16. 转向柱下段

(1)转向盘。转向盘由优质钢架卡架外敷聚氨酯泡沫塑料制成，表面覆盖聚氨酯表皮，由中央轮帽(上有盖板)固定，两边装有喇叭按钮。

(2)转向柱。转向柱上装有安全联轴节(见图 6-3 所示)，它能在万一撞车时减轻对司机的伤害。转向柱分为上、下两段,上段下部弯曲,其端面焊有法兰盘,盘上装有两个驱动销与转向柱下段上端法兰盘的两孔配合,孔中装有尼龙衬套和橡胶圈。一旦发生撞车事故时,司机因惯性胸部扑向转向盘时,转向柱上段向下运动,并使两个销子迅速从下段的销孔中退出,从而形成缓冲,可以减轻对司机的伤害。

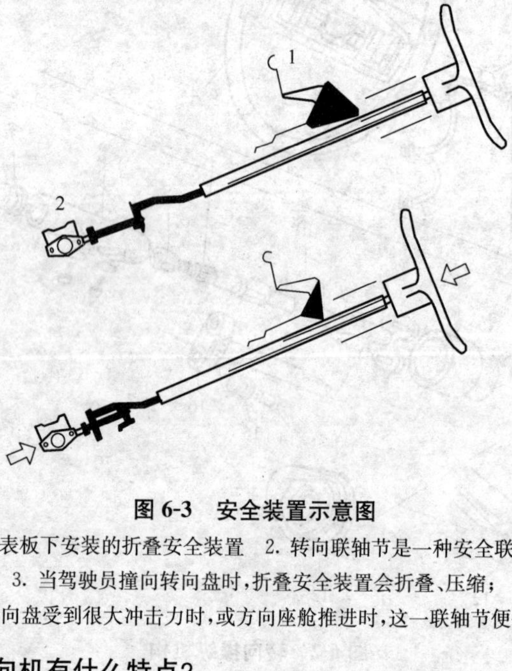

图 6-3 安全装置示意图

1. 仪表板下安装的折叠安全装置 2. 转向联轴节是一种安全联接节
3. 当驾驶员撞向转向盘时,折叠安全装置会折叠、压缩;
4. 当转向盘受到很大冲击力时,或方向座舱推进时,这一联轴节便会脱开

3. 转向机有什么特点?

转向机又叫转向器,如图 6-1 所示。其拆装如图 6-4 所示,工作原理见图 6-5。

图中齿轮与齿条之间能实现无间隙啮合,从而保证转向盘在转向范围内无游隙存在。这是因为当转向齿轮和齿条因磨损而出现间隙时,补偿弹簧的预紧力(已在出厂时经精确调整)则压紧板以保证齿轮、齿条始终处于无间隙啮合状态,从而使转向盘无明显的周向游隙,提高操纵的灵敏度。

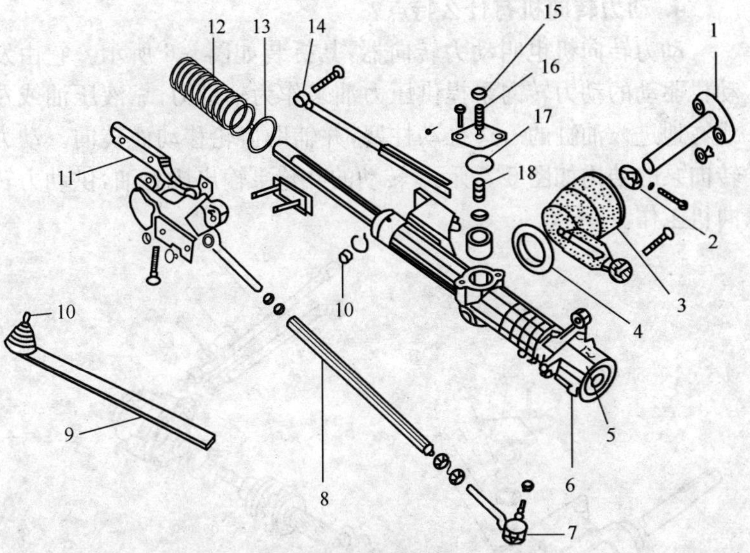

图 6-4　转向机

1. 凸缘管　2. 夹箍　3. 密封罩　4. 密封环　5. 转向器螺栓　6. 自锁螺栓　7. 横拉杆球　8. 左转向横拉杆　9. 横拉杆　10. 自锁螺母　11. 支架　12. 波纹管　13. 软管夹箍　14. 转向减振器　15. 锁紧螺母　16. 调整螺栓　17. 密封圈　18. 压簧

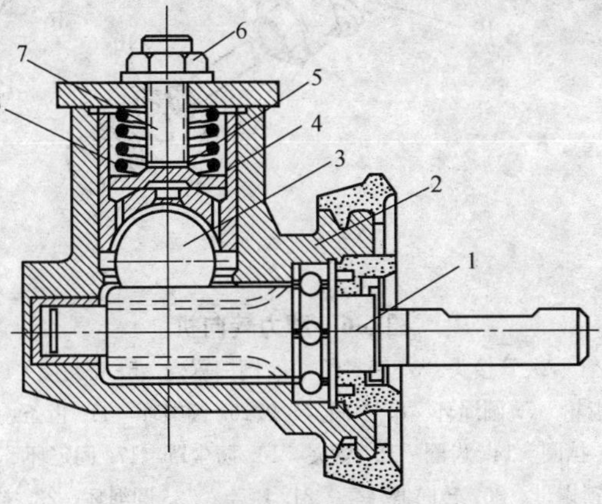

图 6-5　转向器

1. 转向齿轮轴　2. 转向器壳　3. 转向齿条　4. 柱塞筒
5. 挡块　6. 螺帽　7. 螺栓　8. 弹簧

4. 动力转向机有什么特点?

动力转向机也叫动力转向器,其拆装如图 6-6 所示。它由发动机驱动的动力转向泵提供压力油来作为辅助力,靠液压油或左或右地进入油缸的一边推动柱塞,并辅助齿轮移动而转向。动力转向泵的结构如图 6-7 所示,转动的叶轮泵输出压力油,供动力转向机工作。

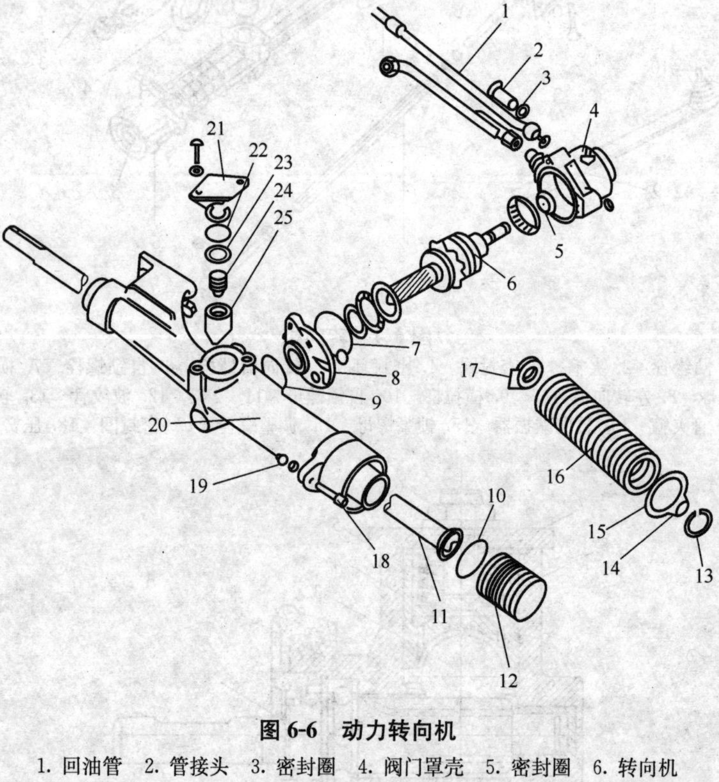

图 6-6　动力转向机

1. 回油管　2. 管接头　3. 密封圈　4. 阀门罩壳　5. 密封圈　6. 转向机构主动齿轮　7. 圆绳环　8. 中间盖　9、10. 圆绳环　11. 齿条　12. 密封罩　13. 挡圈　14. 齿圈　15. 管夹　16. 防尘罩　17. 固定环　18. 螺栓　19. 自锁螺母　20. 转向器外壳　21. 压盖　22. 圆绳环　23. 补偿垫片　24. 压簧　25. 压块(槽孔对准中间顶盖)

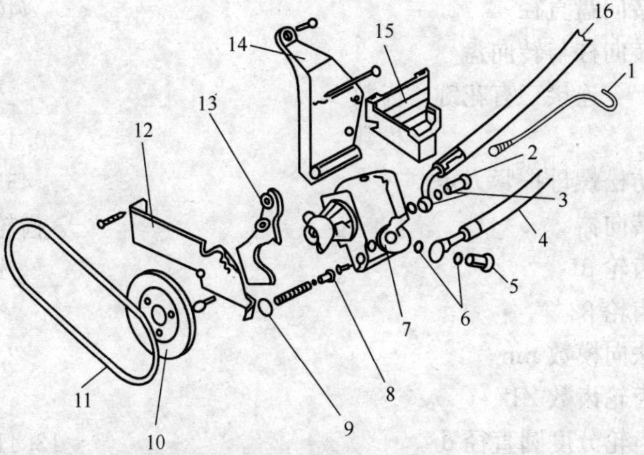

图 6-7　动力转向泵

1. 支架　2. 管接头螺栓　3. 更换密封环　4. 进油器　5. 管接头螺栓
6. 更换密封环　7. 叶轮泵　8. 限压阀和流量限制阀　9. 密封环
10. 皮带轮　11. 三角皮带　12. 夹紧夹板　13. 前摆动夹板
14. 支架　15. 后摆动夹板　16. 套管(至分配阀)

5. 转向机构的检修有哪些内容?

桑塔纳轿车的转向系统比较简单,转向机和横拉杆应以无间隙为合适。若发现有间隙应及时调整。若发现横拉杆接头松旷,应及时更换。对于转向机构的部件,可用磁力探伤仪检查是否有裂纹,如有则必须更换。检查全部球关节有严重磨损,与传动杆结合是否松旷,必要时应更换球关节;球头销螺纹损坏,必须更换。

转向盘如有间隙、松脱和松旷、自由行程过大。说明齿条与齿轮啮合间隙偏大,或各连接处松旷,或齿轮磨损,应调整补偿弹簧压力;齿轮室如漏油,应检查盖板螺丝是否松动,若松动则应拧紧;若轴承松旷,应正确调整或更换损坏、磨损超差的轴承;若转向减振器漏油严重,应更换密封圈等;若支架开裂,则应更换。

转向系统的维修数据如下:

转向盘直径	ϕ400mm
转向柱与转向盘	
连接三有花键　齿数	40
模数	0.425mm
防松螺母拧紧力矩	45N·m
转向器	齿轮条式
齿轮 $\beta1$	$10°13'$
齿轮 $\beta2$	$7°5'$
法向模数 mn	2.2mm
齿轮齿数 Z1	6
齿轮分度圆直径 d	13.413mm
正变位系数 ε	+0.7
齿条齿 Z2	28
齿条可移动总行程	195.01mm
齿条工作行程	180.2mm
转向器传动比	22
转向盘转动总圈数	4.16
空载时内轮最大转角	$40°18'$
空载时外轮最大转角	$35°36'$
车轮向左、向右转角为 20°时，另一只车轮向左、向右转角差	$\leqslant 51°34' \pm 30'$
齿轮轴线和齿轮轴的轴线夹角	$86°51' \pm 5'$
前轮轮距	1441mm
最小转弯半径	5.145m

空载时前轮定位参数：

前束	$20' \pm 10'$(1～3mm)
车轮外倾角	$30' \pm 20'$(左、右轮外倾角允差 $15'$)
主销后倾角(不可调)	$50' \pm 30'$(左、右主销后倾角允差 $30'$)

横拉杆一端接头的孔中心至另一端的球头销中心的距离

左横拉杆	597.6±8mm
右横拉杆	553.9±8mm
转向臂与横拉杆球销的连接	
中心(常称为D点)至支柱轴线的距离	149.7mm
转向臂旋转半径	145.44mm

6. 怎样检修转向柱?

(1)拆卸。转向柱上装有一套组合开关,包括点火开关、前风窗刮水器及洗涤器开关、转向灯开关及远近光变光开关,因此在拆卸前必须将蓄电池电源线断开,转向指示灯开关放在中间位置,并将车轮处在直线行驶位置,按下列拆卸步骤进行,如图6-2所示。

①向下按橡皮边缘,撬出大盖板1。

②取下喇叭盖2,拆卸喇叭按钮及有关接线。

③拆下转向盘紧固螺母3,用拉器将转向盘取下。

④拆下组合开关上的三个平口螺栓,取下开关。

⑤拆下仪表板左下方饰板。

⑥拆下转向柱套管的两个螺钉,拆下套管。

⑦将转向柱上段往下压,使上段端部法兰上的两个驱动销脱离转向柱下端,取出转向柱上段。

⑧取下转向柱橡胶圈13,松开夹紧箍螺栓,拆下转向柱下段16。

⑨用水泵钳旋转卸下弹簧垫圈,卸下左边的内六角螺栓,拧出右边的开口螺栓,拆下转向盘锁套。

(2)检查部件。检查转向柱有无弯曲、安全联轴节有无磨损或损坏、弹簧弹性是否失效,如有则应修理或更换。

(3)安装。转向柱安装基本按拆卸的相反顺序进行,但同时应注意以下几点:

①转向柱与凸缘管应一起安装,并用水泵钳连接起来。

②应将凸缘管推至转向齿轮轴上,夹紧箍圈口应向外。注意:

不可用手等掰开夹箍。

③转向柱管的断开螺栓装配时,应将螺栓拧紧至螺栓头断开为止,然后拧紧圆柱螺栓。

④车轮应处于直线行驶位置,转向指示灯开关应处在中间位置,才可装转向盘,否则在安装转向盘时,当分离爪齿通过接触环上的簧片时,有可能造成损失。

⑤应更换所有的自锁螺母和螺栓,转向柱不能进行焊接修理。

⑥应更换所有的自锁螺母和螺栓,转向柱不能进行焊接修理。

7. 怎样拆装动力转向器?

(1)拆卸动力转向器零部件分解图,如图 6-6 所示。

①支撑起车辆。

②排放转向液压轴。

③拆下固定转向横拉杆的螺母。

④拆下左前轮罩处的转向器固定螺栓。

⑤松开在转向器分配阀外壳上的进油管。

⑥拆下后横板上固定转向器的自锁螺母(左侧)。

⑦把车辆放下。

⑧拆下紧固齿条与转向横拉杆的螺栓。

⑨拆卸仪表板侧边下盖、通风管和踏板盖。

⑩拆下紧固转向齿轮轴与联轴节的螺栓,并使各轴分开。

⑪拆卸防尘套。

⑫从车厢内部拆下固定转向器分配阀外壳上回油管的泄放螺栓。

⑬拆下后横板上固定转向器的自锁螺母。

⑭拆下转向器。

(2)安装时应注意:液压泵和转向器分配阀上固定泄放螺栓的密封圈只要被拆卸,就必须更换。

①在后横板上安装转向器，自锁螺母但不必完全拧紧。

②支撑起车辆。

③在液压泵上安装进油管和回油管，使用新的密封圈，并用40N·m的力矩拧紧螺栓。

④安装在左前轮罩上的转向器固定螺栓，并用20N·m的力矩拧紧螺母。

⑤安装在后横板上固定转向器的自锁螺母，并且用40N·m的力矩拧紧螺母。

⑥把进油管固定在转向器分配阀外壳上。

⑦把车辆放下。

⑧用40N·m的力矩拧紧在后横板上固定转向器的自锁螺母。

⑨安装转向横拉杆支架固定螺栓，并用45N·m的力矩拧紧。

⑩从车厢内把回油管安装在转向器分配阀外壳上。

⑪安装防尘套。

⑫连接联轴节，安装固定螺栓并用25N·m的力矩拧紧。

⑬安装踏板盖、通风管和仪表板盖。

⑭向储油罐内注入液压油，直到达标准“MAX”处。注意：决不要再使用排出的液压油。

⑮举升起车辆，在发动机停止的情况下转动转向盘数次，以便把系统中存在的空气排出。补充液压油，达到储液罐标上“MAX”处。

⑯起动发动机，完全向左和向右转动转向盘，观察油面高度，一直操作到油面稳定在标有“MAX”处。

8. 转向不灵敏是什么原因?

汽车转向时，司机转动转向盘感到不灵敏，要用较大的幅度转动转向盘，才能控制住汽车方向。出现这类故障的原因，有以下几方面：转向器安装松动，转向器齿条与齿轮啮合间隙变大，各拉杆球头销磨损、松旷，转向柱与转向盘配合的一角花键或锁紧螺母松动，轴承间隙过大，前束过大等。

出现上述故障，应分别视情况予以紧固、调整间隙或更换损坏件。除此之外，下列情况也会引起转向不良：

①转向器调整间隙过大，应对转向器进行调整。

②稳定器衬套、控制臂衬套、转向拉杆磨损严重，应更换不合格的零件。

③前轮轴承松动，应调整前轮轴承。

④悬架支杆衬套松动，应予以紧固。

9. 为什么转向沉重?

产生转向沉重故障的原因及排除方法如下：

(1)润滑油不良或不足，应按规定加润滑油。

(2)悬架或转向系统连接件损坏，应按要求检修悬架或转向系连接件，必要时更换。

(3)前轮定位不正确，应调整前轮定位角。

(4)弹簧下沉，应更换弹簧。

(5)轮胎气压不足，应按规定充足轮胎气压。

10. 为什么高速行驶抖振?

当汽车在高速行驶时，出现转向盘发抖现象，其故障原因为：由于修补等原因前轮胎动平衡被破坏，前轮轮辋发生拱曲变形，前轮胎螺栓数不等，前束不对，转向拉杆球头销松旷，转向盘游隙过大，转向传动部件安装松动等。应根据不同的故障原因对症进行排除。

11. 为什么行驶跑偏?

指汽车的行驶时不能保证直线方向，而自动偏向一边，造成行驶跑偏故障的原因有：两只前轮轮胎气压不同，主销后倾角不相等，外倾角不相等，前束过大或过小，左右前轮轮毂轴调整的松紧程度不一，有一边车轮的制动拖滞等。前后桥或车身变形应针对上述故障原因对症排除，如：调整轮胎气压，检查前制动器，更换弹簧等。

12. 为什么转向泵工作不良?

动力转向泵的主要故障,为其输送压力不符合要求,产生这种现象的主要原因是:

(1)限压阀、流量限制阀磨损损坏。这些机件损坏后应立即更换。

(2)动力转向器管路渗漏。此时可将发动机运转数分钟,左右摆动转向盘后将它往一边转到底,加大油门,5～10 分钟后,检查各处有无渗漏,如发现渗漏应及时排除。

(3)动力转向器管路有气阻。此时可先将液面加满,然后起动发动机,利用油液的循环的流动来排出空气,将转向盘来回转动可加速空气排放。

13. 液压动力转向系由哪些主要零件组成? 是怎样工作的?

桑塔纳 2000GSi 型轿车采用了液压动力转向系统,如图 6-8 所示。

工作时,液压泵(叶片泵)在发动机传动带驱动下从储油罐吸进液压油(AFE 润滑油),并将具有压力的液压油输入到动力转向器的分配阀处。分配阀控制液压油的流向,根据转向盘输出的转向力的大小和方向,分配阀控制液压油返回储液罐,并使适当的液压油进入工作缸。在油压的助力下,推动转向机齿条。工作缸另一边的液压油在转向器活塞和油压作用下,通过分配阀,流回储油罐。

叶片泵的额定流量 6L/min,额定工作压力(10±4)kPa。为了保证汽车在高速行驶时有较强的路感,叶片泵的流量随着发动机转速的提高呈下降趋势。为了防止液压系统的工作压力超过系统允许的最大工作压力,在叶片泵内装有一个限压阀,当工作压力超过限压阀的额定值时,压力油通过限压阀卸荷返回到吸油口。

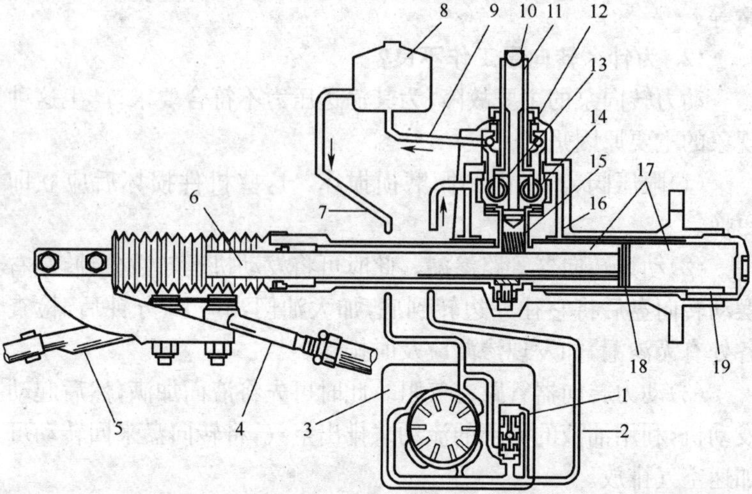

图 6-8 动力转向系

1. 限压阀和溢流阀 2. 高压油管 3. 叶轮泵 4. 左转向横拉杆 5. 右转向横拉杆 6. 齿条 7. 进油管 8. 储油罐 9. 回油管 10. 转向齿轮 11. 扭力杆 12. 分配阀 13. 右阀芯 14. 左阀芯 15. 活塞右腔进油管 16. 活塞左腔进油管 17. 压力腔 18. 动力缸 19. 活塞

动力转向器为齿轮齿条式,上部的阀体为滑阀结构。阀体内分配阀左、右阀芯与转向柱轴线呈垂直放置,阀芯上有磨削的控制槽;阀芯是通过转向轴的拨叉来拨动的。在齿条与小齿轮啮合位置的背面装有弹簧压紧的压力块,通过调节螺钉来改变弹簧的预紧力,可消除齿轮齿条啮合的间隙。

如图 6-9a 所示,在直线行驶时,转向盘处于中间位置,阀芯和阀套之间也处于中间位置,所有控制口接通,液压油毫无阻碍地流经分配阀返回到储油罐。转向盘转动时,转向轴带动阀芯相对于阀套运动,由于阀的控制边口位置的变化,液压油将进入转向器的油缸内,推动活塞运动而产生推力。

如图 6-9b 所示,当向右转动转向盘时,转向力矩使得转向齿轮轴(弹性扭力杆)扭转，这就使得右阀芯下移，使得进油通道开大；左阀芯上移，关闭进油通道，此时左、右阀芯分别转向器活塞移动距离的大小，则取决于施加在转向盘上转向力矩的大小。同时，转向器工作缸右边的液压油在转向器活塞的作用下，通过打开的回油环槽返回到储油罐中。

当向左转向器的阀孔同时也具有节流阻尼的作用，不需要像机械转向那样另外加转向避振器。在转向回正时，通过阀的阻尼力来防止转向回正速度过快，增加转向回正的舒适性，或者通过阻尼作用减小汽车直线行驶时由于路面的不平对前轮的冲击引起转向盘的抖动和打手，提高其保持直线行驶的能力。

它主要由液压泵、分配阀、溢流阀、限压阀、储油罐、转向器、工作缸和软管等组成，其中转向器与助力装置为整体式，即工作缸、分配阀和齿轮条装配在一起。

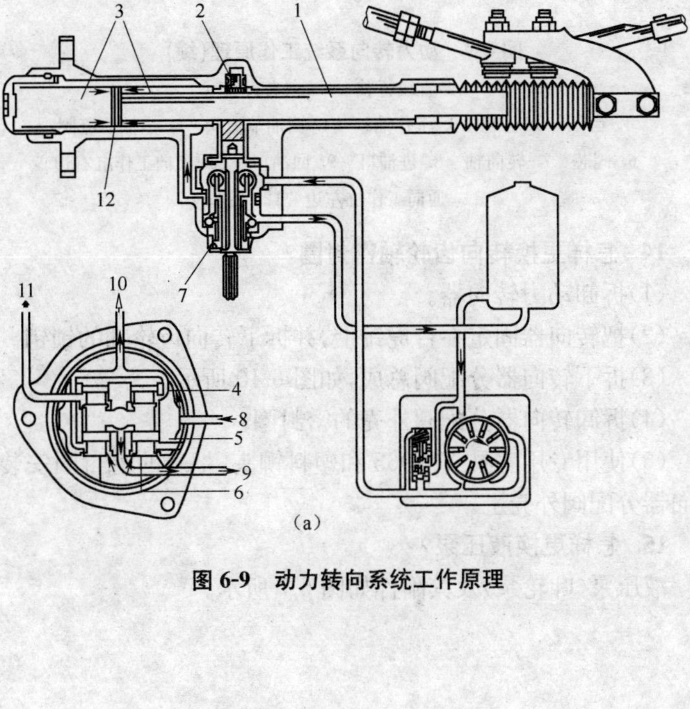

(a)

图 6-9　动力转向系统工作原理

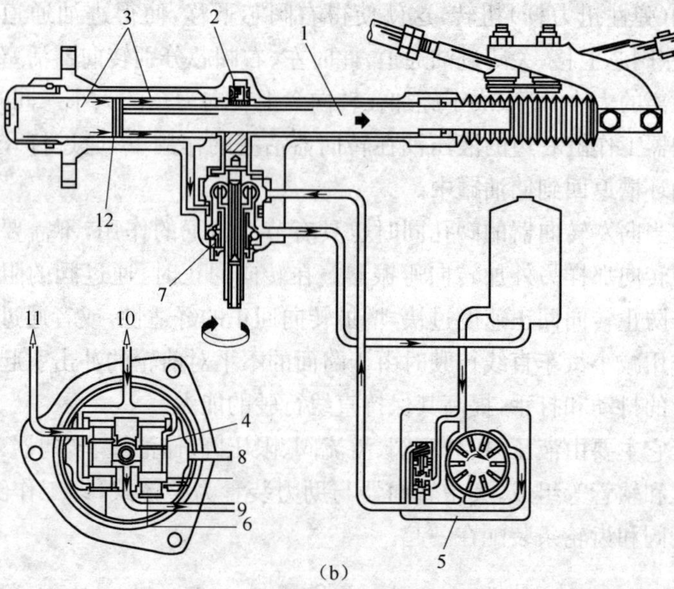

图 6-9　动力转向系统工作原理(续)

(a)直线行驶　(b)向右行驶

1. 齿条　2. 齿轮　3. 工作油缸　4. 回油节流阀　5. 出油节流阀　6. 阀芯　7. 转向轴　8. 进油口　9. 回油口　10. 通向工作缸右边　11. 通向工作缸左边　12. 活塞

14. 怎样更换转向齿轮轴密封圈?

(1)拆卸动力转向器。

(2)把转向器固定在台虎钳上,并拆下转向齿轮轴的锁销。

(3)拆下转向器分配阀总成,如图 6-10 所示。

(4)拆卸转向器分配阀外壳的密封圈。

(5)使用专用工具 VW065 和塑料锄头,把新的密封圈安装在转向器分配阀外壳上。

15. 怎样更换液压泵?

液压泵(叶轮泵)及其附件如图 6-7 所示。

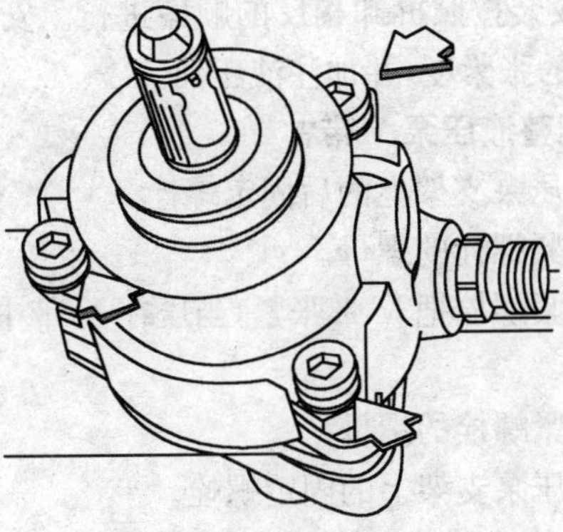

图 6-10　转向器分配阀总成

拆卸液压泵按以下顺序进行：

(1)支撑起车身。

(2)拆下液压泵上回油管和进油管的泄放螺栓(如图 6-11 所示)，排放液压油。

(3)拆下液压泵前支架上的张紧螺栓，如图 6-12 所示。

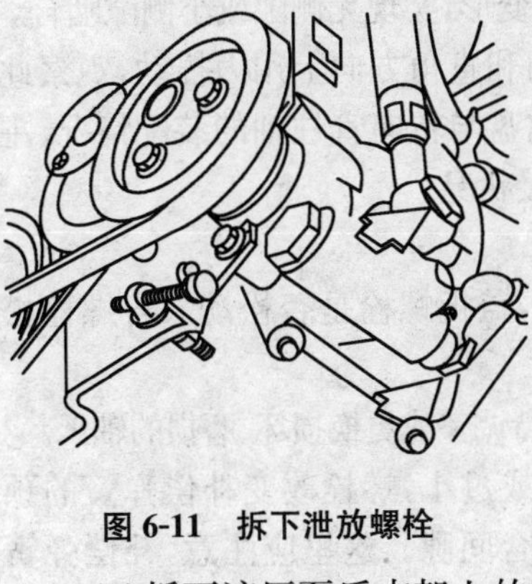

图 6-11　拆下泄放螺栓

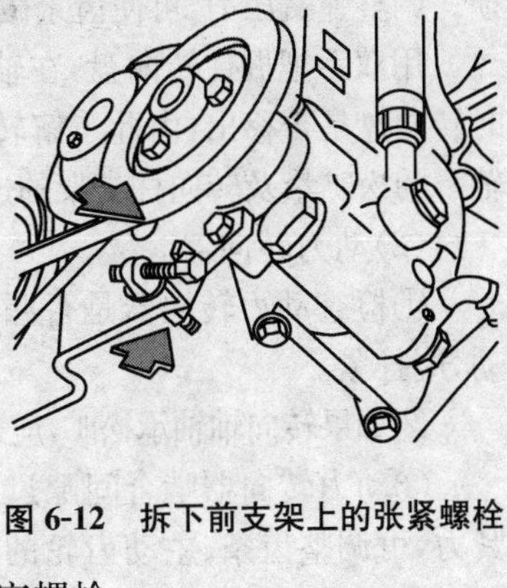

图 6-12　拆下前支架上的张紧螺栓

(4)拆下液压泵后支架上的固定螺栓。

(5)松开液压泵中心支架上的固定螺母和螺栓。

(6)把液压泵固定在台虎钳上，拆卸 V 带轮和中间支架。

液压泵的安装按照拆卸相反的顺序进行。安装完毕后,应调整液压泵V带的张紧度,并加注液压油。

16. 怎样调整液压泵V带?

(1)松开液压泵支架上的后固定螺栓。

(2)松开张紧螺栓的螺母。

(3)通过张紧螺栓把V带张紧,当压在V带中间处,在10mm的挠度为合适。

(4)拧紧张紧螺栓的螺母。

(5)拧紧液压泵支架上的固定螺栓。

17. 怎样检修液压动力转向系统?

桑塔纳2000GSi型轿车动力转向系统中的液压泵和转向器都是相当精密的液压元件,对液压油和其他的零部件有相当高的要求。因此,应定期对转向系进行检查和调整。

(1)转向盘。在汽车前轮处于直线行驶状态时,转向盘边缘处测量自由行程,其值为15.20mm。当自由行程过大时,说明动力转向器齿轮与齿条啮合间隙偏大,或各连接处松旷,或齿轮和齿条磨损。调整弹簧压力,可使齿条微量变形,实现无侧隙或小侧隙啮合。

用双手把握住转向盘,在轴向和直角方向上用力摇动,观察此时转向盘是否移出,由此了解转向盘与转向管柱轴的装配情况、主轴承的松旷量及转向柱支架的连接状况。

(2)动力转向器。

①检查动力转向器是否漏油,盖板螺栓是否松动。若螺栓松动,应拧紧。

②如果转向轴轴承松旷,应进行调整或更换损坏、磨损的轴承。

③动力转向器啮合间隙过大或过小,螺栓改变补偿弹簧的预紧力,可调整齿条、主动齿轮的啮合间隙。这里应注意,补偿弹簧的弹力出厂时已调好,不般不需要另行调整,只有在确实有问题时才进行调整。

④转向轴如有龟裂,应采用磁力探伤法进行检查。

(3)储液罐。

①液面高度的检查。使发动机怠速运转,反复将转向盘从一侧极限位置转到另一侧极限位置,以提高液压温度,使油温达到40℃～80℃左右。

这时检查储油罐内油量,油面应在储油罐的“MAX”处。

②液压系统的排气。检查液面高度,必要时添加液压油。

使发动机怠速运转,反复使转向盘从左极限位置转右极限位置,直至储油罐内无气泡和泡沫为止。如液面有下降,应继续添加液压油直至达到规定液面高度(MAX处)为止。

③液压油的更换。

a. 顶起汽车前桥,从储油罐及回流管中排出液压油。

b. 使发动机怠速运转,一面排油,一方面将转向盘转到极限位置,直至液压油排净。

c. 添加液压油。

d. 排净液压系统中的空气。

④液压泵。液压泵(叶轮泵)泵送压力的检查方法如下:

a. 将压力表将到连接在阀体和软管之间的压力管中。

b. 起动发动机。如果需要,向储油罐补充液压油。

c. 急速关闭截止阀(不超过5min),并读出压力数。泵送压力额定值为6.8～8.2MPa。

如果没有达到额定数值,应检查限压阀和流溢阀是否完好。如不正常,应更换限压和溢流阀或者叶轮泵。

⑤系统的密封性。起动发动机,将转向盘分别向左、向右两侧至极限位置,在瞬间将其固定,以至在转向系统中产生额定压力。此时用测量检查转向系统各管路、阀类连接处的密封性,如有渗漏应更换密封件。

18. 为什么液压转向助力瞬时丧失?

装有动力转向机的汽车,行驶中突然感到转向盘转向沉重,出现这类故障的原因及排除方法如下:

(1)泵的皮带打滑,应调整油泵的皮带张紧度。

(2)油面过低,应按规定加油至规定油面高度。

(3)内部泄漏,应找出泄漏点,检修或更换不合格零件。

(4)发动机怠速过低,应调高怠速。

(5)液压系统中有空气,应予以排除。

19. 液压转向系常见哪些故障?

桑塔纳2000GSi型轿车动力转向系统常见故障与排除如表6-1所示。

表6-1　转向系统常见故障与排除

故障现象	原　因	排　除
转向盘自由行程过大	(1)齿轮与齿条啮合间隙过大 (2)球铰链磨损严重配合松旷 (3)横拉杆与支架配合松旷	(1)调整 (2)检查调整 (3)检查调整
转向沉重	(1)齿轮和齿条啮合间隙过小 (2)转向轴轴承损坏或预紧力过大 (3)转向横拉杆弯曲或球头销配合过紧 (4)液压泵V带松弛 (5)储油罐油面过低 (6)液压泵压力不足 (7)限压阀黏结 (8)内、外泄漏过大 (9)液压系统内有空气	(1)检查和调整啮合间隙 (2)更换或调整轴承 (3)校正横拉杆或更换球头销 (4)调整V带张紧度 (5)补充液压油至规定高度 (6)检修液压泵 (7)检修限压阀,必要时更换 (8)找出泄漏处,修理或更换零件 (9)排除空气
转向盘抖动	(1)液压系统缺油或有空气 (2)齿轮和齿条配合间隙过大 (3)前轮不平衡 (4)轮胎压力不相等或气压值不符合规定 (5)悬架弹簧弹性不足或断裂 (6)减振器损坏 (7)转向横拉杆接头松动 (8)轮毂轴承松动	(1)加足液压油或排除空气 (2)调整配合副啮合间隙 (3)换位或检修 (4)按规定气压充气 (5)更换弹簧 (6)更换减振器 (7)更换或紧固转向横拉杆 (8)紧固或调整轮毂轴承松紧度

续表 6-1

故障现象	原　因	排　除
液压泵有杂音	(1)储油罐油面低 (2)进油管堵塞 (3)液压泵内零件磨损严重 (4)V带轮摆动 (5)液压泵V带太松	(1)加足液压油 (2)清理或更换 (3)更换磨损的零件 (4)紧固或更换V带轮 (5)调整V带松紧度

20. 为什么帕萨特轿车转向装置有异响声？

(1)故障现象。汽车正常直线行驶不转向时，油泵有噪声，无异常响声，一旦转向行驶转向装置会发出异常现象。

(2)原因分析。结合转向机的结构进行分析，引起异响的原因是转向装置中的液压系统出现故障，主要有以下几点：

①动力转向泵皮带松弛。

②动力转向泵轴承损坏。

③动力转向泵转子过度磨损。

④动力转向泵叶片过度磨损。

⑤储液罐油量不足。

⑥液压油中有空气或压力软管连接不牢。

⑦转向动力泵装配不当。

⑧流量控制阀有故障。

(3)诊断与排除方法。检查时应本着先易后难的原则对转向装置进行各种可能产生故障的检查并排除。

①检查皮带的张紧度，如皮带松弛，应进行张紧度的调整，方法是松开油泵支架螺母，转动调节螺栓，使新传动带的力矩达到7N·m，或旧传动带的力矩达到4N·m。

②检查储液罐的液位高度，检查与补充方法如前所述。

③检查液压油中是否有空气，排除空气方法如前所述，如果空气排除后不久，液压油中又有空气，这时应检查压力软管如图6-13所示的连接是否牢固，密封性是否良好，拧紧时应使用工具按规定

力矩(30N·m)拧紧。液压油内油空气时,转向泵会发出嘎吱声或嘎嘎声,转向液中有泡沫或呈乳状。

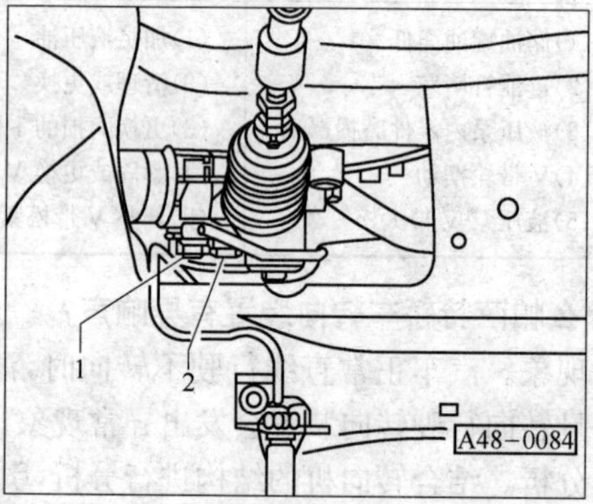

图 6-13　拆下压力油软管空心螺栓

1. 压力油软管空心螺栓　2. 回油管空心螺栓

④检查油泵的密封垫是否过度磨损,应拆卸油泵系统,对密封垫 18×24 及密封垫 16×22 进行检查,如果过度磨损应进行更换。拆卸油泵的方法如下:先拆下发动机下方的隔音板和保险杠,向前拉出前围板约 10cm,并搁在预装置上。用 3204 固定张紧轮;按箭头方向转动张紧轮.以释放叶片泵、发动机和硅油风扇皮带上的张紧力:用 V. A. G1 590 固定皮带盘,便于拆装;用软管夹紧器 3094 夹住进回油管,即可拆装叶片泵。

⑤检查叶片泵内的转子是否损伤,如已损伤,应更换叶片泵,并对液压系统进行冲洗,保证无杂质。

⑥对叶片泵的装配进行检查,如装配不当,应进行拆卸后重新装配,各紧固螺栓是否达到规定的力矩。

⑦检查流量控制阀是否正常,如有嗡嗡声,说明有故障,应进行更换。

⑧检查带轮轴承是否损坏,如果损坏或磨损严重,应更换轴承。

21. 为什么帕萨特轿车转向沉重?

(1)故障现象。汽车行驶过程中驾驶员转向时,感到动力不足。

(2)原因分析。转向一旦感到沉重,说明助力不足。液压压力达不到标准,分析时主要从液压系统对此故障寻找原因,可能的原因主要有以下几种:

①转向动力泵的皮带松弛。

②储液罐液位偏低。

③转向动力泵压力不足。

④转向柱配合太紧。

⑤前悬挂过低。

⑥压力控制阀门粘结。

⑦液压油外泄漏严重,造成工作压力过低。

⑧液压油内泄漏严重,造成工作压力过低。

⑨液压系统内有空气,影响液压系统的正常压力。

(3)诊断与排除方法。

①对转向动力泵皮带张紧度的检查和调整,参考前面叙述内容。

②对储液罐液位的检查和调整,参考前面叙述内容。

③对液压系统内有空气的检查和排除,参考前面叙述内容。

④对转向动力泵的出油压力进行检查,方法:用软管夹紧器3094夹住进油管和出油软管,拆掉叶片泵上压力管的空心螺栓,将转换接头v. A. G1402/3代替空心螺栓拧在叶片泵上,将压力表V. A. G1402连接到转换接头V. A. G1402/3上,关闭压力表上的截止阀(关闭时间≯10s),拆下软管夹紧器3094,起动发动机,必要时添加液压油,在怠速时读出压力表读数,规定值为11~12MPa,若达不到规定值,则更换叶片泵。叶片泵的拆卸及安装方法见前面叙述内容。

⑤检查转向柱在旋转时是否轻便灵活,转向柱的高度和角度

是否能调节，如有卡住的感觉，说明转向柱配合太紧。检查滑座与轴承座之间的间隙尺寸 A 如图 6-14 所示，$A \not> 0.5$mm，若超出规定，应更换转向柱。

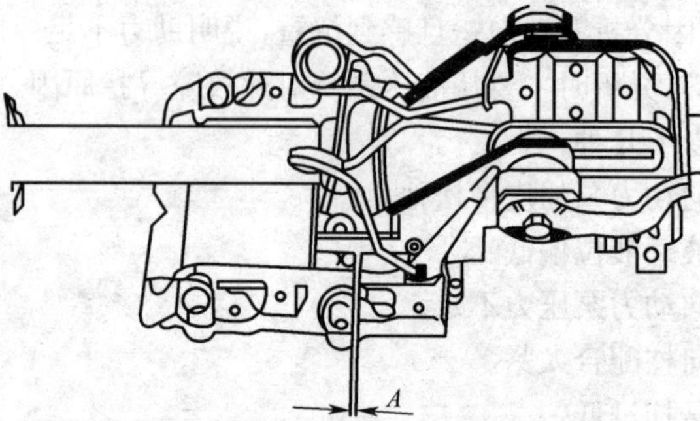

图 6-14　滑座与轴承座之间间隙的检查

拆卸及安装转向柱的步骤如下：

a. 拆下转向盘、安全气囊单元和转向柱开关上下的饰板；

b. 拔下插头后，挑开搭扣，从转向柱开关上拆下安全气囊环状连接器。

c. 如图 6-15 所示，从转向柱锁定壳上拔下线束。拆卸点火开关锁止拉锁。

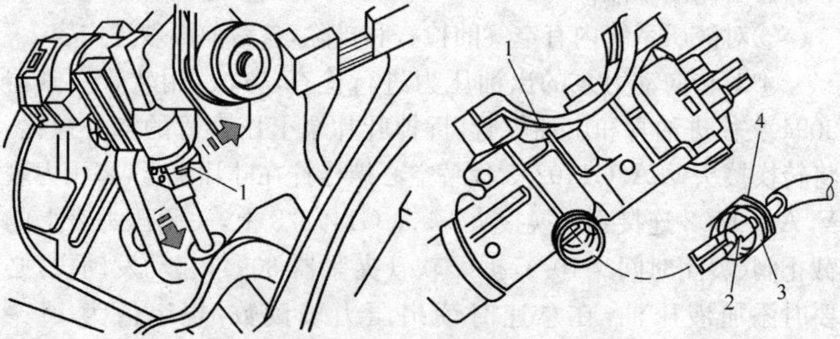

图 6-15　点火开钥匙的锁止拉索的拆卸

1. 卡簧　2. 钢丝　3. 插头　4. 卡子

d. 将钢丝穿过转向柱下部的洞孔和弹簧。

e. 拆下万向节的螺母。按顺时针拧松螺栓(Torx T50),并将螺栓取出。

f. 从转向机构上拉出万向节。

g. 拆下转向柱上的内六角螺栓,拆下转向柱。

安装转向柱时,新转向柱是用一种运输保护装置固定的,这种运输保护装置必须在转向柱安装到位后拆掉。安装步骤与拆卸时相反,注意在拧紧断头防盗螺栓时,一直拧到螺栓头折断为止。六角螺母和内六角螺栓的拧紧力矩均为 40N·m。

⑥对前悬挂的高度进行检查并调整。

⑦检查液压油外泄漏点及内泄漏点,必须在热车时进行,左右转动转向盘至极限位置并保持很短时间(不超过 5s),以使液压系统产生最大压力,然后检查分配阀,检查齿条密封和油管接头是否密封良好,检查叶轮泵的密封环是否损坏如图 6-16 所示,一旦有液压油渗漏,找出渗漏点,进行维修,必要时更换零件或更换转向机。

液压油发生内泄漏时,油泵的出油压力正常,液压油由于转向机内部密封性不好,渗漏后经回油管直接返回储液罐,须更换转向机。

⑧检查压力控制阀,如阀门粘住,应检修或进行更换。

22. 为什么帕萨特轿车低速时转向沉重?

(1)故障现象。汽车行驶速度在 20km/h 以下时,汽车前轮易发生摆振,造成转向困难,方向不易控制。

(2)原因分析。汽车低速行驶时,产生摆振的原因一般是由于转向机和传动机构间隙过大,连接松动所致,主要原因有以下几方面:

①前轮定位不正确,当前束过大、车轮外倾角过小或汽车负载后主销后倾角变化时,均会引起转向沉重。

②转向机构连接部位间隙过大。

③转向机连接松动。

④后轮气压不足。

(3)诊断与排除方。

①对前轮定位进行检查,检查及调整方法如前所述。如果主销后倾角的变化,是由于悬架性能不好所致,应对悬架进行检修,必要时更换不合格零件。

②通过检查转向盘的自由转动量,判断转向机构连接部位间隙的大小,当转向盘的自由转动量比较大时,应对转向机构进行检查,消除间隙,必要时更换零件。

③检查转向机的连接情况,如有松动现象,应进行调整,必要时进行更换。拆卸时应注意安全气囊系统的防护。

④对后轮气压进行检查,不符合规定时,按规定充气。

23. 为什么帕萨特轿车转向不灵?

(1)故障现象。

①转动转向盘要用力,转向滞后。

②转向时转向盘有时发生颤动或跳动。

(2)原因分析。

①储液罐液面偏低。

②动力转向泵压力不足。

③动力转向泵传动带打滑。

④发动机怠速太低。

⑤转向盘和转向柱未正确定位。

⑥流量控制阀粘滞。

⑦转向盘打到极限位置时,连接杆碰到油底壳。

⑧前轮定位不正确。

(3)诊断与排除方法。

①对储液罐液位的检查和调整,参考前面叙述内容。

②对动力转向泵的出油压力进行检查,检查方法参考前面叙述内容,如果达不到规定压力,应更换动力转向泵。

③对动力转向泵传动带的张紧度进行检查，检查及调整方法参考前面叙述内容。

④参考发动机一章相关内容，对发动机的怠速进行检查和调整。

⑤如图 6-16 所示，检查转向盘上的标线和转向柱上的标记点是否对齐，如果没有对齐，应将转向盘拆卸后重新安装。新转向柱上无标记点，这需要专用工具 V. A. G1907 对转向柱进行定位并冲制标记点。如果转向柱上的标记点已多达 5 处，应更换转向柱。拆卸转向盘时，车轮应处于直线行驶位置。步骤如下：

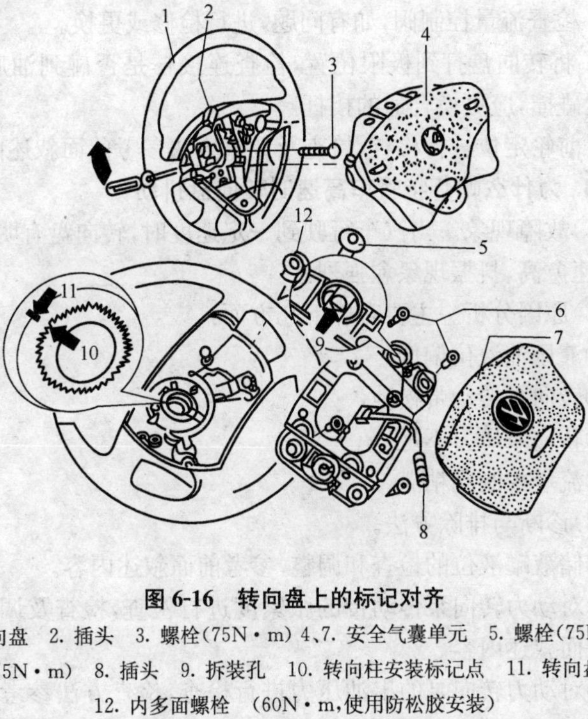

图 6-16　转向盘上的标记对齐

1. 转向盘　2. 插头　3. 螺栓(75N·m) 4、7. 安全气囊单元　5. 螺栓(75N·m)　6. 螺栓(5N·m)　8. 插头　9. 拆装孔　10. 转向柱安装标记点　11. 转向盘标记线　12. 内多面螺栓　(60N·m，使用防松胶安装)

a. 先拆下蓄电池负极线，从安全气囊系统上拔下电源插头。

b. 将转向柱调节手柄翻转，然后将转向柱上提到顶并向下翻到底。

c. 将转向盘由直行位置转 90，将平口旋具通过转向盘背面的孔插到转向盘内，旋具刃口水平向下压，推向安全气囊单元，旋具刃口必须夹在弹簧下。

d. 将旋具的柄向上撬，同时拉出安全气囊单元。在另一侧重复这一过程，拔下单元插头，取下安全气囊并放于安全处。

e. 拧出转向盘固定螺栓，将转向盘拉出。

对转向柱的拆卸参照前面叙述内容。在新转向柱或拆卸下来的转向柱上冲标记点。

f. 检查流量控制阀，如有问题，进行检修或更换。

g. 将转向盘打到极限位置，检查连接杆是否碰到油底壳，如果发生碰撞，应更换合适的接杆。

对前轮定位进行检查，检查及调整方法参考前面叙述内容。

24. 为什么帕萨特轿车高速时转向盘抖动？

(1)故障现象。当汽车行驶到一定速度时，转向盘有明显的抖动，车速愈高，抖振现象愈强烈。

(2)原因分析。主要有以下几方面：

①液压油液位偏低。

②转向泵传动带松弛。

③转向泵压力不足。

④流量控制阀粘滞。

(3)诊断与排除方法。

①储液罐液位的检查和调整，参考前面叙述内容。

②对动力转向泵传动带的张紧度进行检查，检查及调整方法参考前面叙述内容。

③对动力转向泵的出油压力进行检查，检查方法参考前面叙述内容，如果达不到规定压力，应更换动力转向泵。

④检查流量控制阀，如有故障，转向泵会发出嗡嗡声，应进行拆卸检查，发现问题进行更换。

25. 行驶时转向盘冲击力大怎么处理?

由于设计的原因,轿车的转向盘轻便灵活,但是在不太平坦的道路上行驶时有一定的冲击力。如果冲击力太大,则应考虑下述几个问题。

(1)轮胎充气压力太高是最常见的原因。如果轮胎充气压力太高,在比较坏的路面上行驶,轮胎遇到障碍就会发生撞击,这个撞击力通过传动机构传到转向盘。轮胎充气压力太高,则应放气,使充气压力符合规定。

(2)前轮滚球轴承损坏是最容易出毛病的。要是前轮滚球轴承损坏,驾驶杆下轴上下橡胶垫就会变硬,吸收冲击能力下降,此时操作转向盘就会更明显地受到冲击力的影响。若前轮滚球轴承损坏,则应及时更换。

(3)四个车轮安装的轮胎直径有差距,如各个轮胎直径不一样,汽车行驶时,左右车轮行驶的直线距离不同,往往迫使转向盘发生偏转冲击。这时应对各个车轮轮胎进行相互调整,及时排除故障。

(4)转向连杆机构的各球头磨损,传动机构松脱,前车轮安装变松,都会产生转向盘受冲击的故障,使振动更加具有冲击力。处理方法为松脱部件按规定力矩拧紧。若球头销磨损严重,则只能更换。

(5)变速杆下轴上下橡胶垫吸收冲击的性能差,若变速杆下轴上下橡胶变硬,只要没裂缝、破损,能保证安全的传动,可以继续使用,如已毫无弹性,需更换。

26. 转向盘自动回正力弱怎么办?

汽车转向盘在转弯后,有自动回正能力,转向盘自动回正力弱是指在驾驶中转动转向盘后,转向盘不能自动回正,必须用手才能拨正转向盘。

若转向盘的自动回正力弱,必然增加驾驶员的驾驶强度。该故障的原因及处理方法如下:

(1)左右两边车轮轮胎磨损不均匀,相差较大,左右两边车轮充气不均匀,轮胎充气压不一致是回力弱的主要原因之一。判断此类故障必须用轮胎压力表。用脚踢胎面,只能大致判定胎压的状况。左右两轮胎压不一致引起不能回正的原因是,胎压低的一方接触地面印迹增宽,自然承受较大的路面阻力,因此汽车向胎压低的一方偏转。这时应重新调整左右车轮胎压,保持左右两侧的轮胎充气压一致。

(2)左右两边车轮轮胎磨损不均匀,相差较大,左右两边车轮充气不均匀。如果左右两边车轮轮胎磨损相差较大,使转向盘被拉向一边,通常可以采用轮胎换位的方式来处理。为了解决转向盘被拉向一边及延长轮胎使用寿命,汽车在行驶一万公里后,即应对轮胎换位。

(3)前轮定位失准也会引起自动回正力弱,特别是前轮外倾角超过规定值时,汽车会朝外倾角大的一方偏驶。应说明的是,前轮定位(前轮校准)是一门专业性较强的转向几何学,即指前轮与前轮相互间位置及前轮与车辆之间的相对位置。为了行车安全,转向盘的自动回正、转向精确、行驶稳定及减少轮胎的磨损都十分重要。判明前轮是否失准,有一种简便易行的前轮外倾角检查方法:将车辆停稳在平坦的路面上,用一根端部系有砝码的细绳紧贴车轮上沿外侧,铅直坠下,然后测量细绳上车轮下沿外侧(接地部)间的距离。若左右轮所测出的尺寸相同,符合规定值,则说明前轮定位正常,否则,则为前轮定位失准。此时应到四轮定位厂家进行定位调整。

(4)左右车轮中有制动拖滞也是自动回正故障的原因之一。制动拖滞是左右车轮中的某一车轮制动器不正常引起的。一个前轮上制动器有阻力,以致转向盘被拉向一边,这样转向盘当然就不能回到正中的位置,汽车将绕着产生制动拖滞的一侧车轮打转,这对正常行驶和安全都会造成不利的影响。某制动器有阻力,原因是该车轮制动间隙太小,应重新进行间隙调整。将制动拖滞一方的制动器调松一点即可。

此外，车身扭曲变形，由于后桥装配位置移动，导致轮距、轴距失准，悬架元件损坏等等也会引起方向回正力弱。这些故障不是自己可以处理的，应送专业厂家修理。

27. 转向盘抖动的原因是什么？怎样排除？

(1)车轮气压不一致。可按标准重新调整气压。

(2)车轮摆动。修理校正轮辋或更换轮辋。

(3)左右轮胎摆差大。更换轮胎。

(4)轮辋螺栓松动。按要求扭紧螺母。

(5)车轮轴承磨损或损坏。更换新的轴承。

(6)大小球销松旷。更换新的球销。

(7)转向机松旷。松开转向机调整螺栓锁，将母螺栓拧进到转动转向盘，转向盘的自由摆动量为10°～15°，再锁紧螺母。

(8)转向机固定螺栓松动。重新拧紧即可。

28. 行驶中摆头怎么办？

汽车行驶在某一低速范围内或某高速范围内，有时会出现两前轮各自围绕主销进行角振动的现象，这就是前轮摆头故障。驾驶中的感觉是握转向盘的手有较大的振动，严重时有麻木感。

如果汽车在不平道路上行驶时前轮摆头，简便的紧急处理为：立即降低车速，大幅度左右转转向盘，可使前轮摆头现象暂时减弱或消失，待返回后再进行修理。

如果在高速行驶，两前轮左右摆振严重，握转向盘的手有强烈的麻木感，这表明摆头的故障非常严重，必须及时排除。

前轮摆头的原因较多，可按下面方法查找故障：

先查看前轮是否装用翻新胎，由于翻新胎几何尺寸和旋转质量方面偏差都比较大，转动起来易产生偏摆和不平衡。目前轿车一般都不使用翻新胎，所以应重点检查前桥与转向系各连接部位是否松旷，连接部件松旷要减少，对振动能量的阻力使用，也会导致前轮摆头。如无松旷之处，再检查前悬架连接螺栓或衬套处是否松旷、左右两侧悬架状况是否相等，这些也是导致前轮摆头的因素。另外，还可支起并转动前轮，用大型划针检查前轮径向跳动量和端面跳动量，车轮的不平衡度、前轮前束值。如果前束值在规定范围内，则故障可能在前轮外侧，主销后倾角的变化上，另外，转向系的刚度不足也可能造成前轮摆头。

29. 转向球头脱落后怎么办?

球头脱落往往出现在调头、转弯时(球头销受力较大)，一般是因球头缺油磨损严重，致使球头从球座的孔中脱出。

转向球头的脱落是汽车的严重故障。高速运行中突然出现这一故障，会造成严重事故，因为转向球头是汽车转向的关键部件。转向球头脱落后，汽车方向无法控制，必须进行紧急处理。

行车途中的临时自救方法为：

找一个或做一个螺栓平垫圈。其内径稍大于球头锥度处的最大直径，外径与球头座内径相同，厚度为 1～1.5mm 为宜，将该平垫圈套在球头上，装入原来的球头座内，装时涂上一些润滑脂，用铁锤敲几个球头，使平垫圈被敲成球座形，这样球头就不会再从球座的孔中脱出来了。临时处理后，汽车的行驶速度要慢，绝对避免过急、过猛转弯，到达有条件的地方必须及时更换球头。

第七章　制动系统及ABS装置故障诊断与检修

1. 桑塔纳轿车前轮制动器有什么特点?

桑塔纳轿车的前轮制动器是单缸浮钳型盘式制动器,制动钳可以相对于制动盘轴向滑动。其中只在制动盘的内侧设置油缸,而外侧的制动块则附着在钳体上。制动时,活动制动块在液压作用下油缸活塞推靠制动盘,同时制动钳上的反力将固定制动块也推靠到制动盘上。

浮钳型盘式制动器的单侧油缸结构不需要跨越制动盘的油道,与定钳型盘式制动器相反,不仅轴向和径向尺寸较小,有可能布置得更接近车轮的轮毂,而且在前轮独立悬架设计时,便于缩短主销轴线延长线与路面的交点至车轮中心平面的距离,甚至使这段距离位于车轮外侧,这样可以大大改善转向稳定性。

这种结构的盘式制动器维修十分方便。调换制动摩擦片时,只需旋松浮动钳的导向螺栓,拆下浮动钳,不必拆固定支架和制动盘。浮动钳的导向部分不需要维修保养,对污垢、腐蚀和老化不敏感。另外制动摩擦片上有一隔热层,用以阻止摩擦产生的热量通过活塞传给制动液。

桑塔纳轿车前轮盘式制动器浮式制动钳的结构组成如图7-1所示。它由制动盘、内外摩擦片、固定支架、浮动支架、前制动轮缸活塞及弹簧片等组成。

制动盘3为合金铸件,固定在轮毂上,与前轮一起转动,并夹在内、外摩擦片4和5中间,用两个M12螺栓以70N·m的转矩紧固在前悬架支架上。固定支架1上除了有两根导轨10外,还通过两根特制的弹簧片装有内、外摩擦片4和5。内、外摩擦片可沿着导轨10作轴向平行移动,通过导轨将制动力传到固定支架上,因此因强度和刚度要求都很高,是前制动钳的一个关键零件。

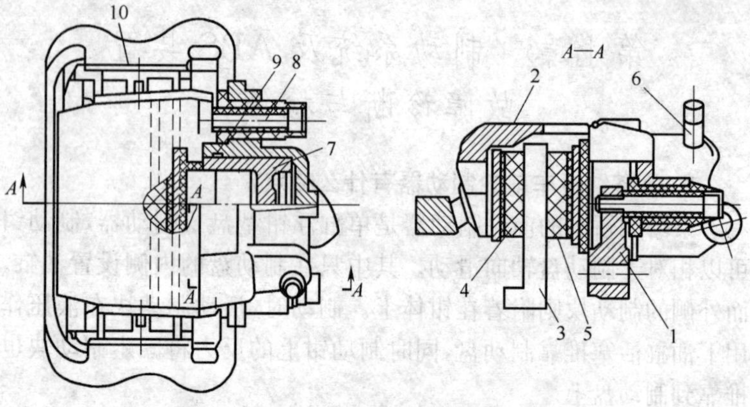

图 7-1　桑塔纳轿车盘式制动器浮式制动钳

1. 固定支架　2. 浮动支架　3. 制动盘　4. 外摩擦片
5. 内摩擦片　6. 放气螺塞　7. 轮缸活塞　8. 内六角螺栓
9. 橡胶油封　10. 导轨

带有制动轮缸的浮动支架 2 用两只内六角螺栓 8 弹性连接在固定支架上,可沿着塑料套管和橡胶套之间作轴向移动和微量的周向移动。轴向移动可使内、外摩擦片对制动盘 3 作浮动定位、周向移动可起一定的缓解作用。浮动支架还与固定支架上的导轨接触,起辅助支承作用。内、外摩擦片压向制动盘 3 的内表面,又推动缸体和浮动支架上的外摩擦片压向制动盘的外表面从而实现制动。浮动支架的外摩擦片平面必须与轮缸活塞的油封垂直,否则将出现偏磨。

前制动器的制动间隙由轮缸活塞 7 上的橡胶油封 9 实现。当制动时油封变形,制动一结束活塞即在油塞的弹性作用下回到原位。制动间隙一般单边为 0.05～0.15mm,如间隙过大,油封和活塞之间产生相对移位。

2. 浮钳型盘式制动器有什么特点?

(1)热稳定性好。受热后,制动盘只在径向膨胀,不会影响到制动间隙。

(2)受水浸后,在离心力作用下被很快甩干,摩擦片上的剩水也由于压力高而容易挤出,一般仅需要1～2次制动即可恢复正常。

(3)制动力矩与汽车运动方向无关。

(4)制动间隙小,便于自动调节间隙。

(5)摩擦片容易检查、维护和更换。

(6)易受粉尘侵袭,磨损较大。要求定期对车辆进行检查、更换摩擦片。摩擦片的磨损极限为7mm。

3. 桑塔纳后轮制动器有何结构特点?

桑塔纳轿车后轮制动器为简单的非平衡式蹄鼓制动器,带有驻车制动。驻车制动是机械化传动,行车制动是液压式传动。其制动力的放大比是2.15。

后轮制动器如图7-2所示,底板1紧固在后轿焊接件上,底板上端固定了后制动轮缸7。其直径为ϕ14.29mm,孔内两端装有带耳槽的活塞16,轮缸上还有放气螺钉6。底板1下部的固定块4两端有凹槽,与轮缸活塞上的耳槽一起用以嵌起左、右制动蹄2和5的幅板的上、下两端。圆销17、弹簧18和压板19组成用以使制动蹄作限量移动并保持蹄面垂直的装置,便于与制动鼓内圆自动调节同心。左、右制动蹄下端用弹簧11拉紧,上端分别用弹簧9和8拉向中间杆13。由于弹簧9的弹性系数大于弹簧8的弹性系数,在正常的制动间隙下制动弹簧8被拉长。当在制动间隙过大时制动,弹簧8先被拉至一定程度时,弹簧9也被拉长,使中间杆与楔形调节块12之间的间隙增加,楔形调节块在弹簧10的拉力下,向下移动以填补中间杆13与楔形块之间的间隙增量,从而达到自动调节制动间隙的目的。正常的制动间隙为0.2～0.3mm。观察孔14用以查看制动蹄摩擦片的磨损情况,其磨损极限为2.5mm。

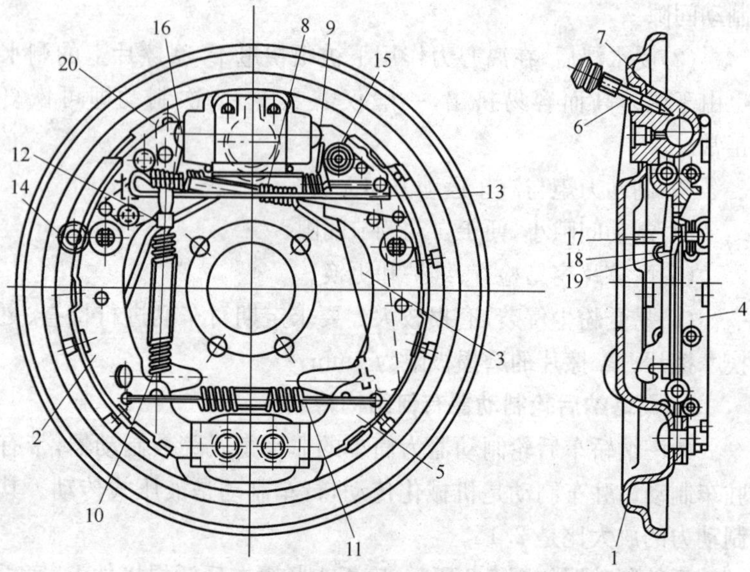

图 7-2 后轮制动器

1. 底板 2. 左制动蹄 3. 杠杆 4. 固定块 5. 右制动蹄 6. 放气螺钉 7. 制动轮缸 8、9、10、11、18. 弹簧 12. 楔形调节块 13. 中间杆 14. 观察孔 15. 销 16. 活塞 17. 圆销 19. 压板

后制动器还附有驻车制动装置。在扳动驻车制动拉杆时,通过拉索拉动后制动器内的杠杆 3 绕固定在制动蹄上的销 15 顺时针转动,推动中间杠杆 13 向左,从而使左、右制动蹄张开而起制动作用。在后制动器各机构相对运动表面上均涂有高温润滑脂。

4. 桑塔纳轿车的制动真空增压器有何特点?其工作原理是什么?

桑塔纳轿车的真空增压器是德国 TEVES 和 FAG 两家公司生产的,两种增压器内部结构略有不同,但其工作原理、外形和连接尺寸都相同。

(1)真空增压器的结构如图 7-3 所示。真空增压器和制动主缸用 4 个螺钉 11 固定在车身前围上。左外壳 1、右外壳 2 和气室膜片3压合在一起组成与大气密封和互相密封的左气室5和右气室6。真空控制阀总成的阀体9与左端法兰(突缘盘)用气封和垫片压合在气室膜片3上,弹簧10将真空控制阀总成连成气室膜片压向右边。阀体9右边圆柱体可在密封套8内左右移动,但仍能保证右气室6与外界隔绝。

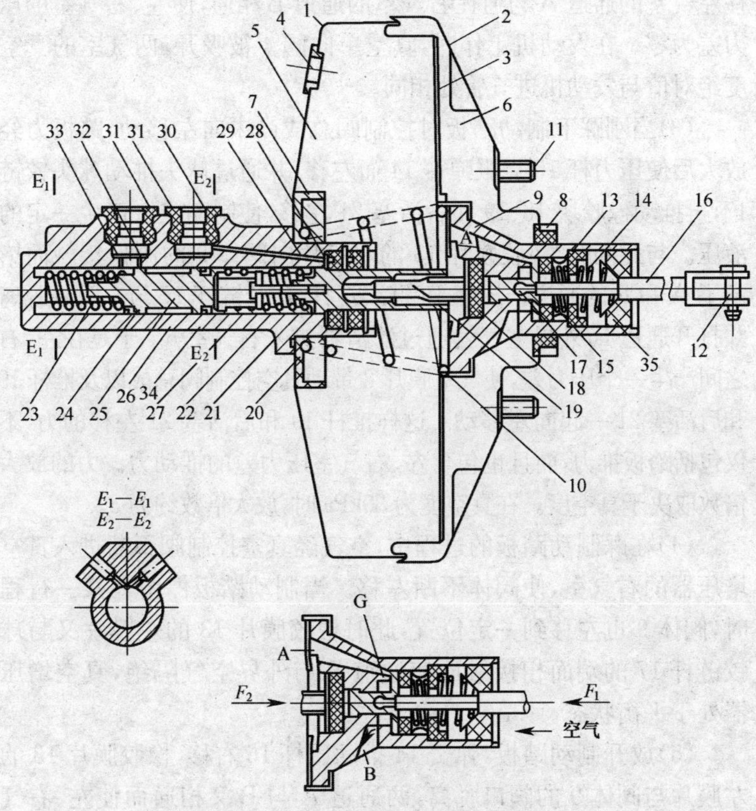

图7-3 真空增压器的制动总泵结构

1. 左外壳 2. 右外壳 3. 气室膜片 4. 真空单向阀 5. 左气室 6. 右气室 7. 连接盘 8、35. 密封套 9. 阀体 10、14、15、22、23. 弹簧 11. 螺钉 12. 销 13. 橡胶膜片 16. 压杆 17. 球铰链 18. 橡胶块 19. 推杆 20. 油封 21. 后活塞 24. 小孔 25. 活塞 26. 制动总泵 27. 螺杆 28、32. 补偿孔 29、33. 进油孔 30. 橡胶连接块 31. 套 34. 弹簧座 A、B. 气道

(2)未踩下制动踏板时,控制阀处于非工作状态,弹簧 14 将压杆推向右端,又将橡胶膜片 13 推向阀体 9 的内孔台肩上,橡胶膜片 13 像一个可伸缩的皮囊,其右膜片作为弹簧座,左膜片则作为开闭外界空气进入气室的阀门。在内弹簧 14 的作用下,左膜片紧压在球铰链 17 的端面上,使阀体 9 的内腔与外界空气隔绝,但同时使通往左气室的通道 A 与通往右气室的通道 B 相通,使左、右气室的压力差为零。在发动机工作时,真空单向阀 4 被吸开,两气室的真空度绝对值与发动机进气管处相同。

(3)当刚踩下制动踏板时控制阀总成尚未向左移动、踏板力经放大后使压力杆 16 克服弹簧 14 而左移,并通过球头推动球头铰链 17,再推动橡胶块 18、19 和后活塞 21 左移,使制动主缸产生一定的液压。与此同时,橡胶膜片 13 的左膜片向阀体 9 的阀口接触而堵塞了 A 和 B 的通道。压杆 16 继续左移,球铰链杆 17 与左膜片脱离并打开通道 B,外界空气就通过滤清器进入右气室 6。于是在左、右之间产生一个压力差,使气室膜片 3 带动真空控制阀总成以及推杆 19 和后活塞 21 一起向左移动。这样推杆 19 和后活塞 21 左移的力,不仅包括踏板推力,而且也包含左、右气室压力差的推动力。力的放大倍数取决于真空度。在真空度为 80kPa 时,放大倍数约为 3。

(4)在踩制动踏板的过程中,空气经真空控制阀不断进入真空增压器的右气室,使阀体不断左移。当制动踏板停留在某一行程时,阀体 9 也左移到一定位置,此时橡胶膜片 13 的左膜片又与球铰链杆 17 的端面相接触而使通道 B 与外界空气隔绝,真空增压器处于平衡状态。

(5)放开制动踏板,弹簧 14 推动压杆 16 右移,橡胶膜片 13 的左膜片与阀体 9 的阀口脱离,两通道 A 与 B 又相通而使左、右气室压力差消失,气室膜片 3 及真空控制阀总成在弹簧 10 作用下右移,又回到起始位置。

(6)在发动机油门全开时进气管处于真空度可达 100kPa,怠速运转时可达 50kPa,而在高速运转并踩制动踏板时真空度可达 80kPa,在发动机进气管与真空增压器之间原管道上还装有真空平衡罐，用以平衡因发动机转速变化而引起的真空度波动，使其经常维持在80kPa左右。因此即使在发动机停止工作时，真空增压器仍能在正常状态下工作不少于3次，用以保证制动的可靠性，所以在制动时最好不要像气压制动那样，连续踩制动踏板，以免影响车辆的制动效果。

(7)制动主缸用两只螺母连接在真空增压器的前方，主缸上有两只与储液罐相连接的橡胶头31。制动液通过孔29、33分别供给前、后工作腔。制动主缸前后两处各有两只对称的互成100°的M10×1的出油螺孔(见E.E断面)，分别通过制动管路成交叉型布置与四个车轮上的轮缸连接。踩上制动踏板，主缸中的推杆19向左移动，首先堵住进油孔29而在主缸后腔产生液压，推动活塞25并盖住另一进油孔33，而在前腔产生液压，前、后两腔液压分别进入轿车前、后制动轮缸，并实现制动。

(8)当与前出油孔相连接的制动管路损坏漏油时，活塞25就被后腔的液压迅速推向主缸最左端，直至出油孔33被堵住。此时后腔压力随着推杆19的左移而升至需要值，前腔压力也几乎同时升高。当与后出油孔相连的制动管路损坏漏油时，推杆19及后活塞21左移使其左端的螺栓27推动活塞25而在前腔产生需要的压力，此时后出油孔被堵住，于是后腔压力也几乎与前腔压力同时升高。

(9)四条制动管路上如有两管路损坏或漏油时仍有两条管路产生50%的制动力，但所需的制动踏板行程有所增加。四条制动管路中有一路发生堵塞时，其他三路仍能正常工作，但容易发生制动跑偏，不过后者的故障远远少于前者的故障。

(10)当放开踏板时，活塞和推杆分别在回位弹簧的作用下，回到初始位置，由于回位速度很快，容易在制动管路中产生真空，所以在前、后活塞的头部分别有三个互成120°的ϕ1.4mm的小孔，制动液可通过小孔流回两个工作腔，从而减少负压。

5. 桑塔纳轿车的制动管路及制动液有何特点？

(1)桑塔纳轿车的制动管路由6根硬管和4根软管组成。6根硬管中的4根，其一端分别与主缸连接，另一端分别与前制动轮缸的 2 根短的硬管与后制动轮缸相连。全部软、硬管和主缸、轮缸的连接处均为 M10×1 螺纹。硬管用耐腐蚀的冷拉金属无缝管，其爆破压力可达 70MPa 以上。软管则以耐腐蚀的特殊橡胶制成，前制动软管长约 335mm，后制动软管约 185mm，管路的工作压力为 12MPa，而软管爆破压力要求在 20MPa 以上。

(2)桑塔纳轿车所用的制动液为 DOT4 型，具有低凝固点、高温下不易老化、流动性好等特点。制动液对一般金属和橡胶有一定的腐蚀性，故制动系统中凡与制动液接触的零件均以耐腐蚀材料制成，所以在修理更换有关零件时一定要使用原装件或经鉴定认可的零件，才能保证可靠近的制动性能。

6. 制动踏板机构的结构是怎样的?

制动踏板机构的结构，如图 7-4 所示。它通过杠杆机构与真空式制动助力器的推杆相连，踩下踏板便可施行制动。

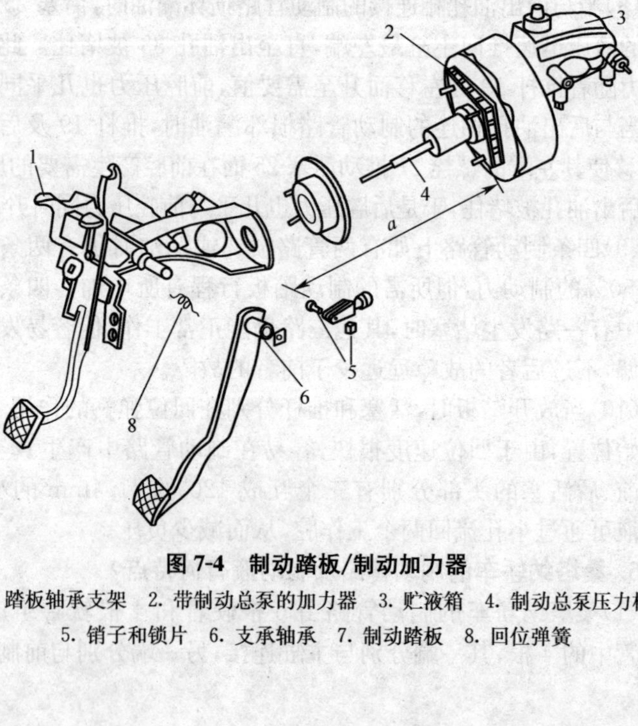

图 7-4　制动踏板/制动加力器

1. 踏板轴承支架　2. 带制动总泵的加力器　3. 贮液箱　4. 制动总泵压力杆
5. 销子和锁片　6. 支承轴承　7. 制动踏板　8. 回位弹簧

7. 驻车制动器是怎样工作的?

驻车制动器是驻车制动的,其结构如图 7-5 所示。机械式传动机构,通过钢丝绳传动作用于后轮。驻车制动的自由行程是在制动手柄处 2 齿。放开驻车制动器。两个后轮都应能自由转动。上海桑塔纳轿车的驻车制动也作用于后轮。扳动驻车制动拉杆时,通过拉索拉动后制动器内杠杆绕固定在制动蹄上的销子顺时针转动,并推动中间杆向左移动,从而使左、右制动蹄块张开而起到制动作用。

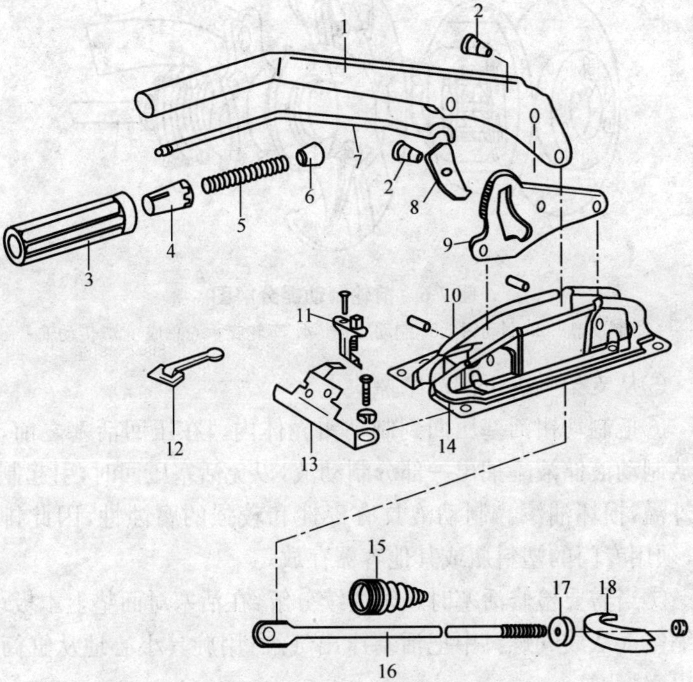

图 7-5　驻车制动器分解图

1. 驻车制动杆　2. 螺栓　3. 制动手柄套　4. 旅钮　5. 弹簧　6. 弹簧套筒　7. 棘轮杆　8. 棘轮掣子　9. 扇形齿　10. 右轴承支架　11. 驻车灯开关　12. 凸轮　13. 支架　14. 左轴承支架　15. 驻车制动拉杆底部橡胶防尘罩　16. 驻车制动操作拉杆　17. 限位板　18. 驻车制动拉绳调整杠杆

8. 怎样检修前轮制动器?

(1)拆卸与分解。

①松开车轮固定螺母(拧紧力矩 110N·m),拆下车轮。

②拆去制动摩擦块上、下定位弹簧。

③用内六角扳手拧松并拆卸上、下固定螺栓。

④取下制动钳壳体,如图 7-6 所示。

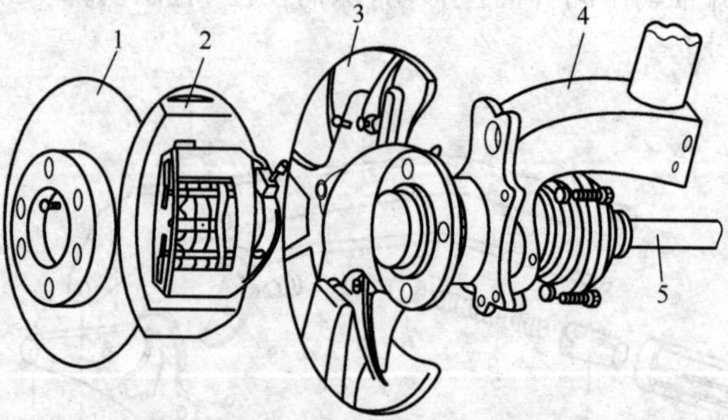

图 7-6 前轮制动器分解图

1. 制动盘 2. 制动钳 3. 制动底板 4. 车轮支承壳总成 5. 传动轴

⑤从支架上拆下制动摩擦块。

⑥把制动钳活塞压回到制动钳壳体内。在压回活塞之前,应先从制动液储液罐抽出一部分制动液,以免活塞压回时,引起制动液外溢,损坏油漆。制动液具有毒性和较强的腐蚀性,因此排放时,须用专门的塑料瓶或其他容器存放。

⑦当需要检修活塞时还须继续分解:在活塞对面垫上木板,用压缩空气从放气螺钉中把活塞压出气缸;用旋具小心地从缸筒中取出密封圈。

(2)检查。

①制动盘。制动盘不应有裂纹或凸凹不平现象,端面跳动量不应超过 0.06mm。如跳动量超过标准的或有凸凹不平的现象,可进行车削加工,但加工后的厚度不应超过 17.8mm。制动盘的

正常厚度 a 为 20mm，如图 7-7 所示。

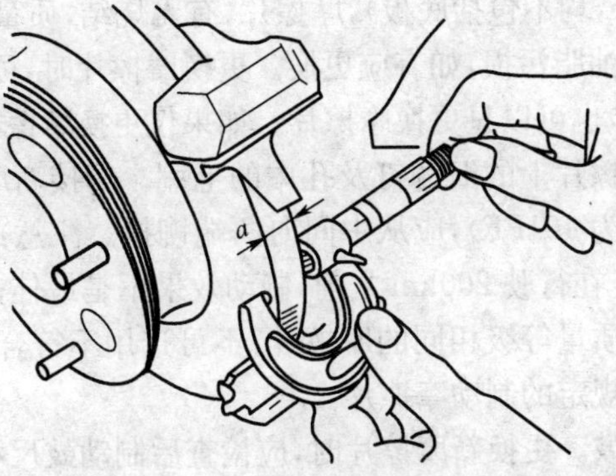

图 7-7　制动盘的厚度

如制动盘的磨损量超过标准，应更换制动盘。更换制动盘时，同一轴上两个制动盘必须同时更换，以确保左、右两轮的制动力相等。

②摩擦块。当汽车行驶 2500km 或者摩擦块的厚度（包括底板）小于 7mm 时，说明摩擦块已磨损到极限，必须更换新的摩擦块。

③制动钳。检查活塞和缸筒间隙。如果间隙大于 0.15mm 时或缸筒壁有较深划痕，应更换制动钳总成。

(3)安装。

①将活塞装入制动钳筒内。安装密封圈和防尘套时注意：带外密封唇边的防尘套应先用旋具将内密封唇边掀入制动钳壳体的槽口内，然后再用专用工具将活塞压入缸筒内。

②装入新的摩擦块。

③安装制动钳壳体，用 70N·m 的力矩拧紧固定螺栓。

④安装摩擦块上、下定位弹簧。

⑤安装后，应进行制动系放气，并使摩擦块正确就位。

9. 怎样检修后轮制动器？

(1)检查。

①摩擦片。检查制动蹄的磨损是否超限(标准为 5.00mm,极限为 2.5mm,均不包括底板),摩擦片,有无烧结,质量太差或有无被制动液及油脂污损,如有应更换。更换摩擦片时,可以连同制动蹄一起更换,也可以只更换摩擦片。如果仅更换摩擦片,这时应先去掉制动摩擦片上的旧铆钉及孔中的毛刺。铆接新摩擦片时(新摩擦片型号为 461FF),应从中间向两端铆接。注意:新摩擦片必须经过磨合,在行驶 200km 之前,制动效果不是最佳;同一轴上应安装型号和质量等级相同的摩擦片;不可选用不符合上海大众汽车有限公司规定的制动摩擦片。

②制动鼓。更换新摩擦片时,应检查后制动鼓尺寸,制动鼓内径为 200mm,磨损极限值为 201mm。摩擦表面径向圆跳动量为 0.05mm,车轮端面跳动量为 0.02mm。如果超过规定标准时,应更换。

③制动轮缸。检查橡胶皮碗是否完好,轮缸有无泄漏。如果制动轮缸出现划痕或锈蚀,则应调整整个制动轮缸。

(2)安装。

①装配制动轮缸。装配时注意:在活塞和密封圈上涂上制动轮缸润滑剂,皮碗不得有磨损及膨胀现象。装配后应检查其密封性。

②将制动轮缸按规定力矩紧固于制动底板上。

③装上回位弹簧,并将制动蹄与压力杆连接好。

④装上楔形块,凸出一边朝向制动底板。

⑤将另一带有驻车制动杆的制动蹄装到压力杆上,如图 7-8 所示。

⑥装入回位弹簧。

⑦将驻车制动拉索,在驻车制动杆上装好。

⑧将制动蹄装上制动底板,靠住制动轮缸。

⑨装入下回位弹簧,提起制动蹄,装到下面的支架中。

⑩装楔形块的回位弹簧、制动蹄回位弹簧和座圈。

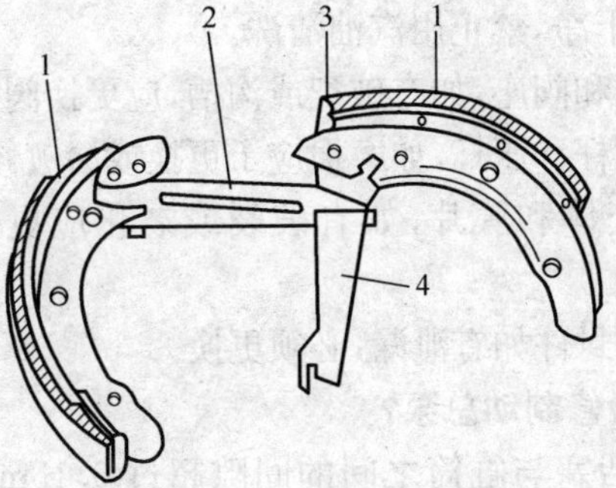

图 7-8　将制动蹄装有压力杆上

1. 制动蹄　2. 压力杆　3. 销轴　4. 制动杆

⑪装入制动鼓以及后轮轴承和螺母。

⑫检查调整后轮轴承间隙。

⑬用力踩制动踏板，使后轮制动蹄能正确就位。

10. 怎样调整鼓式制动器的间隙？

后轮鼓式制动器的制动蹄与制动鼓之间的间隙是自动调整的，如图 7-9 所示。后轮制动器的底板上紧固在后桥焊接件上，底板上端固定了后制动轮（直径 ϕ14.29mm），孔内两端装有带耳槽的活塞，轮缸上还有放气螺钉。底板下部的固定块两端有凹槽，与轮缸活塞上的耳槽一起用以嵌进左、右制动蹄和辐板的上、下两端，圆销、弹簧和压板组成的用以使制动蹄作限量移动并保持蹄面垂直的装置，便于与制动鼓内圆自动调节同心。左、右制动蹄下端用弹簧拉紧，上端分别用弹簧和拉向中间杆。由于弹簧系数大，在正常的制动间隙下制动弹簧被拉长。当在制动间隙过大时制动，弹簧先被拉至一定程度时，弹簧也被拉长，使中间杆和楔形调节块之间的间隙增加，楔形调节块在弹簧的压力下，向下移动以填补中间杆和楔形调节块之间的间隙增量，从而达到自动调节制动间隙的目的。

11. 怎样检修真空式制动助力器？

检查真空助力器之前，清洗所有金属零件。橡胶制品用酒精或制动液清液干净,禁止用汽油清洗。

(1)检查阀和阀座,如有破裂或沟槽,应更换阀体。

(2)检查推杆和压杆,如磨损应予更换或涂镀修复。

(3)检查壳体和膜片,如有破裂或老化应更换真空助力器总成。

(4)前后密封件如有泄漏,必须更换。

12. 怎样检修制动总泵?

制动总泵活塞与缸筒之间的间隙超过0.15mm或缸筒壁有划痕,必须更换总泵。可按以下步骤进行。

(1)制动总泵的拆卸顺序。

①拆下蓄电池搭铁线。

②拆下制动管道。

③不能让制动液洒在油漆表面,如果表面洒有制动液,一定要擦拭干净,以防损伤油漆面。

④拆下制动总泵。

(2)制动总泵的分解顺序。

①将制动总泵夹在台钳上。

②拆下贮油罐和软管。

③用螺栓旋具将活塞推入缸筒,拆下活塞止动螺栓。

④拆下活塞和弹簧。

(3)制动总泵分解后的检查。

①检查总泵活塞与缸筒之间的间隙是否超过规定,缸筒壁有无划痕。如不合规定,应更换总泵。

②检查进油管接头的螺栓。油管接头必须清洁畅通,螺栓丝扣应完好。

③检查出油阀门和弹簧。阀门如有损伤,应更换;检查弹簧的自由长度,及弹簧压缩至工作长度所需压力,应与新件比较,如弹力不足,应予以更换,以保证装配后分泵和管路中应有残余压力。

④检查皮碗和皮圈。总泵皮碗及皮圈的损坏有几种情况:工

作面磨损、拉成槽痕、发胀失去弹性。工作面磨损或拉成槽痕，可由外表观察检查，工作面磨损的特点是皮碗口部呈圆角。发胀的皮碗表面无光泽，体积增大，变形时不能迅速恢复原状。凡磨损、起槽或发胀的皮碗、皮圈，都不能再用，均应更换。

(4)制动总泵的装配。制动总泵装配前，各零件必须用制动液或酒精彻底清洗干净，禁止用汽油和煤油清洗，以免损伤皮碗、皮圈。

总泵装配时应注意下列要点：

①零件装入总泵内应用制动液润滑，活塞和各橡胶部件要涂上刹车油。

②将弹簧和活塞装入缸内，用卡环钳装好卡环。注意活塞与缸筒的配合间隙应符合规定。

③安装活塞止动螺栓、贮油罐和软管。

④总泵活塞过长，是回油孔堵塞的原因之一；总泵活塞过短，则使发生制动作用的时间推迟，故装配时应予注意。

⑤安装好后应检查回油孔，不要让其皮碗堵住。

⑥总泵装配后应检查其密封性。试验时，可将总泵固定在试验架上，在出油管接头处接装压力表，在总泵内加足制动液，推动总泵活塞，使产生784～882千帕的压力，在2～3分钟内压力不降低为合格。

总泵装配以后，用推杆推动活塞次数，检查活塞运动及回位是否灵活，最后装车试验。

13. 怎样检修制动分泵？

制动分泵的损坏有：裂纹，缸口、油管接头、放气螺钉及固定螺孔丝扣损坏，缸筒直径磨损或缸壁有拉痕、腐蚀斑点等。螺孔损坏，可镶套修理；分泵缸壁损伤或磨损严重，则应更换分泵总成。

分泵装配时和总泵一样，应注意清洁，内部零件不得沾染矿物油。零件装配时，应涂以制动液润滑。皮碗不得有磨损及发胀现象。装配后，应试验其密封性，将分泵沉入盛有酒精的盆内，应不发生漏气的气泡。

如果一次踏下制动踏板,软绵无力;连续踏数次,制动踏板逐次升高;升高后踏下不动并感到有弹力,则表明制动系统中有空气,容易发生气阻现象,必须对制动系统放气。

检查制动总泵制动液面高度,如不足应予以补充。在排除空气过程中,要不断地检查和补充,直到放气终了。

制动总泵、分泵都是精密配件。初学者不要随意修理,应更换总成以保护行车安全,在无备件情况下,高级修理工可以拆卸修理。

14. 怎样调整制动踏板?

制动踏板自由行程,指踩下时推杆接触总泵活塞时的踏板移动量。如失去踩下的余量,会减弱制动效果而给行车带来危险,因此必须检查调整自由行程。检查时,可用手轻轻压下踏板,测量至手感变重时的踏板行程量,其值≤45mm。制动踏板的有效行程为 135mm,总行程≥180mm。若检查不符合规定值,可通过调整推杆长度的方法修正。制动踏板行程的调整,如图 7-9 所示。

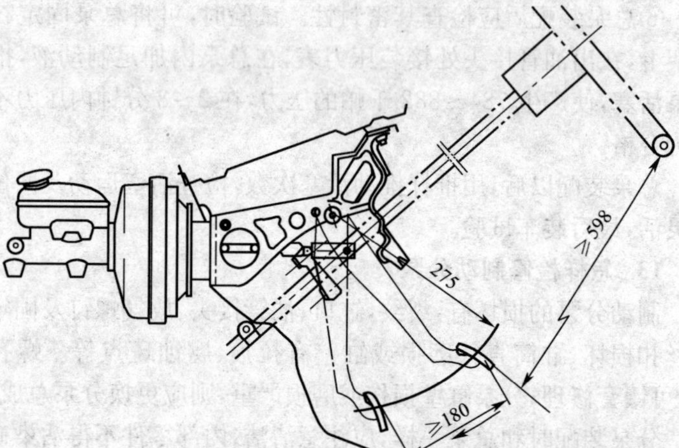

图 7-9　制动踏板行程的调整

15. 怎样调整驻车制动器？

驻车制动器可按以下顺序进行调整：

(1)松开驻车制动器。

(2)用力踩制动踏板一次。

(3)将驻车制动拉杆拉紧 2 齿。

(4)拧紧箭头所示处的调整螺母，直到用手不能拨动两个被制动以后的后轮为止

(5)放松驻车制动，两只后轮应能运转自如。

16. 桑塔纳轿车制动系统维修数据有哪些？

前后制动力分配比：	4.14：1(改进后为 3.36：1)
管路系统型式	交叉 X 形双回路
踏板总行程	≥180mm
制动系统所有零件应能经受以下载荷	
制动踏板力	1000N
作用时间	60s
制动管路内空气必须放净，在制动踏板力为 400 牛时，	
踏板行程不得大于	135mm
踏板自由行程	＜45mm
前制动盘直径	239mm
新摩擦片厚度(不包括底板)	14mm
摩擦片厚度磨损极限	7mm(包括底板)
制动盘	
前制动钳	单缸浮动钳式　VWⅡ型
厚度	12mm
端面跳动量	≤0.06mm
制动盘厚度磨损极限	10mm
制动总泵直径	20.64mm
前制动分泵直径	48mm

后制动分泵直径		14.29mm、15.87mm、17.46mm 三种，以 15.87mm 为主(前后制动力分配比为 3.36∶1)
后轮制动器		鼓式制动器
制动鼓尺寸		ϕ180×30(mm)
后制动摩擦片厚度		5mm(不包括底板)
后制动摩擦片厚度磨损极限		2.5mm(不包括底板)
制动性能		
空载(1100kg)		
30km/h 时	制动时间	1.75s
	制动距离	4.55m
	平均减速度	7.72m/s^2
50km/h 时	制动时间	2.05s
	制动距离	12.5m
	平均减速度	7.7m/s^2
80km/h 时	制动时间	3.62s
	制动距离	36.85m
平均减速度		6.67m/s^2
空载(1460kg)		
30km/h 时	制动时间	1.81s
	制动距离	5.3m
	平均减速度	6.78m/s^2
正常的后轮制动间隙		0.2～0.3mm

17. 怎样检修制动不良?

当制动踏板有踏下余量时,若制动鼓与摩擦片,制动盘与摩擦片接触不良,应进行研磨来改善接触状况,或更换;如摩擦片沾有水或油液,应清除或更换;摩擦片或衬垫表面硬化时,可研磨表面或进行更换;轮缸活塞滑动不良时,应进行检修或更换;如制动加力装置不良时,应拆卸后修理。

当制动踏板无踏下余量时，可急速地连踏 4～5 次踏板。这时，如踏下余量逐渐增大，可能是制动鼓和摩擦片间隙过大，应进行调整，或更换摩擦片；也可能是液压系统中混入空气，应扭开放气螺钉排气。在下列情况下，均会产生制动不良。

①制动助力器真空软管接头轮动，或软管漏气，应紧固连接处或更换软管。

②制动蹄块或衬块质量不良，制动蹄弯曲或破碎，应更换。

③制动钳在导销上下卡住或无力，后制动蹄在制动底板上无力。应更换导销和衬套，清除后制动底板上的铁锈污垢，或更换制动底板。

④制动钳、制动分泵、制动总泵的活塞粘结或卡住，应检修制动钳、制动分泵、总泵、或更换不合格零件。

⑤真空助力器单向阀失灵，真空助力器内部卡住。应检查单向阀或助力器，如有损坏则应更换。

⑥制动总泵回油孔被污垢堵塞，制动液不能返回贮液罐，应检修或更换制动总泵。

⑦制动管路堵塞或不畅，应用压缩空气清洁管路污垢，更换不合格零件。

⑧使用不合格的制动液，使橡胶零件膨胀，在缸孔中卡住。更换全部橡胶零件、组合阀和软管，改用原厂规定的制动液。

18. 怎样检修制动液泄漏?

制动液在管接头处渗漏，应检查并确定渗漏零件，予以修复或更换。如管路因擦碰破漏，应更换损坏管路，并在擦碰部位加装橡胶保护套。若制动液从制动主缸、轮缸处泄漏，应检查渗漏部位，更换密封件。

从制动液罐液面高度变化可以判断出制动系统的状况。正确的制动液面高度，对制动系统良好工作是极为重要的。液面高度必须处在最高与最低标志之间。

由于制动摩擦片磨损后，制动间隙自动调整，液面稍有下降，应属正常现象。随着行驶里程增多,液面将逐渐降低,液面降低程度,也就是制动蹄块磨损状况。若在短时间内,液面明显下降,则制动系统很可能发生泄漏。出现这种情况,应即时进行检修。

19. 怎样检修制动跑偏?

制动时,发生转向盘发卡、轿车摆尾制动跑偏。它是由于左、右轮制动力不平衡,前、后轮制动力不平衡,路况、轮胎状况还有前轮定位等诸多因素造成的。如是车轮磨损或松旷,应检查轮胎和车轮轴承等,进行调整或更换,如果是制动装置本身原因,比如,左、右制动盘与摩擦片的间隙不等,左、右后轮鼓与制动蹄摩擦片的间隙不等,应立即进行调整。此外,还有下列因素也会导致制动跑偏。

①一侧制动摩擦片有油污,制动蹄弯曲、变形或摩擦片松动。应查找沾上油污的原因,并加以排除,更换两侧的制动摩擦片和制动蹄。

②制动摩擦片与制动鼓或制动盘未磨合,应进行研磨以增大其接触面积。

③一侧制动钳固定支板松动,制动钳活塞卡住。应紧固螺栓,检修或更换制动钳。

④制动摩擦片被水浸湿。可在行驶中连续制动,使制动摩擦片的水分蒸发掉。

⑤悬挂装置紧固件松动。应紧固螺栓,或者更换损坏了的悬挂部件。

⑥制动压力分配阀失效,应更换。

⑦轮毂轴承磨损或损坏,应更换。

⑧轮胎气压不足,应按标准充气。

20. 怎样检修制动发卡?

在未踏下制动踏板时也发生制动作用,即为制动发卡。若全轮发卡,制动鼓、制动盘发热,主要是以下原因造成:

(1)制动踏板无自由行程或回位不良。应及时调整,或进行整理。

(2)主动回油口堵塞。应清理油管上的堵塞物,或更换制动液。

(3)主缸活塞皮碗膨胀,或活塞滑动不良。应更换皮碗,修整活塞,或拆卸主缸进行修理。

若其中某一轮发卡,则有可能是:

(4)制动蹄摩擦片碎裂或铆钉松动,或制动鼓、制动盘与摩擦片没有间隙。应重新进行调整,或更换。

(5)制动间隙自动调整不良,就拆卸后进行检修。

(6)制动鼓圆度过大,制动盘变形。应进行磨削加工,使其达到标准。

(7)驻车制动装置回位不良,应及时予以修整。

(8)制动鼓与摩擦片变形、偏磨损,制动蹄和制动底板滑动不良。应进行研磨、修整,或者更换。

(9)制动蹄回位弹簧无力、划伤、装配不良,前轮弹簧松旷。应及时调整,修整或更换。

21. 怎样检修制动拖滞?

制动拖滞是指制动后抬起制动踏板时,车轮的全部或局部仍产生制动作用。其故障原因及排除方法如下:

(1)真空助力器内部卡住。应检修踏板连接轴并压注润滑油,同时找出真空助力器发卡的真正原因,必要时更换助力器。

(2)停车制动拉线调整不当、卡住,或后制动器回位弹簧过软或损坏。应进行调整,或更换,必要时更换制动蹄。

(3)制动器自动调整器不起作用。应调整自动调整器,更换不合格零件。

(4)制动钳、制动分泵、总泵的活塞卡住,或制动总泵回油孔堵塞,制动液不能返回到贮油罐。应用压缩空气吹通制动总泵回油孔,严禁用铁丝捅堵塞的孔道。

(5)制动蹄上摩擦片松动、不合适,或制动蹄片被制动液、润滑油沾污。应查找被沾污的原因，更换全部制动蹄。

(6)制动钳固定支架螺栓松动，后制动器底板松动。应紧固螺栓，更换损坏的螺栓。

22. 制动时车身抖振是什么原因？

以下情况制动时，均易发生抖振：

(1)制动盘或制动鼓划伤或不圆。

(2)制动蹄片变形。

(3)摩擦片打滑、有油污或卡住。

(4)制动分泵（轮缸）发生故障。

(5)真空助力器发生故障。

当出现上述情况时，应及时检修，并更换不合格的零、部件。更换制动盘或制动鼓时，应左右两侧同时更换。

23. 为什么制动时异响？

桑塔纳轿车由于制动振颤，会在前盘、后鼓和制动踏板附近发出制动异响。如发出“咔达”声响，是因踏板杠杆和推杆的连接部位松动所致，消除间隙后即可消失；如发出“吱、吱”声响，是因后轮鼓或制动装置的摩擦片表面硬化，在压向制动鼓时就会发出异响；如前轮盘式制动装置的制动块上粘有异物，在压向制动盘时也会发生异响。

对于各种制动异响，在判明后应及时排除。此外，后轮毂过度磨损、轴承损坏、调整不当、润滑不当等，都会发出异响。对于润滑不良，应检查润滑部位：

①检查润滑油是否足够。

②检查油封是否损坏。

③检查后桥壳是否裂纹。

对于其他异常情况，应予以调整或更换损坏件；对于后桥壳的裂纹，则应及时焊补或以环氧树脂粘补。

24. 制动系统常见故障有哪些？

(1)制动踏板有弹性，往往是因为液压系统中有空气。

(2)制动蹄弯曲或变形。

(3)制动蹄片或衬块和制动盘或制动鼓没有完全贴合。

出现上述情况时,应排除液压系统中的空气,更换不合格的制动蹄,研磨制动蹄片或衬块,使之完全贴合。

制动系统常见故障的速查方法,如图 7-10 所示。

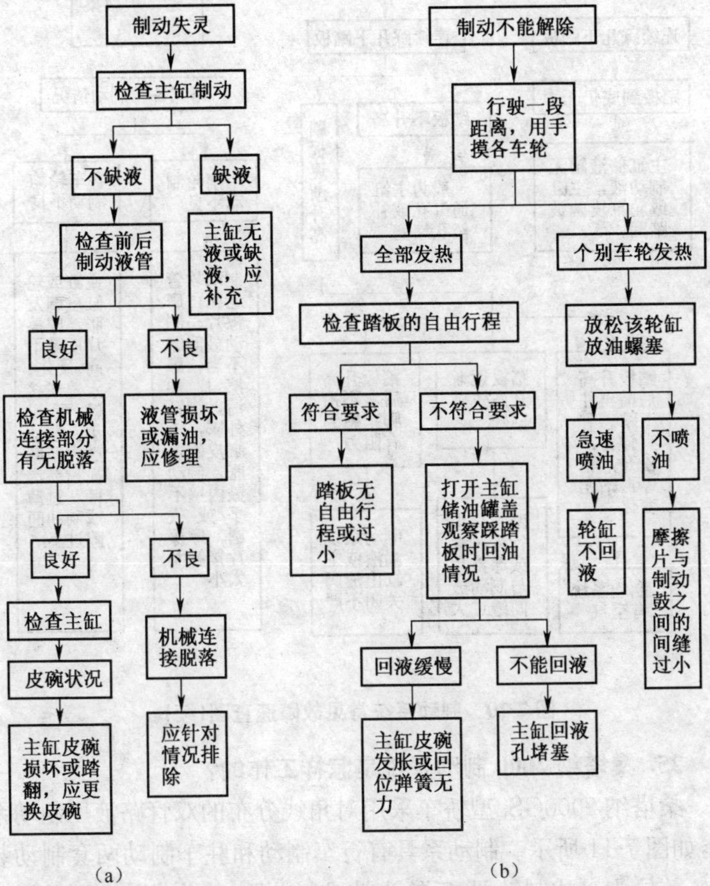

图 7-10　制动系统常见故障速查图

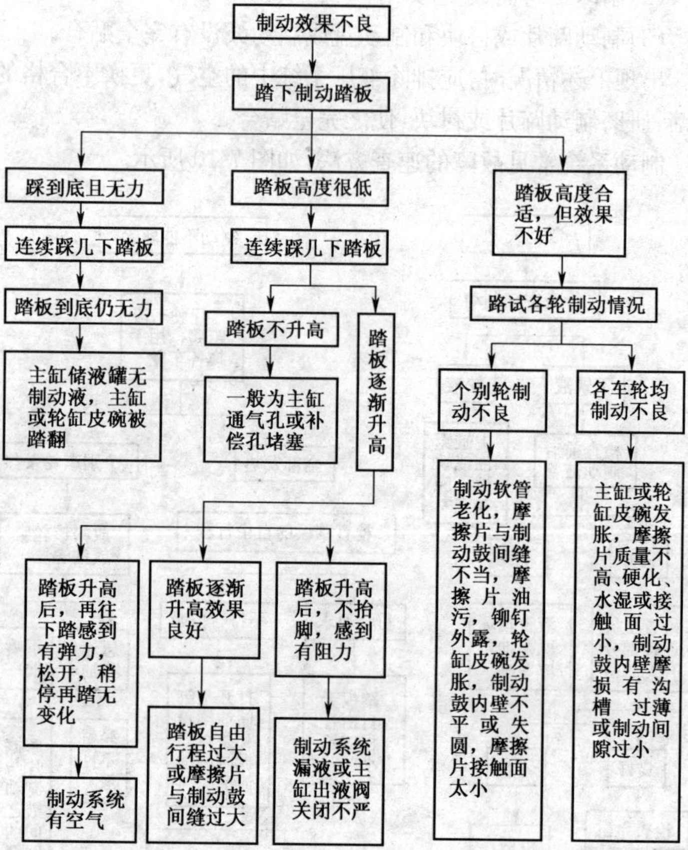

(c)

图 7-10　制动系统常见故障速查图(续)

25. 桑塔纳 2000 制动系统是怎样工作的?

桑塔纳 2000GSi 型轿车采用对角线分布的双管路液压制动系统，如图 7-11 所示。制动系具有行车制动和驻车制动两套制动装置。前轮为盘式制动器，后轮为鼓式制动器(并兼作驻车制动器)，驻车制动操纵为机械式。另外，从 1998 年 3 月开始上市的桑塔纳

2000GSi 型轿车上选装了防抱死制动系统(如图 7-12 所示),该系统可在汽车制动过程,根据车轮滑移率的变化自动控制和调节制动力的大小,防止车轮抱死,进而消除制动过程中的侧滑、跑偏、丧失转向能力等非稳定状态,以获得良好的制动性能、操纵性能和稳定性能。

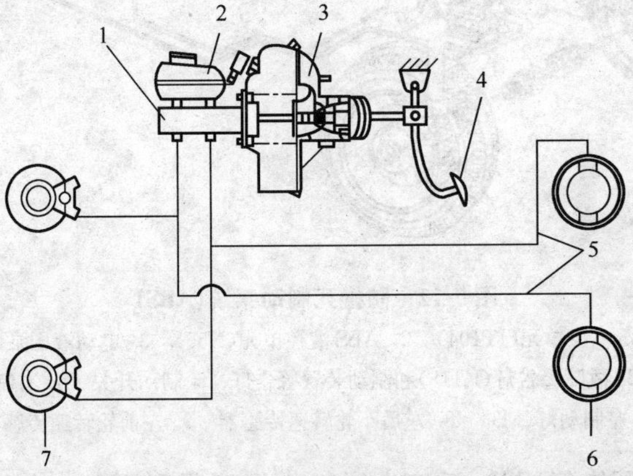

图 7-11　常规制动系统

1. 制动主缸　2. 储液罐　3. 真空助力器　4. 制动踏板
5. 制动管路　6. 后轮制动器(鼓式)　7. 前轮制动器(盘式)

常规制动系统:

(1)前轮制动器。前轮制动器为盘式,采用单缸浮钳式结构。前制动器由制动盘、制动钳及车轮轴承等组成,如图 7-1 所示。

制动时,制动钳内的活塞 6 在液压力作用下推动内摩擦块 4,压靠到制动盘内侧表面后,作用于轮缸底部的液压力制动钳壳体在导向销上移动,推动外摩擦块 5 压向制动盘的外侧表面。内、外摩擦块在液压作用下,将制动盘的两侧面压紧,实现了前轮的制动。

前制动器的制动间隙是自动调节的,它是利用轮缸活塞密封圈 9 的弹性变形来实现的。制动时,橡胶密封圈变形,制动结束

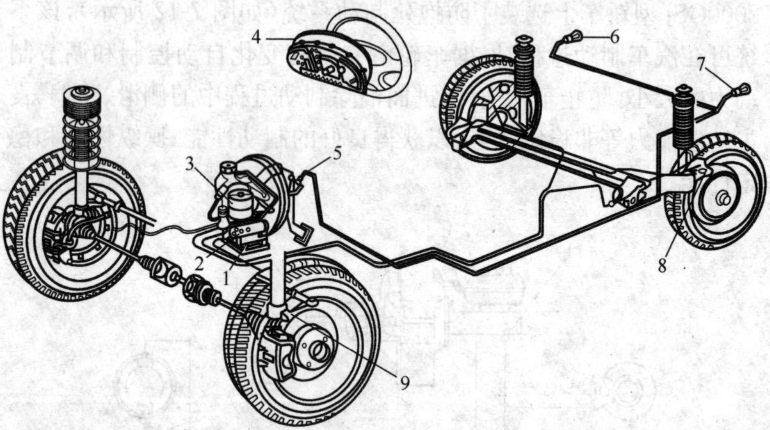

图 7-12　防抱死制动系统(ABS)

1. ABS 电控单元(JT104)　2. ABS 液控单元(N55)　3. 电动液压泵(V64)
4. ABS 故障警告灯(K118)和制动装置警告灯　5、制动开关　6. 右制动灯
7. 左制动灯(M9)　8. 左后车轮转速传感器　9. 左前轮转速传感器

后,密封圈恢复原状,活塞在弹性作用下回到原位。在制动盘和内、外摩擦块磨损后引起制动间隙变大,超过活塞 6 设定行程时,活塞在制动液压力作用下克服密封圈的摩擦阻力继续向前移,直到完全制动为止。活塞和密封圈之间的相对位移补偿了过量的间隙,制动间隙一般单边为 0.05～0.15mm。

(2)后轮制动器。后轮制动器为鼓式、简单非平衡式、内张式制动器,以制动鼓内圆柱面作为摩擦表面,并兼作驻车制动器。

制动鼓上观察孔,用来检查制动蹄摩擦片磨损情况。

(3)驻车制动器。驻车制动装置由驻车制动杆、制动拉索、拉索调整杆、后制动器及驻车制动杆等组成。

(4)真空助力器和制动主缸,桑塔纳 2000GSi 型轿车采用真空助力器和串联式制动主缸,利用发动机工作时产生的真空度实现助力作用的。真空助力器真空室通过真空管与发动机进气管连接。

(5)真空助力器。真空助力器由前后外壳、气室膜片、弹簧和控制阀组成。

未踩下制动踏板,真空助力器处于非工作状态,橡胶膜片紧贴铰链杆端面,与外界空气隔绝。左右气室相通,压差为零。

刚踩下制动踏板,踏板力使推杆克服弹簧的弹力左移,通过球头推动铰链杆的左移。橡胶膜片与阀体接触,封闭前后气室通道。当压杆和铰链杆继续左移,橡胶膜片脱离铰链杆的端面,并打开通道,则外界空气经空气滤清器进入后气室,于是在前后气室产生一个压力差,使气室膜片隔板带动控制阀及后推杆和前推杆一起左移。左移力等于踏板力和气压差力的合力。推力放大程度由真空度而定,最大可放大 3 倍。

当制动踏板踩住不动时,空气继续进入后气室时,使阀体也逐渐左移,又使膜片与铰链杆端相接触,使通道与外界空气隔绝,这样,真空助力器处于平衡状态。

松开制动踏板时,控制阀弹簧推动压杆右移,使膜片脱离阀体口,前后气室相通,同时,气室弹簧推动气室膜片和控制阀右移,回复到起始位置。

(6)制动主缸。制动主缸由缸体、活塞、弹簧、弹簧座、油封、过滤器组成。制动主缸由两只螺栓和助力器前端相连接。主缸上部装有制动储液罐,主缸内串联前后两个工作腔。

当踩下制动踏板时,推动前推杆(主缸推杆)左移,使密封圈堵住前进油孔,在前腔内产生液压,进而再推动活塞左移,堵住后进油孔,在后腔产生油压,通过制动硬管和制动软管分别连接到左前车轮制动器、左后车轮制动器、右前车轮制动器和左后车轮制动器,组成"X"形两套独立的制动回路。

26. 防抱死制动系统是怎样工作的?

防抱死制动系统。防抱死制动系统(ABS)是英文 Anti. lock Breaking System 的缩写。桑塔纳 2000GSi 型轿车采用的是美国 ITT 公司 MK201 型 ABS 系统,它是三通道的 ABS 调节回路,前轮单独调节,后轮则以两轮中地面附着系数低的一侧为依据统一调节。ABS 系统主要由 ABS 控制器(包括电控单元、液控单元、液压泵等)、4 个车轮转速传感器、ABS 故障警告灯、制动警告灯等组成,如图 7-13 所示。

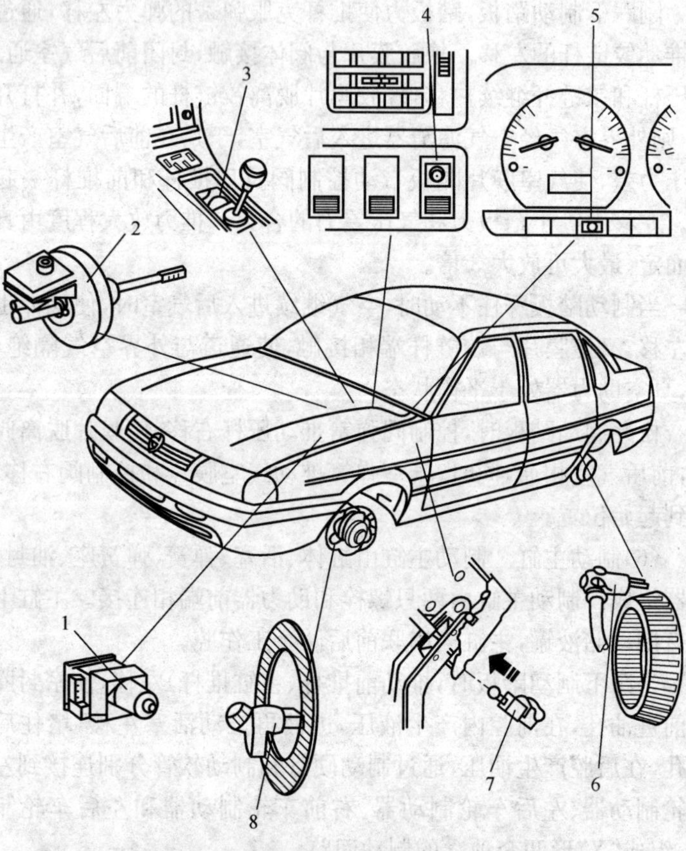

图 7-13 ABS 元件在车上的安装位置图

1. ABS 控制器 2. 制动主缸和真空助力器 3. 自诊断插口
4. ABS 警告灯(K47) 5. 制动警告灯(K118)
6. 后轮转速传感器(G44/G46) 7. 制动灯开关(F)
8. 前轮转速传感器(G45/G47)

ABS的基本工作原理是：汽车在制动过程中，车轮转速传感器不断把各个车轮的转速信号及时输送给ABS电控单元(ECU)，ABS ECU根据设定的控制逻辑对四个转速传感器输入的信号进行处理，计算汽车的参考车速、各车轮速度和减速度，确定各车轮滑移率。如果某个车轮的滑移率超过设定值时，ABS ECU就发出指令控制液控单元(HCU)，使该车轮制动轮缸中的制动压力减小；如果某个车轮的滑移率还没达到设定值，ABS ECU就控制HCU，使该车轮的制动压力增大；如果某个车轮的滑移率接近于设定值时，ABS ECU就控制HCU，使该车轮制动压力保持一定。从而使各个车轮的滑移率保持在理想的范围之内，防止4个车轮完全抱死。

在制动过程中，如果车轮没有抱死趋势，ABS将不参与制动压力控制，此时制动过程与常规制动系统相同。如果ABS出现故障，ABS ECU将不再对HCU进行控制，并将仪表板上的ABS故障警告灯点亮，向驾驶员发出警告信号，此时ABS不起作用，制动过程将与没有ABS的常规制动系统的工作相同。

27. 帕萨特轿车防抱死制动(ABS)有什么特点?

帕萨特B5轿车前后轮都应用了超大盘式制动器及第5代ABS防抱死制动系统，该系统为4通道、4传感器、4轮独立控制。ABS对角分布，由真空制动助力器提供主动制动助力。它由三部分组成：传感器、控制装置和执行机构。传感器接受有关运动参数(如车轮角速度、角减速度、车速等)后，送给控制装置；控制装置进行处理并与规定数值进行比较后，使制动力矩减小，防止车轮抱死。

防抱死制动系统的组成如图7-14所示。

由于ABS是在原来制动系统基础上增加一套控制装置形成的，因此ABS也是建立在传统的常规制动过程的基础上进行工作的。在制动过程中，车轮还没有趋于抱死时，其制动过程与常规制动过程完全相同，只有车轮趋于抱死时，ABS才会对趋于抱死的

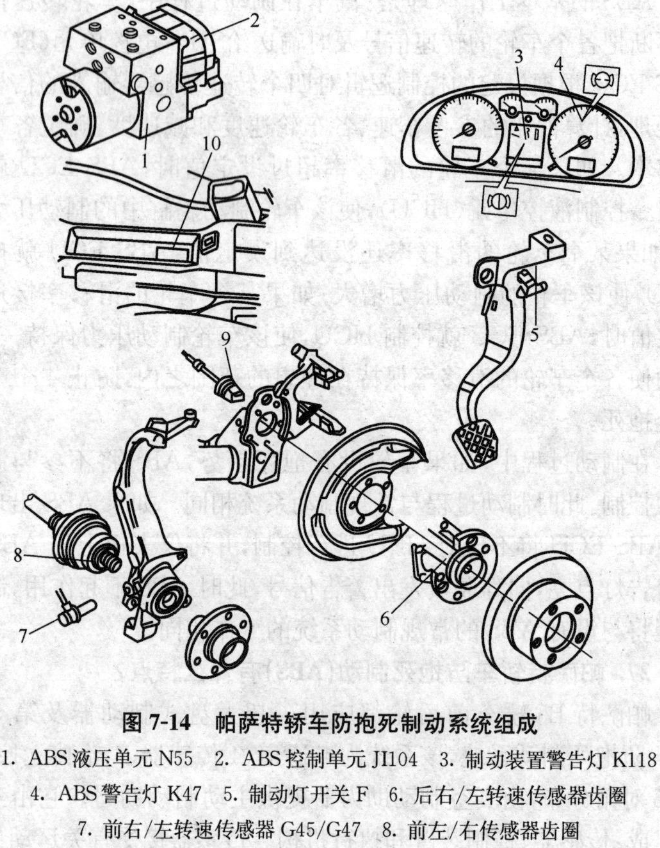

图 7-14　帕萨特轿车防抱死制动系统组成

1. ABS液压单元 N55　2. ABS控制单元 JI104　3. 制动装置警告灯 K118　4. ABS警告灯 K47　5. 制动灯开关 F　6. 后右/左转速传感器齿圈　7. 前右/左转速传感器 G45/G47　8. 前左/右传感器齿圈　9. 后右/左转速传感器 G44/G46　10. 诊断插头

车轮的控制压力进行调节。制动力的大小取决于车轮与路面间连续变化的摩擦系数,制动防抱死装置就是在最大制动力范围内工作。当采取制动措施后,车轮速度及其圆周速度下降,若车轮圆周速度低于车辆本身速度,它们两者速度之差就是车轮与路面的滑动速度,100%的滑动就意味着车轮被抱死在8%～35%的滑动区内可传递最佳制动力,而防抱死制动装置就在这个范围内工作。

帕萨特轿车前桥两轮上的制动力可以分别调整,后桥两轮的制动力可以自动调整。处于抱死的车轮首先发出信号，通过电磁阀微处理机，将两后轮调节出相等的制动力。这种压力波动式的调整，每秒钟可以进行4～10次，以保证各车轮经常处于被抱死状态的边缘，从而发挥最大制动效能，并有良好的制动稳定性，保证汽车不侧滑。

28. 使用ABS防抱死制动要注意什么？

没有ABS的汽车制动，前轮抱死时汽车将失去转向能力，后轮抱死时汽车将跑偏或侧滑。而装有ABS的桑塔纳2000G0Si轿车，可以防止制动时车轮抱死，保持对汽车的操纵性能，很好地控制汽车行驶方向。尽管制动性能有所改善，但并不是更容易驾驶操作，还应注意以下事项：

(1)要始终踩住制动踏板不放松。制动时这样操作，才能保证足够和连续的制动力，使ABS有效地发挥作用。

(2)要保持足够的制动距离。当有良好路面上行驶时，至少要保证离前面的车辆有3秒的制动时间；在不好的路面上行驶时，要留给制动更长一些的时间。

(3)要事先练习使用带ABS的汽车。ABS工作时，制动踏板会有振颤和工作噪声，对此应有所准备和适应能力，事先感觉在紧急制动时ABS的工作特性是十分必要的。

(4)不要驾驶非ABS汽车更随意。即使对于ABS汽车，急转弯和快速变道以及其他急打转向盘的做法，也是不适当的和不安全的。

(5)不要反复踩制动踏板。在驾驶ABS时，反复踏制动踏板会使ABS时断时通，导致制动效能减低和制动距离增加。

(6)不要忘记转动转向盘。ABS为驾驶员提供了转向盘的可控能力，但它本身并不能自动完成汽车转向操作。

(7)不要担心制动踏板振颤和工作噪声。ABS工作时，制动踏板振颤和工作噪声是正常的，而且可使驾驶员感觉到ABS正在起作用，此时不必怀疑制动系统有故障。

29. 防抱死车轮转速传感器是怎样工作的？

车轮转速传感器的作用是将车轮的转速信号传给 ABS ECU 电子控制单元。桑塔纳 2000GSi 型轿车 ABS 共有 4 个车轮转度传感器，前轮的齿圈（43 齿）安装在传动轴上，转速传感器安装在转向节上，如图 7-15 所示。

后轮的齿圈（43 齿）安装在后轮毂上，转速传感器则安装在固定支架上，如图 7-16 所示。

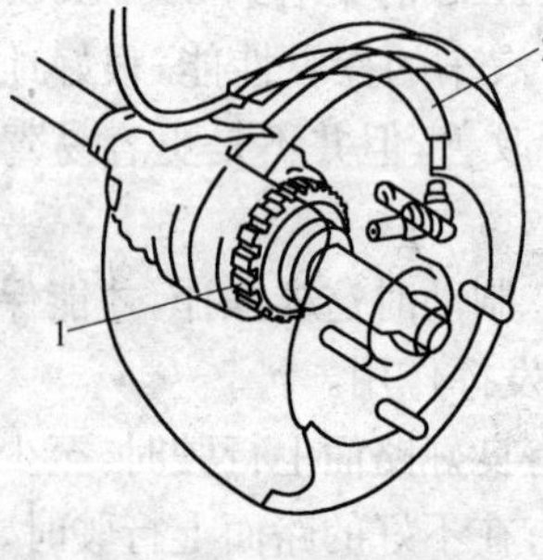

图 7-15　前车轮转速传感器（G45/G47）安装位置图

1. 齿圈　2. 前轮转速传感器

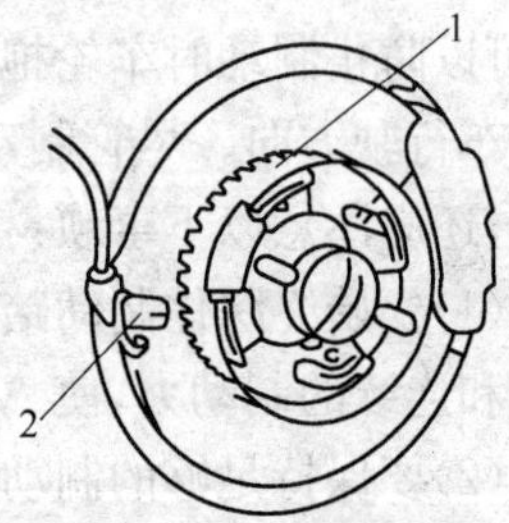

图 7-16　后车轮转速传感器（G44/G46）安装位置

1. 齿圈　2. 后轮转速传感器

传感器由电磁感应式传感头和磁性齿圈组成。传感头由永久磁心和感应线圈组成，齿圈由铁磁性材料制成。当齿圈旋转时，齿顶与齿隙轮流交替对向磁心相对时，传感头磁心与齿圈之间的间隙最小，由永久磁心产生的磁力线就容易通过齿圈，感应线圈周围的磁场就强，如图 7-17a 所示；而当齿圈转动到齿隙与传感磁心相对时，传感头磁心与齿圈之间的间隙最大，由永久磁心产生的磁力线就不容易通过齿圈，感应线圈周围的磁场就弱，如图 7-17b 所示。此时，磁通量迅速交替变化，在感应线圈中就会产生交变电压，交变电压的频率将随车轮转速成正比例变化。ABS ECU 可以通过转速传感器输入的电压脉冲频率进行处理，确定车轮的转速、汽车的参考速度等。

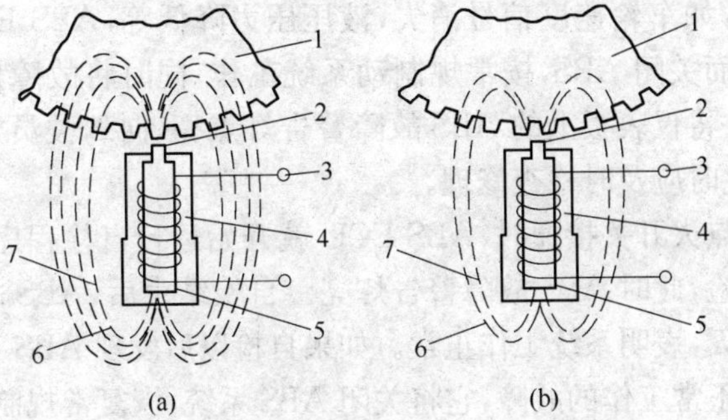

图 7-17　车轮转速传感器工作原理图

(a)齿圈齿顶与传感器磁心相对时　(b)齿圈齿隙与传感器磁心相对时

1. 齿圈　2. 磁心端部齿　3. 感应线圈端子

4. 感应线圈　5. 磁心　6. 磁力线　7. 转速传感器

30. ABS 控制器是怎样工作的?

ABS 控制器由 ABS 电子控制单元(J104)、液控单元(N55)、液压泵(V64)等组成。

(1)电子控制单元。电子控制单元是 ABS 的控制中心,它实际是一个微型计算机,所以又常称为 ABS ECU(电脑)。ABS ECU 由输入电路、数字控制器、输出电路和警告电路组成。

ABS ECU 的主要任务是连续监测接受 4 个车轮转速传感器送来的脉冲信号,并进行测量比较、分析放大和判别处理,计算出车轮转速、车轮减速度以及制动滑移率,再进行逻辑比较分析 4 轮的制动情况,一旦判断出车轮将要抱死,它将立刻进入防抱死控制状态,通过 ABS ECU 向 HCU 发出指令,以控制制动轮缸油路上电磁阀的通断和液压泵的工作来调节制动压力,防止车轮抱死。

ABS ECU 还不断对自身工作进行监控。由于 ABS ECU 中有两个完全相同的微处理器,它们按照同样的程序对输入信号进行处理,并将其产生的中间结果与最终结果进行比较,一旦发现结果不一致,即判定自身存在故障,它会自动关闭 ABS。此外 ABS ECU 还不断监视 ABS 中其他部件的工作情况,一旦 ABS 系统出现故障,如车轮速度信号消失,液压压力降低等,ABS ECU 会发出指令而关闭 ABS,按常规制动系统工作,同时将故障信息存储记忆,并将仪表板上的 ABS 故障警告灯点亮,向驾驶员发出警示信号,此时应及时检查修理。

当点火开关接通时,ABS ECU 就开始运行自检程序,对系统进行自检,此时 ABS 故障警告灯亮。自检结束后,ABS 故障警告灯就熄灭,表明系统工作正常。如果自检以后发现 ABS 系统存在影响其正常工作的故障,它将关闭 ABS 系统,恢复常规制动系统,仪表板上的 ABS 故障警告灯将一直点亮,警告驾驶员 ABS 系统存在故障。由于自检过程大约需要 2 秒,因此在正常情况下,当点火开关接通时,ABS 故障警告灯点亮 2 秒,然后再进自动熄灭,是正常的;反之如果点火开关接通时,ABS 故障警告灯不亮,说明 ABS 故障警告或其线路存在故障,就对其进行检修。

(2)液压控制单元和液压泵。液压控制单元(HCU)装在制动主缸与制动轮缸之间,采用整体式结构(如图 7-18 所示)。主要任务是转换执行 ABS ECU 的指令,自动调节制动器中的液压压力。

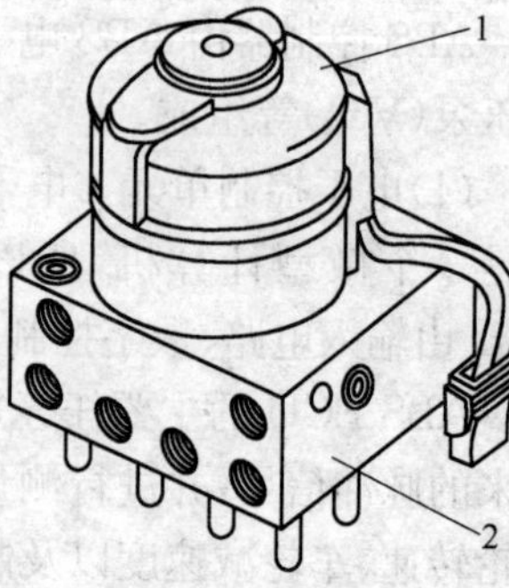

图 7-18　HCU 结构

1. 带低压储液罐的电动液压泵
2. HCU

低压储液罐与电动液压泵合为一体装于 HCU 上。低压储油罐的作用是暂时存储从轮缸中流出的制动液,以缓和制动液从制动轮缸中流出地产生的脉动。电动液压泵的作用是将在制动压力阶段流入低压储液罐中的制动液及时送至制动主缸,同时在施加压力阶段,从低压储液罐中吸取剩余制动力,泵入制动循环系统,给液压系统以压力支持,增加制动效能。电动液压泵的运转是由 ABS ECU 控制的。

HCU 阀体内包括 8 个电磁阀,每个回路各一对,其中一个是常开进油阀，一个是常闭出油阀。它在制动主缸、制动轮缸和回油路之间建立联系，实现压力升高、压力保持和压力降低的功能，防止车轮抱死，其工作原理如下：

①开始制动阶段(系统油压建立)。开始制动时，驾驶员踩下制动踏板，制动压力由制动主缸产生，经常开的不带电压的进油阀作用到车轮制动轮缸上。此时，不带电压的出油阀依然关闭，ABS 没参与控制，整个过程和常规液压制动系统相同，制动压力不断上升，如图 7-19 所示。

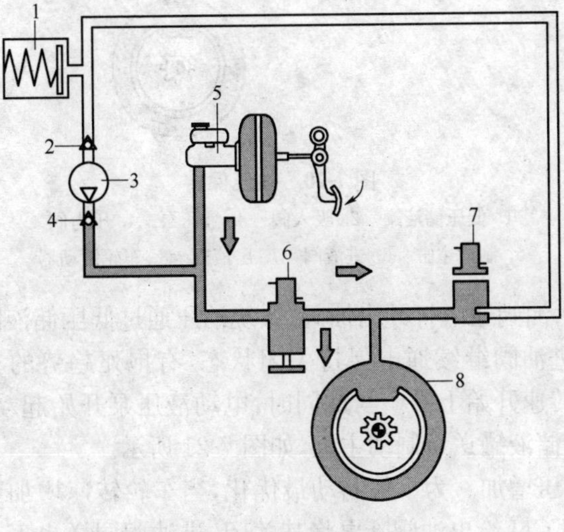

图 7-19　系统油压建立

1. 低压储液罐　2. 吸入阀　3. 液压泵　4. 压力阀
5. 制动主缸　6. 进液阀　7. 出液阀　8. 车轮制动器

②油压保持。当驾驶员继续踩下制动踏板，油压继续升高到车轮出现抱死趋势时，ABS ECU 发出指令使进油阀通电并关闭阀门，出油阀依然不带电压仍保持关闭，系统油压保持不变，如图 7-20 所示。

③油压降低。若制动压力保持不变，车轮有抱死趋势时，ABS

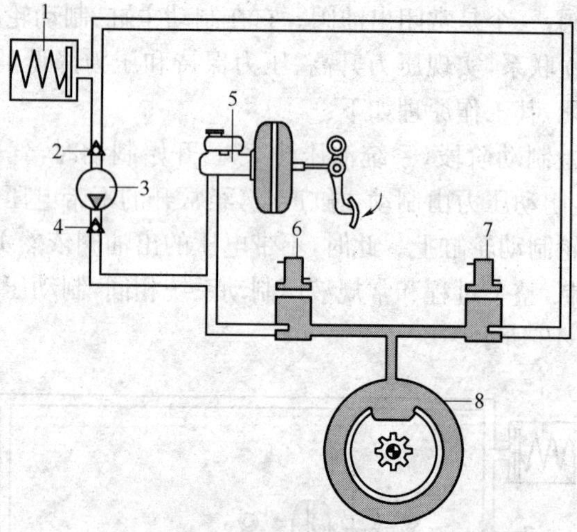

图 7-20　油压保持

1. 低压储液罐　2. 吸入阀　3. 液压泵　4. 压力阀
5. 制动主缸　6. 进液阀　7. 出液阀　8. 车轮制动器

ECU 给出油阀通电打开出油阀,系统油压通过低压储液罐降低油压,此时进油阀继续通电保持关闭状态,有抱死趋势的车轮被释放,车轮转速开始上升。与此同时,电动液压泵开始起动,将制动液由低压储液罐送至制动主缸,如图 7-21 所示。

④油压增加。为了使制动最优化,当车轮转速增加到一定值后,ABS ECU 给出油阀断电将其关闭,进油阀同样也不带电而打开,电动液压泵继续从低压储液罐中吸取制动液泵入液压制动系统,如图 7-22 所示。随着制动压力的增加,车轮转速又降低。这样反复循环地控制(工作频率为 5.6 次/S),将车轮的滑移率始终控制在 20%左右。

如果 ABS 出现故障,进油阀始终常开,出油阀始终常闭,使常规液压制动系统继续工作而 ABS 不工作,直到 ABS 故障排除为止。

(3)故障警告灯。ABS 在仪表板及仪表板附加部件上装有两

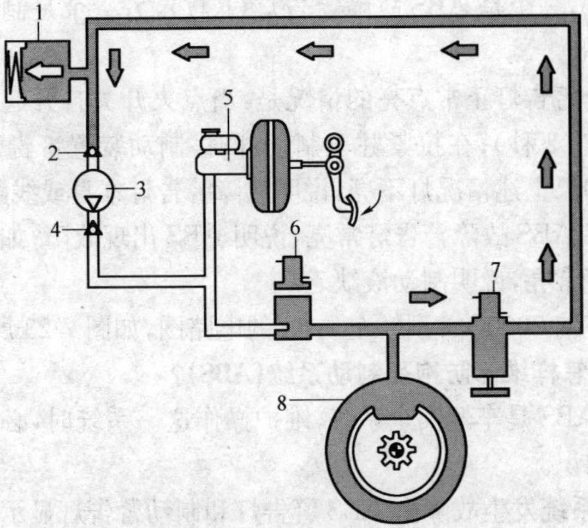

图 7-21　油压降低

1. 低压储液罐　2. 吸入阀　3. 液压泵　4. 压力阀
5. 制动主缸　6. 进液阀　7. 出液阀　8. 车轮制动器

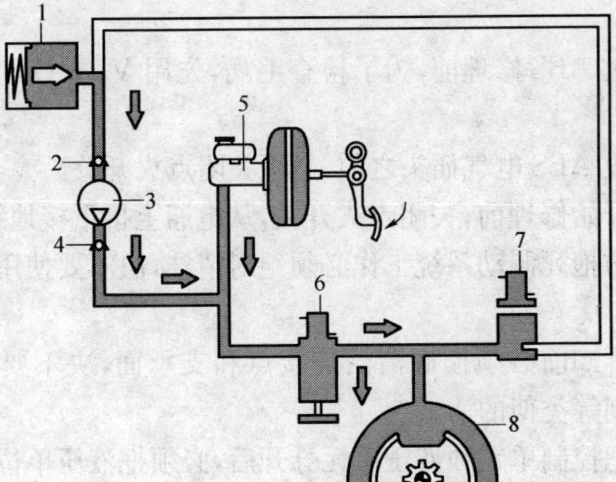

图 7-22　油压增加

1. 低压储液罐　2. 吸入阀　3. 液压泵　4. 压力阀
5. 制动主缸　6. 进液阀　7. 出液阀　8. 车轮制动器

个警告灯,一个是ABS故障警告灯(K47),另一个是制动装置警告灯(K18)。

两个警告灯正常点亮的情况是:当点火开关打开起动至自检结束(大约2秒);在拉紧驻车制动杆时,制动装置警告灯(K118)点亮。如果上述情况灯不亮,说明故障警告灯本身或线路有故障。

如果ABS故障警告灯常亮,说明ABS出现故障;如果制动装置警告灯常亮,说明制动液缺乏。

桑塔纳2000GSi型轿车ABS的电路图,如图7-23所示。

31. 怎样维修防抱死制动系统(ABS)?

(1)ABS是车辆安全系统,维护操作这一系统时,必须需要有相关的知识。

(2)系统发生故障由ABS警告灯和制动警告灯显示。某些故障只能在车速超过20km/h后,才被检测到。

(3)如果ABS警告灯和制动警告灯不亮,但尽管如此,制动效果仍不理想,则可能是系统放气不干净或在常规的制动系中存在故障。

(4)对ABS修理前,为了检查毛病,先用V. A. G1552询问故障存储。

(5)拔ABS电气插头之前,必须关闭点火开关。

(6)开始修理前,关闭点火开关,从电瓶上拆下接地线。

(7)防抱死制动系统工作必须绝对清洁,决不要使用含矿物油的物质。

(8)拆卸前必须彻底清洁连接点和支承面,决不要使用像机油、稀释剂等类似的清洁剂。

(9)把控制单元和液压单元分开后,必须把液压单位放在专用支架上以免在搬运中碰坏阀体。

(10)拆下元件,如果不能立刻完成修理工作,必须小心地盖好或者用袋子封闭。

(11)不要使用起毛的抹布。

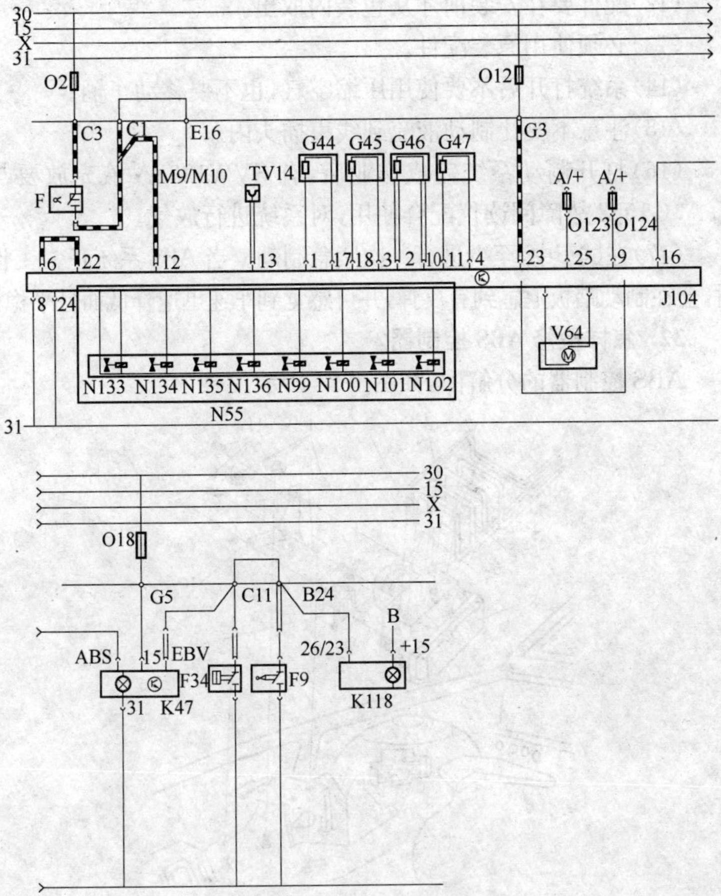

图 7-23　ABS 电路图

A. 蓄电池　B. 在仪表内＋15　F. 制动开关　F9. 驻车制动开关　F34. 制动液液面开关　G44. 左后轮转速传感器　G45. 右前轮转速传感器　G46. 左后轮转速传感器　G47. 左前轮转速传感器　J104、ABS ECU、K47、ABS. 警告灯　K118. 制动装置警告灯　M9. 左制动灯　M10. 右制动灯　N55、HCU　N99、ABS. 右前轮进油阀　N100、ABS. 右前轮出油阀　N101、ABS. 左前轮进油阀　N102、ABS. 左前轮出油阀　N133、ABS. 右后轮进油阀　N134、ABS. 右后轮出油阀　N135、ABS. 左后轮进油阀　N136、ABS. 左后轮出油阀　S2. 熔丝(10A)　S12. 熔丝(15A)　S18. 熔丝(10A)　S123. 液压泵熔丝　S124. 电磁阀熔丝(30A)　TV14. 诊断插口　V64. 电动液压泵

(12)配件要在安装前才从包装内取出。

(13)必须使用原装配件。

(14)系统打开后不要使用压缩空气,也不要移动车辆。

(15)注意不要让制动液流到线束插头内。

(16)打开制动系统完成作业后,有 SVW1238A 液充放要与 V. A. G1552 故障阅读仪配合使用,对系统进行放气。

(17)在试车中,至少进行一次紧急制动。当 ABS 系统正常工作时,会在制动踏板上感到有反弹,并可感觉到车速迅速降低而且平稳。

32. 怎样检修 ABS 控制器?

ABS 控制器的分解图,如图 7-24 所示。

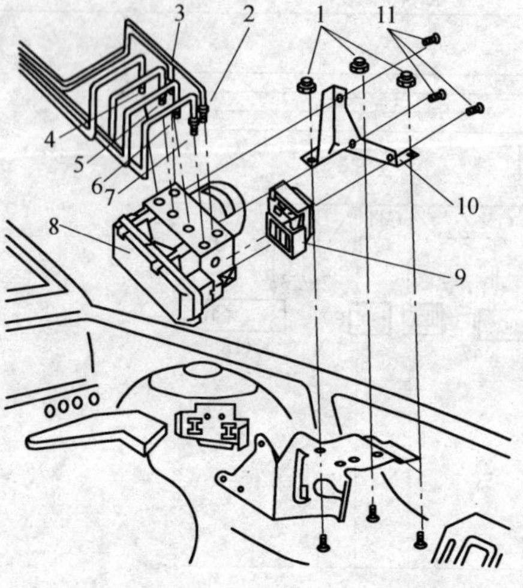

图 7-24　ABS 控制器及其附件分解图

1. ABS 控制器支架紧固螺母(拧紧力矩 20N·m)　2. 制动主缸前活塞与 HCU 的制动管接头(拧紧力矩 15N·m)　3. 制动主缸后活塞与 HCU 的制动管接头(拧紧力矩 15N·m)　4. HCU 与右前制动轮缸的制动管接头(拧紧力矩 15N·m)　5. HCU 与左后制动轮缸的制动管接头(拧紧力矩 15N·m)　6. HCU 与右后制动轮缸制动管接头(拧紧力矩 15N·m)　7. HCU 与左前制动轮缸制动管接头(拧紧力矩 15N·m)　8. ABS 控制器　9. ABS 器线束插头(25 针插头)　10. ABS 控制器支架　11. ABS 控制器安装螺栓(拧紧力矩 10N·m)

(1)拆卸。

①关闭点火开关,拆下蓄电池。

②拆下蓄电支架。

③从 ABS ECU 上拔下 25 个端子的插头,如图 7-25 所示。

④踩下踏板,并用踏板架定位,如图 7-26 所示。

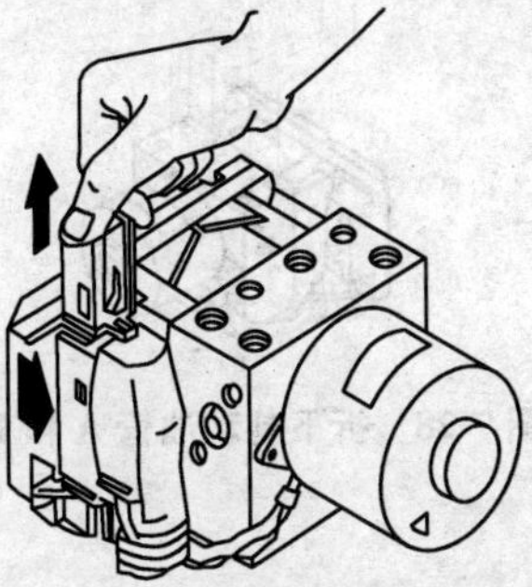

图 7-25　拔下 ABS ECU25 个端子的插头

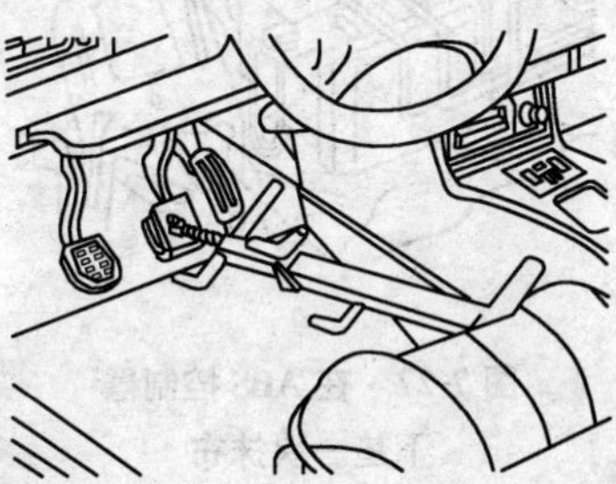

图 7-26　用踏板架固定制动踏板

⑤在 ABS 控制器下垫一块抹布,用来吸干从开口处流出的制动液,如图 7-27 所示。

⑥拆下制动主缸到 HCU 的制动油管 A 和 B(如图 7-28 所示),并做上记号,立即用密封塞将开口部塞住。

⑦用软铅丝把制动油管 A 和 B 扎在一起,挂到高处,使开口处高于制动储液罐的油平面。

⑧拆下 HCU 通到各轮的制动油管,并做上记号,立即用密封塞将开口部塞住。

在操作过程必须特别小心,不能使制动液渗入到 ABS ECU 壳体中去。如果制动液渗漏到 ABS ECU 中去,会使触点腐蚀,损坏系统。如果壳体脏污,可用压缩空气吹净。

⑨把 ABS 控制器从支架上拆下来。

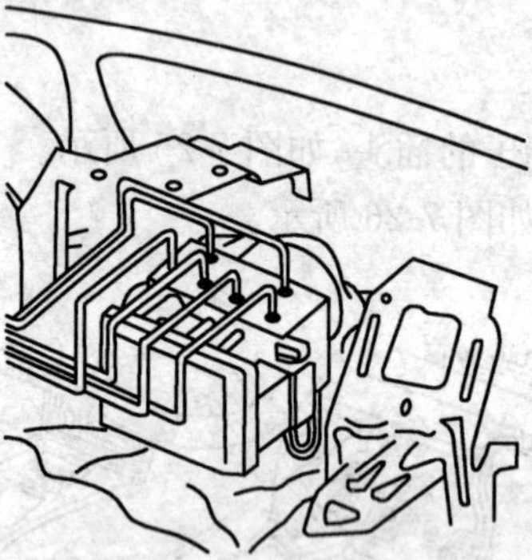

图 7-27　在 ABS 控制器下垫一块抹布

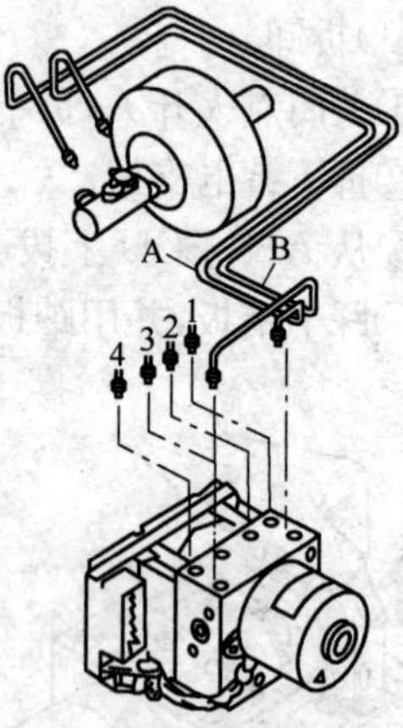

图 7-28　拆下制动油管 A 和 B

(2)分解。

①压下接头侧的锁止扣,拔下 ABS ECU 上液压泵(V64)电线插头。

②用专用套筒扳手拆下 ABS ECU 与 HCU 的 4 个连接螺栓。

③将 HCU 与电子控制单元分离。注意:拆下 HCU 时要直拉,别碰坏阀体。

④在 ABS ECU 的电磁阀上盖一块不起毛的布。

⑤HCU 和液压泵安放在专用支架上,以及在搬运时碰坏阀体。

(3)装配。

①装配场地必须清洁,不允许有灰尘及脏物。

②把 ABS ECU 和 HCU 装成一体,用专用套筒扳手控紧新的螺栓,扭力不得超过 40N・m。

③插上液压泵电线插头,注意锁扣必须到位。

(4)安装。ABS HCU 开口处的密封塞,只有在制动油管要装上去的时候才能拆下，以免异物进入制动系统。

①将 ABS 控制器装到架上，以 10N·m 的力矩拧紧固定螺栓。

②拆下液压口处的密封塞，装上各轮制动油管，检查油管位置是否正确，以 20N·m 的力矩拧紧管接头。

③装上连接主缸的制动油管 A 和 B，以 20N·m 的力矩拧紧管接头。

④插上 ABS ECU 线束插头。

⑤对 ABS 系统充液和放气。

⑥如果 ABS ECU 更换新的，必须对 ECU 重新编码。

⑦打开点火开关，ABS 故障警告灯须亮 2 秒后再熄灭。

⑧使用 V. A. G1552 故障诊断仪，先清除故障存储，再查询故障码。

⑨试车检测 ABS 功能，须感到踏板有反弹。

33. 怎样检修前轮转速传感器？

前轮转速传感器和前轮轴承的安装位置，如图 7-29 所示。

(1)检查前轮齿圈。前轮轴承损坏或轴承轴向间隙过大时，会影响前轮传感器的间隙。

①举升起前轮，使之离地，用双手转动前轮感觉前轮摆动是否异常。若轴承轴向间隙过大，则要检查齿圈轴向摆差(如图 7-30 所示)。轴向摆差应不大于 0.3mm。

②若前轮轴承损坏或轴向间隙过大时，则应更换轴承。

③若出现齿圈轴向摆差过大。而引起传感器与齿圈擦碰，造成齿圈变形或齿数残缺不全，则应更换前轮齿圈。

④若前轮齿圈完好无损，但被泥泞或脏物堵塞，应清除齿圈空隙中的脏物。

(2)检查前轮转速传感器输出电压。

①检查前轮转速传感器与齿圈之间的间隙是否符合规定，标准值为 1.10～1.97mm。

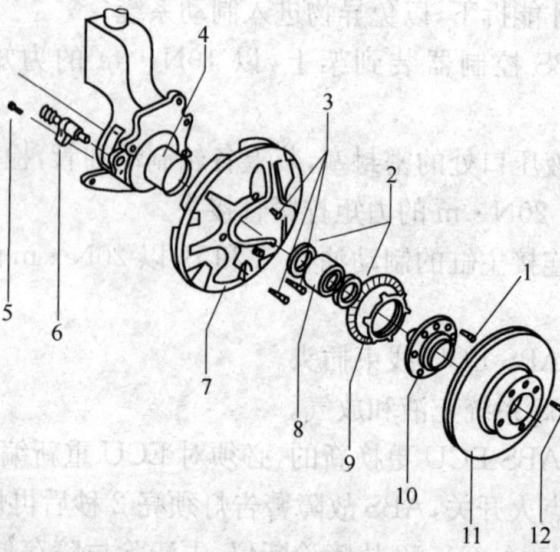

图 7-29 前轮转速传感器和前轮轴承的安装位置图

1. 固定齿圈螺钉 2. 前轮轴承弹性挡圈 3. 防尘板紧固螺栓(拧紧力矩 10N·m) 4. 前轮轴承壳 5. 转速传感器紧固螺栓(拧紧力矩 10N·m) 6. 转速传感器(右前轮 G45/左前轮 G47) 7. 防尘板 8. 前轮轴承 9. 齿圈 10. 轮毂 11. 制动盘 12. 十字槽螺栓

②顶起前轮,松开驻车制动。

③拆下 ABS 电线束,在线束插接器处测量。

④以 30r/min 的转速转动前轮,用万用表或示波器测量输出电压。左前轮的测量端子为 4 和 11,右前轮的测量端子为 3 和 18。用万用表测量时,前轮转速传感器输出电压应为 70～310mV。用示波器测量时,输出电压应为 3.4～14.8mV/Hz。

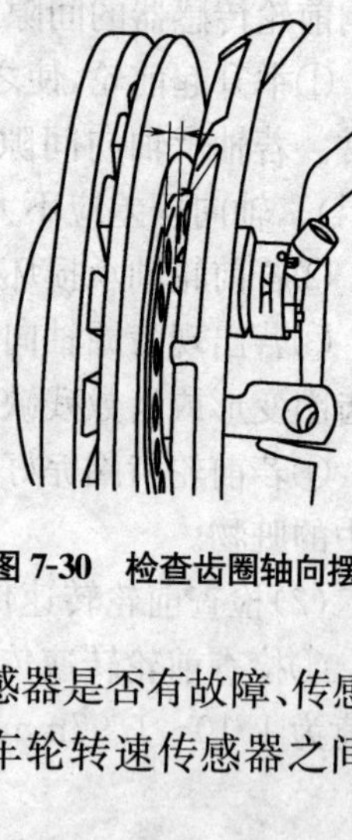

图 7-30 检查齿圈轴向摆差

⑤若输出电压不符合规定时,检查传感器是否有故障、传感器电阻值是否在 1.0～1.3kΩ 之间、齿圈与车轮转速传感器之间的

间隙(在齿圈上取四点检查)是否过大、线束安装是否有误差。

(3)拆卸前轮毂及齿圈。

①如图7-31所示,拆带齿圈的前轮毂用200mm拉具1的两个活动臂先钩住前轮轴承壳中的两边(只有一个位置才能钩住)。

②在前轮毂要压出的中心放一块专用压块2。

③转动顶尖,使拉具顶住专用压块,将前轮毂连同齿圈一起顶出。

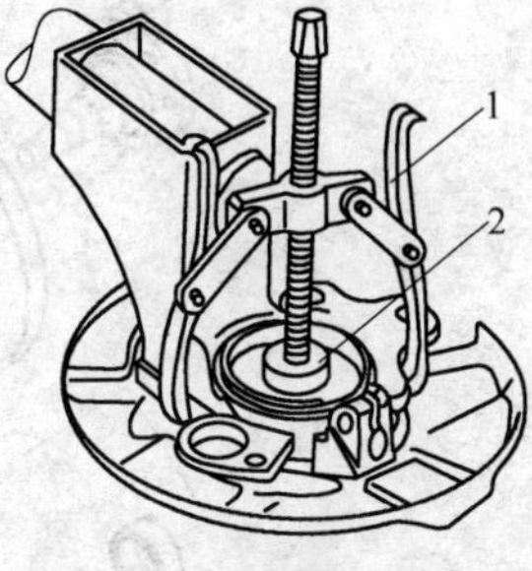

图7-31　拆卸前轮毂及齿圈

1. 拉具　2. 专用压块

④拆下齿圈的十字槽固定螺栓。

(4)拆卸和装前轮转速传感器。前轮转速传感器左、右不能互换、零件也不同。先拔下传感器导线插头,再拧下内角紧固螺栓,拆下前轮转速传感器。

安装前轮转速传感器之前,先清洁传感器的安装孔内表面,并涂上固体润滑膏G000650,然后装入转速传感器,以10N·m的力矩拧紧内六角紧固螺栓,最后插上导线插头。

34. 怎样检修后轮转速传感器?

后轮转速传感器和后轮轴承的安装位置,如图7-32所示。

(1)检查后轮齿圈。后轮轴承损坏或轴承径向圆跳动过大时,会影响后轮传感器的间隙。

①举升起后轮,使之离地,用双手转动后轮感觉后轮摆动是否异常。若后轮摆动过大,则要检查后轮轴承的径向圆跳动(如图7-33所示),径向圆跳动标准值为0.05mm。

②若后轮轴承径径向圆跳动过大,则需要调整螺母调节后轴承的间隙,或者更换后轮齿圈。

③若后轮齿圈完好无损,但被脏物堵塞,应清除齿圈空隙中的脏物。

(2)检查后轮转速传感器输出电压。

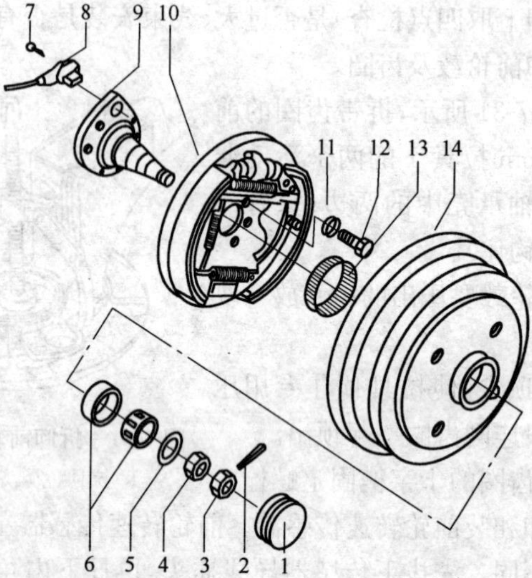

图 7-32　后轮转速传感器和后轮轴承的安装安置图

1. 轮毂盖　2. 开口销　3. 螺母防松罩　4. 六角螺母　5. 止推垫圈　6. 车轮锥轴承　7. 固定转速传感器内六角螺栓（拧紧力矩 10N·m）　8. 转速传感器（右后 G44/G46）　9. 车轮支承短轴　10. 后轮制动器总成　11. 弹簧垫圈　12. 六角螺栓（拧紧力矩 60N·m）　13. 转速传感器齿圈　14. 制动鼓

①检查后轮转速传感器与齿圈之间的间隙是否符合规定，标准值为 0.42～0.82mm。

②顶起前轮，松开驻车制动。

③拆下 ABS 电线束，在线束插接器处测量。

④以 30r/min 的转速转动后轮，用万用表或示波器测量输出电压。左后轮的测量端子为 2 和 10，右后轮的测量端子为 1 和 17。用万用表测量时，后轮转速传感器输出电压应大于 260mV；用示波器测量时，输

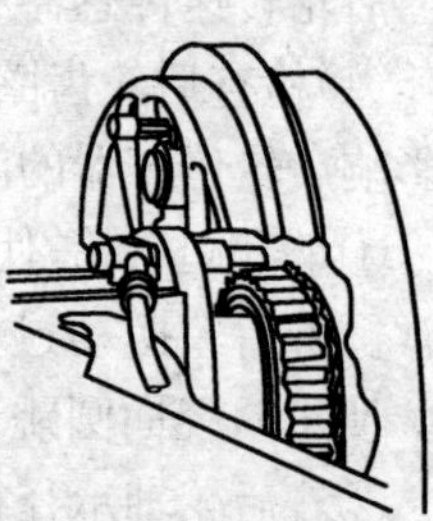

图 7-33　检查后轮齿圈

出电压应大于12.2mV/Hz。

⑤若输出电压不符合规定时，检查传感器是否有故障、传感器电阻值是否在1.0～1.30kΩ之间、齿圈与车轮转速传感器之间的间隙（在齿圈上取四点检查）是否过大、线束安装是否有误差。

(3)拆卸和安装后轮转速传感器。后轮转速传感器左右能互换，零件号也相同。

①先翻起汽车后座垫，拔下后轮转速传感器的连接插头。

②拧下传感器的内六角紧固螺栓（如图7-34所示），然后拆下后轮转速传感器。

③后梁上的转速传感器导线保护罩，拉出导线和导线插头。

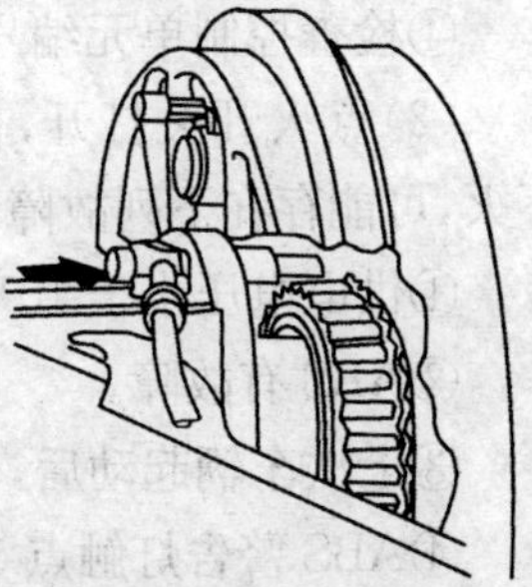

图7-34 拆下传感器紧固螺栓

④后轮转速传感器的安装与拆卸顺序相反，但注意安装后轮转速传感器之前，先清洁传感器的安装孔内表面，并涂上固体润滑膏GR000650，然后装入转速传感器，以10N·m的力矩拧紧内六角紧固螺栓。

35. ABS自诊断需要什么条件？

(1)在所有的车轮上必须安装规定的相同尺寸轮胎，同时，轮胎的气压要符合规定。

(2)常规的制动系统，包括制动灯开关和制动灯都应正常。

(3)液压管和管接头不能有泄漏（对液压单元、制动总泵、制动分泵目测检查）。

(4)控制单元J104的线束插头正确插上（推进插头的插销）。

(5)检查ABS元件的触点有无损坏以及安装位置是否正确。

(6)所有熔丝完好。

(7)供电电压正常(最低10.5V)。

36. ABS警告灯显示故障有哪些?

(1)点火开关打开,ABS控制单元使ABS警告灯亮2秒,系统进行自检程序,控制单元完成下列功能。

①检查供电电压。

②检查控制电压和电磁阀线圈。

③检查转速传感器。

④检查控制单元编号。

(2)点火开关打开,自检程序完成后,如果ABS警告灯K47不灭,可能存在下列故障。

①供电电压小于10V。

②ABS有故障。

③上次车辆起动后,传感器有故障(偶然性故障)。

④ABS警告灯触点1和控制电压触点16之间线路开路。

⑤ABS警告灯损坏。ABS有故障,防抱死系统关闭,但常规制动系功能保留。在传感器有偶然性情况下,发动机重新起动,车速超过20km/h,ABS警告灯熄灭。

(3)如果ABS警告灯熄灭,但制动系警告灯K118维持常亮,可能存在下列故障;

①驻车制动没放松。

②制动液面太低。

③制动系警告灯K118控制有故障。

(4)如果ABS警告灯和制动系警告灯都不灭,ABS和EBV功能都关闭,在这种情况下,制动对后轮制动力不进行调节。

EBV功能就是电子控制制动力分配。在轻微制动过程中,后轮的滑移太大时,制动压力就会被自动调整到不超过后轮被抱死的极限值。在紧急制动情况下,ABS进入工作状态,电子控制制动力分配EBV的工作就结束了。

37. 怎样用 V. AG1552 故障阅读仪对 ABS 进行故障检测？

自诊断的概念涉及 ABS 的电器和电子元件，也就是说主要是检测电器和电子元件，以及连接线路的故障。

用 V. A. G1552 故障阅读仪对 ABS 进行故障检测时，可按故障流程图 7-35 进行。

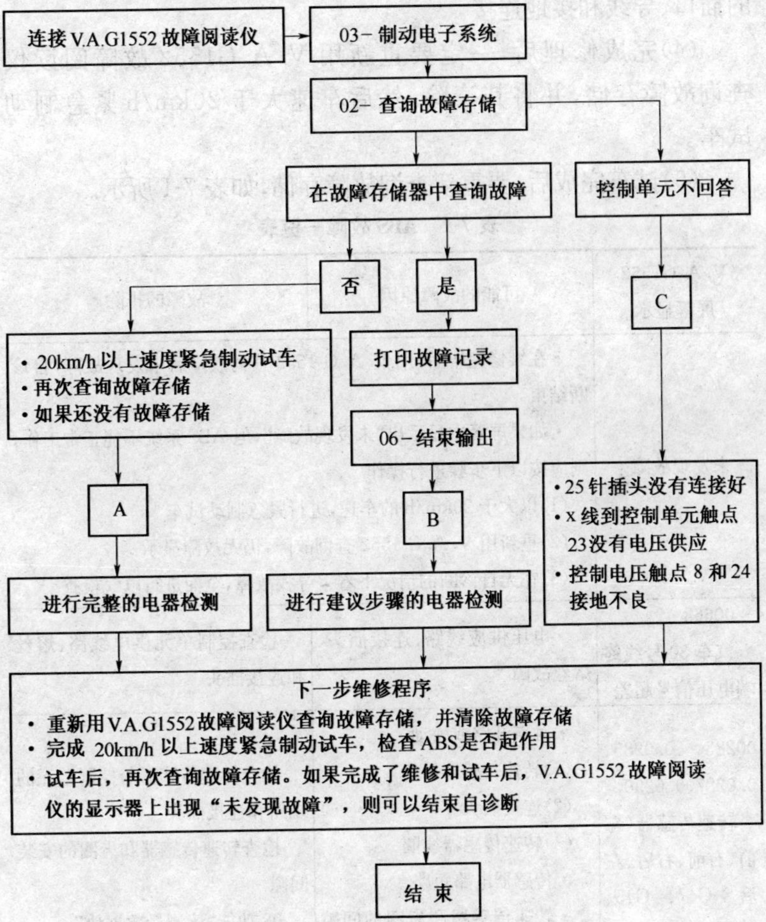

图 7-35　故障诊断流程图

38. 怎样查阅ABS故障一览表?

(1)以下是用V. A. G1552故障阅读仪所能读出ABS系统可能产生的故障,均按照五位数的故障代码列出。

(2)故障代码以及有关故障说明可由打印机打印出来。

(3)在更换被显示损坏的元件前,要按照电路图检查所有相关的插口、导线和接地连接。

(4)完成修理后,一定要重新用V. A. G1552故障阅读仪查询故障存储,并将其清除,然后车速大于20km/h紧急制动试车。

(5)试车完成后,要重新查询故障存储,如表7-1所示。

表7-1　ABS故障一览表

V. A. G1552 屏幕显示	可能的故障原因	故障的排除
未发现故障	·在维修完毕后,用V. A. G 1552查询故障后未发现故障,自诊断结束 ·如果屏幕中显示出"未发现故障",但ABS系统不能正常工作,则应按以下步骤进行操作 (1)以大于20km/h的车速,进行紧急制动试车 (2)重新用V. A. G 1552查询故障,仍无故障显示 (3)在无自诊断的情况下着手寻找故障,全面进行电气检查	
00668 汽车30号线终端电压信号超差	·电压供应线路、连接插头、熔丝故障	-检查控制单元供电线路、熔丝和连接插头
00283、0.0285、0.0287、0.0290 转速传感器(左前、右前、右后、左后)-G47、G45、G44、G46	·触点开路或松动 (1)转速传感器导线 (2)连接插头 (3)转速传感器线圈 ·传感器电路短路 ·转速传感器和齿圈的间隙超差(信号不正常)	-检查转速传感器与控制单元的线路和连接插头 -检查转速传感器和齿圈的安装间隙 -08功能"读测量数据块"

续表 7-1

V. A. G1552 屏幕显示	可能的故障原因	故障的排除
01276 ABS 液压泵-V64 信号超差	·电动马达与控制单元连接线路对正或对地短路及开路 ·液压泵马达故障	-检查线路 -03 功能最终控制诊断
65535 控制单元	·控制单元故障	-更换控制单元
01044 控制单元编码不正确	·控制单元 25 针插头触点 6 和 22 之间的桥接的开路或短路	-检查插头线束的线路
01130 ABS 工作信号超差	·从外界干扰信号源的电气干涉(高频发射,例如:非绝缘的点火电缆线)	检查步骤: -检查所有线路连接对正或对地的短路 -清除故障存储 -车速大于 20km/h 的紧急制动试车

39. ABS 控制单元 25 针插头和触点是怎样排列的?

ABS 控制单元 25 针插头如图 7-36 所示,其触点排列表见表 7-2。

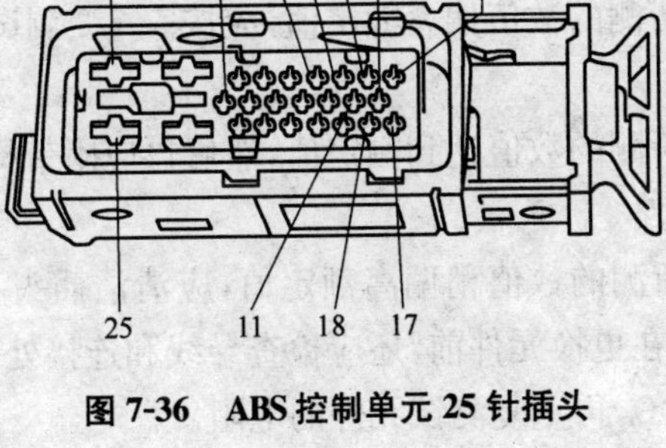

图 7-36 ABS 控制单元 25 针插头

表 7-2 ABS 控制单元 25 针插头触点排列表

触点	连接的元件	触点	连接的元件
1	右后转速传感器-G44	14	空位
2	左后转速传感器-G46	15	空位
3	右前转速传感器-G45	16	ABS 指示灯-K47
4	左前转速传感器-G47	17	右后转速传感器-G44
5	空位	18	右前转速传感器-G45
6	控制单元触点 22	19	空位
7	空位	20	空位
8	蓄电池(—)	21	空位
9	蓄电池(+)	22	控制单元触点 6
10	左后转速传感器—G46	23	中央电器触点 G3
11	左前转速传感器—G47	24	蓄电池(—)
12	制动灯开关 F	25	蓄电池(+)
13	诊断插口 K 线		

40. 怎样查阅 ABS 测试表?

(1)V. A. G1598/21 测试盒上插孔代替控制单元 J104 的相应的触点。

(2)如果所测的数值偏离额定值,应按表 7-3 测试表最右栏提示再检测。

(3)如果所测的数值达到额定值,然后再应附带检查线路对正级或对地的短路。

(4)如果所测的数值稍偏离额定值,应清洁插头和插座触点,再重复测试。在更换元件前,还应检查导线和连接处,尤其是额定电阻值小于 10Ω,再重复测试元件的电阻。

表7-3　测试表

检查步骤	V.A.G 1598/21	检查项目-附加操作	测试条件	额定值	偏离额定值时应再检查
万用表测量范围:电阻测量(2kΩ)					
1	3+18	右前转速传感器的电阻			
2	4+11	左前转速传感器的电阻	点火开关关闭	1.0～1.3kΩ	-检查插头 -检查转速传感器的电阻1.0～1.2kΩ -检查通向转速传感器的导线(应拉动导线,可能触点有松动)
3	1+17	右后转速传感器的电阻			
4	2+10	左后转速传感器的电阻			
万用表测量范围:电压测量(2V)					
5	1+17	右后转速传感器的	举升汽车,点火开关关闭,让右后轮以约1r/s的速度转动	190～1140mV	-检查转速传感器和齿圈电压信号的交流电压的安装 -检查转速传感器的互换性
6	2+10	左后转速传感器的电压信号	举升汽车,点火开关关闭,让左后轮以约1r/s的速度转动		

续表 7-3

检查步骤	V.A.G 1598/21	检查项目-附加操作	测试条件	额定值	偏离额定值时应再检查
万用表测量范围:电阻测量(2kΩ)					
7	3+18	右前转速传感器的电压信号	举升汽车,点火开关关闭,让右前轮以约1r/s的速度转动		
8	4+11	左前转速传感器的电压信号	举升汽车,点火开关关闭,让左前轮以约1r/s的速度转动		
万用表测量范围:电压测量(20V)					
9	8+25	控制单元J104对液压泵的供电电压	点火开关关闭	10.0～14.5V	-检查触点8接地线路 -检查触点25经S123熔丝到蓄电池正极线路
10	9+24	控制单元J104对电磁阀的供电电压	点火开关关闭	10.0～14.5V	-检查触点24接地线路 -检查触点9经S124熔丝到蓄电池正极线路
11	8+23	控制单元J104供电	点火开关接通电压	10.0～14.5V	-检查触点8接地线路 -检查触点23到中央电器G3线路

续表 7-3

检查步骤	V.A.G 1598/21	检查项目-附加操作	测试条件	额定值	偏离额定值时应再检查
万用表测量范围:电压测量(20V)					
12	8+12	控制单元 J104 对液压泵的供电电压	点火开关关闭 -不踩制动踏板 -踩制动踏板	0～0.5V 10.0～14.5V	-检查 S2 熔丝和制动灯开关 F -检查触点 8 接地线路 -检查触点 12 到中央电器 G1 的线路
13		ABS 警告灯功能	点火开关关闭 -打开点火开关	警告灯 K47 灯亮	-检查 K47 插座触点 31 接地线路 -检查 K47 插座触点 15 到中央电器 G5 的线路 -检查 K47 插座触点 ABS 到控制单元触点 16 的线路 -检查 K47 插座触点 EBV 到中央电器 C11 的线路
14		制动警告灯功能	点火开关关闭 -打开点火开关	警告灯 K118 灯亮	-检查仪表板线束插头触点 23 到中央电器 B24 的线路 -检查仪表板+15 火线
万用表测量范围:电阻测量(200Ω)					
15	6+12	编码桥接	点火开关关闭	<1.0Ω	-检查插头上触点间连接线路 -如果偏离额定值，更换连接导线

41. 怎样诊断帕萨特制动摩擦片磨损警告灯 K61 故障?

(1)故障现象。制动摩擦片摩擦警告灯 K61 在点火开关接通 3s 后不熄灭,或者它在行驶期间点亮。

(2)原因分析。

①制动摩擦片磨损。

②线路有故障。

(3)排除方法。

①检查前、后制动摩擦片,若已磨损,则更换制动摩擦片。更换摩擦片时应注意:首先,不要用制动软管吹制动总成,应使用 DSHA 许可的吸尘器,以免制动器灰尘。其次,污染的摩擦片或制动盘会削弱制动力,应使黄油或机油远离摩擦片或制动盘,并擦去零件上多余的黄油。

更换制动摩擦片的方法:

a. 安全支承车辆前桥,然后拆下前轮。

b. 拆下制动钳螺栓,并把制动钳转向一边。

c. 拆下摩擦片的垫片,限制器和摩擦片。注意:测量值不包括摩擦片的后衬厚度。

d. 如果摩擦片厚度小于极限值,更换一套两个摩擦片。

e. 彻底清理制动钳,清除尘土,检查是否有槽和裂痕。

f. 安装摩擦片限制器。

g. 在 A 型内垫片的两侧,B 型内垫片的内侧,以及外垫片和垫片一制动钳的接触面上涂一些粘胶(Molykote M77)。

h. 正确安装摩擦片和摩擦片垫片。

i. 把活塞压进去,当转动制动钳时,使橡胶套在其位置避免损坏的情况下把制动钳套在摩擦片上。

j. 把制动钳转到位,然后安装制动钳螺栓并扭紧至规定力矩。压几次制动踏板,确认制动工作,然后进行路试。

②检查线路并排除故障。

42. 怎样检修帕萨特制动拖滞?

(1)故障现象。制动时发咬。放松制动踏板后,全部或个别车轮仍有制动作用,即表明制动发咬。

(2)故障原因及排除方法。

1)总泵或分泵的皮碗老化,变形发胀,卡死。排除方法:修理或更换总泵。

①制动总泵的拆卸。

a. 拆下蓄电池搭铁线。

b. 拆下制动管道。

c. 不能让制动液洒到油漆表面。如将制动液洒在油漆表面上,一定要擦拭干净,以防损伤油漆面。

d. 拆下制动总泵。

②制动总泵的分解。

a. 将制动总泵夹在台钳上。

b. 拆下贮油罐和软管。

c. 用旋具将活塞推入缸筒,拆下活塞止动螺栓。

d. 拆下活塞和弹簧。

③检查与修理制动总泵。

a. 查总泵活塞与缸筒磨损情况。活塞与缸筒之间的间隙超过0.15mm时,总泵必须换新。如果缸筒壁有划痕,须更换总泵。

b. 查进油管接头和螺栓。油管接头必须清洁畅通,螺栓丝扣应完好。

c. 查出油阀门和弹簧。阀门如有损伤,应更换。

d. 弹簧的自由长度及弹簧压缩至工作长度所需之力,应予检查。检查时可以新件比较,如弹力减弱,可略微拉长或更换。保证装配后分泵和管路中应有的残余压力。

e. 查皮碗和皮圈。总泵皮碗及皮圈的损坏有:工作面的磨损、拉出槽痕、发胀失去弹性。工作面磨损或成槽痕,可由外表观察检查。工作面磨损的特点是皮碗口部呈圈角。发胀的皮碗表面无光泽,体积增大,变形时不能迅速恢复原状。凡磨损、起槽或发胀的皮碗、皮圈均不能再用。

④制动总泵的装配。装配前,各零件必须用制动液或酒精彻底清洗干净,禁止用汽油和煤油清洗,以免损伤皮碗、皮圈。制动总泵装配如图 7-37 所示。

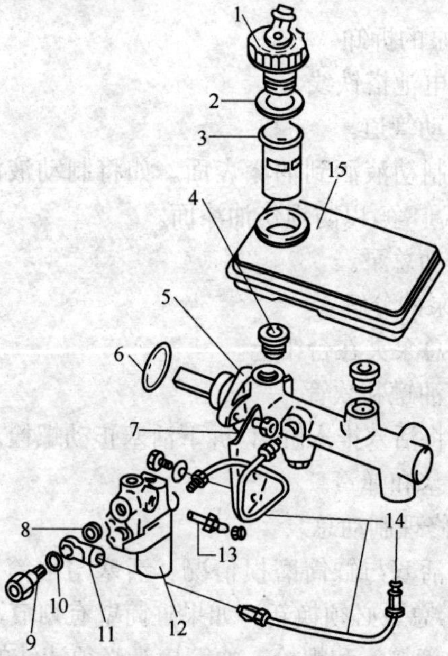

图 7-37 制动总泵的装配

1. 制动液报警指示器 2. 密封圈 3. 滤网 4. 密封圈 5. 制动总泵 6. 密封圈 7. 支架 8、10. 衬垫 9. 空心螺钉 11. 油管接头 12. 制动力调节器 13. 放气螺栓 14. 锁紧螺母 15. 制动液罐(将制动液加满到记号—MAX)

a. 将活塞各橡胶部件涂上刹车油。

b. 将弹簧和活塞装入缸内,用卡环钳装好卡环。

c. 安装活塞止动螺栓。

d. 安装储油罐和软管。

e. 总泵装配以后，用推杆推动活塞数次，检查活塞运动及回位是否灵活，最后装车试验。

⑤总泵装配时应注意下列要点：

a. 零件装入总泵内应用制动液润滑。

b. 活塞与缸筒的配合间隙应符合规定。

c. 总泵活塞过长，是回油孔堵塞的原因。总泵活塞过短，则使制动发生作用时间延迟，故装配时应予注意。

d. 装合后应检查回油孔，使其皮碗不堵住。

e. 总泵装配应检查其密封性。试验时，可将总泵固定在试验架上，在出油管接头处接装压力表，在总泵内加足制动液，推动总泵活塞，使产生784～882kPa的压力，在2～3min内压力不降低为合格。

2)总泵活塞回位弹簧过软或折断故障排除方法是修理或更换总泵。方法同上。

3)空气助力器内部卡住故障。排除方法是修理或更换空气助力器。

制动助力器，由加力气室、空气阀、空气滤清器、真空阀和回位弹簧等组成，如图7-38所示。制动时，踩下制动踏板，踏板推杆连同空气阀向右移动，使制动主缸（总泵）液压力传到各车轮分泵。与此同时，空气经空气阀进入助力器加力气室B腔。加力气室膜片两侧出现压力差而产生推力，通过膜片推动推杆左移。此时作用在推杆上的推力增加，使制动主缸（总泵）输出的压力成倍的增加。

解除制动时，完全放松制动踏板，回位弹簧即将踏板推相和空气阀推向右移。使真空阀、加力气室A、B腔相通，均成真空状态，膜片在弹簧作用下回位，使总泵解除制动状态。

制动助力器安装在制动主缸（油泵）后部，如图7-39所示。利用进气支管的负压外部压力差来推动助力器膜片。用较小的踏板力,使车轮制动产生较大的制动力,以提高汽车行驶的安全性,并减轻劳动强度,真空助力器常见故障是膜片破裂和密封件失效等。当出现故障时,制动效能降低,必须尽快修理。

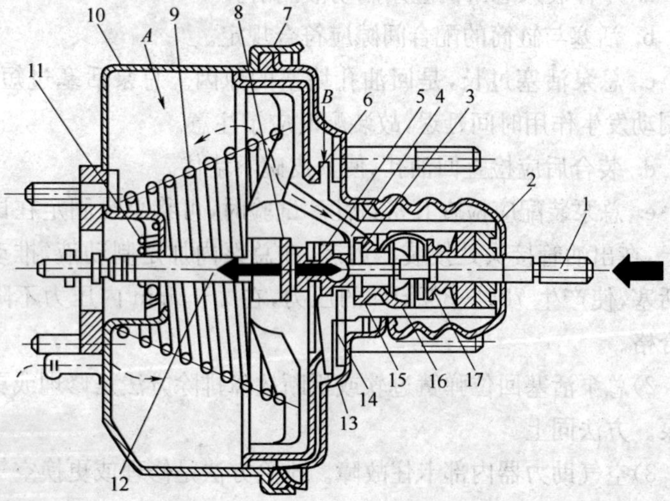

图 7-38 真空助力器的结构

1. 踏板推杆 2. 空气滤芯 3. 真空阀座 4. 真空通道 5. 空气阀 6. 膜片座 7. 密封垫 8. 橡胶反作用盘 9. 回位弹簧 10. 前加力室罩 11. 密封垫 12. 推杆 13. 后加力室罩 14. 通气道 15. 空气阀 16. 真空阀 17. 回位弹簧

A——加力气室前腔 B——加力气室后腔

①检查制动助力器工作是否正常。

a. 检查时,用力踩制动踏板数次,消除助力器内的真空。

b. 踏下制动踏板,使其处在制动位置上。

c. 起动发动机,脚下踏板有下降趋势,说明助力器工作正常。如果制动踏板无下降趋势,则说明出现故障,应检修。

②修理制动助力器。

a. 助力器分解后,全部金属零件应清洗干净;橡胶制品应用

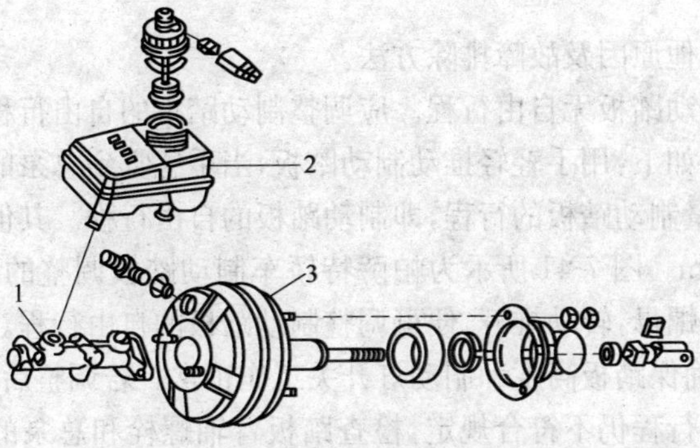

图 7-39　制动助力器

1. 总泵　2. 总泵贮液罐　3. 助力器总成

酒精或制动液清洗，禁止用汽油清洗。

b. 检查阀和阀座，如有破裂或沟槽，应更换阀体。

c. 检查推杆和操纵杆如有磨损，应予更换或涂镀修复。推杆在阀体内应滑动自如。

d. 检查壳体和膜片，如有破裂，则更换助力器总成。

e. 前后密封件如有泄漏必须更换。

4)制动器原因及故障排除方法。

①制动盘与摩擦片间没有间隙。应检查并调整间隙。维修时，按规范全面调校制动间隙，即用平头旋具从高速孔拨动棘轮，将制动蹄完全张开，然后将棘轮退回 3～6 齿，以得到所规定的间隙。

②制动盘变形。应磨削或更换制动盘。

检查内容包括：有没有深度擦伤或翘曲变形。检查方法是，在制动盘现制动片的接触面上，沿圆周方向选六个点的厚度，可用千分尺进行测量，如图 7-40 所示。如果厚度的最大差值超过 0. 013mm 则此制动盘需进行重新加工。制动盘厚度标准值为 22mm，不得低于标准厚度 2mm，否则应予以更换。更换制动盘时，同一轴两个制动盘必须同时更换，以确保两轮产生的制动力相等。

5)其他原因及故障排除方法。

①制动踏板无自由行程。应调整制动踏板的自由行程。

方法如下:用手轻轻推动制动踏板,当手感觉到总泵的反作用力时,测量制动踏板的行程,即制动踏板的自由行程。其值规定为10～15mm。图 7-41 所示为帕萨特轿车制动踏板调整的示意图,拧松调整螺母,转动推杆,便可调整制动踏板的自由行程。调整完毕后,应确保踏板高度和制动灯开关工作正常。若调整后,制动踏板的自由行程仍不符合规定,检查踏板臂轴螺栓和总泵的安装是否松动,部件是否磨损严重。如有不良,应紧固或更换。同时检查踏板回位弹簧和制动灯开关总成是否装配正确,必要时进行适当调整。

②驻车制动器回位不良。应调整驻车制动器。

③制动管路凹瘪、堵塞。应更换制动管。

④制动钳固定螺栓松动。应检查并紧固制动钳固定螺栓。

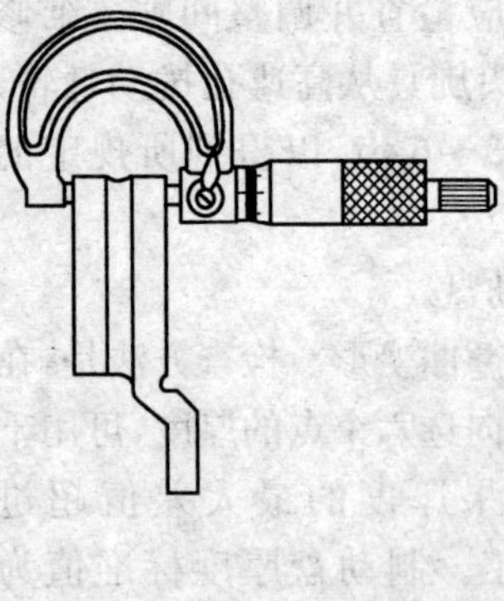

图 7-40　测量制动盘厚度

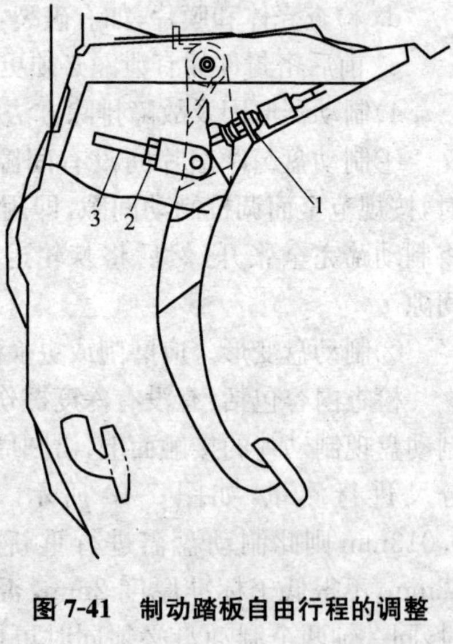

图 7-41　制动踏板自由行程的调整

43. 怎样检修制动踏板升高并有了弹性?

(1)故障现象。连续踩几脚制动踏板,踏板能逐渐升高,升高后不抬脚继续往下踩感到有弹性。

(2)故障原因。

①液压系统中有空气。液压制动系统存在空气时,会对汽车的运行带来安全隐患。

②制动蹄片或衬块和制动鼓或制动盘没有完全贴合。

(3)排除方法。

①排除液压系统中的空气。按照常规维修方法对液压系统进行排气,一般需要两个人配合,一个人在驾驶室不停踩制动踏板,另一个人在车轮下或发动机下方拧放油螺栓进行排气。但是,这种方法不仅浪费人力物力,而且维修质量还不一定有保证。如果你是在途中出现这种故障,只要用医用注射器就可以解决问题,医用注射器在药店或诊所随处可见,将废弃的注射器用在汽车维修的液压系统排气中,不失为一种变废为宝的举措。

常规排气方法是将空气从总泵分向泵或从上往下排。实际上,如果将空气从分泵向总泵或从下往上排,同样可以达到目的。只要将总泵上的储液注射油液,便会看见气泡在储液罐不停泛起。排气完毕,拧紧放气孔螺栓。按照离总泵从远到近的顺序,依次将各相应液压通道气体排尽。采用这种方法不仅速度快、节省油液,而且一个人就可以独立完成排气操作。

②更换不合格的制动蹄。如图 7-42 所示,用尖嘴钳夹紧制动蹄压簧销并转动。松开并卸下制动蹄压簧。从后轮制动器的驻车制动蹄拉开处脱开制动拉索,拆下制动蹄如图 7-43。新制动蹄的安装与旧制动蹄的拆卸顺序相反。

44. 怎样检修制动时车身发抖?

(1)故障现象。一旦踩下制动踏板,车身就开始发抖。

(2)故障原因。

①制动鼓或盘划伤或不圆。

②制动蹄片变形，摩擦片摩擦或打滑。

③摩擦片上有油污。

④分泵有故障。

⑤制动盘摩擦卡住。

⑥真空助力器有故障。

(3)排除方法。

①更换制动鼓或盘，更换时，左右两侧的制动鼓或盘应同时更换。

②更换制动蹄片。

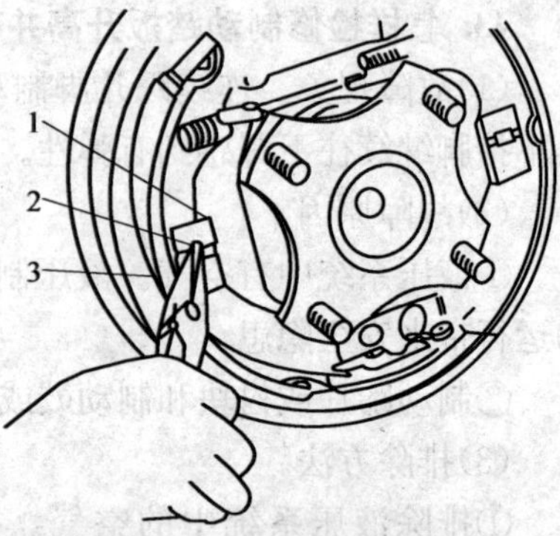

图 7-42　拆卸制动蹄压簧

1. 制动蹄压簧　2. 压簧销　3. 制动蹄

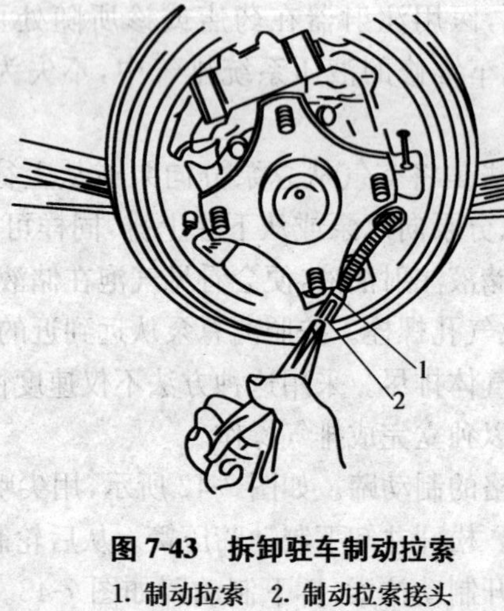

图 7-43　拆卸驻车制动拉索

1. 制动拉索　2. 制动拉索接头

③找出摩擦片被油污的原因，更换蹄片。

④检修分泵。

⑤更换制动蹄片。

⑥检修助力器。

45. 怎样检修制动踏板高度降低?

(1)故障原因。

①制动器自动调整不灵,使蹄片和制动鼓之间的间隙过大。

②后制动蹄片磨损严重。

③制动蹄弯曲变形。

④液压系统中有空气。

⑤液压系统泄漏。

⑥使用不合格的制动液,在温度变化时,制动液气化。

⑦制动总泵活塞封圈磨损或总泵缸内孔刮伤、泵缸磨损或锈蚀。

⑧制动钳与其固定支板导轨结合面形成油污、铁锈或腐蚀、制动衬块粘结在支板结合面上。

(2)排除方法。

①开动汽车,向前和向后使用制动停车,制动器即自动调整。如果制动踏板行程仍过大,按需要进行调整制动蹄片和制动鼓的间隙。

②检查制动蹄片磨损程度,如果磨损超过使用限度,应予以更换。

③检查制动蹄是否变形,必要时应更换新品。

④排除液压系统中的空气。

⑤往制动总泵储液罐中加注制动液至规定的液面。踩下制动踏板,检查制动钳、制动分泵、压差阀、油管、软管及接头处是否漏液。按需要进行修理或更换。

⑥用清洁的制动液冲洗液压系统,按原厂规定使用合格的制动液。

⑦更换制动总泵活塞密封圈或制动总泵。

⑧清除制动钳和导轨结合面上的污垢。

46. 怎样检修制动时有噪声?

(1)故障现象。汽车制动时,发出“哽、哽”的噪声。

(2)故障原因。

①制动蹄摩擦片磨损,蹄块铁直接与制动鼓(制动盘)接触。

②制动蹄摩擦片松动,或回位弹簧折断。

③制动盘或制动鼓破裂,磨出沟痕。

④使用不合适的制动蹄片。

⑤制动蹄弯曲、变形或破碎。

⑥制动盘表面铁锈过多。

⑦制动卡钳有毛刺或生锈。

(3)排除方法。

①更换制动蹄。

②更换不合格的制动零件。

③更换制动盘或制动鼓。

④选用质量合格的制动蹄片。

⑤更换桥上的全部制动蹄。

⑥清洁制动盘周围铁锈。

⑦清除制动钳上毛刺或铁屑。

47. 怎样检修制动不灵?

(1)故障现象。一脚制动不起作用,连踩几脚才能将车辆停止。

(2)故障原因。

①制动助力器真空软管接头松动或软管漏气。

②制动蹄片或衬块质量不良。

③制动蹄弯曲或破碎。

④制动钳在导销上卡住或拖滞,后制动蹄在支承底板上拖滞。

⑤制动钳、制动分泵、制动总泵的活塞粘结或卡住。

⑥真空助力器单向阀失灵。

⑦真空助力器内部卡住。

⑧制动总泵缸回油孔被污垢堵塞，制动液不能返回贮液罐。

⑨制动管路堵塞或不畅。

⑩使用不合格的制动液，使橡胶零件膨胀，在缸孔中卡住。

(3)排除方法。

①紧固连接处或更换漏气的软管。

②更换制动蹄片或衬块。

③更换不合格的制动蹄。

④更换导销和衬套，消除后制动支承底板上的铁锈污垢，或更换制动底板。

⑤检修制动钳、制动分泵和制动总泵，必要时更换不合格的零件。

⑥检查单向阀门：先将发动机起动，把转速提高到1500r/min，立刻使发动机熄灭。等2min后再踩下制动踏板。如真空助力的作用次数不到二次，说明单向阀损坏。

⑦检查助力器的方法：在发动机熄火的情况下，踩数次制动踏板，将系统中的真空甩尽。再将脚置于制动踏板上，起动发动机。如果制动踏板高度降低，用较小的压力可保持踏在制动位置，说明真空助力系统工作正常。否则应更换助力器。

⑧检修或更换制动总泵。

⑨用压缩空气清洁管路污垢，更换不合格的零件。

⑩更换全部橡胶零件、组合阀和软管，使用原厂规定的制动液。

48. ABS偶发性的故障怎样检修？

在电子控制系统中，电气线路和输入，输出信号的地方可能出现瞬时接触不良问题，从而导致偶发性故障或在ABS ECU自检时留下故障码。如果故障原因持续存在，那么要按照故障码检查表就可以发现不正常的部位，不过有时候故障的发生的原因会自行消失，所以不容易找出问题的原因。在这种情况下，可按下列方式模拟故障,检查故障是否再现。

(1)当振动可能是主要原因时:

①将接头轻轻地上下左右摇动。

②将线束轻轻地上下左右摇动。

③将传感器轻轻地上下左右摇动。

④将其他运动件(如车轮轴承等)轻轻摇动。

如果线束有扭断或因拉得太紧而断裂,就必须更换,尤其是传感器在车辆运动时因为悬架系统的上下移动,可能造成短暂的断路或短路。因此检查传感器信号时,必须进行实车行驶试验。

(2)当过热或过冷可能是主要原因时:

①打开所有电器开关,包括前照灯和后除霜开关。

②如果此时故障没有出现,就必须等到下次故障再出现时才能诊断维护。一般来说,偶发性故障只会愈变愈糟,不会变好。

49. 桑塔纳使用什么制动液?

桑塔纳轿车必须使用合成制动液,绝不能用普通制动液。因普遍制动液是由精制蓖麻油和醇类制成,价格低,对橡胶无不良影响,但由于它的沸点低于100℃,存在一些缺点,蒸发量大,液体较快浓缩,换油期会缩短;在南方夏季、山区、汽车下长坡时,因频繁刹车,制动液的温度可能达到100℃以上,容易产生气阻,造成局部或全部制动失灵;容易吸水,吸入水分多时,会产生分层现象的,对金属产生腐蚀并使低温性能变化。因上述原因,桑塔纳轿车必须使用合成制动液。

合成制动液,国内是用二乙二醇乙醚、三乙二醇乙醚、四乙三醇乙醚合成基础液,再加入抗氧剂、防锈剂、抗橡胶溶胀剂等调合而成。

国外合成型制动液是以高沸点聚乙二醇醚为基础,其最小回流沸点是288℃。制动液不能混合使用。

50. 怎样更换制动液？

每两年或行驶5万km应更换制动液，所用的制动液型号是NO527660。注意：一是制动液有毒性和强腐蚀性，不可与油漆接触；二是制动液具有吸湿性，可以吸收周围空气中的水分，因此要将它存放在密封的容器里。

制动液储液罐位于发动机罩内制动主缸上方，制动液罐表面刻有“MAX”和“MIN”的标记，应注意检查液面高度。正常工作时，液面始终保持在“MAX”和“MIN”标记之间，汽车制动摩擦片磨损而自动调节，引起制动液面略有下降是完全正常的。若短时间内出现制动液面显著下降或低于“MIN”标记，很可能是制动系统有渗漏故障，应立即检查，故障排除后方可使用。桑塔纳2000GSi型轿车配有制动液装置警告灯，一旦储液罐内液面过低，制动装置警告灯自动报警。

51. 怎样给制动系统放气？

制动系统检修、更换制动液之后，或者制动踏板无力有弹性时，需要对制动系统进行放气。放气时可以使用专用的VW1238.1型制动液充放机，也可以人工进行放气。

(1)使用专用工具放气。

①接通VW1238.1型制动液充放机。

②按规定顺序打开放气螺钉，如图7-44所示。

③排出制动钳和制动轮缸中的气体。

④用专用的容器盛放排出的制动液。制动系统放气顺序如下：一是右后车轮制动轮缸；二是左后车轮制动轮缸；三是右前

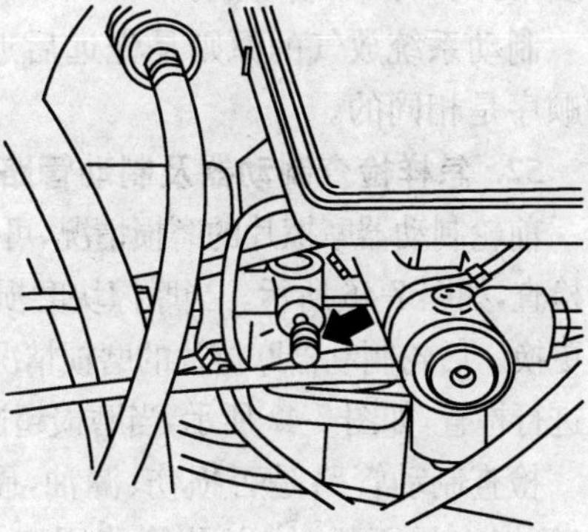

图7-44　制动系统放气螺塞

车轮制动钳;四是左前车轮制动钳。

(2)人工放气。

①将一根软管一端接到放气螺钉上,一头插入容器中,如图7-45所示。

②一人用力迅速踩下并缓慢放松制动踏板,如此反复数次,踩下制动踏板,并保持一定高度使之不动。

③另一拧松放气螺钉,管路中空气随制动液顺着胶管排出制动系统,排出空气后再将放气螺钉拧紧。

④重复上述步骤多次,直至容器中制动液里无气泡为止。

⑤取下胶管,套上防尘罩。

⑥观察储液罐制动液面高度,必要时添加制动液。

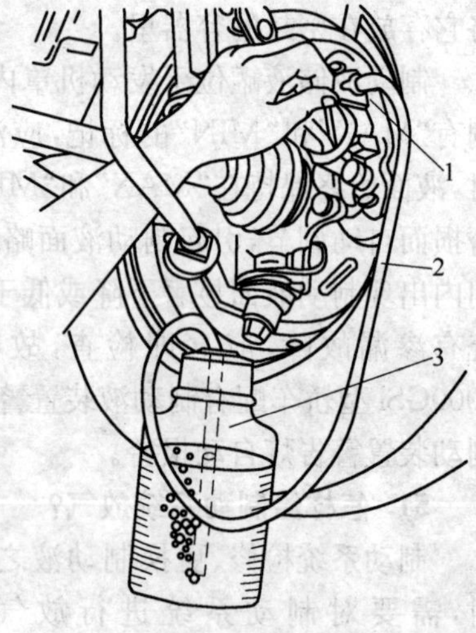

图 7-45 制动系统放气

1. 放气管 2. 放气螺钉

3. 透明容器(装 1/2 制动液)

制动系统放气的原则是先远后近,人工放气与专用工具放气的顺序是相同的。

52. 怎样检查制动器及制动管路?

前轮制动器摩擦片的磨损情况,可以通过车轮轮辐上的观察孔进行检查,如图7-46所示。当摩擦块磨损到极限时(包括底板7mm),必须更换。后轮制动器摩擦片的磨损情况,可以通过制动底板上的观察孔进行检查,如图7-47所示,当磨损超过极限时,必须更换。

检查制动管路是否损伤、漏油,硬管是否有凹瘪,软管是否老化,管接头是否松动,以及管路固定处是否松脱、碰撞,应更换或修复。

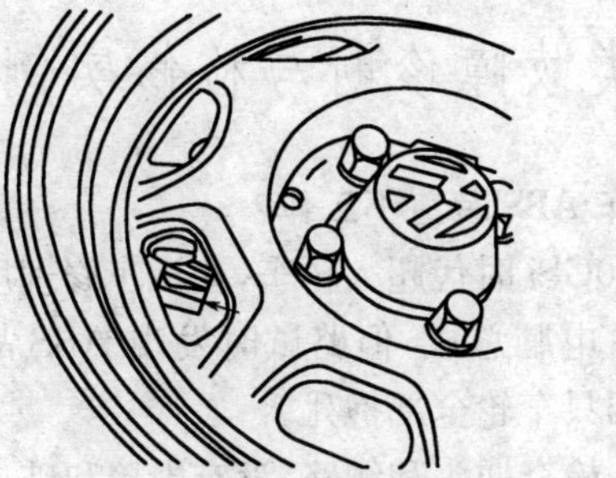

图 7-46　检查前轮摩擦块的厚度

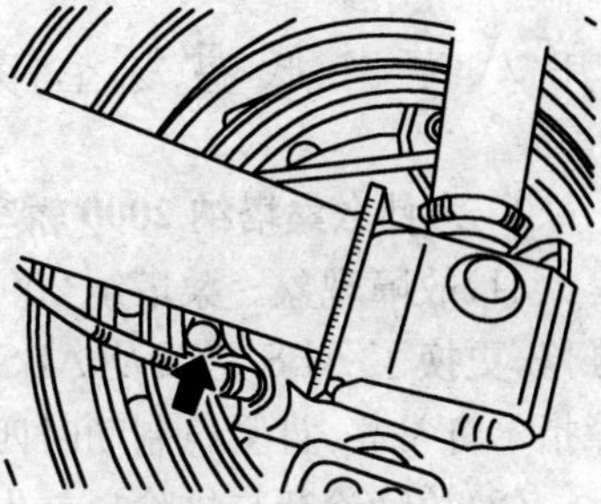

图 7-47　检查后轮摩擦片的厚度

第八章　底盘综合类故障诊断与检修实例

1. 为什么桑塔纳2000轿车ABS装置不工作?

(1)故障现象。桑塔纳2000GSi时代超人轿车,在汽车修理厂维修,更换了ABS总泵及ABS电脑总成,但路试时发现ABS故障指示灯常亮,且紧急制动时四只车轮全部抱死。

(2)故障诊断与排除。首先检查插头和线路,没有虚接和破损之处。用V. A. G1552故障诊断仪对ABS系统进行检查,发现有很多故障码,但大多数故障码用仪器清除后不再显示,只有故障码"00283"(左前轮速传感器G47故障)不能消除。

该车辆,拆下左前轮轮速传感器,发现表面很脏,传感器触发叶轮上也有很多泥垢。判断是由于传感器过脏,是触发信号不能正确传送给ABS电脑,从而使电脑记录了故障码。清理干净并装复传感器后,该故障不再出现,ABS故障指示灯也不再点亮,但试车时发现ABS系统仍然不工作,紧急制动时四个车轮都有脱滞现象。

再次连接仪器,没有发现故障码。怀疑是制动系统的液压管路中有空气没排干净,遂按规定方法进行排气,但故障依旧。

经仔细分析,认为可能是新换的ABS电脑有问题,遂连接仪器并进入"读取电脑版本号"功能,以查看电脑本号是否正确。经查看发现该ABS电脑内部的编码为"00000",的编码为"04505"。利用仪器的"控制单元编码"功能,对该车的ABS电脑进行正确的编码,再试车,故障排除。

2. 为什么桑塔纳2000轿车紧急制动时车轮抱死?

(1)故障现象。桑塔纳2000GSi轿车,行驶里程15万km。该车ABS指示灯点亮,紧急制动时发现车轮全部抱死。

(2)故障诊断。首先调取故障码。将金德K81多功能诊断仪连接位于速杆护套下方的诊断插座上,打开点火开关,操作诊断仪进入“防抱死制动系统”，选择“读取故障码”功能，按下确认键后，诊断仪屏幕显示“01276—液压泵 V64 信号超过容限”。记录故障码后选择“清除故障码”功能，发现故障码不能被清除。选择“控制元件测试”功能，发现该功能同样不能执行，即选择“控制元件测试”功能，按下确认键后，诊断仪屏幕显示“测试结束”，ABS 指示灯不闪烁，也听不到液压泵工作的声音，连续几次均是如此。

根据故障码的提示对该故障进行分析，如果单纯地出现 ABS 液压泵损坏的情况，用诊断仪应能进行控制元件测试，也就是诊断仪与指示灯应有变化。会不会是电路接触不良呢？查阅电路图得知，位于中央继电器盒顶部的 29 号熔丝即为液压泵熔丝(30A)。在关闭点火开关的情况下对其进行检查，结果发现熔丝完好。随后又对其旁边的熔丝(30 号)，即 ABS 电磁阀熔丝(30A)进行检查，也无熔断现象。为了确定其连接是否良好，将这两个熔丝互换，然后打开点火开关，仪表板上的 ABS 指示灯点亮约 3s 后熄灭。试着用仪器清除故障码并执行“控制元件测试”功能，故障码能被清除，执行测试时 ABS 指示灯不停闪烁，且能听到液压运转的声音，说明其控制系统正常。

(3)故障排除。检查蓄电池连接线(ABS 液压泵和电磁阀的电源由蓄电池直接供给)，发现蓄电池负极接线因卡子损坏而有松动迹象，将其重新紧固后试车，ABS 系统恢复正常。

3. 为什么桑塔纳 2000 轿车 ABS 警告灯不熄火？

(1)故障现象。桑塔纳 2000GSi(时代超人)轿车，ABS 警告灯不熄灭，ABS 不能正常工作。

(2)故障诊断。首先用检测仪读取故障码，检测仪显示“通信中断，可能遇到不可识别的通讯协议”，连续几次均是如此。怀疑 ABS 熔丝(中央继电器盒 12 号位置)熔断或接触不良，但经检查发现该熔丝完好。根据以往的维修经验，对比较容易出现故障的轮速传感器及其电路进行检查，发现前轮轮速传感器表面有很多脏物，其他正常。将两传感器清洗后装好试车，故障依旧。

根据检查结果并结合故障码分析,我们判断系统电路中可能存在断路现象,遂决定对该系统的有关连接器逐一进行检查。当随手掀起蓄电池隔热套时,发现蓄电池两极柱严重氧化。

(3)故障排除。查阅电路图得知,ABS 系统的搭铁线及电池阀、液压泵的电源线均是与蓄电池直接连接的,拆下蓄电池两极柱上的导线,分别进行彻底的清洗。装复试车,ABS 警告灯可以正常熄灭。进行路试,ABS 工作正常。

4. 为什么桑塔纳 2000 轿车行驶中 ABS 警告灯时亮时不亮?

(1)故障现象。桑塔纳 2000GSi 轿车,行驶中偶尔出现 ABS 警告灯点亮的现象。

(2)故障诊断。用诊断仪读取故障码,结果显示为“左前轮速传感器信号不良/SP”。清除故障码后,起动发动机进行路试,同时选择“读取动态数据流”功能,结果看到在车辆起步或在较颠簸的路面上行驶时,显示区的第一个数值几乎变为 0,其他数值则相差不超过 2km。由此判断,左前轮速传感器或其线路接触不良。

(3)故障排除。将车辆举起,然后对左前轮速传感器及其线路进行检查,发现该传感器线束插头上的锁片已经断裂,用手轻轻一拉插头即掉了下来。将该插头插好后用绝缘胶布对其紧固,经试车,故障排除。

5. 为什么桑塔纳 2000 轿车 ABS 警告灯与制动灯交叉闪亮?

(1)故障现象。桑塔纳 2000GSi(时代超人)轿车,ABS 警告灯与制动系统警告灯交替闪亮,进行紧急制动时车轮抱死。

(2)故障诊断。据车主反映,该车此前曾因事故而更换了 ABS 控制单元总成,之后便出现上述现象。结合故障现象分析,初步判断可能是更换 ABS 控制单元后没有对其进行编码。ABS 控制单元(ABS ECU)在车辆出厂时均进行了编码,如果更换 ABS ECU,必须用仪器对其进行编码,这样 ABS 控制系统才能正常工作。

(3)故障排除。在变速杆护套下找到 16 针的 OBD—II 诊断插座，与检测仪器连接好后，打开点火开关，进入“防抱死制动系统”。通过查询版本号，果然发现屏幕显示的控制单元的 coding 和 wcs 为“00030”，而 MK20. I 型系统的 coding 为“04505”。选择“控制单元编码”功能，待屏幕显示“输入编码”后，按数字键输入“04505”，确认后控制单元的编码即可完成。通过操作仪器重新选择“查询电脑版本号”功能，看到屏幕显示的 coding 号与输入的编码一致。关闭点火开关，然后再打开，ABS 警告灯点亮约 3s 后熄灭。进行路试，ABS 恢复正常功能。

6. 为什么桑塔纳 2000 俊杰轿车制动过硬且无力？

(1)故障现象。桑塔纳俊杰自动挡轿车在行驶中制动无力、发硬、紧急制动时车辆停不下来，车辆无抱死现象，ABS 也无工作现象，以上故障已经维修过了都无法解决。

(2)故障诊断与排除。对车辆进行系统检查，拆检了前后轮制动器，制动片都很好，对整车制动液也进行了更换，ABS 液压泵也与其他同型车辆对换，结果故障依旧。最后对制动真空助力泵进行了仔细地检查，发现外壳有一块凹的地方。车辆制动无力、踏板发硬一般很可能与真空助力器真空吸力过小有关，于是拔下助力器真空管，发现此车与其他车辆对比明显发动机真空吸力过小。因为此车行驶里程只有 34798km，发动机起动正常，怠速平稳，在加速时发动机无异常现象。于是先用发动机真空表检测一下发动机的真空度，发动机在怠速时真空度只有 21kPa 左右，与正常值相差很大，但急加速时真空正常，通过检测每个气缸压力都维持在 810kPa 左右，与正常值对比相差很大。按照常理，这辆车 4 个气缸的压力同时这么低是不可能的，很可能是点火正时严重失准。于是对点火正时进行了检查，发现凸轮轴正时记号在左侧严重偏位 5 个齿。通过校正后，起动发动机，真空度有所上升，在 35kPa 左右。这时突然发现曲轴上的正时记号正好对准皮带轮正时罩上的正时标记，而此时 1 缸的活塞却停留在距气缸口上止点 12cm 处。于是拆下曲轴正时齿轮检查,发现齿轮定位槽损坏很严重,最后更换了曲轴及正时齿轮,至此故障彻底排除。

7. 为什么桑塔纳2000俊杰自动变速器变速杆不锁止?

(1)故障现象。自动变速器变速杆在运行时不踩制动踏板可以在任意档位间切换。

(2)故障诊断与排除。该车配置01N四档自动变速器,用故障诊断仪V. AG1552查询自动变速器控制单元无故障码,用万用表测量变速杆锁止电磁阀的阻值与新的电磁阀一样,再测量其两端电压,当不踩制动踏板时为0V,踩下制动踏板时还为0V。该电磁阀通过变速器控制单元受控于制动灯开关F。当踩下制动踏板时制动开关F闭合,从蓄电池正极传来的30号电源经过制动开关F分为两路,一路给制动灯供电,使制动灯亮;另一路给变速器控制单元一个制动踏板踩下信号,使其吸合换档电磁阀,使电磁阀从P位到1档之间任意转换。接下来检查制动开关F,当踩下制动踏板时发现两制动灯都不亮,只有高位制动灯亮,而不踩制动踏板时高位制动灯微亮。首先检查制动灯,发现灯丝都已烧断,更换两灯泡后,奇迹发生了,以前的故障都消失了。

先取下两个制动灯泡,再测量与开关F相连的变速器控制单元的端子15号脚的电压,相关电路如图8-1所示。该电压为5.6V,这时高位制动灯微亮。再切断与15号脚有关的另一线路,即ABS控制单元到制动灯开关的线,15号脚的电压仍为5.6V。现在问题集中在变速器控制单元,刚好有一辆同型号的车进厂,将两制动灯泡取下,同样的故障也发生在这辆车上。其原因是当两制动灯完好时来自变速器控制单元内部即15号脚的电流经两灯丝而搭铁;当两灯丝都熔断时,从控制单元内部来的电流经过高位制动灯的发光二极管搭铁(即发光二极管微亮),使15号脚上有5.6V的电压,使控制单元误认为制动开关闭合。从而使变速杆锁止电磁阀吸合,变速杆处于解锁状态。

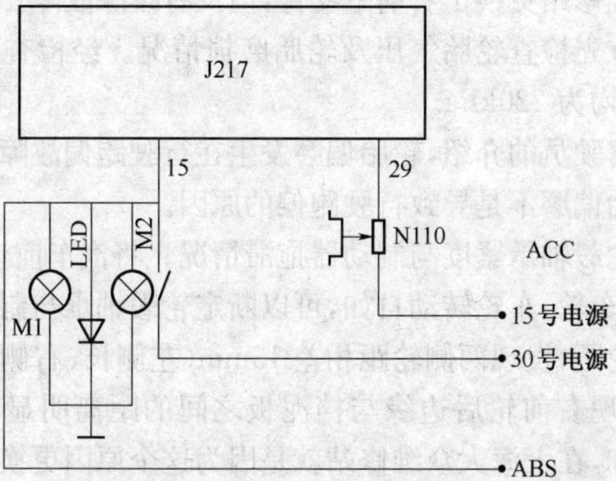

图 8-1　制动灯相关电路

8. 为什么桑塔纳 2000 轿车行驶时跑偏?

(1)故障现象。一辆桑塔纳 2000 型轿车,行驶里程近 2 万 km。该车在行驶过程中总是向右跑偏,驾驶员手不能离开转向盘,同时伴有转向盘摆振、轮胎偏磨等现象。

(2)故障诊断。桑塔纳 2000 型轿车前桥采用的是承载式车身独立悬架装置,其车身前部结构与前侧梁连接,前侧梁以点焊方式固定在驾驶室的前围板(即挡泥板)上。减振器起主销的作用,转向器为齿轮齿条式,通过转向横拉杆与转向节臂形成转向梯形。

造成汽车行驶跑偏的原因很多,主要包括:轮胎气压不一致;轮胎磨损不一致;前轮定位角或前束失准;一侧轮毂轴承紧度过大;前轮一侧制动器拖滞;悬架装置变形、弹簧折断或过软、一侧减振器失效等。当汽车发生行驶跑偏故障时,应依据上述原因,本着由简到繁的原则进行检查排除。

在进行故障排除之前,我们先向驾驶员详细了解了车辆的使用情况。该车基本上可以算是新车,在使用中没有发生其他异常情况,只是在一次上马路便道台阶时,由于车速较高,致使车体发生剧烈跳动,之后便出现行驶跑偏现象;并致使轮胎偏磨。在一家上海大众维修站更换了右前下支臂,但没有排除故障。

我们首先检查轮胎气压及轮胎磨损情况。经检查,两侧轮胎气压正常,均为220kPa。

根据驾驶员的介绍,轮胎偏磨发生在行驶跑偏故障之后,故可以确定轮胎偏磨不是导致行驶跑偏的原因。

检查轮毂轴承紧度与制动器拖滞情况。将汽车前轮用千斤顶顶起,转动车轮,车轮转动自如,可以断定轮毂轴承与制动器正常。

测量轮距,发现两侧轮距相差15mm(左侧长、右侧短)。经仔细观察,发现右前轮后边缘与挡泥板之间的距离明显小于左侧。据驾驶员称,在上海大众维修站就是因为这个原因更换下支臂的,但并没有解决问题。

根据悬架装置的结构与连接关系,我们对该车进行了详细的检查与分析。将车用举升机升起后,检查悬架装置的各部件及连接部位,发现驾驶室前围板有后移的痕迹。至此,可以初步确定轴距的变化是由于驾驶室前围板后移所致。

(3)故障排除。针对检查结果,将车开到车架校正仪上,将汽车固定好,拆下前保险杠,用拉具向外牵引右侧梁,同时测量轮距,直到两侧轮距相等。右侧梁校正完毕后,装复前保险杠试车,汽车跑偏故障现象消除。在本次故障修复过程中,未更换任何零部件。

该故障的直接原因是驾驶员在上便道台阶时车速过快,导致悬架装置受到强烈冲击。由于三角形结构的下支臂强度较高,不易受损,因而撞击力通过右侧梁传到驾驶室前围板,前围板属薄壁结构,强度较弱,受到撞击后带动右侧梁一起向后产生位移,致使右侧轮距变小,减振器下端后摆,主销后倾角变小甚至为负值,使汽车行驶时间向右侧跑偏,并伴有转向盘摆振及轮胎偏磨等故障现象。

驾驶轿车通过较高的台阶时,应以较低的速度驶上,由于承载式车身结构的原因,过大的撞击力往往会使驾驶室的前围板产生变形,悬架装置整体后移,致使轮距和车轮定位角改变;在检修因撞击而受损的车辆时，不能仅凭表面现象下结论，而要根据所受撞击力的大小、方向及可能波及的部位，进行深入细致的检查分析，同时要掌握车身结构方面的知识，这样才能快速准确地判断故障。

9. 为什么桑塔纳2000俊杰轿车更换变速油后无法起步？

(1)故障现象。桑塔纳2000型俊杰轿车，搭载O1N自动变速器，车主开车进厂更换自动变速器油。维修人员查看车辆行驶里程已经有13万km，因此在更换变速器油之前，首先使用V. A. G1552检查变速器电控系统。

查询变速器电脑故障码存储，发现有故障码17114，含义是档位/速度比错误，但是从故障码本身不能确定具体的故障部位。清除故障码，更换变速器油后试车，发现变速杆位于D位时车辆无法起步。为什么更换了变速器油后就不能起步了呢？试着挂其他档位，发现变速杆位于手动1档时车辆能够行驶，倒档也正常，但是在其他档位车辆均不能行驶。

(2)故障诊断与排除。0lN型自动变速器共有D位、手动1档、手动2档以及手动3档四个前进档，其现在D位和手动2档、手动3档失速转速无穷大，而手动1档和倒档失速正常，失速值在2000r/min左右。进行手动换档试验，先挂手动1档起步，然后手动换入D位，变速器能够升至4档，初步判断故障原因在于D位中的1档失效。在此需要提醒大家注意的是，做失速试验时一定要注意操作时间，严禁时间过长，否则会烧毁变速器内摩擦片。01N型自动变速器的机械部分主要由1个行星齿轮组、3个离合器、2个制动器以及1个单向离合器组成，如图8-2所示。其中行星齿轮组是由1个小太阳齿轮、1个大太阳齿轮、3个短行星齿轮、3个长行星齿轮、行星齿轮架及齿圈组成。其中离合器K1驱动小太阳齿轮，离合器1、2驱动大太阳齿轮，离合器K3驱动行星齿轮架，制动器B1制动行星齿轮架。变速器在工作时阀体通过油压控制离合器、制动器的动作，以完成液力变矩器和行星齿轮组之间的动力传输。

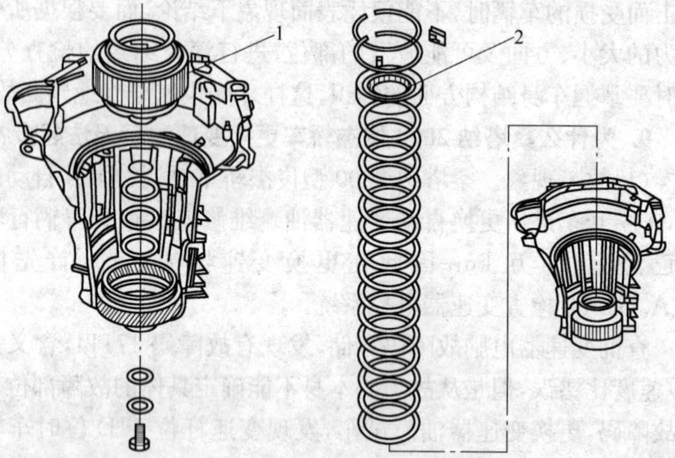

图 8-2　行星齿轮架安装位置

1. 行星齿轮架　2. 单向离合器

因为变速杆位于手动 1 档时车辆能够行驶,而且已经初步判断故障原因在于 D 位中的 1 档失效,因此下面需要分析一下 1 档状态下的动力传递方式。

①在 D 位的 1 档状态下,变速器电脑通过控制电磁阀 EV4 使离合器 K2 分离,单向离合器参与工作,行星齿轮架固定不动,动力传递由涡轮轴一离合器 K1→小太阳齿轮→短行星齿轮→长行星齿轮→齿圈,然后传递给主减速器实现动力输出。

②在手动 1 档时,通过手动换档阀操纵离合器 K1 和制动器 B1 闭合,其他控制功能都被切断。动力传递路径:涡轮轴→离合器 K1→小太阳轮→短行星齿轮→长行星齿轮→齿圈。制动器 B1 制动行星齿轮架,因此在手动 1 档时车辆可以实现加速和超速行驶。

通过分析以上两个工况中的动力传递路线,并结合失速试验中 1 档和倒档失速正常可以分析出,变速器油压基本正常,离合器 K1 和制动器 B1 工作也是正常的,问题应该出在单向离合器,于是进行了变速器的分解检查。

变速器解体后，笔者对各部分进行了仔细检查。检查结果与事先的分析相符，各离合器片和制动器片均无明显烧蚀现象，各摩擦片之间的间隙也未超标，只是行星齿轮架上的单向离合器锁止轮外缘被滚柱磨损了，这样就导致了锁止轮失效。锁止轮失效后就无法锁止行星齿轮架，造成动力输出中断，发动机空转，失速转速无穷大。

更换单向离合器行星齿轮组后试车，变速器挂入D位车辆能够起步，并能升至4档，且换档比较平顺，笔者认为维修工作已经结束。但第二天再试车发现，除了变速杆位于N位和P位时踩制动踏板发动机不熄灭，在其他档位时制动发动机均熄灭，但挂档后快速松开制动踏板并踩加速踏板，车辆能前进。做失速试验发现D位的失速转速在1200r/min左右，此数值偏低，这应该是由于锁止离合器始终锁止引起的。用V. A. G1552检查变速器电脑故障码存储，发现有故障码17124，含义是锁止离合器故障。测试锁止离合器电磁阀工作正常，更换变矩器后试车，故障消失，至此故障彻底排除。

(3)故障总结：由于该车经常做保养的维修厂不是特约维修站，而且该厂维修人员对01N变速器不了解。为了检查变速器油位，维修人员对变速器加油口封盖进行了改装，改装后添加了油尺，导致加油口密封不严。发动机熄火后，变速器油在流回油底壳后又经加油口流出，这就使变速器长期处于缺油状态，导致单向离合器锁止轮外缘磨损。

该车进厂时，变速器已经处于紧急运行模式。按照01N变速器的设计原理，在紧急运行模式下，变速器的所有电控功能将无法起作用，变速器只能处于液力3档接合状态，但是R位、1档依然可以使用。而且该车驾驶员从未驾驶过自动变速器车辆，因此始终没有进厂检修。维修人员在更换自动变速器油之后，使用V. A. G1552清除了故障码存储，因此变速器就不再处于紧急运行模式了。在清除了故障码之后,由于车辆没有运动,所以变速器电脑监测不到速度,就不会进入紧急运行模式,这就可以解释为什么更换自动变速器油之后变速器在D位不能行车的疑问了。

10. 为什么新换点火线圈后桑塔纳ABS系统出故障?

(1)故障现象。一辆2001年产桑塔纳新秀轿车,装备AFE发动机,行驶里程为9万km时,出现ABS故障灯长亮且ABS不起作用的故障,车主来维修站检修。

(2)故障诊断与排除。接车后,先用V. A. G1552检测,显示"右前轮速传感器"故障记录。根据经验,首先检查了右前轮车速传感器,清除了上面的灰尘,用清洗剂把齿圈清洗干净,又检查传感器线穿过发动机室的位置,没有发现破损之处。之后消除故障码试车,故障没有排除。再用V. A. G1552查询故障码,仍是"右前轮车速传感器"。看来这个传感器很可能有问题,用万用表测量其电阻为13Ω,在正常范围内,但故障码显示"右前轮速传感器",于是决定更换这个传感器,更换后试车,发现故障现象依旧。

读取数据流进行分析,除了右前轮的数据跳动较快之外,车速与其他轮没有差异。修过帕萨特B5轿车的ABS也遇到过这种情况,明明故障码是左前轮速传感器,换新的又不解决问题,调整轮速传感器与齿圈的距离也不起作用,几经折腾,经换ABS液压阀总成后排除故障。由于检测仪器也不是万能的,当它不能准确描述故障原因时,这就要靠我们自己动脑动手解决问题,另外传感器传输的信号到ABS的ECU内有检波等细节处理。这些地方出现故障检测仪器也会误判。因此决定更换ABS液压阀总成,经排气,用v. A. G1552键人功能地址07进行编码,输入01901后又进行故障查询,显示无故障码。试车中,ABS故障灯又开始闪亮,查故障码又和以前一样,这就让人困惑了。总不会是ABS线束有故障吧? 于是开始对线路检查,无论插头、搭铁线、熔丝和穿舱处,都没发现问题。经分析。故障码是"右前轮速传感器",而连接传感器与ECU的是线束,会不会线束有问题? 决定更换ABS线束总成试试，结果故障码和现象都没改变。

原本认为简单的问题看来一点也不简单，至此维修进人困境。此车的 ABS 系统主要就有这些部分，故障问题通过以上排除步骤都应解决，可这辆车如此意外。打开钥匙开关，发现 ABS 故障灯亮一会儿就灭了。但着车后灯又亮起，在路试中读取的数据，通过 08 数据流观察，除了右前轮车速稍微跳动外，速度几乎一样，看不到什么差异。分析以上的故障排除过程，要么是更换的配件有问题，要么故障是其他方面造成的。经过验证，配件质量无问题。打开点火钥匙后过一会儿 ABS 故障灯熄灭，说明 ABS 系统在自检中没发现故障，当起动后故障灯就亮了，此时车又没行驶，难道与发动机的运转有关系？用 V. A. G1552 进入发动机 01 地址，键入功能 02 查询，无故障码，键人 08 读数据流，一切都在正常范围内。会不会受到某种干扰造成此种情况？平时我们手机的信号不好就有这方面原因。

汽车发动机的干扰源主要有两种：发动机和高压点火系统。观察此车的点火高压线是新的，经询问车主证实，原来此车加速时发抖，跑不起来，在外维修中换了高压线总成。过了一天就出现 ABS 灯报警的现象。

至此维修有了眉目，很有可能是新换的点火高压线阻值过低，又由于“右前轮速传感器”的线束经过点火线圈并相隔很近，高压点火辐射频率影响了 ABS 系统，故每一次检测都显示“右前轮车速传感器”故障。经换一副新的点火高压线总成后，故障果然排除。

此维修实例说明，随着现代车辆中科技的广泛应用，掌握工作原理和熟练使用检测仪器是必要的，但更加需要我们动脑来修车，也应该全面检查其他方面、全面分析，“望闻问切”都用上，才能更好更快地解决问题。

11. 为什么桑塔纳 GLI 轿车转向助力泵有异响？

(1)故障现象。该车累计行驶 13 万 km，发动机在怠速运转时,转向助力泵发出“嗡嗡”响声,当左右转动转向盘时异响加重。

(2)故障诊断与排除。该车在两周内更换了2个转向助力泵。换上第1个转向助力泵时使用了约13天,噪声便出现,第2个则只用了7天同样的问题便又出现。据维修技术人员介绍,他们进货渠道正规,此配件已售出多台,均未出现过类似问题。

经拆检已换的泵体,未发现异常磨损。将车停驶在平坦路面,通过全面的目视检查发现,液压管路、泵体及转向盘无漏油现象,储液罐内液压油在上限与下限之间,传动带松紧适度,只是液压油呈黑色有变质现象。通过试车发现,左右转动转向盘,转向加力正常,在行驶中转向稳定且灵活,未出现转向时跑偏、沉重与发飘现象,且转向回位良好。

难道真的是泵内异常磨损产生的噪声?该车换上新泵后,从未发现缺油漏油现象。

而此泵只使用了1周,应不是泵内磨损所致。如果泵内压力阀与流量阀不良,将会使压力过低,表现为转向沉重;如果压力过高,则动力缸左右压差过大,行驶中会出现方向自动跑偏现象;如果转向分配阀工作不良或内部泄漏,会出现转向沉重;如果转向分配阀卡滞,会导致转向回位不良;如果分配阀芯与阀套配合间隙不良,也会发生跑偏与发飘现象。

经过以上测试与分析,显然不符合以上任何一种情况,看来转向系统各部件工作良好,更不存在不良磨损现象。

至此修理工作陷入困境,检修中发现的唯一异常之处就是液压油存在变质过脏现象。使发动机怠速运转,转动转向盘数次,待液压油温上升至正常工作温度(约80'12左右),旋掉储液缸罩盖,用手按住中间弹簧,起动发动机怠速运转,在观察油面时,除了发现液压油过脏,还发现液压油在流动过程中不时有气泡冒出液面,可能是因气泡随液压油的流动进入泵体,在泵内受到挤压而产生气动噪声?果真如此的话,那么气泡又是怎么产生的呢?经过深入分析,认为是储液缸内的滤芯堵塞导致上述现象。

为什么滤芯堵塞会产生如此大的噪声呢？液压油脏污会使滤芯堵塞，滤芯堵塞之后，会使滤芯内外两侧压差过大，因此会使油面处于不稳定状态。在油面变化的情况下，由于内侧处于过大负值，很容易就会使空气混入进油管，传至泵内受到挤压而产生气动噪声。

更换一个转向助力泵滤芯，并对转向液压系统进行彻底清洗，换上纯净的标准液压油，试车发现故障彻底排除。

在大众系列车型中，不仅滤芯堵塞会产生噪声，如果滤芯损坏或移位也会产生气动噪声。这是因为滤芯具有两个作用：一是过滤系统内的沉积物与杂质，二是在回油口压力过高时，起到消除脉动的作用，防止产生气泡，以使油面平静。因此，当转向助力泵出现异常响声的时候，就应该察看滤芯是否堵塞，并对液压油进行检查。

12. 为什么桑塔纳 2000 挂档时振动很大，挂倒档时变速器抖动？

(1)故障现象。该桑塔纳 2000 俊杰轿车，搭载大众 AG40tN 型电控自动变速器，该车变速器变速杆挂入倒档倒车时会突然感觉到变速器一振，同时当变速杆再挂入 D 位时也会感到剧烈地振动。

(2)故障诊断与排除。通过用故障诊断仪 V. A. G1552 对变速器电子控制系统进行了检测，结果发现了“00 械 93 025，多功能开关 F125 未定义开关状态；01236 031，自动变速器换档锁止电磁阀 N110 接地线断路/短路”两个故障码。根据故障码描述的含义提示，首先检查了与自动变速器控制系统相关的熔丝，结果发现 15 号熔丝被烧断。经查阅该车相关线路图，得知 15 号熔丝为倒车灯、档位指示灯及变速杆锁止电磁阀熔丝。更换该熔丝后故障排除，变速杆又反复挂入 R 位试了几次，没有出现问题。

当准备把车交付给用户时，变速器的上述故障再次出现，检查 15 号熔丝又烧断了。为此，怀疑与该熔丝相关的元件存在问题，于是先后更换了倒车灯继电器和 F125 多功能开关，但故障依旧，维修陷入了困境。

修理时换了一个熔丝进行试车,结果发现倒车时会突然出现用户反映的故障现象,看来应该是某段线路中某处有短路的地方。由于更换倒车灯继电器、多功能开关都不起作用,笔者决定对换档锁止电磁阀 N110 及其他相关线路进行检查。经仔细检查,N110 及其线路未见异常。继续检查倒车灯线路时,倒车灯灯泡、灯座均没有问题。顺着线路继续检查,在检查到行李箱盖铰链处的线束时,发现倒车灯的黑/紫线破损,已漏出铜线,把该处重新包好后,试车故障排除。

至此,故障原因找到了,由于该车倒车灯的供电线破损,当变速器变速杆在挂上倒档后,该线路偶尔直接搭铁短路,导致熔丝被烧断。同时,由于该线路的短路,使得变速器控制单元进入了应急运行状态。当变速器进入应急模式后,变速器只能以 3 档行驶,同时油压达到最大值,这样变速器在换档时就会产生强烈地冲击,也就出现了用户所述的故障症状。

13. 为什么桑塔纳 3000 轿车行驶中有异响?

(1)故障现象。该桑塔纳 3000 超越者轿车,进厂时车主报修行驶时仪表板有异响。

(2)故障诊断与排除。通过检查试车,发现当车辆在平直路面上行驶且车速超过 50km/h 后,在驾驶员侧仪表板附近,会出现一种类似"吱、吱"的异响。凭直觉和经验判断,该响声极有可能是仪表板附近的塑料部件因相互摩擦而发出响声,但是该响声却会随着车速的变化而变化,即车速越高响声越大。通过对响声发出的位置仔细辨听,基本确定异响出现在仪表板附近。由于一时难以对产生异响的部件做出准确的判断,因此只能根据试车结果,对仪表板附近可能与异响有关的部件进行检查。因在试车中发现只有当车速超过 50km/h 时响声才会出现,于是首先将组合仪表板拆下,然后进行试车,以确定该响声是否与组合仪表有关。结果进行路试时,响声依然出现。连续进行路试,以对异响的部位做进一步的确定，最后发现该响声好像来自组合开关内。但经过对组合开关的结构进行分析，似乎在组合开关内并没有产生此种异响的部件。而且在响声出现时，用手压住组合开关，响声并没有任何变化。

就在此时，无意中按了一下喇叭，竟然发现异响有短暂的消失。难道响声来自于转向盘？试着将转向盘上的喇叭按钮轻轻按下，响声不再出现，而当松手后，响声立即出现。鉴于此种情况，停车并将转向盘喇叭按钮拆下（此车并未安装安全气囊），然后进行仔细观察，发现连接喇叭按钮的4个支点均有摩擦过的痕迹。由此确定异响就是由于支点的相互摩擦而产生的。

根据检查结果，在转向盘喇叭按钮的4个支点上分别涂抹润滑脂，装复后试车，异响终于消失。后来得知，该车因事故而导致安全气囊爆破后，却并没有按要求修复，只更换了不带安全气囊的转向盘。由于更换后的转向盘质量并不过关，所以导致了异响的发生。重新更换转向盘并修复安全气囊后，故障排除。

14. 为什么帕萨特轿车自动变速器工作不平稳?

(1)故障现象。该帕萨特B5GSi(01自动变速器)型轿车，行驶时工作不平稳，换档时有冲击。

(2)故障原因分析。试车发现，该车自动变速器工作不平稳，各档之间进行转换时有冲击。连接故障阅读仪V. A. G1551进行诊断，自动变速器电控系统无故障码存在。

自动变速器工作不平稳，换档时有冲击的原因主要有：

①自动变速器执行元件（如离合器或制动器等）损坏。

②主油路压力过高。

③换档电磁阀有故障。

④控制阀体有故障。

⑤变速器控制单元有故障。

这些故障检查起来都很复杂。驾驶员说，该车以前曾拆卸过发动机的节气门体。拆卸节气门体应对发动机和自动变速器进行基本设置,否则易引起发动机和自动变速器工作不平稳。

经检查发动机工作正常,分析可能对发动机已进行了基本设置,而没对自动变速器进行基本设置。

(3)故障排除。对自动变速器进行基本设置:连接故障阅读仪 V. A. G1551,选择“02”进入自动变速器电控系统,按“04”键,选择“基本设置”,按“000”键,并按“Q”键确认,显示器上出现“系统在基本设置”,此时将加速踏板到底,使低档开关动作,并且保持在该位置 3S 以上,退出系统,完成基本设置。再试车,故障排除。

15. 为什么帕萨特轿车自动变速器升档慢?

(1)故障现象。一辆帕萨特 B5GSi(01N 自动变速器)型轿车,发动机转速很高车速却升高很慢。

(2)故障原因分析。上路试车,感觉一加油门,发动机“嗡嗡”地响,转速达到 3000～4000r/min,而车速却不能有效地提高,故障症状既像升档过迟,又像自动变速器驱动无力。

连接故障阅读仪 V. A. G1551 进行诊断,自动变速器和发动机电控系统均无故障码存在。那么故障出在哪里呢? 用汽车举升机将车举起,试验无负荷时自动变速器的升档情况,感觉此时车轮转动还是挺费劲,像有阻力似的。转动 4 个车轮,均要费很大的力才能转动。原来四轮带制动了,故障出在制动系统。

对 4 个车轮进行制动放气,无气泡冒出,但 4 个车轮不带制动了,分析故障在制动总泵。

(3)故障排除:更换制动总泵后,自动变速器工作正常。

(4)启示:本是制动系统的故障,但当初怎么能判断成自动变速器的故障呢? 原因有两个,一是处理此类故障时想问题过于复杂,二是没分清两个系统故障的具体差距。

16. 为什么帕萨特轿车自动变速器跳档?

(1)故障现象。该帕萨特 B5GSi 型轿车(OIN 自动变速器),行驶中自动变速器频繁跳档。且升档时工作粗暴。

(2)故障分析。一般情况下,频繁跳档的原因有:

①主油路压力不正常。

②自动变速器阀体有故障。

③车速传感器有故障。

④转速传感器有故障。

⑤线路有故障。

⑥变速器控制单元有故障。

该车因发生碰撞事故，拆卸了自动变速器。先将车辆用汽车举升机举起，发现自动变速器的下部全是油污，分析可能是因为装配不良造成自动变速器油泄漏。再看变速器后部的车速传感器和转速传感器，其上面也是油污，用布擦净，发现左、右两插头插错了。正常情况下，左边为黑色插接器，右边为棕色插接器，而现在棕色插头却插到黑色插座里，黑色插头插到棕色插座里。

(3)故障排除：将两插接器按正确方法插接，用故障阅读仪清除故障码，再试车，故障排除。

(4)启示：自动变速器后部的两个传感器的配线长短不一，且有线卡，正常情况下不能插错。但该车肇事后，线卡没有，线也弄乱了，以致造成了此故障。一些不可能产生的故障，在某种特定环境下却可能发生，这应引起我们的注意。

17. 为什么帕萨特轿车手动变速器换档沉重？

(1)故障现象。该帕萨特 B5 Gli 型轿车(1.8L 发动机，手动变速器)，司机反映换档时沉重。该车行驶了 45000km。

(2)故障分析。经检查发现发动机不工作时，换档也沉重，由此分析故障出在变速器及其操纵机构。若发动机工作时换档沉重，而熄火后换档轻便，则要考虑离合器。

(3)故障排除。对变速器及其操纵机构进行检查。按手动变速器操纵机构调整方法将档位重新调整好，并且在换档杆与变速器连接处涂抹润滑脂。再试车，故障排除。

18. 为什么帕萨特轿车行驶无力，急加速时有时打滑？

(1)故障现象。该帕萨特 B51.8T 型轿车(01N 自动变速器)，行驶了30000km。最近,该车行驶无力,在急加速时有时出现打滑现象。

(2)故障分析。连接故障阅读仪V.A.G1551进行诊断,自动变速器电控系统无故障码存在。观察自动变速器,没进入紧急运行状态。看来问题比较复杂,因为出现此种情况,多为自动变速器内部故障所致。但仔细一想,一辆刚行驶30000km的新车,自动变速器内部能有什么故障呢?该车前段时间做过保养,更换了自动变速器油,分析问题可能出在自动变速器油上。检查自动变速器油,发现油质不太好,决定再检查一下油位。

将车辆置于水平位置,换档杆置于P/N位置,切断空调,发动机怠速运转,连接故障、阅读仪V.A.G1551,选择"02——变速器电控系统",选择"08——阅读数据块",其004组的1区为自动变速器油温度。让发动机工作,当油温为35℃~45℃时,拧下油液检查螺栓,应有少许油液流出,而该车却无油液流出。原来保养时还剩下半升多油,拿来些油加上,也未见油液流出,看来该车油量不足。

(3)故障排除。鉴于该车所换的自动变速器油的油质不是太好,所以就重新更换了自动变速器油,并加至规定油位。再试车,故障排除。

自动变速器油一般不用更换。若更换,则应采用故障阅读仪配合加注,否则易引起加注不足或过多的现象,影响自动变速器正常工作。

19. 为什么帕萨特轿车行驶中底盘有时有嗡嗡的异响?

(1)故障现象。该帕萨特B5GLI型轿车,在行驶过程中,车辆底盘偶尔发出"嗡嗡"的异响。变速器在4档,车速约为30~60km/h,加速时异响容易出现。

(2)故障原因分析:试车,听异响在底盘中后部。检查底盘,无异常处。转动后轴承,无异响。起动发动机,感觉中节消音器声音不正常。

20. 为什么帕萨特轿车离合器有时不能分离?

(1)故障现象。该帕萨特 B5GSi 型轿车(1.8L 发动机,手动变速器),司机反映有时离合器不能分离

(2)故障分析。离合器不能分离的原因主要有:

①离合器踏板自由行程过大。

②压盘变形、翘曲。

③膜片弹簧弹力减弱。

④摩擦片破裂。

⑤离合器主缸或从动缸不工作。

首先上车感觉一下离合器的动作,踩下离合器踏板,有时踏板不能回位,好像是离合器液压系统内有空气,于是对系统进行放气。然后试车,感觉离合器分离正常。

可该车行驶不到一天,故障又出现了,故障现象仍是离合器踏板踩下后有时不能回位。根据经验,此故障原因一般为离合器主缸有故障。

(2)故障排除。更换离合器主缸,故障排除。

21. 为什么帕萨特轿车在高速时底盘有异响?

(1)故障现象。该帕萨特 B5 GSi 型轿车(1.8L 发动机,01N 自动变速器),车速在 120km/h 以上时,底盘发出“喳喳”的异响,异响不连续。

(2)故障原因。分析开车上路试验,当车速达到 120km/h 时,听到底盘发出异响,异响像是从底盘前部传出的。开始怀疑为自动变速器异响,但将换档杆从 D 位移至 N 位时,异响仍存在。这样可以排除是自动变速器异响的可能性。

将车开至汽车举升架上,经检查油底护板有些松动,但紧固后异响仍存在。再检查悬架螺栓、发动机螺栓,无松动现象。起动发动机,将自动变速器换档杆放在 D 位置,加速至 120km/h 以上,无异响,由此也排除发动机产生异响的可能性。

底盘前部检查了,再来检查中、后部。当检查距发动机约

30～40mm的一个横梁螺栓时,发现螺栓很松。

(3)故障排除。将松动的螺栓紧固后,试车,故障排除。

(4)启示。检查底盘有异响的故障时,经常会遇到行驶时,特别是高速行驶时,中、后部的异响传到前面的现象,其实这是一种错觉,我们在维修中应注意。

22. 为什么帕萨特轿车高速时转向盘发抖?

(1)故障现象。该帕萨特 B51.8T 型轿车(01N 自动变速器)行驶了 10000km,最近,该车行驶过程中,当车速达到 120km/h 时,转向盘开始发抖;车速低于 120km/h 时,转向盘无任何抖动现象。司机反映两前轮做了轮胎动平衡。

(2)故障分析。试车时发现,此现象与其他车型因轮胎动不平衡而引起的转向盘发抖基本一致。将该车 4 个车轮均拆下,对轮胎做动平衡,两前轮动平衡正常,左后轮约差 110g,左后轮差 20g。

(3)故障排除。将两后轮进行动平衡后,试车,故障排除。

某些人认为只有两前车轮动不平衡才能引起车辆行驶时转向盘发抖,其实后轮动不平衡也能引起车辆行驶时转向盘发抖。

23. 为什么帕萨特轿车 ABS 故障灯亮?

(1)故障现象。该帕萨特轿车,发动机型号为 AEP 型直列 4 缸 2.0L,ABS 系统类型为 TEVEAMK 04。当打开点火开关以后及行车时, ABS 故障报警灯常亮不熄。在行车中进行制动时,没有制动防抱死功能。

(2)故障诊断与排除。灯闪亮,表明 ABS 系统已经出现故障,那么,首先要看控制单元是否已经存储故障内容。使用汽车故障检测仪 V.A.G1552,读取 ABS 控制单元中存储的故障内容为:Votage suppy too low.(电压信号提供太低)。

①检测电源电路首先检查所有相关的熔断丝,均良好。其次检查控制单元电源供应。据电路可知,控制单元第 53 脚是点火开关电源。断开控制单元线束插头(点火开关需关闭),在打开点火开关或发动机处于运转状态,检测控制单元第 53 脚与车身地线之

间电压，设定值为 11～15V。实际测试值：打开点火开关为 12.6V，发动机运转时为 13.8V，与设定值相符，这表明电源供应线路正常。

②检测控制单元搭铁线路据电路图可知，控制单元第 1 脚和第 19 脚是搭铁线。这两根地线与车身地线之间应为通路，设定值为小于 0.5 Ω。实测值为 0.4Ω，在设定值范围内。表明控制单元搭铁线路正常。

③检测所有 ABS 系统相关电路首先检测系统所有线路间是否存在短路（对电源线，对地线是否短路）；其次检测所有线路，检查是否某处断路。检测结果表明外围线路没有问题，线路正常。

既然外围线路正常，实测数值也正常，那为什么控制单元会给出“电压提供太低”的故障码？并且故障灯同时也亮？莫非是故障灯的驱动电路出现故障了？

由 ABS 系统的电路图可知，ABS 故障灯 H1 由点火开关 15 脚提供电源，中间经过熔断丝 F1。其控制地线分成两路，一路是接在控制单元的第 52 脚；另一路是接在液压组件电磁阀控制继电器 K1 的第 30a 经 87a 与车身地线接通。继电器 K1 的 87 脚接在 30 脚上，是常火；86 脚接在点火开关 15 脚上，由点火开关提供电源。85 脚接在控制单的 34 脚，是此继电器的控制端。当点火开关打开，控制单元会进行一次自检，在自检结束之前，控制单元 34 脚不给继电器提控制，此时电流路径为：点火开关 15 脚电源→F1→H1→30a 一二极管→87a→地线，故障灯亮。此时，控制单元 52 脚处是一个低电位。自检结束后，如系统中没有故障，控制单元接通 34 脚控制端，继电器 K1 工作，30a 与 87a 断开，接通 87 脚，电源路径为：30 脚常火→F2→87 脚→30 脚→X6→Y1，给 Y1 提供电源；同时，K1 还给控制单元的 3 脚、33 脚、ABS 泵马达继电器 K2 的 86 脚提供电源。故障灯线路电源路径为：开关 15 脚电源→F1→H1→30a→二极管一 30 脚，故障灯两端电位相等，故障灯熄灭。此时，控制单元的 52 脚处是一高电位信号。

由以上分析可知:假如继电器K1有故障,当控制单元34脚接通控制端时,继电器不工作,故障灯就不会熄灭。于是,我们首先测试继电器KI是否良好:在继电器85脚接一根控制地线,点火开关打开时将其搭铁,结果继电器工作正常,故障灯在继电器动作的同时熄灭。其次,检测控制单元34脚是否提供控制信号:在34脚接数字万用表正极,万用表负极搭铁,点火开关打开时测其电位,假如控制单元提供控制信号,所测结果应该是低电位,如未提供控制,则所测结果是高电位。实际测试结果表明:当点火开关打开,控制单元根本就没有在34脚提供继电器K1的控制信号;行车状态时也是如此,测试结果始终是一个高电位。

此外,我们对四轮转速传感器、液压组件八个控制电磁阀、ABS泵及其转速传感器、制动踏板位置传感器均进行了检测。然后把测试结果与规定值(表8-1)进行对比:全部都在规定范围内。

表8-1　几种控制元件及传感器的规定值

无件名称	规定值(Ω)	无件名称	规定值(Ω)
ABS进油阀	6.5—10.0	ABS泵马达	1.5—2.5
ABS泄油阀	3.0—7.0	转速传感器(前)	1000—1300
继电器K1	50—100	转速传感器(后)	1000—1300
继电器K2	50—100		

通过以上这些工作,我们已经把控制单元以外的所有线路、元器件都进行了检测,检测结果均正常。到此为止,唯一可以确认的就是控制单元自身的故障。

更换ABS控制单元。然后打开点火开关,故障灯在亮2s后自动熄灭。连接诊断仪V.A.G1552,检测结果为无故障码。再进行路试,ABS系统工作一切正常。

24. 为什么帕萨特轿车ESP警告灯亮?

(1)故障现象。装备ESP系统的帕萨特V6 2.8乘用车行驶里程为53000km左右。当车辆在市区频繁踩制动踏板行驶一段时间后，ABS 警告灯与 ESP 警告灯同时报警。用电脑检查 ABS 系统，故障码为 01435（制动压力传感器 G201）。据车主反映，一个月前曾在地区级维修站更换了制动压力传感器 G201，但仍存在上述故障，接着又更换 ABS 泵、制动灯开关。当时试车正常，但行驶大约 10min 后 ABS 与 ESP 警告灯又报警。

（2）故障诊断与排除。首先对该车进行电脑检测，ABS 控制单元为"3U0 614 517B ABS,/ESP"，故障码还是 01435（制动压力传感器）。清除故障码后试车，确如车主描述一样，车速保持在 30～40km/h，多次踩制动踏板后出现上述故障。再次用电脑查询，故障码还是 01435，证明此故障确实存在，不是偶发性的，但该传感器以及 ABS 泵总成都更换了，为什么还是此故障呢？是不是线路出现问题呢？查找线路图后，对 G201 线路进行测量。

拔下 G201 插头，打开点火开关，测量 1 与 3 号脚的供电电压在 4.2V 左右；测量 2 号脚（信号线），根据制动力大小，其电压也随着变化，证明压力传感器是正常的；再次测量线路 G201 至电脑的插脚是否通断及与正极、负极是否短路，也都正常。

G201 压力传感器已经更换多次，但没有排除故障。制动压力传感器 G201 的作用是将制动回路内的当前压力信息发送给控制单元，控制单元由此计算出车轮制动力及作用于车辆上的纵向力，如果需要 ESP 进行干预，控制单元便会利用此数值计算侧向力。没有当前制动压力值时，系统无法正确计算出侧向力的大小，ESP 功能失灵。

从上述分析来看，13201 产生的是一个制动力反馈信号，而且导线测量是正常的，又没有显示线路故障码，因此肯定是一个由其他零件引起的故障。为什么在行驶过程中频繁踩制动踏板会导致故障的出现呢？怀疑是制动灯开关损坏，但制动灯开关也更换过。接下来只有进行制动灯开关检查，最直接的方法是踩制动踏板看制动灯工作是否正常。但这种方法只能检查制动灯开关和制动踏板开关 F47 是否正常。因此，还应检测 F47 的外转电路，如图 8-3

所示。打开点火开关,拔下 ABS 插头,测量 ABS 泵 37 号脚时发现轻踩制动踏板还有电压,将制动踏板使劲踩到底时才没有电压。由此证明制动灯开关位置没有调整好,所以会产生 ESP 系统没有接收到驾驶员的操作信号,也就是说没有将驾驶员操纵制动踏板的信息及时反馈给控制单元。

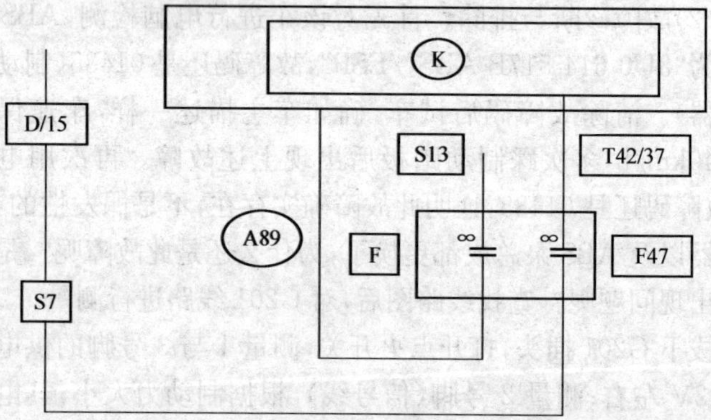

图 8-3　制动踏板开关 F47 外围电路

将制动灯开关拆下,把制动灯开关顶端拉出,制动踏板不能动,直接安装制动灯开关(旋转 600 左右),再次测量一切符合要求,装复 ABS 泵插头,进行匹配(注:因带有 ESP。系统的插头拔下,打开点火开关,ABS 泵的编码将变为 00000)。

连接电脑打开点火开关进入 ABS 系统,在进行设定前车辆转向盘必须在直线行驶位置进入 11,输入 09597 后进入 07,编码输入 04297 后再进入 11,输入 40168 后进入 04,选择 001 进行匹配,匹配成功后,会显 OK 字样,装复后进行试车,故障排除。

(3)经验总结。仅仅是一个小小的调整,就使 ESP 系统的故障得以排除。在检修汽车电子系统的过程中,我们只有真正掌握系统的原理后,才能明白每个传感器的作用,这样才能帮助我们快速查找故障原因。

25. 为什么帕萨特轿车误判自动变速器 TCC 故障?

装用 01M/01N 自动变速器的车辆出现挂档熄火故障时，常常是锁止离合器(17CC)滑阀发卡所致，可更换 TCC 增压阀、阀套或阀体总成解决。其实，还有一个容易引起误判为发动机故障的 IEC 故障。

(1)故障现象。2005 款帕萨特轿车，装用 5V 1.8L 发动机，搭载 01N 自动变速器，行程 1735km，车辆行驶时，在加速踏板稳定的情况下，感觉到发动机“突、突”YL 下，同时能感觉到车身颤动，观察发动机转速表也同时摆不稳。故障总是出现在 60km/h 车速以上且加速踏板稳定时。

(2)故障诊断与排除。在刚接修此车时，感觉非常像高压断火，用诊断仪诊断发动机电控系统没有故障码，经更换火花塞无效，又更换了 4 个带点火模块的一体化点火线圈也无效，后来又清洗喷油器、试换空气流量传感器、节气门体、氧传感器、爆燃传感器和汽油泵等发动机的众多部件，故障依旧。该车发动机外部部件几乎全部试换过，故障没有一点变化。经与其他技术人员会试，怀疑故障点在自动变速器。

表 8-2　自动变速器运行数据

显示组 007	显示区 1:挂入档位 显示区 2:锁止离合器打滑	显示组 007	显示区 3:发动机转速 显示区 4:加速踏板位置值

用故障诊断仪检查自动变速器电控系统，也没有故障记忆。针对故障总是出现在车速 60km/h 以上且加速踏板稳定时这一特点，进行了有目的的诊断。一人开车，另一个检查自动变速器各运行参数，自动变速器运行数据如表 8-2 所示，输入 02(自动变速器地址码)→08(测量数据流)→4307(显示组 007)，各显示区内容如表 8-2 所示，结果发现问题。3H、3M→、4H、4M→时，故障不出现。这说明只有在变矩器锁止离合器(TCC)锁止时且在加速过程中，故障才会出现。

现象 2:正常时,显示区 2 的锁止离合器打滑为 0,当故障出现,TCC 滑差在 15～275r/min 左右,滑差越大,车辆颤抖越严重。

为确认发动机是否有故障,又做了以下两项测试:

①进行失速试验,失速转速为 2500r/min,结果在正常范围。

②拉紧驻车制动,踩死制动踏板,挂入 D 位,轻踩加速踏板,使发动机转速约为 1400r/min,令其有中等负荷,感觉不到发动机缺火。

综合以上情况,判断发动机正常,故障是由于锁止离合器未能可靠锁止,出现突然打滑造成的,锁止状态变化时发动机负荷发生变化,会引起发动机转速与车速的变化,给人的感觉是发动机和车辆同时在颤抖,就像是发动机断火一样。造成锁止不良的原因有变矩器内部锁止离合器故障和控制不良两方面,其中控制部分又包括 TCC 控制电磁阀、TCC 控制滑阀及 TCC 控制油路故障。维修应按由外及内、由简到繁的顺序。先由控制阀体入手,泄放自动变速器油,拆下油底壳,测量锁止离合器控制电磁阀(17CC PWM)的电阻值为 4.9Ω,在正常范围。拆下 TCC PWM 电磁阀,在里面还有 TCC 增压阀及阀套、TCC 作用阀及 TCC 弹簧,这一整套阀是控制 TCC 工作的,长期使用或自动变速器油质变脏后,阀会出现磨损,如果它们卡滞会造成 TCC 无法锁止、无法分离或锁止不良。无法锁止会造成自动变速器油温过高;无法分离会造成发动机在挂档熄火或踩制动时熄火;锁止不良会出现行驶车辆颤抖。因目前可提供的阀体维修用部件,包括 TCC 电磁阀、TCC 增压阀、阀套和 TCC 弹簧,而 TCC 作用阀与阀体间磨损是无法修复的。根据以上分析,试更换 TCC 增压阀、增压阀套和 TCC 弹簧。

同时互换 TCC 电磁阀和压力调节电磁阀(EPC),试车,车辆颤抖的频率大为减少,程度有所减轻,但不能完全消除。试车结果说明,问题的关键已找到,发动机没有问题,故障是 TCC 作用阀与阀体磨损,但目前没有修复办法,只好更换阀体总成,试车,故障排除。

26. 为什么帕萨特轿车 ABS 警告灯突然亮?

(1)故障现象。一辆 2001 年款上海帕萨特 B51.8T 轿车,该车在行驶中 ABS 警告灯突然点亮,同时 ABS 失效,到站进行维修。

(2)故障诊断与排除。经用 V. A. G1551 检测仪检查,发现有一个故障码为左前轮速传感器故障。拆下左前轮速传感器,发现前端有吸附的铁粉等杂物,同时左半轴上的 ABS 的信号齿之间有泥污。将铁粉和泥污清理干净后,清除故障码并试车,车辆恢复正常了。

车辆行驶了 10 天后,ABS 警告灯居然又亮了,经检测故障码为左前轮速传感器故障,而且这一次还增加了 1 个故障码即 ABs 泵故障。把 V. A. G1551 检测仪连接好后,清除故障码再路试,反复试验过程中,当故障灯再次亮起后,检查故障存储,还是反映左前轮速传感器或 ABS 泵异常。

对左前轮速传感器线路进行检查,发现传感器本身线束都正常,用 V. A. G1551 检测轮速信号也正常。在路试的过程中 ABs 警告灯突然又亮了。再次检测,发现只剩 1 个故障码了,就是 ABS 泵故障。这时如果清除故障码,在车辆不行驶的情况下,ABS 警告灯并不报警,只有在车辆行驶在颠簸的路面时才报警。如果试着用工具轻轻敲击。ABS 泵体,ABS 警告灯也报警,且此时故障码无法清除,说明 ABS 泵存有硬故障。

经对其周边线路进行检查,发现都没有问题,确定就是 ABS 泵本身故障。为了彻底搞清 ABs 泵本身究竟有什么问题,笔者决定把 ABS 泵解体检查。ABS 泵本身由两部分组成,一部分是电控部分,另一部分则是机械部分。解体后,发现电控部分线路板有几处已轻微脱焊了,最明显的就是 ABS 泵的主电源松焊。除此之外还有一处小的松脱的焊点,经测量确定是左前轮速传感器线路,现在终于找到了故障根源。

由于通向主电源和左前轮速传感器的控制单元内部线路出现轻微脱焊的情况，因此在颠簸的路面上控制单元受到振动，发生故障的几率就会增加，而在车辆静止或平整路面上发生故障的可能性相对较少。由于主电源和左前轮速传感器线路焊点的脱焊具有不稳定性，焊点脱焊的时间和位置(或同时脱焊)具有较大的偶然性。因此，有的时候只显示左前轮速传感器故障，有的时候又因为主电源线脱焊而显示 ABS 泵故障或者显示两者同时有故障。由于此车以前左前部曾经发生过碰撞，造成 ABS 泵电控部分外壳下部损伤有裂纹，时间久了，有少量水渗透到电控部分的线路板上，造成了线路板因长期腐蚀而脱焊，因而造成线路接触不良。这才是故障形成的最终原因。

将脱焊的地方焊实后，组装好 ABS 泵，试车后一切正常。故障排除。

27. 为什么帕萨特轿车仪表板上 ABS 故障灯常亮?

(1)故障现象。帕萨特 B5 2.8 轿车，用户反映该车仪表板上的 ABS、ESP 故障灯常亮，并称前几天就因仪表板上的 ABS/ESP 故障灯常亮而更换过制动灯开关。

(2)故障诊断与排除。维修人员连接故障诊断仪 V. A. G1552 对车辆的制动系统进行检测，发现了“00526 027——制动灯开关不可靠信号”的故障码。利用故障诊断仪进入数据流(08)中的 005 组观察数据的变化，当用脚轻轻踩动制动踏板使得制动灯刚刚点亮时，设备显示制动压力为 1.4MPa，这个数据已经远远超出了维修手册要求的技术参数(0.2MPa 以下)。根据这个诊断结果，重新拆下了制动灯开关，并按照安装规范重新进行了安装。之后，再次观察数据流中 08—005 组第 3 区的数据，已经符合维修手册的技术要求。

清除故障码后再次起动发动机，仪表板上的 ABS/ESP 故障灯不再常亮。

在进行维修时，必须严格按照厂家维修手册的要求去做。

制动灯开关的安装方法：

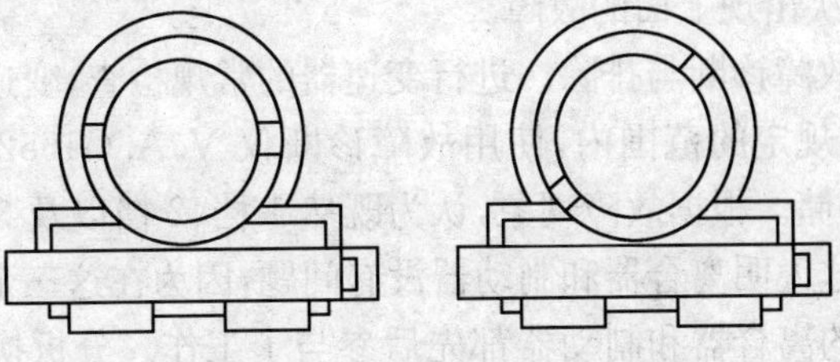

(a)　　　　(b)

图 8-4　安装位置

(a)安装前位置　(b)安装后位置

①安装前先将制动灯开关外壳旋转到图 8-4 所示位置，如果零件已经在此位置就不必进行此项操作，要注意旋转前应用手先将顶杆按到底。

②将顶杆拉到最长位置，并在顶杆处涂少许凡士林或润滑油(顶杆的拉出和顶进必须使制动灯开关保持在拆卸时的位置，如果硬拉将损坏制动灯开关)。

③将制动灯开关放到制动踏板架的安装孔内，此时顶杆会被制动踏板顶回一部分，顶杆会根据制动踏板的高度被调节到合适的长度。

④用手将制动灯开关外壳顺时针旋转 450。

⑤用脚踩几次制动踏板，检查一下制动灯是否能够正常工作。如果制动灯能够正常工作，安装完毕；如果制动灯不能正常工作，请拆下制动灯开关检查是否由于安装不规范导致制动灯不亮，并且检查相应的线路和熔丝。

28. 为什么帕萨特轿车自动变速器没有 4 档?

(1)故障现象。该 2003 年款帕萨特轿车，搭载 01N 型自动变速器，行驶里程约 7.5 万 km。该车变速器除了 4 档以外的其他各档均工作正常，在 3 档升 4 档时伴有强烈的矬车现象，发动机转速迅速下降，变速器档位随即又回到 3 档，但在进入 3 档时发动机转速又迅速升高,并伴有较强烈的换档冲击,变速器档位随即又进入4档并再次出现上面的故障。

(2)故障诊断与排除。进行变速器的常规检查,变速器油位和油压都在规定的范围内,使用故障诊断仪 V. A. G1552 检测也无故障码存储。根据故障现象,认为既然1档、2档以及3档能够正常工作,这说明离合器和制动器没有问题,因为在这三个档位工作时,所有的离合器和制动器都先后参与了工作。分析换档电磁阀工作的过程,电磁阀 N89 和 N90 的通断状态在未进入4档之前已经发生了两次工作转换。而且两次工作转换均未引起故障现象,这就基本上可以确定换档电磁阀 N89 和 N90 正常。换档电磁阀 N88 的状态只在4档时才发生通断转换,如果此时 N88 控制回路异常或 K1/B1 控制阀卡滞,都会导致 K1/B1 控制阀无法移动或移动不到设定的位置,使得前进档离合器 K1 无法释放,导致换档时机的不准确,使变速器进入4档时瞬时矬车。

基于以上分析,应该重点对 N88 电磁阀线路和 K1/B1 控制阀进行检查。首先断开变速器壳体与变速器控制单元之间的12针电磁阀线束插头,如图8-5所示,用万用表测量1号和3号端子之间的阻值为12011,正常阻值应为55—6511,这说明电磁阀 N88 或它的连接线路已经损坏。打开变速器油底壳,测量 N88 电磁阀的阻值确实过大。更换电磁阀 N88,装复变速器后进行路试,变速器升入4档时矬车和换档冲击现象消失,故障排除。

该车的故障检修到这里就结束了,但是维修人员是否考虑过电磁阀 N88 的阻值增大后为什么会导致3档无法升4档等故障现象呢?下面我们来分析一下故障发生的原理,这对我们理解变速器的换档过程和提高维修变速器的技术水平很有帮助。

从3档升4档的油路图(图8-6)可以看出,在电磁阀 N88 正常的情况下,当变速器控制单元发出升4档的指令时,电磁阀 N88、N89 以及 N90 的状态会发生变化,从故障诊断仪的数据流中可以看到电磁阀从3档工况的000(断断断)状态变为4档工况的

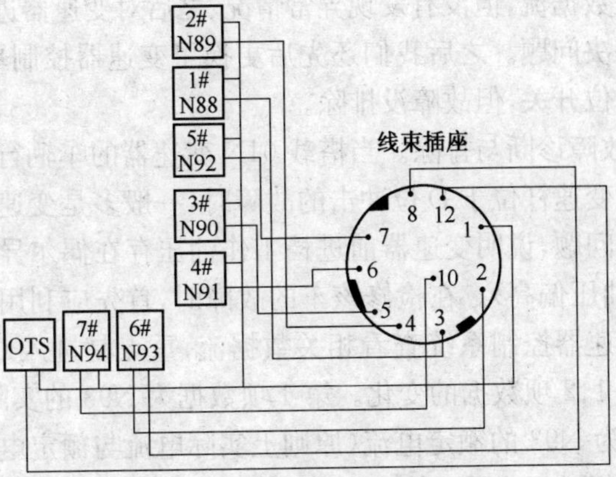

图 8-5　变速器电磁阀线束插座

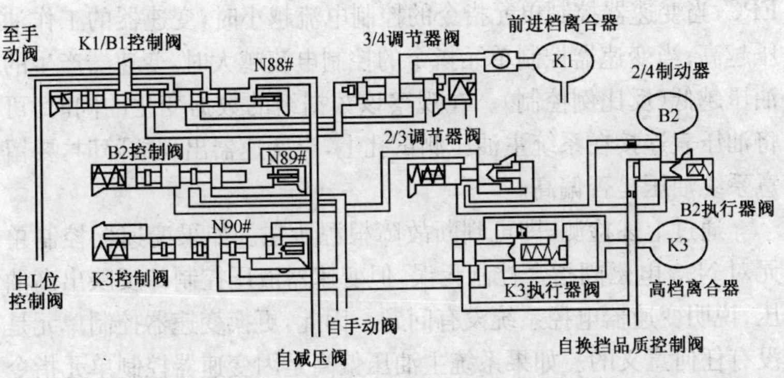

图 8-6　3 档升 4 档油路简图

110（通通断）状态，即 N88 和 N89 从断电卸压变为通电保压，而 N90 还继续维持断电卸压状态。

29. 为什么帕萨特轿车自动变速器挂档冲击，换档转速较高？

（1）故障现象。帕萨特轿车搭载 01N 自动变速器，该车偶尔在起动后挂 D 位会出现冲击现象，换档转速也较高，能达到 2800～3000r/min。无故障时则一切正常，我们利用故障诊断仪读取了相关数据流,但没有发现异常情况、之后对变速器进行了大修但没有解决问题。之后我们还先后更换了变速器控制单元、节气门体及档位开关,但故障没排除。

(2)故障诊断与排除。当搭载01N变速器的车辆行驶过程中偶尔出现变速杆位于D位冲击的故障时,一般多是变速器液压系统油压的问题,说明变速器前进档工作油压存在偶尔异常的情况(一般是油压偏高)。在检修该车的故障时,首先应利用故障诊断仪进入变速器控制系统查看相关数据流,重点是进入02.08.002组查看第1、2项数据的变化。第1项数据为N93的实际电流,第2项数据为N93的额定电流(原则上实际电流与额定电流之间的偏差不得超过0.05A),第3项数据为蓄电池电压,第4项数据为G68上的电压。N93为该变速器的主油路油压调节控制电磁阀即EPC,当变速器控制单元指令的控制电流越小时,变速器的工作油压越高;当变速器控制单元指令的控制电流越大时,变速器产生的油压越低(反比例控制)。在观察该数据组的数据变化的同时,可将油压表连接在系统主油压测试孔上,当变速器出现故障时,要留意系统油压是否偏高。

通过上述检测,即可判断故障根源所在。如果变速器控制单元对N93电磁阀指令控制无误,但变速器液压控制却反映出高油压,说明变速器电控系统没有问题。因此,更换变速器控制单元是没有任何意义的。如果系统主油压偏高是因变速器控制单元指令问题导致的,说明是电控系统异常引起的。

综上所述,并结合我们以往的维修经验,可以认为对自动变速器进行大修对解决该故障是毫无意义的。考虑到该车是偶发性故障,因此应该先从简单的做起。回到这辆车的故障上,出现的换档延迟现象应该是并联故障,很可能是一个很简单的问题被我们复杂化了。

还有一种方法可行,即当变速器出现换档延迟的故障时,可以利用故障诊断仪进入02.08.004组数据流通道和005组数据流通道，主要是观察变速器换档时变速器油液温度的数值及变速器控制单元对换档电磁阀发出换档响应的时间。之所以需要查看这两个数据，是因为当油温传感器 G93 向变速器控制单元提供一个低温信息时，变速器控制单元会延迟换档控制，同时还会改变系统工作油压。

因此，我们应围绕一些影响自动变速器油压的相关信息对该车变速器进行全方位的检测。

30. 为什么帕萨特轿车变速器换档有故障?

(1)故障现象。帕萨特 1.8L 轿车，搭载 01N 型 4 速电控自动变速器，用户反映该车变速器变速杆位于 D 位行驶时，存在升档有冲击的现象，且此故障时有时无，当变速器升至最高档后，车辆行驶完全正常。

(2)故障诊断与排除。该车变速器在两个月前因烧片进行了大修，大修后在行驶 6000km 后便出现了现在的故障。在路试过程中发现，车辆在节气门开度较小经济模式状态下行驶时，故障现象时有时无；但在大节气门开度动力模式情况下行驶时，故障现象则会频繁出现。为此，我们先连接故障诊断仪 K81 对变速器电控系统进行检测，在读取自动变速器电子控制系统和发动机控制系统故障存储时均未发现故障码。为确认发动机系统是否存在故障，我们又读取了发动机控制系统中的动态数据流。在发动机怠速停车状态下，进入 01.08.001 数据组观察，第 2 项数据为 1.00～2.50m/s，第 3 项节气门开度在 0～5；进入 01.08.002 组数据观察，第 4 项数据空气流量计的进气量数值 2.0～3.7m/s，也在正常范围内。随后又随车读取了行车时的动态数据，也未发现异常。检查发动机又无缺油缺火现象。综合以上情况，我们判定发动机工作正常，这样故障范围基本锁定在自动变速器部分。后来我们利用故障诊断仪读取了自动变速器电控系统的动态数据，进入 02.008.001 数据组读得节气门位置传感器的信号电压值正常，进入 002 数据组读得 N93 电磁阀的电流以 007 数据组的锁止滑差等都在正常值范围内。由于利用故障诊断仪并未发现明显的故障线索,我们决定再仔细试车。经过仔细判别,我们发现2档升3档时的冲击感较其他换档点更明显些。考虑到变速器2档升3档的转换是负荷的过渡段,负荷变化较大,控制单元的调节容易出现问题,于是怀疑变速器控制单元的控制程序可能出现问题。为此,我们找了一辆同型车的变速器控制单元互换试车,但故障没排除。为验证冲击感是自动变速器电控故障还是机械液压故障,我们先对电磁阀及线束进行了逐一测量,但检测结果均正常。然后我们又对电磁阀的阀球进行了检查,也无磨损和卡滞现象。之后,我们对液压控制阀体进行了彻底清洗,同时对电磁阀进行了位置互换因ATF非常干净,因此不必考虑机械元件受损。装复后试车,故障现象不但未消失,还在2档升3档时出现了打滑的情况,且变速器的升档也不够顺畅。

维修至此只能重新整理思路。在01N自动变速器中,2档执行元件是N88电磁阀断电控制K1机械阀使I档升3档离合器K1进油,N89电磁阀通电控制B2控制机械阀使2、4档制动器B2进油;3档执行元件是N88电磁阀断电Im3档离合器KI继续进油,N90电磁阀断电控制K3机械阀使3/4档离合器K3进油;因此2.3档切换的元件是N89、N90两个电磁阀,机械阀K1和K3动作后改变油路上的切换,即用油元件的切换就是B2与K3之间的切换。在保证变速器内部机械元件没问题的前提下,还应该从电控方面检查。这样我们先清洗了节气门体并匹配,更换了电磁阀扁形线,考虑到高温时出现问题结果故障现象仍没有改观。大修后没有多久机械元件不可能磨损得那么快,所以内部机械元件出问题的可能性我们仍然没有去考虑。众所周知,01N变速器阀体不容易出现问题,但电磁阀却很容易出现问题。在7个电磁阀中,N91、N93两个线性电磁阀及5个开关电磁阀中有两个是新的,另外三个是原车的阻值正常、阀球及阀孔没有磨损。几经考虑,我们怀疑电磁阀因使用时间过久,动态稳定系数下降,静态下

第九章　轿车车身结构与附件检修

1. 桑塔纳车身的结构特点是怎样的?

车身是轿车所有部件的安装基础,使它们形成轿车整体,内部形成驾驶、乘坐的空间。桑塔纳轿车的车身由车体、车门、前后舱盖组成,包括车窗玻璃、除霜器、车锁机构、后视镜、座椅、安全带机构等附件。

桑塔纳轿车的车身,是四门顺开无大梁钢制承载式车身。承载式车身结构以外壳承受压力,不设置车架、大梁,仅以车身底板与车身组件拼焊成一个整体结构—车体。车身组件计有:前围(见图 9-1)、翼子板(见图 9-2)、车底板(见图 9-3)和其他组合件。

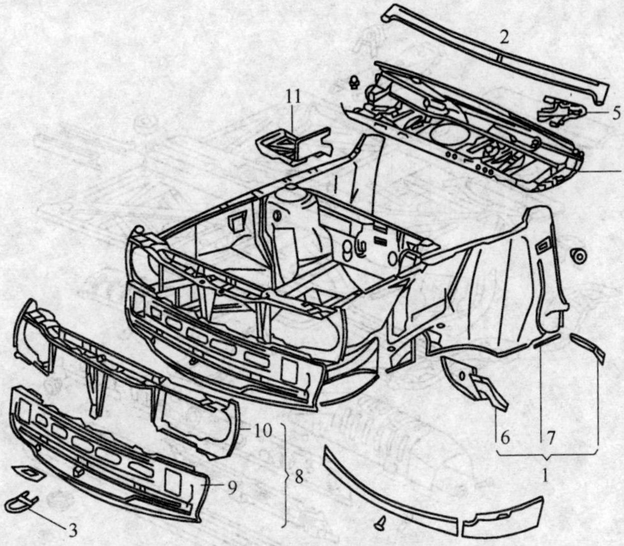

图 9-1　车身前围

1. 前围总成　2. 前风窗与发动机盖过渡板　3. 牵引钩　4. 雨水收集盒　5. 转向器轴承支架　7. 左、右角板　8. 散热器框架焊接点总成　9. 散热器框架下部　10. 散热器框架上部　11. 蓄电池托架

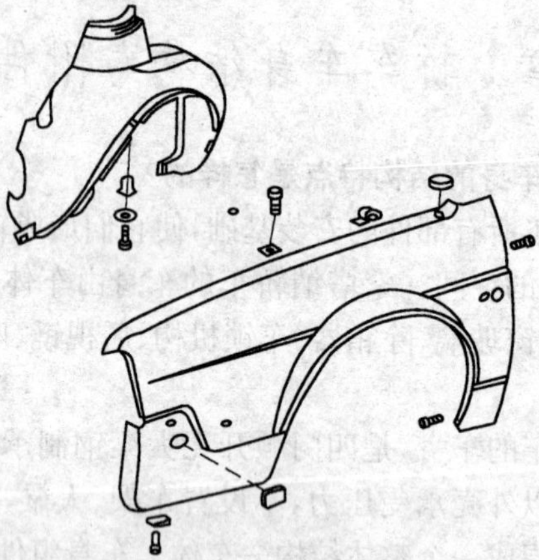

图 9-2 前翼子板

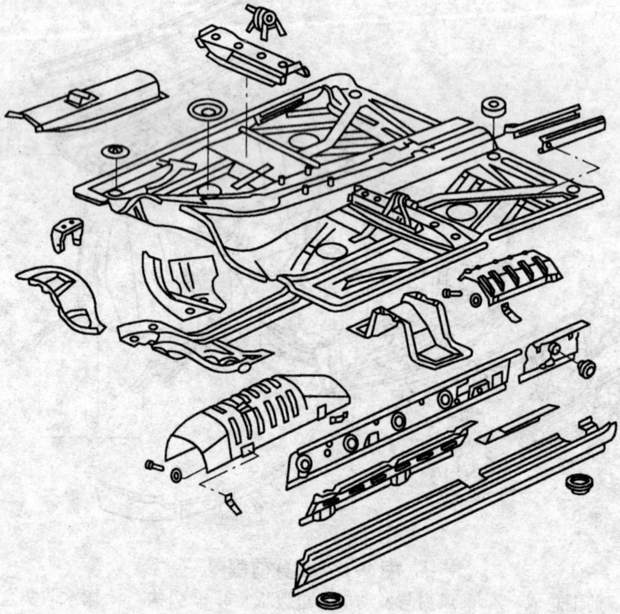

图 9-3 车身底板

车身组件均由 0.8mm 厚优质钢板冲压成形。这种承载式车身为提高刚性，在某些重要部位都点焊有支撑件(也叫加强梁)如图 9-4 所示。承载式车身减轻了车重，抗扭曲强度大，易于利用有效室内空间。为了防止碰撞，保护车身，在车身前后都装有保险杠如图 9-5 所示。保险杠采用聚丙烯、乙烯、丙烯三聚物制造，内有

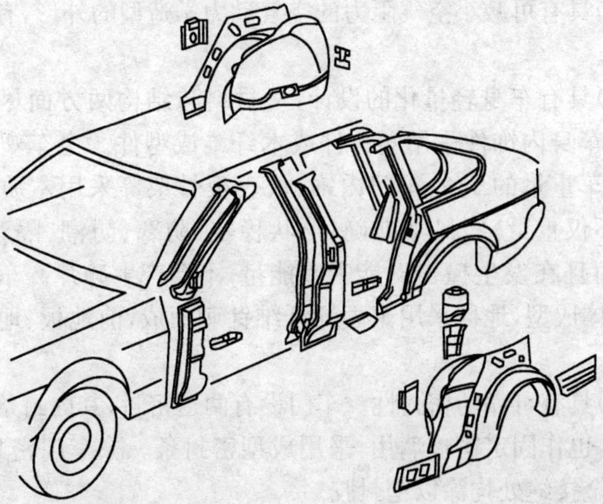

图 9-4　车身支撑架

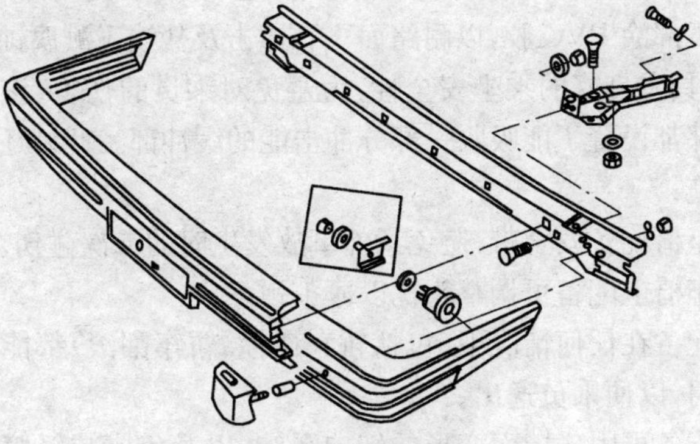

图 9-5　前保险杠

金属骨架。车身内饰件采用塑料件或纤维成型件。车身坯要经过清洗、磷化、二道底漆烘烤等工序后涂漆,面漆干膜厚度达0.05~0.07mm。

桑塔纳轿车的车身有折背式和溜背式两种。溜背式用于旅行车,其他均为折背式。上海桑塔纳轿车的车身具有以下优点。

(1)具有可减小空气阻力的空气动力学造型的外形,有利于提高车速。

(2)具有车身轻量化的设计,从材料与结构两方面尽量减少车重。车身内饰件采用塑料件或木纤维成型件。全车塑料件重量占整车重量的5%,车门内饰、仪表板骨架等采用木质纤维成型件,不仅重量轻、尺寸准确、形状稳定、防寒、防潮、隔音、不会老化,而且在发生撞击时能吸收能量,不会产生碎片。车顶塑料内饰整体成型,地毯采用聚丙烯纤维针刺而成,前地板、地毯为成型地毯。

(3)具有可靠的密封性。车门设有两道密封,其内封条具有金属骨架,也作固定窗玻璃用,采用成型密封条。除车门密封外,车体的钣金接缝处均涂以密封胶。

(4)具有高防腐性能。采用了严格的先进的油漆处理工艺,在发动机舱及行李舱内壁除了涂底漆外,还喷蜡、以提高耐腐蚀性。在地板下部涂PVC胶,以耐路面飞石撞击及盐渍飞溅腐蚀。

(5)具有良好的乘坐安全性,为避免对乘员的伤害,该车在车身前后部都设置了能吸收一部分冲击能的缓冲部。此外还有多项安全措施:

①座椅配备安全带,避免意外事故发生时的二次碰伤。

②座椅上配备可调整头枕以薄头颈。

③配备在任何情况下(包括轿车碰撞、轿车翻滚)都能顺利打开的车门,以便乘员逸出。

④配备可因碰撞而变形的转向系统,以避免或减轻撞车时对驾驶员的伤害。

2. 车门、前后舱盖与车锁机构有什么结构特点？

车门以门框铰链安装于车体，略带倾斜，利用车门限位器控制车门开度，开门后放手，能靠自重关闭。车门位置能够调整，可与车体曲面相匹配，其实车门就是车身的一部分。车体前部的发动机舱有前舱盖、后部有行李舱盖，前后舱盖与车体的连接也是铰链式，前、后舱盖均安装有车锁如图 9-6 所示。

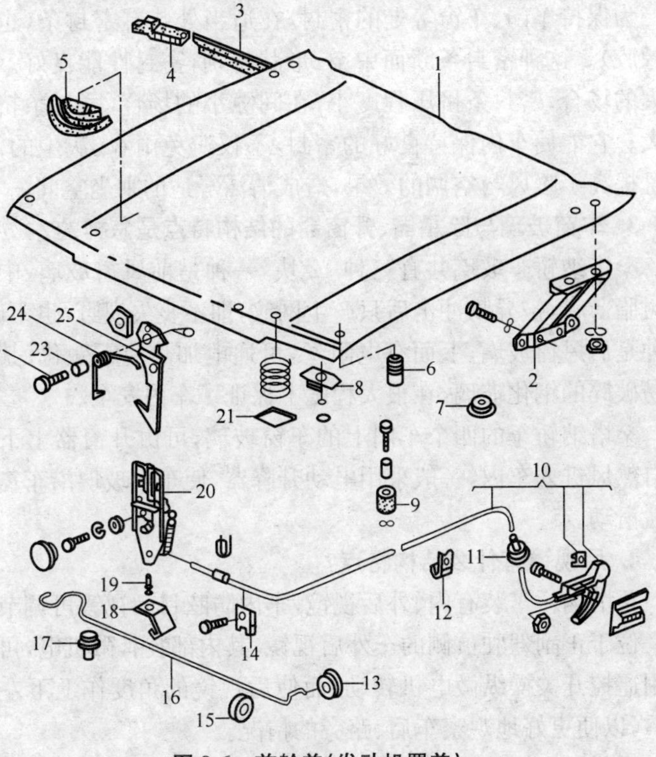

图 9-6　前舱盖（发动机罩盖）

1. 发动机盖总成　2. 发动机盖左铰链总成　3. 排水箱挡风罩密封条　4. 发动机盖垫块　5. 空滤器进气口档　6. 橡胶缓冲块　7. 发动机盖橡胶塞　8. 保持架　9. 发动机盖橡胶缓冲块　10. 发动机盖拉绳　11. 胶圈　12. 夹头　13. 橡胶支承　14. 线夹　15. 胶圈　16. 发动机盖撑杆　17. 塑料支架　18. 滑块　19. 开花铆钉　20. 发动机盖锁总成　21. 弹簧保护板　22. 支承螺钉　23. 支承套　24. 发动机　盖保险钩回位弹簧　25. 发动机盖保险钩

桑塔纳轿车有前后左右四个车门,五名乘员出入很方便,车门内外都有车把手,把手上安装有车门锁机构,利用内车把手可以解除门锁。车门锁采用卡板锁,并设有内操纵锁扭。后门锁采用特殊保险装置,从车内打不开车门,可防止儿童在行驶过程中开启车门,左前车门锁须用钥匙才能锁上。防止驾驶员将钥匙遗忘在车中。

为保持车门、车窗等处的密封,在适当处装有密封条(也称密封橡胶)。这种密封条断面中空,形状特别,密封性能良好。在间隙大的场合,密封条挤压程度小;在间隙小的场合,密封条挤压程度大。它能使车内保持良好的密封,不仅避免雨水、灰尘的侵袭,而且提高了暖风与空调的效果,造成清洁舒适的乘坐空间。

3. 车窗玻璃与除霜器、升窗器的结构特点是怎样的?

桑塔纳轿车玻璃共有三种 12 块,一种是前风窗玻璃,中间夹有树脂薄膜,被异物冲击后只产生网纹,即不丧失视野,也不碎裂;一种是后风窗玻璃,上面有电阻丝,可通电加热使霜融化;其余为不易破碎的钢化玻璃,在很大程度上保证了车内安全。

桑塔纳轿车的四个车门上的车窗玻璃,可由升窗器上下升降使自然风进入车内,一般采用电动升降器,使车窗玻璃沿车窗上的导轨滑动。

4. 后视镜有什么结构特点?

桑塔纳轿车装有内、外后视镜,车内防眩目后视镜可调节其角度。位于正副驾驶员侧的车外后视镜,其内部装有微机电,可在车内用遥控开关操纵微电机转动,而使后视镜的角度作上下左右的调整,以便更好地观察车后、路旁的情况。

由于后视镜是轿车的凸起物,有时不利于轿车通过。因此,车外后视镜在意外受力时,可向前后折叠。

5. 座椅有什么结构特点?

桑塔纳是五人座中级轿车。车内驾驶员座椅(前座)可前后调整,其靠背采用齿轮无间隙啮合调节,靠背角度调节灵活,前座靠背采用椰丝乳胶硫发成型，具有良好的透气性如图 9-7 所示，头枕可按不同高度要求进行调节。前座椅采用金属骨架，后座椅采用弹簧钢丝骨架。整车座椅除前座椅靠背外，均采用聚氨酯发泡成型件。

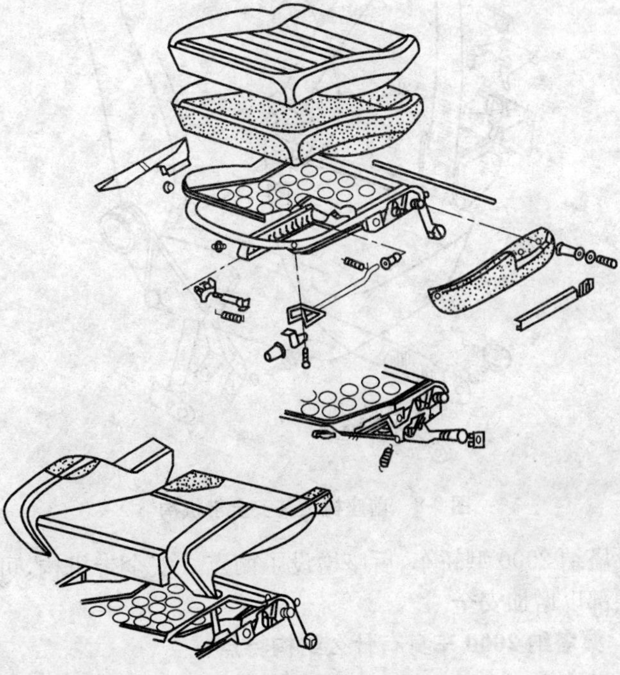

图 9-7 前座椅底板和滑道

6. 安全带机构有什么结构特点？

为了增加驾驶员和乘员的安全性，设置了安全带机构，在某种程度上固定驾驶员和乘员的身体。通常采用三点式，即不仅固定腰部而且固定上半身。前座椅及其安全带机构，如图 9-8 所示。

在正常佩带安全带时，安全带与人体配合，乘员倾向前方，安全带就伸长不妨碍人体的活动；一旦发生碰撞，传感装置能使安全带快速拉出将机构锁死，从而使乘员身体立即固定起来。

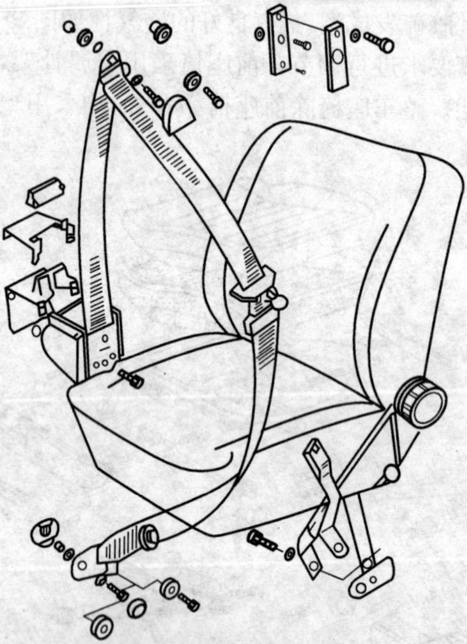

图 9-8 前座椅及其安全带机构

桑塔纳 2000 型轿车,后座增设了两点式安全带机构,可固定乘员腰部以增加安全。

7. 桑塔纳 2000 车身有什么结构特点?

桑塔纳 2000GSi 型轿车车身为全钢整体四门式车身,在前部发动机舱和后部行李箱结构设计时充分考虑了碰撞的缓冲作用。中间乘员部分有足够的强度和刚度,以保证乘员的安全性。

车身外覆盖件采用厚度为 0.7~0.8mm 的优质低碳合金钢板冲压焊接而成。白车身要经过清洗、磷化、三道底漆和两道面漆烘烤等工序,面漆干膜厚度达 0.05~0.07mm。车身钣金件接缝处涂以密封胶。在盒式结构内腔除了涂底漆外,还喷蜡,以提高耐腐蚀性。在底板下部涂 PVC 胶,以防路面飞石撞击及盐渍腐蚀。车门设有两道密封,其内封条具有金属骨架,并在与车身接缝处涂以密封胶。汽车玻璃均为安全玻璃。

前风窗玻璃采用夹层玻璃，后风窗玻璃用电阻丝加热除霜。为了提高白车身刚度，前后、风窗玻璃采用粘贴工艺。

8. 车身修理的手工工具有哪些?

车身修理常见手工工具，如图 9-9、图 9-10 所示。根据被修整部位钢板的曲线(曲面)形成及其他条件适当选择工具类型。

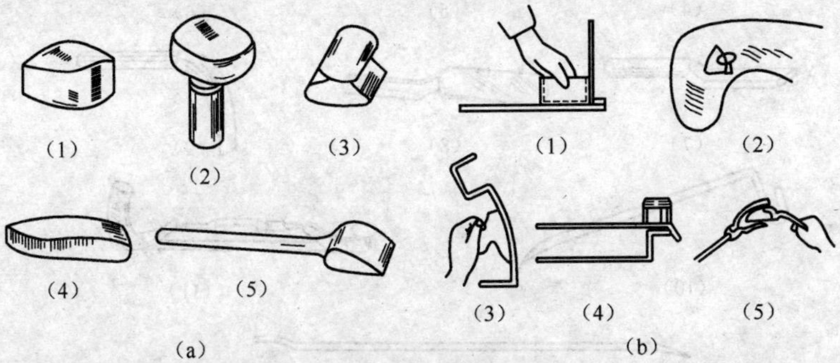

图 9-9　手工工具

(b)抵座　(b)抵座的使用

1. 锤形抵座　2. 敲打抵座　3. 普通抵座　4. 水平抵座　5. 长柄抵座

注：图(b)中序号对应于图(a)中的序号

9. 车身修理的动力工具有哪些?

车身修理常用 4 种动力工具除打磨机之外，主要有以下几种工具：

(1)便移式液压车身千顶，如图 9-11 所示。此千斤顶可用于拉、压、弯曲、扩、紧固、举升、冲击等多种修整作业。

(2)移动式车身修整机，如图 9-12 所示。该机采用结实的梁式底座，一端以框轴支撑，上面装有可移动的立柱，在座梁与柱之间还装有液压头。当压头受到液压作用时，立柱倾斜，使由链连接的车身板被拉伸，从而进行修整作业。底梁上装有小脚轮，可以移动。

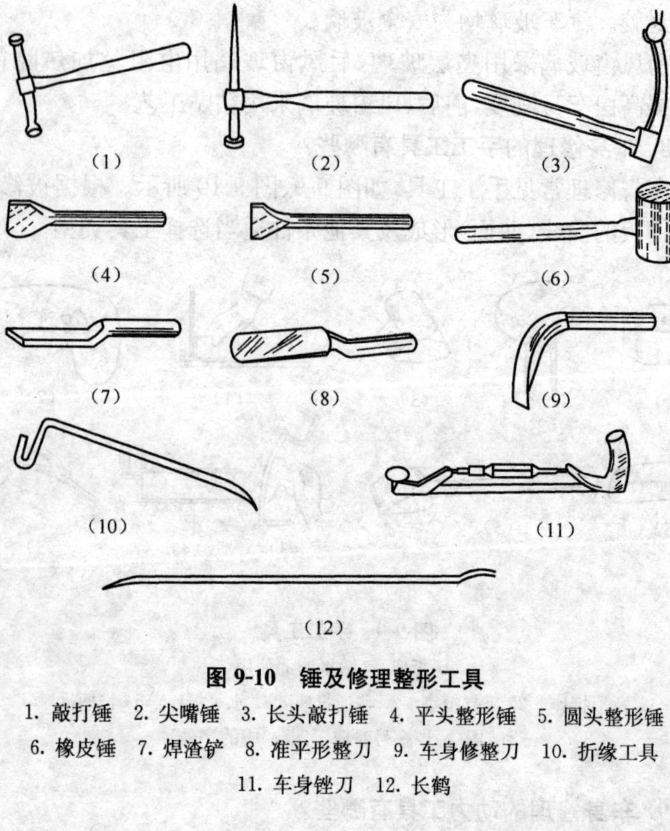

图 9-10　锤及修理整形工具

1. 敲打锤　2. 尖嘴锤　3. 长头敲打锤　4. 平头整形锤　5. 圆头整形锤　6. 橡皮锤　7. 焊渣铲　8. 准平形整刀　9. 车身修整刀　10. 折缘工具　11. 车身锉刀　12. 长鹤

(3)固定式车身修整机,如图 9-13 所示。该机可把整个车体牢固地固定在承载台上并能以强大的动力进行修整。同时,又可对车体边平衡边修整。

(4)台式车身修整机,如图 9-14 所示。该机可直接安装在导轨上,它与固定在台面上的车体与拉伸装置配合,对车身进行修整。

10. 车身受碰撞之后怎样修理?

车身受碰撞之后一般要产生局部变形,其修理就是用钣金方法使其形状基本复原。在修复之前,应对车身损坏状况、门锁是否

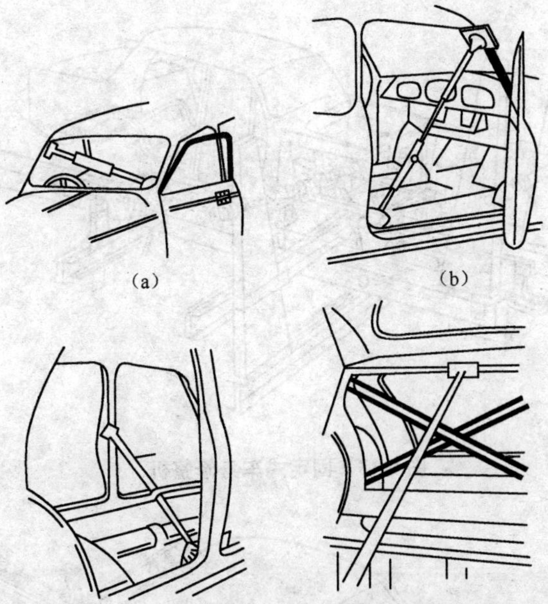

图 9-11　液压千斤顶的使用实例

(a)用于前面窗框　(b)用于门开口部　(c)用于中心柱　(d)用于中部面板

图 9-12　移动式车身修整机

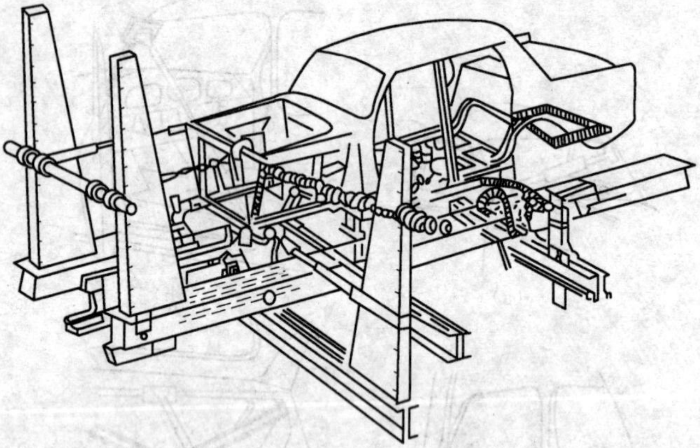

图 9-13　固定式车身修整机

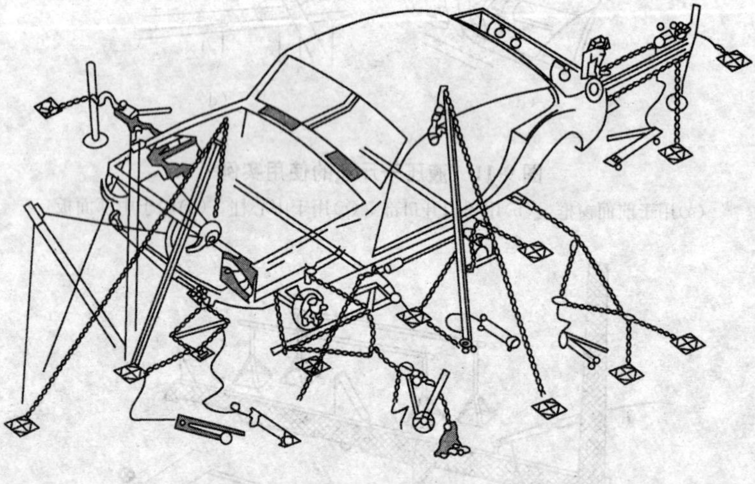

图 9-14　台式车身修整机

完好、车身是否松旷进行检查。还应检查车门是否能密封、发动机舱盖和行李舱盖是否能合缝、升窗是否有阻碍、铰链是否转动灵活等。所有这些,在修理前都要做到心中有数。

因碰撞受力部件不同，所造成的损伤也有不同，重点检查部位也有所区别。如轿车前部中央受力，易使左右罩板向内侧拉伸，应重点检查左右罩板装配处和装配连接处；如一侧中央受力，易造成多处损伤，应重点检查侧窗后柱、顶框和车顶是否变形，以及前窗侧柱、侧窗中柱上下安装处是否变形；如前方一侧端部受力，则应检查左右罩板及悬架安装处；如斜向受力，则涉及面较大，应进行全面检查。

车身的修理整形，主要采用钣金方法。不论什么复杂形状，都可分为凸面、大凸面、凹面、大凹面几种情况或其组合。可使用一系列凸凹程度不同的抵座在需修复处，用螂头以不同手法敲击，以下分别加以叙述。

①凸面的修整。应选用凸凹程度合适的抵座（表面淬硬，基本适合损伤部件表面曲线），并使螂头与抵座中心对正，然后以腕力连续锤击。

②大凸面的修整。先锤击拱起的凸面小局部，抵座托住的地方离锤击点要有适当距离，变换距离与锤击点，直到修复。

③凹面的修整。应选用合适的抵座并以螂头锤击凹陷部分的周围（凹凸不平表面的较高部位）。

④大凹面的修整（如泥板）。可分步修整，先修凹面中心凸起的小局部，然后以抵座托住中央处以螂头锤击四周（锤击点与托住点应有距离），然后逐渐向中央处延伸锤击。

如有条件，可使用动力修整设备来修整车身。例如以设备敲打代替手工敲打，以液压千斤顶修整车门、车窗框架，粗整车身、车门等。使用动力修整设备效率高，质量好。但在细部、局部仍免不了手工整形。例如弯曲、折边和卷边等。此外，敲平和收缩也常常用到。需要指出的是，敲平拱曲处必须在拱曲处周围敲打，使其适当延伸而平展。切忌对准拱曲处敲打，造成越打越拱曲。

在收缩曲面的局部拱曲变形时，可用气焊将拱曲处烧红，敲击四周，再适当敲击加热点，可使拱曲变形处得到有效的收缩。为了不烧穿钢板，在使用气焊时要注意调节火焰。

如车身严重锈蚀，可采用局部修补的方法。先剪一块适当大小的薄钢板，以此为样板在车身锈蚀部分画线，并用气割枪在车身上割下严重锈蚀部分(略小于待补钢板)，然后将割下的周围扳边，放入待补钢板，使用气焊焊接，焊接后以打磨机来打磨修整。如锈蚀部分处于烤漆表面，还要在打磨后刮腻子，待干燥后以水砂纸打光再进行涂装。

11. 涂装车身前对零部件表面怎样处理?

涂装前对零部件的表面处理，在整个涂装过程中是非常重要的，因此必须予以重视，否则将导致涂层出现干燥不良、龟裂、起泡、剥落等现象。涂装前的表面处理方法较多，应根据被涂物件的用途、性能要求和涂料品种及施工方法决定。目前普遍使用的涂装前表面处理工艺，主要包括除油处理、除锈处理、磷化(或氧化)以及旧涂层的清除。

(1)除油处理。除油处理包括物理机械法：即擦抹法、燃烧法、喷射法和物理化学法(即溶剂脱脂法、碱液脱脂法和乳化脱脂法)。这里介绍一种最常见金属表面除油——碱液脱脂法。

碱液脱脂法，主要是通过碱液与油垢发生皂化反应而去除油脂，适用于不溶于碱液的有色金属和黑色金属：如铜、镍、钢铁等。碱液的组成成分有氧化钠、磷酸三钠，碱液的酸碱度(PH 值)由碳酸钠调整，而硅酸钠则是加强润滑及乳化用途。若油垢过多，使用上述方法除油效果不理想时，则可采用电化学方法除油，但所用碱液配方仍与上述方法相同。

(2)除锈处理。金属表面的除锈方法：有手工除锈法、机械除锈法和化学除锈法。

手工除锈法简单易行，所需工具只是刮刀、铲刀、钢丝刷、砂布、砂轮等，经过刮、铲、擦、打等过程，便可除去金属表面的锈物。

机械除锈法主要是利用冲击与摩擦作用而清除掉锈蚀物及其他污物。所用工具有除锈枪、风动刷、电动刷、电动砂轮等，但施工中必须由人工操纵。因强度大、噪音高，所以目前广泛使用机械除锈法，主要有喷砂或抛丸除锈法。

化学除锈法通常称酸洗法，就是将零件浸入到各种酸溶液中，使酸与零件表面上的锈垢成分发生化学反应，让锈垢分解并溶于溶液中，从而达到除锈目的。这种除锈方法适用于形状复杂的零件，能将零件各个角度及缝隙中的除垢清除干净，而且效率较高。但要注意，酸洗后如果处理不当，金属会重新腐蚀生锈，因此必须按正确工艺严格施工。一般情况下都选用无机酸，并控制好酸洗液的浓度。

(3)氧化处理。由于涂膜可透过微量的水分，水分与金属发生各种类型腐蚀反应，这样使涂膜与金属表面基体发生脱离，表现为涂膜龟裂、起泡、甚至脱落等。因此金属表面除油干净后，进行磷化、氧化处理是非常必要的。这是因为经过磷化、氧化处理的金属表面生成一层不溶于水且耐腐蚀的薄膜，消除了上述不良现象发生的根源，且同时增强了金属表面与涂膜的附着力，提高了涂膜质量。

磷化处理是将金属零件浸入铁、锰和锌的正磷酸盐配制成的处理液中，使金属表面生成一层灰黑色、细结晶、多孔性且不溶于水的磷化膜。需要注意的是，磷化处理后的金属表面不宜长期暴露，以免磷化膜损伤而令耐蚀性能降低；因磷化膜的弯曲强度弱，磷化处理后最好不要对其进行变形加工。

金属表面的氧化处理是令其与氧或其他氧化剂发生反应，生成具有保护性的氧化膜，从而防止腐蚀。

(4)旧涂层的清除。轿车零部件在修理中需要重新涂装时，应把零件表面的旧涂层根据实际情况进行清除，以保证涂装新涂层时附着力良好，达到最佳涂装质量。旧涂层的处理方法有手工清除法、机械清除法、火焰法及化学清除法等。这里主要介绍化学清除旧涂层的方法。

化学清除旧涂层方法有两种：一种是碱液脱漆法，一种是有机溶剂脱漆法。

①碱液脱漆法。碱液脱漆法成本低,生产安全性高,所用设备有脱漆槽、清洗槽、蒸汽加热装置等。碱液可配成碱性水溶液和碱性脱漆膏,下面各举一实例。

碱性水溶液配方组成为:100kg 水,按质量配以 0.3%亚硫酸钠、0.2%碳酸钠、0.2%硅酸钠、0.2%肥皂,将脱漆零件浸入该碱液中 10～30min 即可脱漆。

碱性脱漆膏配方比例按质量计算。例如,氢氧化钠与热水各 4 份配制碱液,再将冷水和马铃薯各 1 份的混合物放入其中均匀混合,最后再加入 10 份热水充分搅拌即制得碱性脱漆膏。

②有机溶剂脱漆法。在轿车修理时,对驾驶室、翼子板、车身及发动机罩盖等脱除旧涂层时,一般采用此方法。它对金属腐蚀小,可常温施工,且施工简单,无须增设脱漆设备。目前,统一定型的产品有 F1、F2、F3 等有机脱漆剂。这里再介绍一种其他配方的脱漆剂。

该种脱漆剂配方组成为:二氯甲烷 65.85g、苯酚 2.8g、乙醇 2.8g、甲酸 1.6g、平平加 1.4g、乙烯树脂 0.5～2g、石蜡 0.5～2g。这种脱漆剂脱漆效果高,但处理完后必须用汽油擦洗干净,才能涂装新涂料。

有脱漆施工时,先清除涂膜表面的脏物杂质,并保持干燥状态,然后将脱漆剂涂在旧涂层表面上。经过 5～10min 后脱漆剂渗透到旧涂层里,使涂层膨胀溶解并变软,最后将其刮除即可。在施工过程中,还必须做好完全保护工作,一是严禁烟火,二是防止脱漆剂与皮肤接触而发生中毒现象。

12. 涂装方法有哪些?

汽车涂装工艺方法很多,具体施工中应根据实际情况选用,即被涂零部件的材质、结构、大小,涂料性质,对涂膜的质量要求和施工条件等,依据这些因素选择正确的涂装工艺,就可保证涂膜色彩鲜艳、光泽丰满、经久耐用。这里介绍两种常用的涂装方法。

(1)刷涂法。刷涂是简单易行的涂装方法,具有操作灵活简便,设备投资少,应用范围广等优点。缺点是装饰性差(依赖施工人员水平),适合于单件修补或小批量生产,因此生产效率低。从使用涂料方面来说,除了分散不太好的挥发性涂料外,几乎所有涂料都可进行刷涂施工,比较常用的有醇酸涂料、油性涂料和酚醛涂料等,尤其是油性涂料对金属表面渗透性好,附着性亦佳,因此多采用刷涂方法。

刷涂零部件时,先将刷毛浸入约 2/3 刷毛长度,然后将毛刷在容器内壁来回各拍一下,提出容器之前将刷毛部分在容器边缘刮一下,以减少刷毛一侧的涂料,同时及时翻转毛刷以防止涂料滴落,接着便可刷涂零部件。刷涂时,毛刷在零部件表面按 Z 形或 S 形刷涂,然后再由上至下或从左到右刷涂全部表面;对于垂直面的刷涂,必须适应涂料的流淌性而采用从上至下的刷涂方法。

另外需注意的是,夏季涂料干燥快,因此刷涂面积不宜太大;冬季涂料因低温而变稠发粘,必须用稀释剂调稀,并相应地使用刷毛较短的毛刷。

(2)喷涂法。喷涂方法包括气压喷涂和高压无气喷涂。

①气压喷涂。气压喷涂是利用专用喷枪,用压缩空气的高压、高速气流将涂料溶液从喷枪的喷嘴中喷成雾状。便可在零部件表面形成厚度均匀、光滑平整涂膜。此种方法比刷涂效率高几倍,并适用于各种结构的零部件表面涂装,而且大部分涂料都可利用这种方法施工。此种方法的缺点,是每次喷涂所成涂膜较薄,必须连续喷涂几次才能完成涂装过程。

②高无气喷涂。高压无气喷涂是利用油泵把涂料压力提高到 9.8～14.8MPa,这样高压的漆流从喷嘴喷出时遇大气而剧烈膨胀裂成极细的漆雾,喷涂在物件表面上。这种喷涂方法广泛应用于汽车、机车车辆、机械制造厂中,适用于大面积或大批量喷涂作业。高压无气喷涂的特点有以下几点:

a. 与普通喷涂方法相比,效率可提高几十倍。

b. 涂料黏度高、漆雾少，与普通喷涂方法相比，可节省涂料和溶剂 5%～25%。

c. 涂料中溶剂少，固体含量高，因此一次喷涂涂膜较厚，减少了施工次数；同时也减少了漆雾污染，有利于劳动保护。

d. 因为没有压缩空气，消除了空气中的尘埃、油、水分等杂质引起的涂膜质量缺陷；并且涂膜的附着力好，在工件的棱角和边缘等处也可以形成良好的涂膜。

13. 轿车涂料及其涂装工艺有哪些？

(1)底漆及其涂装工艺。零部件表面处理完毕后即可涂装底漆，底漆有防锈、防水等性能，且由于底漆与腻子和面漆有良好的粘附力，增强了涂层间附着力，从而提高了整个涂层的质量。底漆可分为优质防腐蚀性涂层、高级装饰性填充底漆、中级装饰性保护性涂层、一般防锈保护性底漆。按底漆所用涂料分，有醇酸底漆、脂胶底漆、环氧底漆等；按底漆中含的颜料成分，有铁红酚醛底漆、锌黄醇酸底漆、环氧富锌底漆等。下面介绍几种常用的轿车底漆：

①C06.1 铁红醇酸底漆。具有良好的附着性和防锈能力，轿车修理中多用该涂料为底漆。它能与醇酸磁漆、丙烯酸磁漆、沥青漆、氨基烘漆等配套使用。用二甲苯或 X.6 醇酸漆稀释剂或松节油调稀，可刷涂和喷涂，但涂层以 20 微米为宜，用量低于每平方米 150 克。

②06.10 环氧脂富锌底漆。涂膜坚韧、耐久，附着性、耐磨性好，耐潮性和耐腐蚀性优良。该涂料适于轿车底盘各零、部件及车身内夹层的涂装。用二甲苯调稀并搅拌均匀，以免锌粉沉底。在处理好的金属表面上涂刷两道，每道厚 20～30μm 并间隔 24～48h。能与其他漆配套使用，如 H06.2 环氧底漆、H04.3 环氧沥青磁漆、J43.1 氯化橡胶漆和 L40.3 沥青防污漆等。天气潮湿或雨天不宜施工，用量小于每平方米 250 克。

③T06.5 铁红脂胶底漆。涂膜附着性强，坚硬无光且易打

磨，因价格低、货源多，汽车修理上采用较多。使用前以200号溶剂汽油或松节油稀释，喷涂、刷涂均可。常温干燥或在120℃下烘干；然后涂油性腻子，经过24h干燥后打磨平光，便可涂面漆。注意该涂料必须完全干燥后才可涂面漆，以硝基漆作面漆时更应注意此项，否则底漆会被香蕉水溶融，皱缩脱壳。

(2)面漆及其涂装工艺。硝基涂料是一种挥发性喷漆，其特点是涂膜干燥快，坚硬耐磨且光泽度高。因所含固体成分少需多次喷涂才行。

14. 怎样更换车身前部?

车身前部的钣金部分分解图，如图9-1至9-6所示。

(1)更换轮罩。在更换时需要使用的工具：点焊机、CO_2气体保护焊机、角磨机、砂光机、去电焊点机、车身锯及风铲。

①准备工作。断开蓄电池搭铁线。拆除下列零部件：包括发动机在内的前悬架、发动机盖和铰链、前保险杆、散热器、冷凝器、前照灯、散热器护栅板、发动机舱盖拉索、喇叭(更换右前轮罩时才拆除)、转向柱壳(更换左前轮罩时才拆除)、蓄电池(更换右前轮罩时才拆除)、发动机舱盖有关附件、真空助力器(更换左前轮罩时才拆除)、膨胀水箱、风窗清洗液储液罐、前翼子板、前门、仪表盘、风窗玻璃、踢脚板支架、前坐椅、前门内侧饰件、地板隔声垫、地毯、熔丝、继电器板、前部线束、制动管、燃油管。

②拆下轮罩。去除前轮罩与车身接合处的密封锁剂/填充剂，钻开下述接合处的点焊点：散热器框架下横梁合板与散热器框架下横梁接合处，然后拆下合板；散热器框架下横梁与前纵梁接合处；散热器框架与前纵梁接合处；散热器框架与前纵梁接合处；前轮罩与散热器框架及散热器框架下横梁接合处；前轮罩与散热器框架接合处；前轮罩与蓄电池支架接合处(如果更换右前轮罩)；前轮罩与左侧减振器支架接合处(如果更换左前轮罩)；前轮罩与前围下板及前围板接合处；前轮罩与A柱(前柱)及内、外门槛接合

处;前轮罩与A柱、前风窗框架下板及顶框外侧板接合处前轮罩与前围上板接合处;前轮罩与前围上板及顶框内侧板接合处;前轮罩与前围下板及内门槛接合处,然后拆下轮罩。

③切割区域处理。修去残余板角,清除毛口。在焊接将无法再触的部位均涂上冷锌漆。

④准备新件。去除新轮罩及加强板接合面油漆层,在焊接后将无法再触及的部位均涂上冷锌漆。

⑤焊上新轮罩。将轮罩用压力钳固定于车身,同时核实轮罩相对于另一个轮罩的水平位置(使用VW245a专用工具校准)。

按照下述步骤进行焊接:点焊轮罩与前围上接合处,在上部卡口处采用气体保护焊焊接;点焊轮罩与内门槛及前围下板接合处;点焊轮罩与中间纵梁接合处;点焊胶轮罩与柱、前风窗框架下板及顶框外侧接合处的上部;点焊前轮罩与前围上板接合处;在前轮罩车前围下板、前围板及中间纵梁接合处采用气体保护焊;点焊前轮罩与散热器框架及散热器框架下横梁接合处;点焊胶轮罩与散热器框架接合处;点焊散热器框架与前纵梁接合处;用压力钳固定散热器框架下横梁合板并点焊牢固;点焊前轮罩与蓄电池支架接合处(如果更换右前轮罩时);在前轮罩与左侧减振器支架接合处采用气体保护焊;用压力钳固定前轮罩加强板并点焊牢固。

⑥结束工作。清理焊缝及焊点,重新涂密封剂/填充剂,油漆轮罩,涂防锈剂,最后按顺序重新安装已拆下的零部件。

(2)更换车身前部。在更换时需要使用的工具:点焊机、CO2气体保护焊机、角磨机、砂光机、车身校正架、去电焊机及风铲。

①准备工作。断开蓄电池搭铁线拆除下列零部件:包括发动机在内的前悬架、排气管、转向柱壳、真空助力器、前制动管、中部制动管、燃油管、蓄电池、线束、冷却液管、散热器、冷凝器、膨胀水箱、刮水器清洗装置、发动机舱盖拉索、发动机舱盖下锁头、散热器护栅板、前照灯、发动机盖、发动机盖铰链、发动机舱盖撑杆、前翼

子板、前车门、仪表板、风窗玻璃、进风罩、前坐椅、底板隔声垫、前部线束、中央线路板。

②拆下车身前部。先去除车身前部与车身接合处的密封剂/填充剂，再钻开下列接合处点焊点；车身前部与中间纵梁及地板接合处；车身前部与柱及门槛接合处；车身前部与柱及顶框外侧板及前风窗框架下板接合处；前围上板之间与前围上板接合处；车身前部与转向器支架横梁及内门槛、前围下板、地板、顶框内侧板接合处。然后拆下车身前部。

③切割区域(接合处)处理。用钢丝钳修去残余板角清除毛口，在焊接后将无法再触及的部件涂一薄层冷锌漆。

④准备新件(车身前部、轮罩加强板)。油漆面向乘客座的车身前部表面，磨平接合处，在焊接后将无法再触及的部件涂一薄层冷锌漆。

⑤焊上车身前部。用压力钳将车身前部固定于车身合适位置。核实结构尺寸，并与邻近车身零件校准(使用专用工具VW245a专用工具校准)。

按下述步骤焊上车身前部：点焊车身前部与A柱、顶框外侧板、前风窗框架下板接合处(在前风窗框架下板和柱接合处采用铜焊)；点焊车身前部与柱及中间纵梁接合处；点焊车身前部与转向器支架横梁、柱、内门槛接合处，并在车身部与前围下板、顶框内侧板接合处采用气体保护焊，在前围上板支架与前围上板接合处采用气体保护焊；点焊车身前部与地板接合处并在前纵梁与中间纵梁接合处采用气体保护焊。用压力钳固定轮罩加强板并点焊牢固。

⑥结束工作。用钢丝帽清理焊缝与焊点，修理过部位打底漆并更换密封剂/填充剂，油漆车身前部，涂上防锈漆，然后按顺序重新安装已拆下零部件。

15. 怎样更换车身中部钣金?

车身中部钣金件分解图，如图9-15所示。

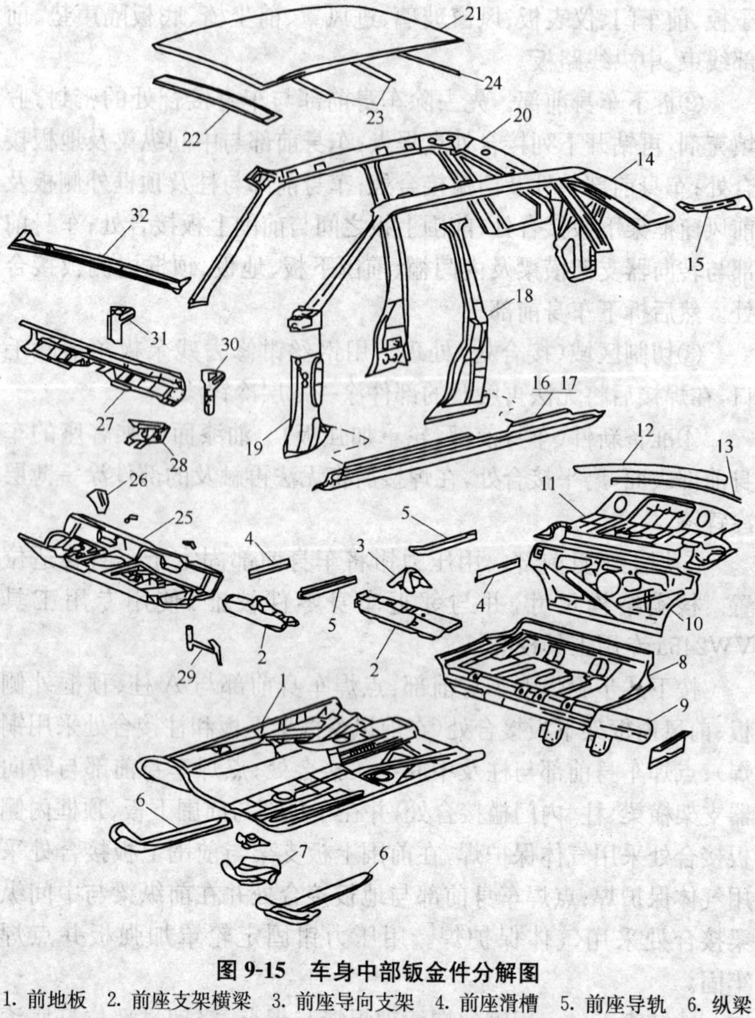

图 9-15　车身中部钣金件分解图

1. 前地板　2. 前座支架横梁　3. 前座导向支架　4. 前座滑槽　5. 前座导轨　6. 纵梁　7. 变速器托架　8. 后地板前部　9. 后地板加强板　10. 后隔板　11. 后隔板上板　12. 后隔板支撑板　13. 后内窗下板　14. 顶框外侧板　15. 水槽密封板　16. 内门槛　17. 外门槛　18. B柱(中柱)　19. A柱(前柱)　20. 顶框内侧板　21. 车顶　22. 车顶前横梁　23. 车顶加强板　24. 车顶后栋梁　25. 前围上板　26. 前围上板支架　27. 转向器支架栋梁　28. 转向柱支架　29. 中央线路板支架　30. 仪表左支架　31. 仪表板右　支架　32. 前风窗下板

(1)更换车顶。

①准备工作。断开蓄电池搭铁线，拆除下列零部件：前后座椅、车顶水落槽饰条、车顶照明线路(拆离原处)。

②拆下车顶。去除车顶与侧围板上板及风窗玻璃框架及后窗框连接处的油漆，磨去、切开或打开车顶与侧围上板及车顶与前风玻璃框架连接处、车顶与顶框外侧及后内窗玻璃框架连接处的焊点与焊缝，然后拆下车顶。

③切割区域处理。用钢丝钳修去残余板角，清除毛口，在焊接后将无法再触及的部件薄涂一层冷锌漆。

④准备新件。油漆车顶内侧面，去除车顶与车身连接处的油漆，在焊接后将无法再触及的部位薄涂一层锌漆。

⑤焊上新车顶。用压力钳将车顶固定于车身合适位置，按照下述步骤焊接车顶：点焊车顶与前风窗玻璃框架及顶框处侧板连接处，在两个角处采用铜焊；点焊车顶与后风窗玻璃框架及顶框外侧板连接处，在两个角处采用铜焊；用车身修理机器安装填充栓。

⑥结束工作。刮平焊缝，清理焊点，修理过的部件更换密封剂/填充剂，油漆车顶，涂防锈漆，最后安装已拆下零部件。

(2)更换外门槛。

①准备工作。断开蓄电池搭铁线，然后拆下下列零部件：前后轮、前翼子板、前后车门、前后车门附件、前后座椅、门槛压板、中柱饰板、地毯(拆离原处)。

②拆下外门槛。去除作业区密封剂/填充剂，钻开下列连接处焊点：外门槛与A柱及内门槛连接处；外门槛与B柱及内门槛连接处；外门槛与侧围外板下板及内门槛连接处。然后拆下外门槛。

③切割区域处理。用钢丝钳去除残余板角，清除毛口。在焊接后将无法再触及到的部位薄涂一层冷锌漆。

④准备新件。去除门槛与车身连接处的油漆，在焊接后将无法再触及到的部位薄涂一层冷锌漆。

⑤焊上新外门槛。将外门槛用压力钳固定于车身合适位置并

参照核实有关结构尺寸 S、T、V、X。

⑥结束工作。用钢丝刷清理焊点,修理过的部件打底漆后更新密封剂/填充剂,油漆门槛梁,涂防锈漆,最后安装已拆下的有关零部件。

16. 怎样更换车身后部?

车身后部钣金部分分解图,如图 9-16 所示。

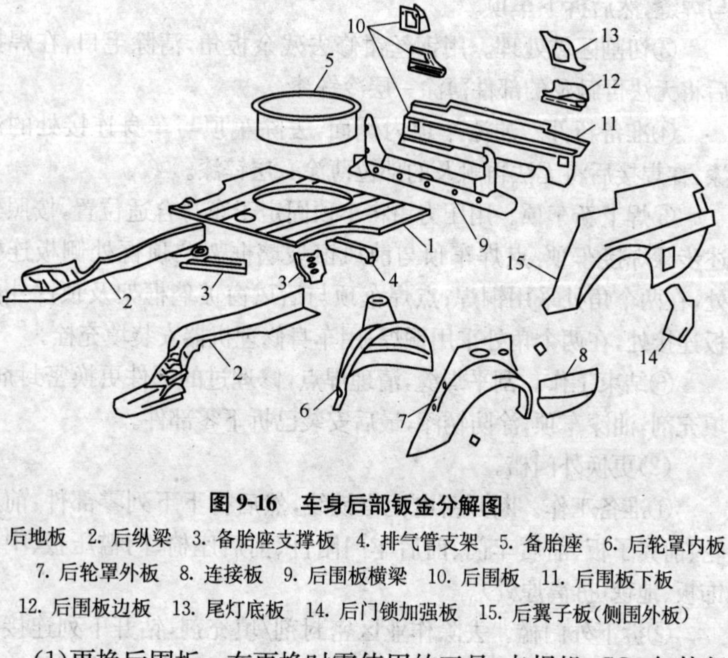

图 9-16　车身后部钣金分解图

1. 后地板　2. 后纵梁　3. 备胎座支撑板　4. 排气管支架　5. 备胎座　6. 后轮罩内板　7. 后轮罩外板　8. 连接板　9. 后围板横梁　10. 后围板　11. 后围板下板　12. 后围板边板　13. 尾灯底板　14. 后门锁加强板　15. 后翼子板(侧围外板)

(1)更换后围板。在更换时需使用的工具:点焊机、CO_2 气体保护焊机、角磨机、砂光 机、风铲及车身锯。

①准备工作。断开蓄电池搭铁线,拆下后保险杠、尾灯、行李舱锁扣、行李舱侧部隔声垫、行李舱底部隔声垫、行李舱盖附件、尾灯线束。

②拆下后围板。去除连接区密封剂/填充剂,钻开下列连接处焊点:后围板与后翼子板的连接处(尾灯罩);后围板与后翼子板在

行李舱内部的连接处；后围板与后地板、后纵梁及后翼子板连接处，然后拆下后围板。

③切焊区域处理。用钢丝钳修去残余板角，清除毛口，准备焊接。在焊接后不能再触及到的部位薄涂一层冷锌漆。

④准备新件。油漆新件内表面，去除后围板与车身连接区的油漆，在焊接后不能再触及到的部位薄涂一层冷锌漆。

⑤焊上新合围板。用压力钳将后围板固定到合适位置，参照结构尺寸 U、O、P、R。

按下列步骤焊上后围板：点焊后围板与后地板、后纵梁、后翼子板连接处；点焊后围板与后翼子板在行李舱内部分的连接处；点焊后围板与后翼子板在尾灯底板处的连接处。

(2)更换后翼子板。在更换时需使用的工具：点焊机、CO2 气体保护焊机、角磨机、砂光机、风铲及车身锯。

①准备工作。断开蓄电池搭铁线。然后拆下列零件：后保险杠、后行李箱盖、后行李箱衬、后座椅、后车门、后柱上下饰板、后座保险杠、后盖铰链、后门饰件、尾灯、地板隔声垫、燃油箱与加油口(如果更换右翼子板)、后门锁销、后部线束、后轮。

②拆下后翼子板。去除连接区密封剂/填充剂，钻开下列连接处焊点：后翼子板外板与内板在燃油箱加油口处连接处；后翼子板(外板)与内外门槛连接处；后翼子板与后轮壳及连接板连接和；后翼子板与后围板连接处；后翼子板与后围板在行李箱内部分连接处；后翼子板与尾灯底板连接处；后翼子板与行李箱盖边缘及顶框外侧板连接处；后翼子板与顶框外侧板连接处，然后拆下后翼子板。

③切焊区域处理。用钢丝钳修去残余板角，清除毛口，在焊接后不能再触及到的部位薄涂一层冷锌漆。

④准备新件。去除将焊接连接处的油漆，在焊接后不能再触及到的部位薄涂一层冷锌漆。

⑤焊上新翼子板。将后翼子板用压力钳固定于车身。

按照下述步骤焊 后翼子板：点焊后翼子板与内外门槛连接处；

点焊后翼子板与后轮罩及连接板连接处;点焊后翼子板与后围板连接处;点焊后翼子板与后围板在行李舱内部分连接处;点焊后翼子板与尾灯底板连接处;点焊后翼子板与行李舱盖边缘及顶框外侧板连接处;点焊后翼子板与顶框外侧板连接处;点焊后翼子板与内板连接处(燃油箱加油口)。

⑥结束工作。用钢丝刷清理焊缝与焊点,按照油漆要求处理表面。修理过的部位更换密封剂/填充剂,油漆后翼子板,涂防防锈剂,最后安装已拆下零部件。

17. 怎样修复玻璃升降器?

(1)扇形齿板轮齿的堆焊。升降器齿板由于材料质量不好、未进行热处理或润滑不良等原因,容易磨损,有的直至磨成尖角形,这就必须焊修。焊修时,选用 14＃中碳钢钢丝。补焊时,不宜从牙齿的两个侧面补焊,而要从面沿齿板径向进行堆焊。先用火焰直射齿顶,即先熔化齿顶。当熔液退回到中部时,急速加焊条堆焊。为了便于修整齿形,在保证加工量的情况下,尽可能不要堆焊得过高过大。堆焊后按标准齿形加工,最后进行淬火处理。

(2)制动弹簧的更换。汽车行驶时,如果车门玻璃自动下降或升降器拆下后自动向上打滑(假设齿轮和齿板都是完好的),多数则是制动小弹簧的小钩折断失效的缘故。这就需要把小制动鼓拆开,其方法是:先把力臂摇到最高位置,让平衡弹簧处于弹力最小的状态,将平衡弹簧取下,卸下副轴螺栓,再把大齿板摇至脱离小齿轮。然后冲掉三个铆钉,取下小制动鼓、小齿轮与制动小弹簧,进行检查。如果小制动鼓内的零件纵向配合间隙过大,转动板的下边压不住制动弹簧时,可将转动板的拐角部分稍微加高,或作其他处理。如果弹簧的钩子折断或弹簧变形时,则予以更换。更换安装时,制动鼓内应加注润滑脂(黄油)。装配的顺序与拆卸时相反。

18. 怎样检修风窗玻璃?

风窗玻璃是驾驶员的“眼镜”,又是调节室内温度的窗户。它与驾驶员的工作条件、疲劳程度和行车安全,都有着密切的关系。所以应要求玻璃透光性良好、开闭灵活。开启时支撑牢固，不应因振动而发响，关闭时密封性要好，不应因大雨而漏水。

风窗玻璃部分的修理方法，是根据它的作用、要求与存在的具体问题而定。

(1)玻璃破裂或透明不良者，应予以更换。

(2)风窗玻璃框漏水者，要分析其原因，对症治疗。

①若是橡胶压条老化破裂或变形，应予更换。安装压条时宜采用专门工具，采用这种工具比用旋具安装，既迅速，质量又高。

②若是驾驶室窗口边框下部变形或破裂(此情况少见)，应进行校正或焊修。

③若是风窗玻璃与窗口边框配合不适当，则要根据下列几个方面区别对待：

a. 风窗玻璃与窗口边框配合位置不正，或一边偏高一边偏低，或整个偏左或偏右等。其调整方法是根据具体情况由合页上的几个连接螺钉来调整。

b. 合页弯曲度不够，致使玻璃架与窗口的配合角度不相符合，当玻璃下部边框与窗口靠拢后，上部边框则不能靠拢而留有缝隙，致使漏水，其修理方法是，将合页原弯曲部分再适当弯曲一下即可。弯曲的方法是先将风挡支撑杆的左右两个固定螺栓的碟形螺母和垫片取下，使支撑杆脱离固定螺栓，并将风窗玻璃抬至水平位置，然后将专用夹具从斜侧套入，用夹具的刃部对准合页的折线部位，再扭动夹具螺栓，适当用力夹压，使合页弯曲，并使风窗玻璃框架与驾驶室窗口配合严密。如无此工具，仍需弯曲合页时，可将合页与风窗框架的连接螺栓折下，用砧铁将合页垫着，并用榔头将合页折线部位适当敲弯。然后再用连续螺栓将风窗框架与合页装好，并与驾驶室试配，达到严封即可。

c. 风窗撑杆落下后扣不紧，则应对支撑部分所有连接螺栓进行检查，并予以拧紧。如果这样做仍达不到要求，则需将支撑杆固定螺栓的位置适当调整一下，直到能扣得紧密为止。

19. 怎样修理车门合页?

(1)车门合页处点焊脱裂的焊修。前面已经分析过,合页因受力较大,造成外壳与加强板间的点焊处脱裂,其焊修方法根据不同情况分述如下:

①裂纹较长时,先将原焊点两侧的裂纹分别焊好,再将点焊处的加强板升温到一定程度,最后将原点焊处的内外层烧熔,并略加焊条焊接在一起。

②当裂缝较短时,将焊枪放低,火焰直射点焊处,使内外层快速升温,如果外层板已熔化而加强板的升温仍不够时,可将焊枪抬高稍停片刻,使外层热量向加强板传递再烧,待两层都熔化时,略加焊条焊固。此时,要注意焊的嘴的倾斜角及火苗的大小,既要防止加强板烧的温度不够,熔化不良,焊得不牢;又要避免外层薄板熔化面积过大,烧成大孔,焊补起来困难,并影响质量。

在以上两种情况的焊修中,为了焊的牢固,可用专用工具从外部顶住合页,使外层与加强板锁紧贴牢。此外,还应在合页的两端分别的加焊 1～2 点,使内外层结合牢固,以延长寿命。

如果下部合页损伤严重,不便于采用工具,可采用伸缩顶杆,从门壳内部将加强板向外顶往,使与外层贴紧,便于焊接。伸缩顶杆的构造大致如下:

a. 鞍形托架。它直接顶住加强板,但对合页螺栓无妨碍。

b. 滑动伸缩机构。该伸缩顶杆是一种伸缩量很大的组合件,进到门壳里后要能伸长,以便一端顶住加强板,另一端顶住门侧边。取出时要能缩短,以便从工作孔中拿得出来,故该机构是由下端装有限位螺钉的滑动圆杆向外抽到头,两外销钉便靠弹簧的张力借杠杆作用自动锁圆住,只要将套管里面滑动圆杆向外抽到头,两外销钉便靠弹簧的张力借杠杆作用自动锁住圆杆。当修理完毕需缩短取出时,用手按住鱼尾杠杆的末端,拔出销钉,圆杆可以退回。

c. 正反扣调节丝杠机构。单靠上述伸缩机构还不能完全解决问题,因为一是伸缩机构不能一次顶到头;二是滑动圆杆本身无法不断产生所需的伸张力，故需要正反扣丝杠来调节。该机构由一节带有方芯伸进正扣丝杠的方孔内。当转动连体螺母时，两节丝杠只能轴向移动而不能相对转动。连体螺母下部周围钻有小孔，供加力小圆杆插入其内以转动螺母，使顶杆产生足够的伸张力。

d. 活动底座。底座与顶杆的连接是像套筒扳手那样的正方体套接，可以随时安上或取下。这样便于把顶杆放入门铁壳内或从门铁壳内取出。

(2)合页处加强板的焊修。

①如加强板裂纹不长，范围也不大且无变形，可用 50～75 号焊嘴通过外层螺栓孔，将裂纹烧熔后，略加少量低碳钢焊条焊牢、焊平。焊前要把裂缝茬口对齐、对平。焊时尽可能把熔池烧得深些，但应使板面没有透过的焊瘤，达到既牢固又平整的目的。

②如加强板裂纹较长，范围较广或有变形且通过螺栓孔不易焊修时，可用钢锯将外层铁皮锯开撬起。若车门侧边没有变形，此时可直接焊修。若车门右侧有变形弯曲者，应先校正复位，才能进行焊修。若加强板损坏严重，不易焊修或焊修后达不到质量要求，应予更换，然后再将外层复位对接茬焊好。若原来没有变形而在焊修完毕后发现车门侧边变弯，应进行校正，以保证质量。

车门合页加强板易于损坏的重要原因是受力大、开孔多、在约 60mm^{2}的范围内，开了 5～6 个大孔，致使有效面积大为削弱。为了延长加强板的寿命，在锯开的金属板面复位焊牢之前，可将冲出卡母板的两个梯形孔补平。补平的方法是用 1.5mm 厚的铁板，剪成与冲出孔相同形状，放入孔内对齐焊平。这样能提高加强板的强度，避免该处经常损坏，防止每次大修时此处都要锯开的不良现象。

20. 车门玻璃升起时歪斜怎么修理?

车门玻璃发生歪斜时，可先将车门玻璃摇到最高位置，把调整孔堵盖取下，松开调整螺母，将车门玻璃调到正确位置，然后将调整螺母拧紧，并上下升降几次车门玻璃，确认歪斜已经消除后，即可用 7.10N · m 的扭力矩拧紧调整螺母，并盖上调整孔堵塞。

21. 车门玻璃不能升降或自行下落怎么办?

如车门玻璃不能升降或阻力很大,一般是车门玻璃升降器不灵活,此时,应拆下车门里板下部盖板,对玻璃升降器各个铰接处用机油润滑,并在T形杆的滚子和滑槽部位涂以润滑脂。新车起动时应先润滑一次,以后在80000km左右保养时润滑一次。如有发卡现象,切勿用力硬性摇动,可检查T形杆的两个滚子是否在滑槽内,玻璃是否在导向槽内,并检查滑槽和导向槽有无变形,如有变形,应拆下修理。

车门玻璃自行下落,是由于车门玻璃的升降器制动弹簧折断或传力机构损坏,应更换升降器或损坏的零件。

22. 怎样检修帕萨特车门玻璃不升降?

(1)故障现象。该车4个车门不升降。

(2)原因分析。连接故障阅读仪V. A. G1551,键入"46(舒适系统)",发现不能进入什么系统。分析可能是舒适系统控制单元的电源或搭铁情况有问题。拆开什么系统控制单元上的地板,拔出舒适系统控制单元。拔出后发现端子腐蚀,地板下有水,舒适系统控制单元长期浸在水中。仔细检查,发现该车装有警报器(因为该车为警车),有一根线从车外进来,进口处没有密封,水在下雨或洗车时就进来了,结果使舒适系统控制单元长期浸在水中,造成端子腐蚀,引发故障。

(3)故障排除。将进口处密封并更换舒适系统控制单元。

23. 怎样检修用钥匙打不开车门?

(1)故障现象。帕萨特B51.8T用钥匙一次只能驾驶员侧车门(左前门)打开,而其他车门不能打开。

(2)原因分析。将4个车门锁死,用钥匙试着开一次左前门锁,结果只有左前门打开。再向开的方向转动一次钥匙,则其他车门(包括行李箱)也能打开。看来问题在于舒适系统控制单元没有编码。用故障阅读仪V. A. G1551进入舒适系统,读取控制单元编码为04096。控制单元编码为04096,表示其他车门(含行李箱)要二次打开,而编码为 04097 时,所有车门才能一次打开。

(3)排除方法。按舒适系统控制单元编码方法,将控制单元编码改为 04097。

24. 怎样拆卸汽车门锁?

汽车门锁及锁住机构的拆卸方法是:

(1)先用旋具将内墙板铁皮盖子的四只螺钉拆下,拿下铁皮盖子。

(2)拆卸门内手柄。

(3)拆卸锁住机构,一手用旋具拆卸螺钉,一手在夹层内扶住锁住装置。

(4)拆卸门锁。门锁和锁住机构是用一根拉杆连接的,连接处可以就车拆开,也可以将两件都取下后再拆开。

25. 怎样清除锈污和旧漆?

为了便于发现损伤和裂纹,保证车身的检修质量,并在修理后使重新涂的油漆涂层有效地保护车身金属,必须将旧漆层全面清除。车身在除锈、除旧漆前,应先清除车架表面的油污和泥污。其方法主要有:手工清除法、化学或电化学清除法、喷砂或喷丸清除法等。

(1)化学除锈。车身锈蚀的原因是由于车身上漆膜被破坏,局部金属裸露,与水或空气接触而生成铁的氧化物——铁锈。铁锈的主要成分是三氧化二铁(Fe_2O_3),化学除锈的机理就是将铁锈与酸作用,使之变成易溶于水的铁盐或铁酸盐。因而从金属上清除。常用于清除铁锈的酸类有硫酸、盐酸和磷酸,最常用的是硫酸。

(2)化学除旧漆。用有机溶剂除旧漆时,常用石蜡除漆剂和无石蜡除漆剂两种。采用该法应先清除车身表面的灰尘、水分和油污。将除漆剂涂刷在车身表面上,或将车架浸泡在除漆剂槽中,用15℃～30℃的温度下,约 10～155min 旧漆即开始膨胀浸泡;浸泡1～2h 后,用刮刀或用压缩空气将旧漆清除干净(注意:禁止用有机溶剂洗手)。再一种方法是用碱液除旧漆,该法用浓度 5%～10%的苛性纳(NaOH)溶液,加热至90℃～100℃,将车架浸泡20～30min,旧漆即脱落,残留漆层可刮除。然后在40℃～50℃热水槽洗涤,并用清水冲洗干净。

(3)喷砂除锈和除旧漆。喷砂除锈、除旧漆是用压缩空气流带动砂粒,以70～100m/s的速度射击车架表面,在冲击力作用下石英砂与车身表面摩擦,即可清除车身表面的锈污和旧漆。喷砂分干喷和湿喷两种,其工艺过程是一样的。喷砂时,喷头处的空气压力为294～490kPa;喷头与车身的距离,干喷为300～400mm,湿喷为150～200mm。湿喷砂于干喷砂的效果一样,均能较彻底地清除车身上的锈污和旧漆,使之呈现出金属光泽。由于加缓冲剂,喷砂后可放置数十小时不出现锈蚀。同时,湿喷还明显地减少了砂尘的危害,改善了工人的劳动条件,减小了对环境的影响。

(4)喷丸除锈和除旧漆。喷丸与喷砂的原理相同,只是以金属丸代替石英砂。由于金属丸的冲击能量要比石英砂大得多,因此除锈、除旧漆效率较高。下面简要介绍一种车架喷丸除锈。

该设备由车身翻转、移动机构、供喷丸及钢丸清理等设备组成。在喷丸之前先清除车身上的油污,然后将车身夹紧在翻转架上,用电机带动卷扬机,使翻转架随着其滚轮总成沿钢轨移转,喷枪支承在滚轮架的球面活动节上。因此喷枪除可在喷丸室侧壁外面作直线运动外,还可以任意摆动(人工操作)。金属丸是由贮气罐中的压缩空气从喷丸器,经喷枪喷嘴将其射向电机,由三角皮带及偏心轮来带动。经喷丸除锈漆后,翻转架由卷扬机移至喷丸室外,卸下车身。该设备所有操纵系统均在喷丸室外,喷射的钢丸可以回收,因此改善了劳动条件,成本也较低廉。压缩空气的压力为392～784kPa,喷嘴口径为8mm,钢丸(亦可用铸铁丸)直径为2～3mm。

26. 怎样检查车身外部?

要花点时间常察看外部的情况,在作长途旅行时尤应如此。检查一切影响到安全行驶的因素不会超过5min,但可发现将造成危险的重大问题。

(1)检查车胎花纹磨损均不均匀,车胎的过度磨损,钉子钉入车胎,割痕和其他损伤,磨损不均匀表明前端校准已失调,或充气压力不相等的问题。用气压表检查一下充气压力。

(2)检查前灯,转向信号灯和尾灯是否工作正常。让另外一个人在车内操作,自己在车外目视一下全部车外灯的工作情况。

(3)一定要保持镜面清洁的,调整到最佳后视角度。

(4)将风窗玻璃擦到最透明。同时很快地检视一下刮水片是否良好。

(5)应该养成检查排气管颜色的习惯。它能使你很快地判断发动机的工作情况。在长途旅行时或者在公路上加速一会儿,如果排气管内部有一点灰白色,这说明发动机的工作正常。带点黑色或者乌黑的排气管表明化油器供油太浓,需要调整了。

(6)汽车下面液滴的位置和颜色是判断泄漏来源的好证据,黑色或者棕色液滴最可能是发动机机油和变速器后轴润滑剂泄漏出来的。清澈的水滴一般来自热天使用的空调机。绿色水滴一般是防冻剂。在热天空调机在汽车前部滴漏一定量的水是正常现象。

(7)当停车加油后,不要忘了将汽油箱盖重新盖上。

27. 怎样保养车门?

在定期对车门滑道及滑轮相对运动的部位做定期的润滑,润滑前要清除干净滑道与滑轮上的泥土和砂粒,再涂以润滑脂,以防磨损车体。

各个门锁凡是有相互运动和发生摩擦的表面都应及时进行润滑,门车铰链的润滑尤为重要,如润滑保养不周会造成卡滞,会损坏车门。

28. 怎样修复人造革?

人造革的小裂口可以用几件修复品将它修复。操作简单易行,只需准备电熨斗、木纹纸、粘结剂和一块棉布即可。介绍如下:

(1)修复平面部件的裂口所用的修复品都需用电熨斗加热。

(2)如果破裂很深,就要塞入一块海绵橡皮垫平。

(3)在裂口上涂上粘结剂,并将它抹光滑,不要将面积涂得太大。粘结剂可用301、904、601等。

(4)挑选一张和人造革花纹差不多的木纹纸。

(5)将木纹纸盖在裂口上,木纹纸的花纹一面朝下。

(6)对电熨斗隔着棉布熨烫修复部位60s,不要让电熨斗直接接触到人造革。

29. 怎样使用圆规和心冲?

圆规是用来在金属板上划圆或圆弧,并可测量两点间的距离,或直接从钢尺上将尺寸引到金属板上。常用的圆规如图9-17所示。在圆规尖脚上焊有硬质合金。a、b两种刚性较好,目前用得较多,c种为弹簧圆规,调节尺寸圆规(通常也叫地规),如图d所示。它由一根圆管和装有划针的两个套管组成,套管可在圆管上移动,以调节圆半径的大小,其中一个套管还可以微量调节。

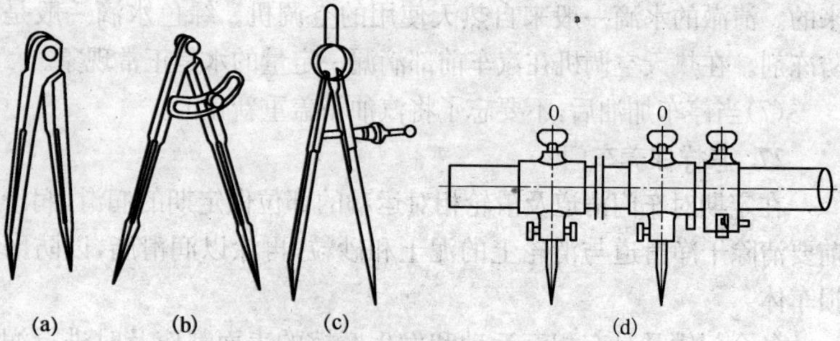

图 9-17 圆规与心冲

图9-18所示为心冲,划圆之前用它来冲圆心,以防圆心在划圆过程中滑移。它是用工具钢制作而成并淬火处理。当所划圆弧半径很大,中心在工作以外

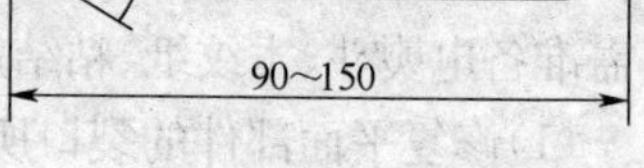

图 9-18 中心冲子

时，要夹上延长板定出中心来划圆，如图 9-19a 所示，如不便夹延长板时，也可在划线平台上划中心，如图 9-19b 所示，这时要特别注意不能让工件与台面发生相应位移。

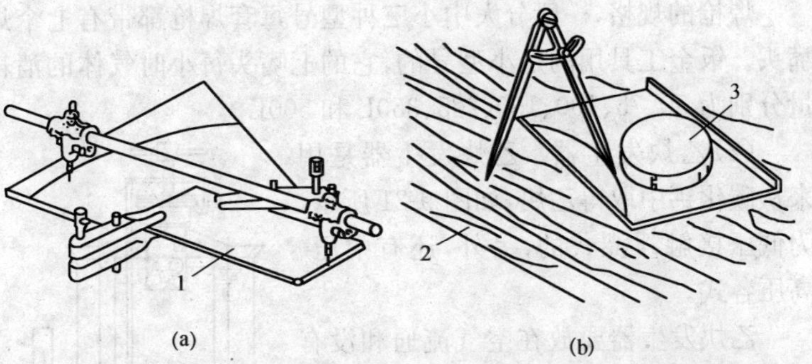

图 9-19　中心点在工件外的圆弧划法

(a)用延长板法　(b)借用工作台面或地面法

1. 延长板　2. 工作台　3. 重物

30. 钣金修理的气焊工具有哪些？

(1)焊枪。焊枪的型式是多种多样的，但原理基本相同。一般都是喷射式的，它是利用氧气的喷射气流形成一种吸力，而取得足够的乙炔，以满足燃烧的需要量，其构造如图 9-20 所示。

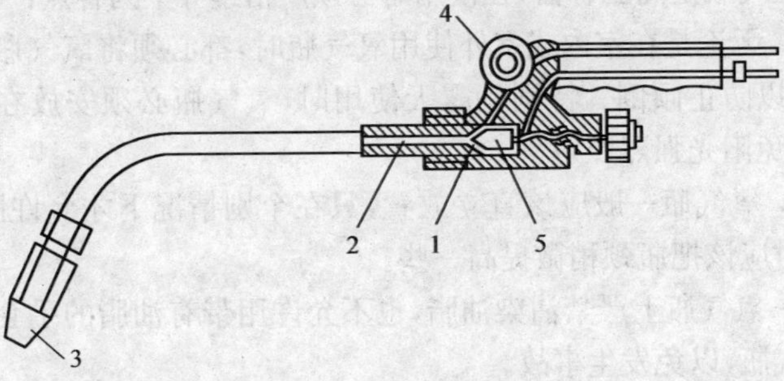

图 9-20　喷射式焊枪

焊枪吸力的形成过程，是高速氧气流从喷射气孔 1 射出而进入混合管2时,在孔1附近形成一个低压区,也就是形成一股吸力,将周围的乙炔大量吸入到混合管2内,与氧气混合一起,由焊嘴3喷射出去。

焊枪的规格,一般分大中小三种型号每套焊枪都带有七个焊嘴头。钣金工具用的是小型号的,它的七嘴头每小时气体的消耗量分别为50、75、100、150、225、350L和500L。

(2)乙炔发生器。乙炔发生器是用来从碳化钙中取得乙炔,如图9-21所示,为低压接触浮漂式的,另外,还有中压、高压各式。

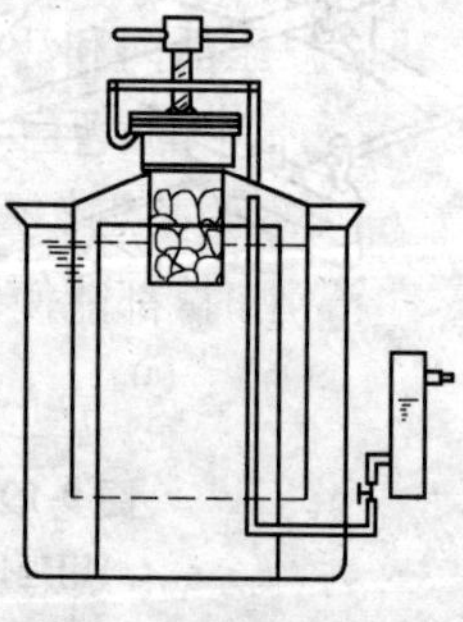

图9-21 接触浮漂式乙炔发生器示意图

乙炔发生器要放在空气流通和没有火花的偏僻地方,不要放在高压电线底下,要距工作地点五米以外,以免发生爆炸事故。

(3)氧气瓶与减压器。氧气瓶中的氧气在150千帕左右的压力下充入瓶中,其容量(以升计)通常有50、40L和33L三种,一般以40L的氧气瓶应用较广。

氧气瓶是高压容器,在使用时必须严格遵守下列各点:

a. 无论是在室内或室外使用氧气瓶时,都必须将氧气瓶妥善安放,以防止倾倒。特别是露天使用时,氧气瓶必须安放在凉棚内,避免阳光强烈照射。

b. 氧气瓶一般应该直立放置,只在个别情况下才允许卧置,但此时应该把瓶颈稍微提高一些。

c. 氧气瓶上严禁沾染油脂,也不允许用带有油脂的手套去搬运氧气瓶,以免发生事故。

d. 取得瓶帽时,只能用手或扳手旋取,而禁止用铁锤等铁器敲击。

e. 使用氧气瓶时,不应一次将氧气瓶内的氧气全部用完,最后至少要剩下(50kPa)的氧气压力。

减压器(俗称氧气表)的主要作用是将氧气瓶放出的氧气压力(15MPa)降到通常焊枪的工作压力(300～500kPa)。减少压器的外形虽是多种多样的,其内部构造和原理也不完全一致。如图 9-22 所示,是一种单级反作用式减压器,它由主体、罩壳、调压螺针、调压弹簧、弹性薄膜装置(弹簧垫块,薄膜片,耐油橡胶平垫片等组成)油门顶杆、减压活门和活门座、安全阀、进出气口接头以及高压表是观察氧气瓶中的气压的,气压的大小,可以表示瓶中的储气量;低压表是观察调整工作需要的气压的。通过减压器无论在使用氧气或停止使用时,都能使氧气的工作压力保持稳定状态。

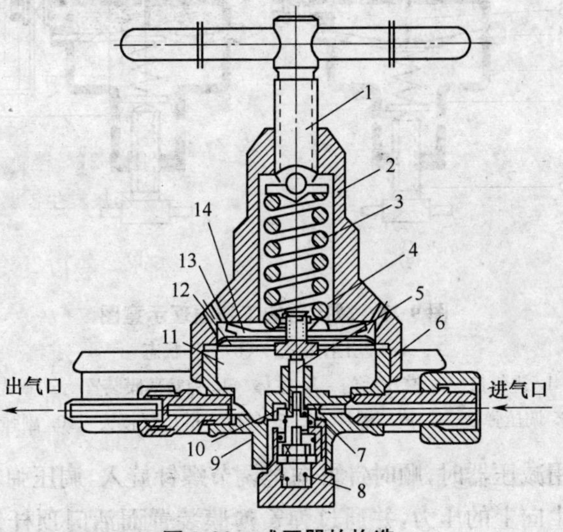

图 9-22 减压器的构造

1. 高压螺栓 2. 罩壳 3. 调压弹簧 4. 螺针 5. 活门顶杆 6. 主体 7. 高压气室 8. 副弹簧 9. 减压活门 10. 活门座 11. 低压气室 12. 耐油橡胶平垫片 13. 薄膜片 14. 弹簧垫块

主体由 HPb59.1 黄铜制成,弹性薄膜装置被压紧在罩壳与本体之间,在罩壳内装有调压弹簧,上部旋有调压螺针。当调节调压螺钉时,通过活门顶杆,使减压活门作不同程度地开启或关闭,用来调节氧气的减压程度或停止供气。

减压器的工作原理如图 9-23 所示。在非工作状态时,见图 9-23a,调压螺针是向外旋出的,此时调压弹簧处于松弛状态。当氧气瓶阀开启时,高压氧气通过进气口流入高压气室,由于减压活门被高压气体的压力与副弹簧的弹力紧压在活门座上,所以高压气体不能流入低压气室内。

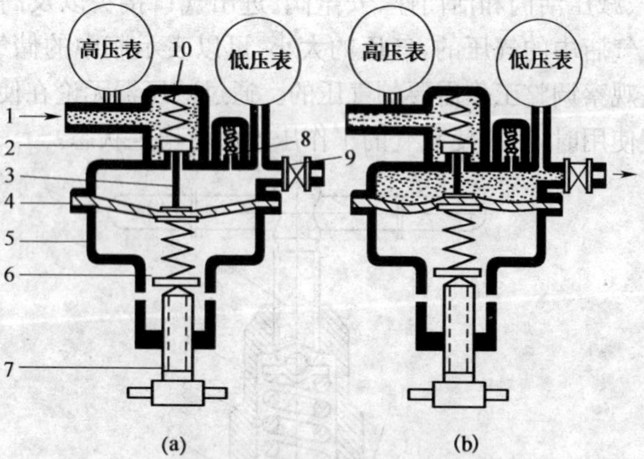

图 9-23　减压器的工作原理示意图

(a)非工作状态　(b)工作状态

1. 进气口　2. 减压活门　3. 主体　4. 弹簧薄膜装置　5. 罩壳　6. 调压弹簧　7. 调压螺针　8. 安全阀　9. 出气接头　10. 副弹簧

使用减压器时,顺时针方向把调节螺针旋入,调压弹簧即受压缩而产生向上的压力,并通过弹簧薄膜装置而活门顶杆传递到减压活门上,克服高压气体的压力和副弹簧的弹力后将减压活门顶开,此时高压氧气就从活门隙缝中流入低压气室内。高压气体从高压气室流入低压气室时,由于体积的膨胀而使压力降低,从而起到减压作用。

气体流入低压气室后,对弹性薄膜装置产生压力而使之变形,这个力通过薄膜装置迫使变形,这个力通过薄膜装置迫使调压弹簧不断压缩而徐徐下移(就原理图而言),随之活门顶杆也徐徐下移。当低压气室内的压力达到工作所需要的压力时,由于高压气体的压力和副弹簧的弹力迫使减压活门全部关闭,停止高压气体向低压气室流入。

当焊接工作开始后,低压气室的气体逐渐输出,压力稍微降低,调压弹簧开始复位,减压活门又稍微开启,补偿足够的气体,保持恒定压力,从而起到稳定作用。如果低压气室的气体输出量的增大,即低压力室内的压力降低较多时,减压活门的开启度就会随之增大,即低压力室内的压力降低较多时,减压活门的开启度就会随之增大,使气体从高压气室加速流入低压气室,这样低压气室的压力就能始终保持正常。

由上述可知,减压器的减压和稳压作用,是由于低压气室气体的不断输出和不断补偿,引起压力变化(尽管这种变化量微小的和短暂的)随之使弹性薄膜装置、调压弹簧、副弹簧、活门顶杆和减压活门产生一系列动作的结果。

当氧气瓶的氧气压力逐渐下降时,在高压气室中,促使减压活门关闭的作用力也逐渐减小,减压活门的开启度逐渐增大,其结果仍保证了低压气室内氧气的工作压力稳定,不因气瓶内氧气的压力下降而降低。这种自动调节作用就是反作用式减压器的特点。通常钣金焊接所用的低压表压力是在 300～5000kPa。

在减压器上还装有与低压室相通的安全阀。当减压器发生故障使低压气室的压力超过安全阀泄气相通的安全阀。当减压器发生故障使低压气室的压力超过安全阀泄气压力时,气体便自动地打开安全阀而逸出。这样不但可以保护低压表不受压力过高的气体冲击而损坏;而且也避免由此造成其他事故。

31. 钣金修理机具有哪些?

(1)点焊机。点焊机的种类很多,外形不一,但一般包括焊接变压器,焊接电流的调节装置,焊接电极装置,控制装置及水冷装置等部分,如图 9-24 所示。其工作原理如图 9-25 所示。

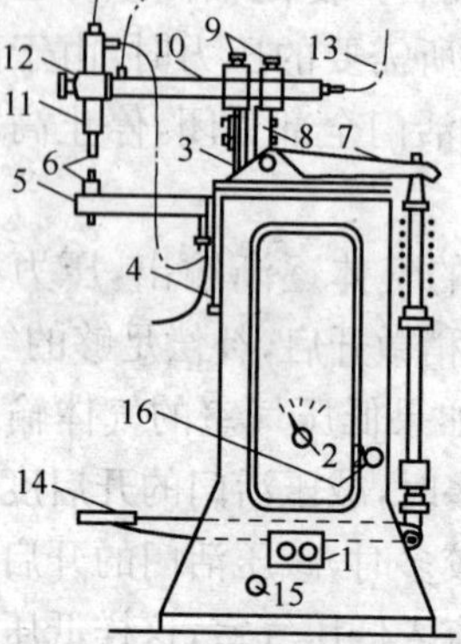

图 9-24　一般点焊机结构

1. 电源接线端　2. 电流调节开关　3. 副线圈(单匝)　4. 前极板　5. 下部电极臂杆　6. 镶入电极　7. 上部电极操纵杆　8. 上部电极　9. 旋紧套铁　10. 上部电极臂杆　11. 电极握持杆　12. 电极握持杆　12. 电极握持杆螺旋套　13. 冷却　水输送管中　14. 踏板　15. 接地　16. 电源开关

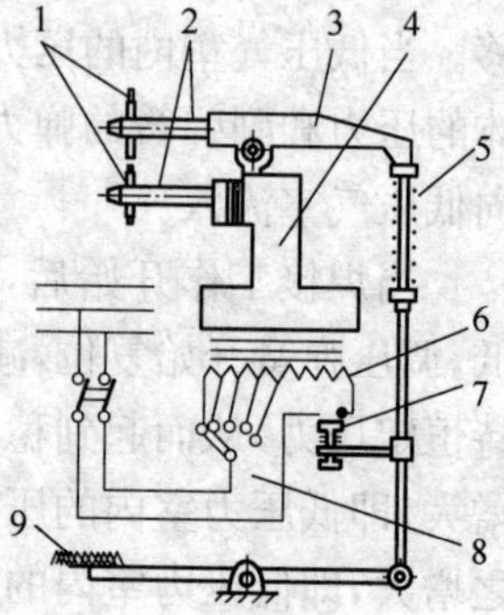

图 9-25　点焊机工作原理

1. 电极　2. 电极卡头　3. 压紧臂　4. 次级线圈　5. 压紧机构　6. 初极线圈　7. 断路控制器　8. 变压器级开关　9. 脚踏板

点焊机各部分的详细结构，如图 9-24 所示来加以说明：上下两电极是由上下两支臂状杆固持着，下臂是固定的，上臂可以上下作弧状运动，以脚踏板，由于弹簧的力量，将两个电极合拢，夹住焊件。但焊接电流尚未接通。继续踏压踏板，由于压力杆上附有销键，闭合电源电流开关，此时电源电流通过变压器初级线圈，即刻在单匝的副线圈产生电压，使焊接电流流通，进行焊接。待焊接终了，自动控制机构切断电源电流，松开踏板，电极即离开焊件，第一个焊点即焊接完成。

脚踏式点焊机的大小型式很多，要按焊件厚薄的需要选择应用，在汽车钣金工作中，一般用容量 1.5KVA 的小型点焊机，可以从事焊接 0～5.3mm 厚的低碳钢板。其电源电压力 220～380V，焊接电压为 5.20V 不等。

其他如悬吊式轻便点焊机，其焊接压力多采用压缩空气或油类，按工作需要可以配置。

(2)振动剪床。振动剪床的工作部分是由两个剪刀片组成如图 9-26 所示，下剪刀固定在床身上；上剪刀固定在滑块刀座上。滑块通过阵连杆与偏心轴相连，偏心轴由电动机直接带动，其动作经连杆而使上剪刀紧靠在固定的下剪刀作快速往复振动。每分钟振动 1500～2000 次，因此，两刀刃经常处于接触状态。板料的剪切就是依靠上刀刃的振动而被切断的。上剪刀与下剪刀相对倾斜而成 20°～30°的夹角。上下刀片的重叠部分可根据板料的厚度调整。在剪切时，上下两刀刃之间要保持板料厚度 0.25 倍的间隙。

图 9-26　振动剪床

振动剪床可以剪切 2mm 以下厚度的直线或曲线内外轮廓的板料以及对成形后的零件进行切边工作。剪切内孔时，需松开下剪刀的固定螺钉将剪刀片分开，将板料放入后再对合上下刀片。

剪切前，先在板料上划线。开动剪床后，两手平稳地把握板料，按照划线将板料沿刀片水平方向移动。为了使板料在刀口中而又在水平面内，在刀口两侧平装置夹板和导轨。

用振动剪床切的零件，其剪切断面粗糙，因此剪切后，需将边缘修光。

(3)风动手提振动剪如图 9-27 所示，是上海闸北机械工具厂制造的风动手提振动剪(简称风剪)。该剪的特点是：体积小，重量轻。外形最大轮廓尺寸为 24cm，仅 1.6kg 重，操作灵活轻便。剪板时只要将铁板略为垫起,使剪子前进时不受阻碍即可。与固定式振动剪床比较,无须将大张铁板抬高和转动。它的最大剪切厚度,对普通热轧低碳钢板而言,是2mm,剪铝板可以达到2.5mm厚,最小剪切曲率半径为50mm,功率为0.21kW。使用气压为500kPa,负载耗气量约0.4m^3。该剪适宜钣金修理工作。经使用,效果较好。但须注意保护,不可任意撞击丢甩。

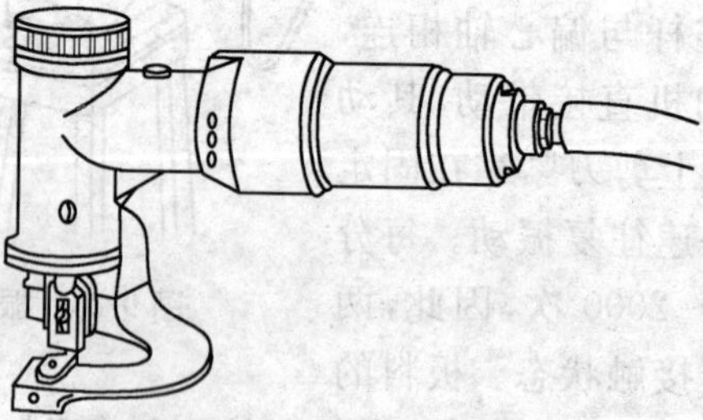

图9-27　风动手提振动剪

(4)手电钻。在钣金修理中,当零部件很大,不便于在台钻上钻孔时,常用手电钻钻孔。手电钻携带方便,操作简单,使用灵活。手电钻有单相(220V、26V)、三相(380V)两种。手电钻内部构造,主要由电动机和两级减速齿轮组成。

使用手电钻前必须检查地线是否正常。工作时应戴上橡皮手套或穿上绝缘胶鞋,手电钻是用体力压着走刀,所以钻头必须锋利。手电钻有一定负荷量,钻孔时不宜用力过猛,手电钻速度降低时,应减轻压力。待孔即将钻穿时,更要减轻压力,避免由于压力过大,在突然钻穿时,自己来不及控制,损伤钻头或零件。移动手电钻时,必须握持电钻手柄,不能用橡皮软线来拖动手电钻,并随时防止橡皮软线擦破,割伤和轧坏现象,以免造成人身或设备事故。

32. 怎样弯曲角形件?

弯曲角形零件是最简单的一种操作方法。首先下好展开料、划出弯曲线，弯曲时如图 9-28 所示，将弯曲线对准下方钢的角棱，用弓夹与上、下方钢板将板料夹紧，然后用木槌先把两头少许敲弯成一定角度，以便定位，最后全部敲弯成形。

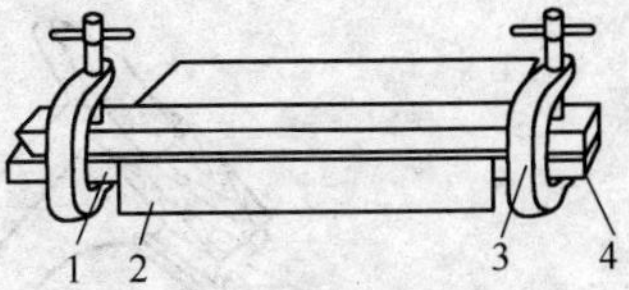

图 9-28　角形件的弯曲

1. 下方钢　2. 板料
3. 弓夹　4. 上方钢

如零件尺寸不大时，可以不用特殊的工具，就可在台虎钳上弯成角，弯曲部位提前要划好线，并把它夹在台虎钳上。夹持时，使划线恰好与钳口（或衬铁）对齐。若弯曲的工作在钳口以上较长时，应如图 9-29a 所示，用左手压在工作件上部，用木槌在靠近弯曲部位轻轻敲打，就可以逐渐弯成很整齐的角度。而不就如图 9-29b 所示那样，错误地敲打板料上部进行弯曲。

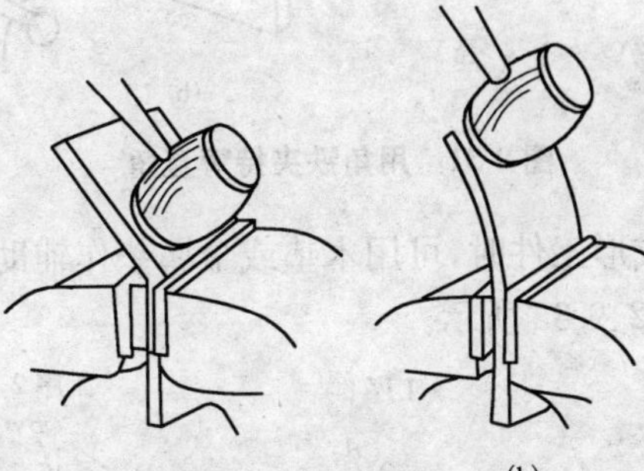

图 9-29　弯上段较长的直角板件

若弯曲的零件，在钳口以上较短时。如图 9-30a 所示那样，可用硬木块垫弯角处，再用力敲打，弯成直角。而不能如图 9-30b 那样，用铁锤直接敲打。否则工件不易弯得平整。

如果钳口的宽度比零件短或深度不够时，可用角铁做的夹持工具如 9-31a 所示或直接用两根角铁来夹持如图 9-31b 所示。

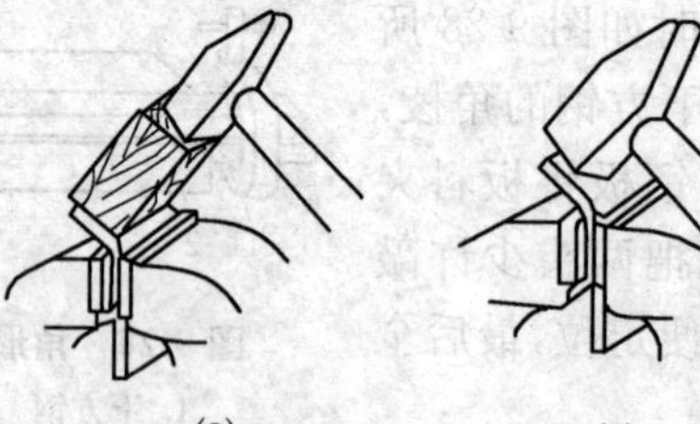

图 9-30　弯上段较短的直角板件

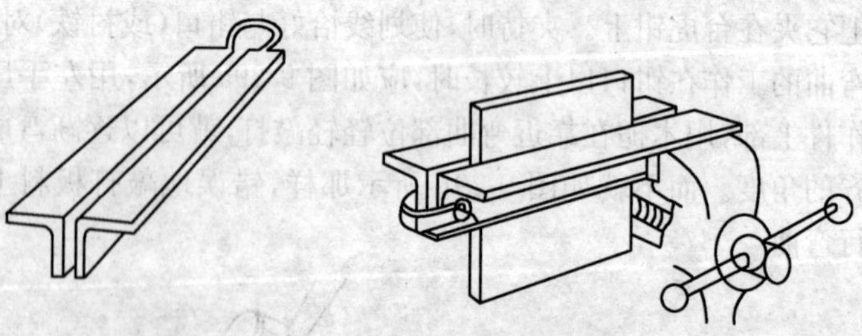

图 9-31　用角铁夹持弯直角

弯成各种成形工件时,可用木垫或金属垫作辅助工具,它的弯曲程序如图 9-32、9-33 所示。

图 9-32　变形件的程序之一

图 9-32:工序 1、依划线夹入角铁衬里,弯成 A 角,工序 2、方衬垫放入 A 角里,对准划线夹入角铁衬垫成 B 角。

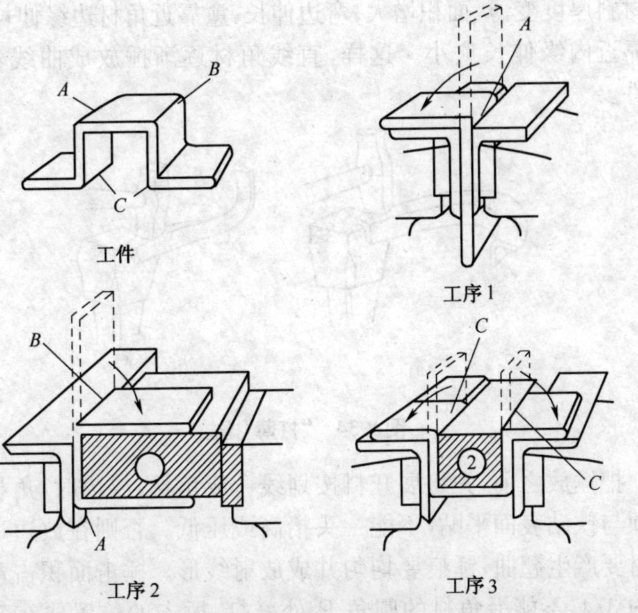

图 9-33　变形件的程序之二

图 9-33：工序 1、弯成 A 角，工序 2、用衬垫①弯成 B 角，工序 3、用衬垫②弯成 C 角。

弯曲封闭的盒子时，在弯曲成槽形以前的方法与步骤与弯形形件大致相同，最后如图 9-33 所示的工序 3 一样，夹在台虎钳上，使缺口朝上，再向内弯曲成盒子。至于连接缝留在中间，还是在直角角上，可随需而定。

33. 怎样放边？

目前在生产实际中较常见的放边方法有两种一是把零件的某一边（或是某一部分）打薄；二是把零件某一边（或某一部分）拉薄。前一种放边效果显著，但表面不光滑，厚薄不均匀。后一种虽然表面光滑，厚度均匀，易于拉裂。

(1)打薄捶放。制作凹曲线弯边的零件，生产数量较少时，可用直角角材在铁砧或平台上捶放角材边缘，如图 9-34 所示，使边缘材料厚度变薄,面积增大,弯边伸长,愈靠近角材边缘伸长愈大,愈靠近内缘伸长愈小。这样,直线角材逐渐捶放成曲线弯边的零件。

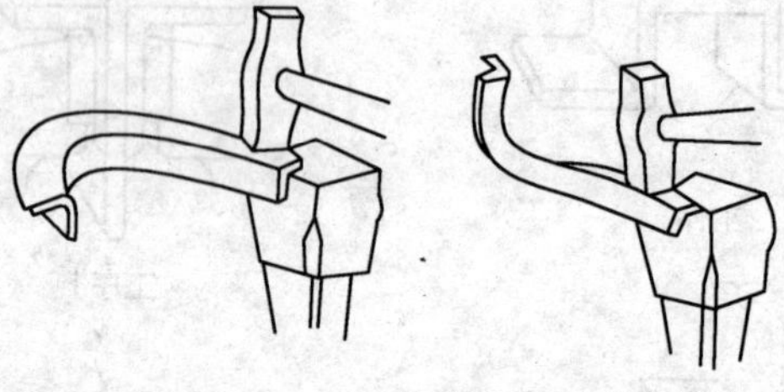

(a)　　(b)

图 9-34　“打薄”捶放

把捶放之前,先将展开料按划线弯成角材,放边时,角材底面必须与铁砧表面平贴,不能一头抬高或压低。否则在放边过程中角材要产生翘曲,锤痕要均匀并成放射线形。捶击面积占弯边宽度的 3/4,不能沿角材的圆角 R 处敲打,捶击的位置要在弯曲部分,有直线段内不能敲打。另外在放边时,随时用样板或量具检查外形,达到要求后进行修整、校正和精加工。

(2)拉薄捶放。拉薄捶放是用木槌在木墩上捶放,利用木墩既软又有弹性的特性,使材料伸展拉长,这种方法,一般在制作凹曲线弯曲零件时采用,为防止裂纹,可事先用此法放展毛料后弯制边,这样交替进行,以完成凹曲线弯边零件。

(3)用木槌通过顶木在型抬上顶放,如图 9-35 所示。木槌打击顶木,顶木冲击毛料伸展。

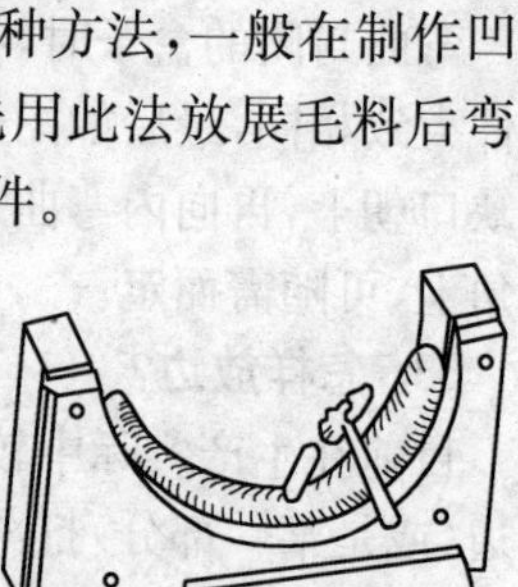

图 9-35　型胎上放边

34. 怎样收边?

收边的基本原理是先使毛料起皱再把起皱处在防止伸展复原的情况下压平。此时材料被收缩、长度减小、厚度增大。这样,可以把角材收成一个凸曲线弯边或直角形弯边零件。收边的方法有以下几种：

(1)用折皱钳起皱在规铁上用木槌敲平，折皱钳用 14mm 的圆钢弯曲后焊成，表面要光滑，以免擦伤工件表面。

(2)"搂"弯边(即敲制凸曲线弯边)在手工弯凸曲线弯边时，收边方法是用铁锤或木槌搂，板料夹在型胎上，用垫铁顶住板料，再用木槌敲打顶住部分。这样，板料逐渐被收缩靠胎。

35. 怎样拔缘?

利用放边和收边的方法，把板料的边缘弯曲成弯边，叫做拔缘。拔缘分内拔缘(也称孔拔缘)和外拔缘。冲孔拔缘是为了增加刚性，又减轻了重量，通过性好，美观光滑。如轿车框板、肋骨等零件的铁板上，常有拔缘孔；外拔缘的方法分：自由拔缘和型胎拔缘。

(1)自由拔缘。自由拔缘是作一般通用拔缘工具，在板材上拔缘，其步骤是：

①手工剪切板料，锉光边缘手刺。

②划出外缘的宽度线。

③在铁砧上用锤敲打，进行拔缘，如图 9-36 所示为外拔缘，先弯边，并在弯边上打出波折，再打平波折，使弯边收缩成凸边。孔拔缘与外拔缘相同，但在拔缘时因材料延展，易产生裂纹。在拔缘前要用锉刀打光边缘，以防断裂。

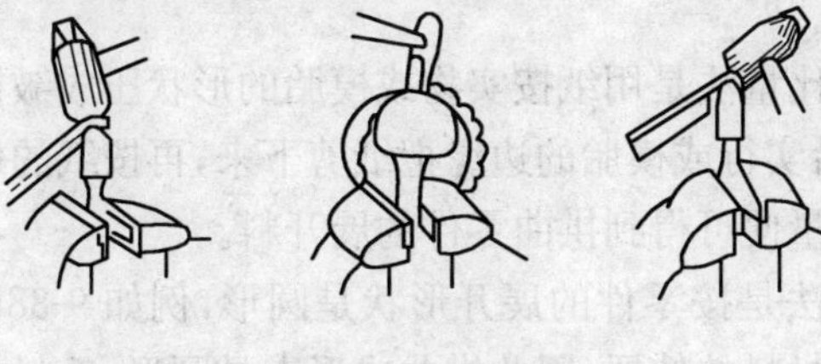

图 9-36　自由拔缘

(2)按型胎拔缘板用销钉在型胎上定位，按型胎的拔缘进行拔缘，如图 9-37 所示。若孔径不大(80mm 以下)的内孔拔缘，可以用型铁冲出弯边。

36. 怎样拱曲?

拱曲是把较薄的板料用手工锤击成凹曲面形状的零件,其基本原理是通过板料周边起皱向里收,中间打薄向外伸展,这样反复进行,使板料逐渐变形,得到所需形状。所以拱曲的零件一般底部都比较薄弱,而边缘较厚,如图 9-38a 所示。

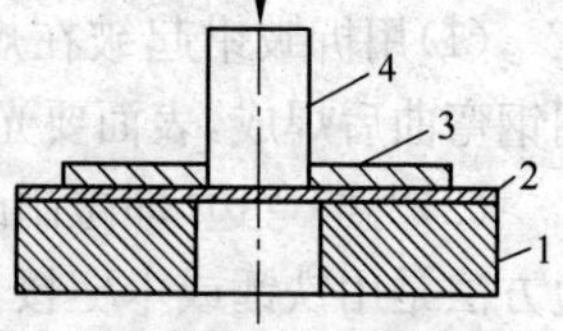

图 9-37 一次拔成

1. 型胎 2. 毛料 3. 压板 4. 铁锤头

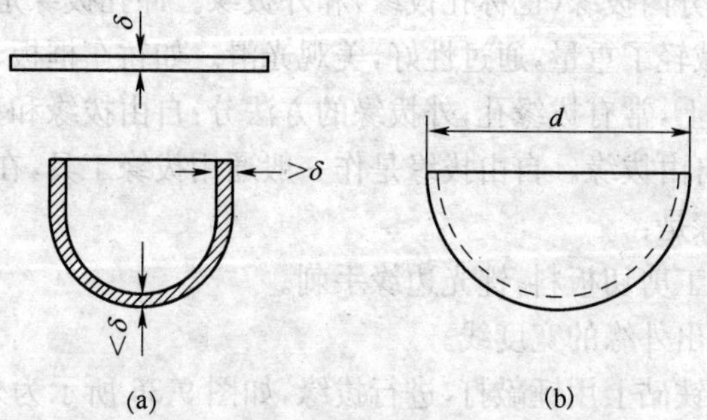

图 9-38 拱曲件厚度变化及半球形拱曲件

(1)拱曲零件展开尺寸的确定,常采用实际比量和计算两种方法:

①实际比量法是用纸按实物或模胎的形状压成皱褶附在实物或模胎上,沿实行或模胎的边缘把纸剪下来,再按纸的展开尺寸加减适当的余量便可得到拱曲零件的展开料。

②计算法是按零件的展开形状是圆形,例如 9-38b 所示的半圆形拱曲时材料的伸展,因此拱曲成形态是圆形,毛料的直径可按下列公式计算:

$$D=2d^2=1.414d$$

式中 d 是半圆形零件的直径。这种计算方法仍是近似的,但其中已适当考虑到拱曲时材料的伸展。因此拱曲成形以后,还必须进行剪修,多余部分作为修边的余量。

(2)拱曲的方法及操作。对半球形、翻边盘形或不带翻边的盘形拱曲,一般都在膜胎上进行,如图 9-38、9-39、9-40 所示。拱曲时,先将毛料压紧在模胎上,手锤从中间(半圆形)或需起拱的部位开始,逐渐向周边部分捶击。

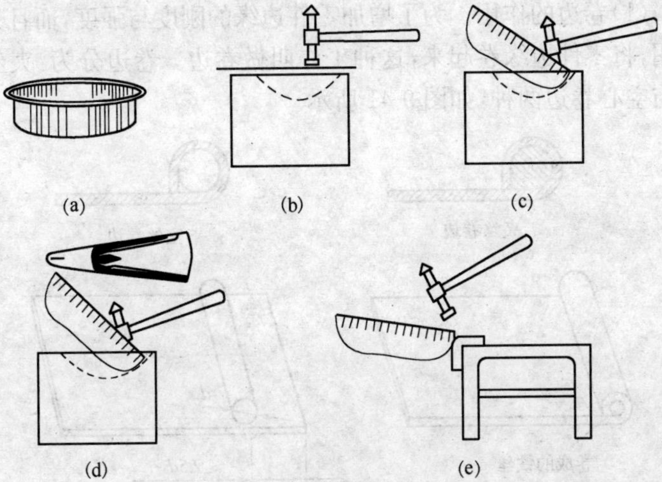

图 9-39　带翻边的盘形拱曲过程

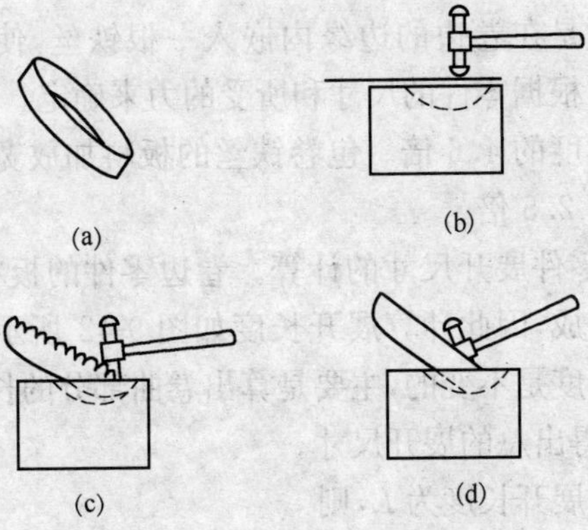

图 9-40　不带翻边的盘形拱曲过程

拱曲时,捶击应轻而均匀,使整个加工表面均匀地伸展,形成凸起的形状。为了防止折裂或拉裂,拱曲时,不能急于求成,应分几次使之逐渐下凹,直到板料之逐渐下凹,直到板料全部贴合模胎,成为所需形状的零件。

37. 怎样卷边?

(1)卷边的作用。为了增加零件边缘的刚度与强度,而且光滑耐用,将零件边缘卷起来,这种工作叫做卷边。卷边分为:夹丝卷边与空心卷边两种,如图 9-41 所示。

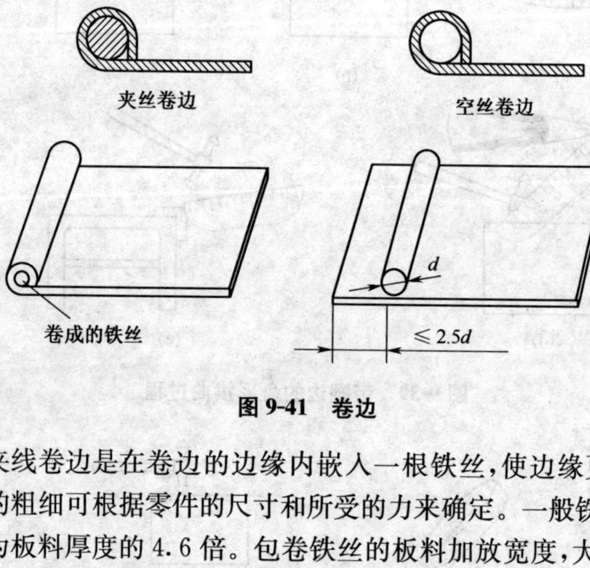

图 9-41 卷边

夹线卷边是在卷边的边缘内嵌入一根铁丝,使边缘更刚强。铁丝的粗细可根据零件的尺寸和所受的力来确定。一般铁丝的直径应为板料厚度的 4.6 倍。包卷铁丝的板料加放宽度,大致相当于铁丝直径的 2.5 倍。

(2)卷边零件展开尺寸的计算。卷边零件的板料是由直线和卷曲两部分组成,因此计算展开长度如图 9-42 所示时,不卷曲的直线部分的长度是不变的,主要是算出卷曲部分的长度,然后加上直线部分,便得出总的展开尺寸。

设零件的展开长度为 L,则

$$L=L_1+L_2$$

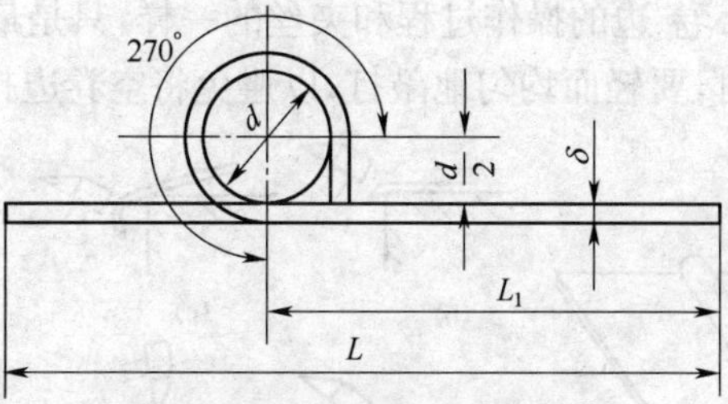

图 9-42　卷边展开尺寸的计算

式中：L_1——板料的直线部分长度；

L_2——板料 270°卷曲部分加 $d/2$ 直线部分长度，

$L_2=3\pi/(a+\delta)+d/2=2.35(d+\delta)+d/2$；

所以 $L=L_1+2.35(d+\delta)+d/2$；

图中 d 为铁丝直径。

(3)卷边操作过程。

①在板料上划出两条卷边线(操作熟练者可不划线)，如图9-43所示。

②将板料放在平台(或方铁、铁轨等)上，使其露出平台的尺寸等于 L_2。左手压住板料，右手有用木槌敲打露出平台部分的边缘，使之向下弯曲成 85°～95°，如图 9-43a、b 所示。

③再将板料向外伸并略弯曲，直至平台边缘对准第二条卷边线为止，这就是使露出平台部分等于 L_1，并在第一次敲成的边缘处继组敲打，使之靠近平台垂边，如图 9-43c、d 所示。

④将板料翻转，使卷边内(放时先从一端开始，以防铁丝弹出)，先将一端扣好，然后放在一段，全扣完后，轻轻敲打，使卷边紧靠铁丝，如图 9-43e 所示。

⑤将铁丝放入卷边内(放时先从一端开始，以防铁丝弹出)，先将一端扣好，然后放一段扣一段，全扣完后，轻轻敲打，使卷边靠紧，如图 9-43f 所示。

⑥翻转板料，使接口靠住平台的缘角，轻轻敲打，使接口靠紧如图 9-43g 所示。

手工空心卷 边的操作过程和夹丝的一样,只是最后把卷边继续卷压合拢时,要轻而均匀地敲打,以避免将空卷边打扁。

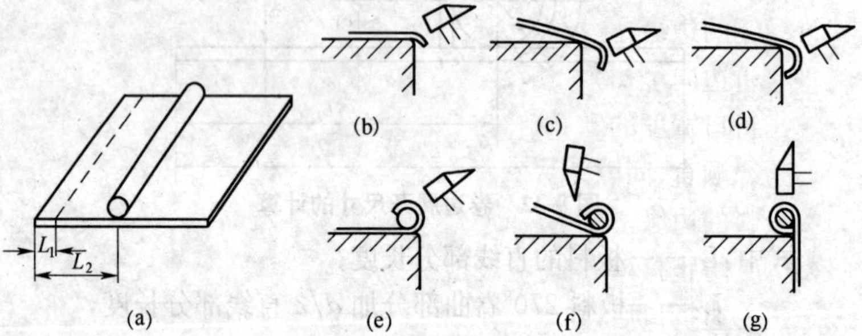

图 9-43　卷边操作过程

38. 怎样咬缝?

(1)咬缝的种类和应用。咬缝是把两块板料的边缘(或一块板料的两边)折转扣合,并彼此压紧。这种缝咬得很牢靠,以至可以用来代替焊接,尤其是有些板料不允许焊接时,采用咬扣更好。咬缝的结构形式是多种多样的,就结构来说分双翻口咬扣、半咬口、外平扣、内平扣等,咬口的应用范围很广(比如,除轿车钣金消声器外,日常生活中用的水桶、铁壶,工厂的冷暖通风设备管道等。)

(2)咬缝操作过程。手工咬缝的操作过程,如图 9-44 所示。

在下料时必须留出咬缝余量,否则制成的零件尺寸就会小,成为废品。例如双翻口咬扣总余量是咬缝的宽度的三倍。因咬扣处实为四层,其中一层作为有效尺寸所以需另加放折口三倍。例如折口为 5mm,则总余量为 15mm。分两边留,每边留余量 7.5mm。

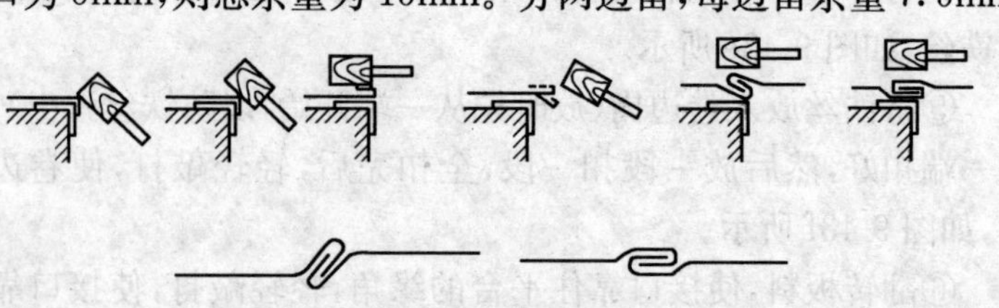

图 9-44　双翻口咬扣过程

弯制卧缝单扣的过程,如图 9-44 所示在板料上划出扣缝的弯折线(操作熟练者不划线),把板料放在角钢(或钢铁)上,使弯折线对准角钢的边缘,弯折抻出部分成 90°角。然后朝上翻转板料,再指导弯折边向里扣,不要扣死,留出适当的间隙。然后指把铁板向外移出折口宽度的 1.5 倍,对准角钢边缘,向下翻口,打至 45°,使翻口边缘顺直、间隙匀称即可。再用同样的方法弯折另一边或另一块板料的边缘。然后相互扣上,捶击压合,最后捶紧即成。

为了防止打口方向搞错(如在同一板料的两边都打口时,)当敲了出一边折口后,立刻左右向(绕纵轴旋转)翻转板面,打出另一边折口,切不可上下向(绕横轴旋转)翻转板面。待两边折口都打出后,再将板料上下向颠倒,分别打出两边翻口。这样就可避免把咬口的方向搞错,造成浪费。

39. 怎样铆接铁板?

利用铆接把两块或两块以上的铁板或型材连接在一起的不可折连接称为铆钉连接,简称铆接。

铆钉是利用棒料在锻压机上制成的,它的构成部分有钉杆和钉头制成一体。在铆合时再制成铆钉的另一端的头一铆成头,半圆头铆钉连接及铆钉的主要尺寸,如图 9-45 所示。

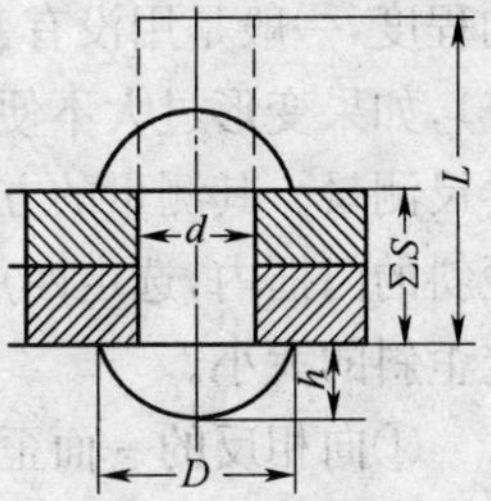

图 9-45　半圆头铆钉连接

铆接结构的修理工艺,按以下顺序进行:铆合前首先校直校平板料,将铆接缝按划线对正夹紧。然后制孔。制孔的方法有两种,即冲孔与钻孔冲孔。冲孔的方法比较简单,但孔周围常有细小裂纹,表现材料变脆。钻孔质量较好,孔的轴线也容易对准,因此以钻孔为好。为了铆容易空过钻孔,钉孔直径应稍大于铆钉直径。多钉与钉孔之间的间隙大小决定于铆钉直径应稍大于铆钉直径。铆钉与代孔之间的间隙大上决定于铆钉直径的大小及修理精度。在铆合过程中,钉杆被镦粗而胀满钉孔。以半圆头铆钉为例,钉杆长度 L 可根据被铆件的总厚度 $\sum S$ 如图 9-45 所示钉杆的压缩量和形成铆成头需要的体积来决定。根据经验,铆成头体积,应留出钉杆的长度(不包括被铆接的板厚),约为铆钉杆直径的 1.5 倍。

铆钉的铆成头如图 9-45 所示的制成步骤如下:先将铆钉插入孔中,把铆钉的预制头用一托垫支持着,再把铆件放在铆钉伸出的一端,用锤击或用机械压力压在铆件上而制成铆钉头,这个过程称为铆合。铆合时可用冷铆之前,应先将铆钉退火,便于铆成头的加工。

铆合工作可用手工锤钉、气压或液压铆合来完成。气压的力量易于掌握,担由于点焊和氧气焊的工效高、质量好、故在汽车制造和修理工作中,铆接逐渐被点焊或气焊所代替。

40. 怎样矫正?

轿车驾驶室骨架、门框、车门边柱、前翼子板等构件,因受冲击或长期超载后产生扭曲歪斜的程度(例如要确定驾驶室门框歪斜的程度,一般是用没有变形车门或用相当于靠模专用框架,进行检查),如果变形过大不便于用上述方法检查时,则可用伸缩器或钢卷尺测量。其测量的方法是在轿车驾驶室另一面或在同型车没有歪斜的门框内,选定四点,沿门限、后柱和对角线,进行测量,以确定歪斜的大小。

①向相反的一面歪斜,即过正太多。

②组合件(驾驶室)的受力部位,如有较长裂缝,事先应焊好,以免在矫正过程中因受力过大而被拉伤。

41. 怎样敲平铁板?

将金属板零件上的凹陷、折皱等损伤,敲击并整平到原有几何形状的修复法,称为敲平。

(1)平板的敲平。平板由于受到轻微碰撞或经过烧焊后,产生的变形,大体分为两种:一是四周扭、二是中间凸鼓。

敲平的方法是,应用锤放的基本原理,如图 9-46a 所示中间凸鼓,四周平整。凸鼓的原因是中间的纵横纤维长度大于周边的纤维长度大于周边的纤维长度,即通常所说的中间松四周紧。对此,在周边没有折边的情况下可用铁锤或木槌捶放四周,捶击点要均匀,越往外越稠密些,捶击力也越来越重些。这样可使四周材料放松,使凸鼓消除,达到平整。敲平时,锤把要握紧,落锤要平稳,轻重有区别,点子要打准。

如图 9-46b 所示与周边扭动成波浪式,而中间紧缩。扭动的原因是中间纵横纤维长度短于四周纤维长度,即常说的中间紧四周松。由于拉压的作用迫使四周扭曲。消除扭动的方法,主要是用铁锤或木槌捶放中间,捶击的方向是先由里向外,再由外向里,捶击点要均匀,而越往里越稠密些,捶击力也越来越重些。

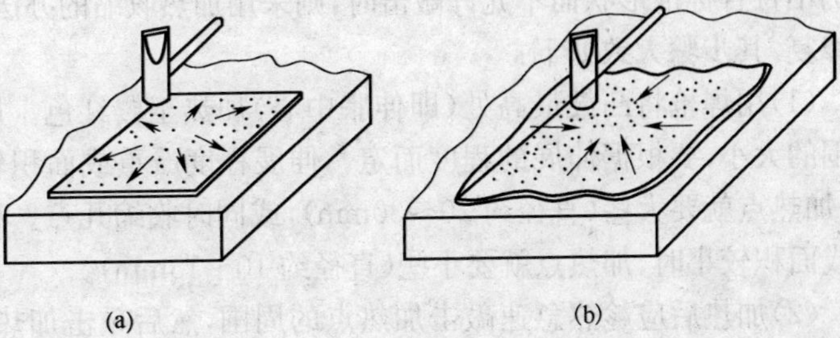

图 9-46　平板的敲平

综上所述,敲平的方法可以概括为“中间凸、敲周边,七扭八歪敲中间”。关于焊修后所造成的扭曲变形的整平,关键是用铁锤敲击焊修后而收缩的部位,使之伸展,排除收缩应力。这样可使焊接的部位,既平整光滑,又可避免在使用中再次出现断裂。

扭动变形中间伸胀明显时,可以直接看出,而轻微凸鼓时则不易看出。检查一个平板是否有凸鼓,可用手分别从正反两面反复施加压力于平板的中部。松动处就会有“咕咚”、“咕咚”的响声,要沿平板的几个方向反复检查,就可比较准确地找到松动处,同时也能发现板料较紧的部位。而检查四周轻微松动扭曲的方法,是用双手抓住铁板对称的两边,反复扭动,即可感觉出来有一股扭动。

(2)曲面的敲平。单曲度或双曲度铁板零件的敲平要领,原则上也是把“紧”处放“松”。由于 这类零件表面质量一般要求较高,修复后不能留有明显的痕迹。例如,车门外表面、驾驶室顶部,发动机护板、挡泥板等处的修理,表面质量要求较高,敲击时尽可能使用木槌,此外由于这类零部件形状复杂,不便于放在平板上敲击,需用形状适宜的砧铁块衬在变形处,反复敲击,直到与未损坏处平齐圆滑,用手去摸再不感到粗糙时为止。

42. 怎样收缩铁板?

如果铁板零件局部受到撞击,不必把整个铁板拿下平敲击伸展;或者是成形零件受到边框的限制无法敲击伸展;或是经过伸展后仍不符合标准形状而不允许敲击时,则采用加热收缩的办法,进行修复,其步骤大致如下:

(1)用焊枪将凸鼓最高处(即伸胀中心)加热至樱红色。加热范围的大小,要根据伸展的程度而定。伸展程度严重或面积较大时,加热点就要大些(直径约 20～30mm),或同时收缩几点。程度轻或面积较小时,加热点就要小些(直径约 10～15mm)。

(2)加热后应趁热急速敲击加热点的周围,然后敲击加热点。敲击时应用合适的型砧垫着,用木槌敲击,冷却后再用铁锤轻轻敲击整平。

(3)如果收缩一点不能解决问题时,应按图 9-47 所示的顺序,将伸展处逐点加热并敲击,直至金属板表面完全平直为止。

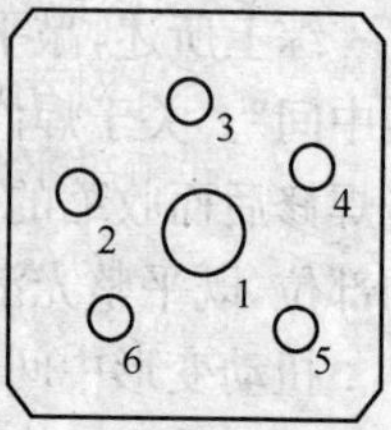

图 9-47　多点收火顺序

进行这次工作时,要谨慎、适当。可收可不收者,尽可能不用加热收缩,以免带来副作用。加热时焊枪嘴要垂直并压低些,这样加热快,不使热量扩散,收效显著。但要小心,不能将薄板熔化或烧穿。收缩量要适当,不可收缩过多。敲击整平时,也要适可而止,不要敲得过分厉害。特别是收缩、敲击像车门外表这些有轻微拱曲的零部件，更要如此。假若一点收缩过多，就会造成邻近部位松软；假若收缩点敲得过分，又会造成该点松软，等于未收。所以收缩和敲平，都要适当，否则使金属板的变形更为复杂，甚至越收越坏，不可收拾。

43. 怎样挖补铁板？

当铁板损伤到不可修理的程度，则须将损伤处切去再换上补片。根据我们的经验，在轿车钣金修理工作中挖补要比贴补优越。第一，由于焊缝是对口有利于焊接与整平。第二，挖补过的零件，形状准确，质量较高。第三，挖补后，由于没有夹层，便于两面油漆，能延长使用寿命，即使只油漆一面，也因为没有夹层不易存泥水而不至于很快锈坏。所以，通常采用挖补。这项工作分为下列工序进行：

①首先仔细检查更换部位的损坏情况，确定挖补范围。

②根据已确定的更换范围，打出纸样板。此时纸样板可不带折边或卷边的余量。

③根据纸样板在铁板上划线，加放折边或卷边余量，准确下料。

④将板料加工成“形件”以使其与欲修理的零件表面形状完全吻合。

⑤将更换的新板夹紧在更换部位，用力划线，并切去损坏部分，使补片紧密地接在挖补之处。

⑥将新片对茬点焊好，再顺序焊接在一起。

⑦用铁锤敲平焊缝处，并用锉刀大略地修整一下焊缝。

新换上去的补片，应精确、牢固地与原部形成一个整体，使之形状平整、圆顺、光滑而美观。

44. 怎样焊接？

焊接主要是指熔焊。熔焊也叫气焊。它是利用氧气和乙炔混合气体的燃烧，产生大量的热能，将被焊接的金属接头与填充金属(焊丝)熔化，使焊接的接头相互融合在一起，待凝固后即可成为一个整体,牢固地粘结在一起。

氧气和乙炔混合气体燃烧的火焰,按其性质可分为:碳化焰、氧化焰和中性焰三种类型。

碳化焰是乙炔量很大,氧气量小的火焰。因为乙炔没有达到完全燃烧,在喷嘴处呈现出两层白焰芯,它的温度比中性焰和氧化焰都低一些。如用它焊接钢板很容易使焊缝金属碳化,过一些时候焊缝金属就要变脆。因为这种火焰对红热的金属,特别是对熔化的金属有加入碳质的作用,故称它为碳化焰。

氧化焰则与上述相反,是氧气量大而乙炔量小的火焰,喷嘴处呈现出比中性焰还小一些的蓝白焰芯。这种火焰对红热或熔化的金属都有氧化的作用,尤其是对红热或熔化的优质合金更为显著,因此换它为氧化焰。如用这种火焰焊接各种钢板时,很容易使焊缝金属氧化而变成焦渣。这种火焰大都用来烧割金属。

中性焰是氧气和乙炔量的比例合适的火焰。喷嘴处呈现出一个很清晰的内焰芯。这种火焰对红热或熔化了的金属,都没有显著的碳化或氧化作用,故称它为中性焰。中性焰在金属焊接中应用很广,在钣金修理工作中金属薄板的焊接与切割,常采用中性焰。

在施焊时,焊枪喷出的火焰(焰芯)的形状,应该是整齐垂直的而不许火焰的形状歪斜或发出“吱、吱”的声音,只有当火焰整齐、垂直再加以正确的操作,才能使焊缝两边的金属均匀加热,形成正确的熔池,从而保证焊接质量。如发现火焰不正常,而需把焊嘴取下用专用的通针从里向外把喷嘴口处附着的杂质清除掉,待火焰形状正常后再进行施焊。

如发现焊枪吸力不够、火焰不大甚至经常回火时,要及时修理。这是因为附在焊枪内管壁上的乙炔灰分太厚了,不但影响乙炔的流通,也会影响到喷射时的吸引作用。特别是,混合管的入气孔处附着的灰分厚了时,对吸引力的降低更为严重。这时,需用钢丝清除干净。另外,也要检查调整氧气流的阀门上的针尖是否完整，针尖是否笔直地对准混合管入气孔中心。

如发现没有吸力，或反而往回逆流，大都是焊嘴内或混合管入气孔内进入了杂质。这时应首先检查清理焊嘴。经清理后仍有逆流时，可以拔下乙炔导管，堵住焊嘴孔用氧气吹一吹。必要时再把混合管卸下来检查。还要注意喷射气孔的零件是否松动，若有松动要把它拧紧，否则也会造成逆流现象。

施焊时常按火焰的方向，使焊缝两侧的温度始终保持平衡，免得熔池偏离焊缝的正中间位置，向温度高的一边歪斜，形成焊缝金属不均匀(一面多一面少)的不良现象。火焰由层焰芯的尖端要离开熔池表面 3～5mm(特殊焊接法例外)，形成的熔池自始至终要尽量保持瓜子形、扁圆或椭圆形。

熔池的大小和焊缝填充金属的高度，要根据焊件的厚度、工作要求、焊缝接头的类型等来确定，并要始终保持一致。在焊接时既要有足够的熔化浓度，又不要烧穿，以保证焊接质量。就薄板的焊接来说，除保证焊接处有足够的强度外，还应尽可能少加焊条，力求平整光滑。下面以几种焊缝接头来谈谈操作方法与质量要求。

①焊枪嘴与焊件的相对位置，直接影响到工作的快慢及焊缝的质量。例如在开始焊接时，焊件是冷的，大部分热量都被附近的材料所吸收，所以为了热量集中，使熔池易于形成，此时焊嘴与焊件表面所成的角度应大一点，约近于直角，如图 9-48 所示的位置 c。但熔池形成后，继续往前施焊时，因为熔池附近的金属，已经有相当高的温度，烧熔它所需的热量当然就比较小，为了避免金属发生过热烧穿现象以及加快焊接速度起见，此时焊嘴应偏斜一点。

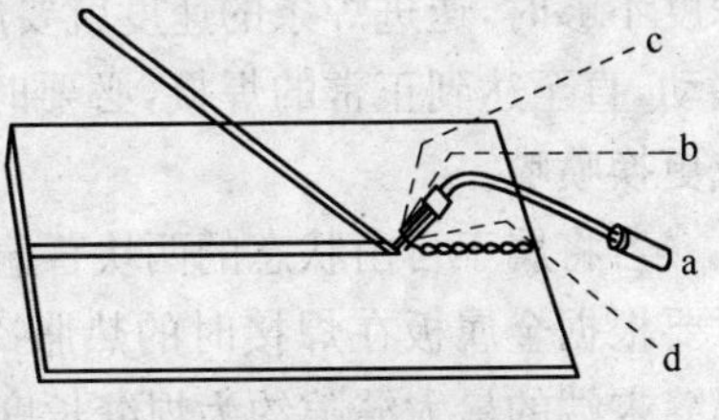

图 9-48 喷嘴倾斜位置

倾斜的程度要看焊件的厚薄而言，通常用三号焊枪，施焊 1～1.5mm 厚的焊件时，其倾斜角约为 50°(从水平量起)，如图 9-48

所示的位置a;小于1mm厚者,为了怕烧穿,倾斜角应小,约为40°左右,如图9-48所示的位置d;焊接2mm厚者,应为60°～70°,如图9-48所示的位置d或c。当焊到尽头时,由于材料减少,热量被焊件传导而损失的也少,此时喷嘴的角度应变小,并略微加大焊嘴与焊件距离。上面所述的是指钢材焊件而言,对于熔点较低的金属,在工作时应略有变更,其角度应随实际情况而定。

②平焊的操作方法。在钣金修理工作中,对焊接缝的平焊遇到的最多。焊接时要将茬口放平、对正,每隔40mm～50mm点焊一点,然后进行焊接。因板料很薄,两板中间不留空隙。焊接时,喷嘴火焰要平稳匀整地向前移动,焊条在焊缝的熔池内一下一下地送进去,不要点在熔池的外边,以免粘住焊条。如焊条送进的速度不均匀,则会使得焊缝金属高低不平。但若发现熔池有下陷现象时,送进焊条的速度就应该加快,同时焊接的速度也应加快。有时仅仅是焊条加快送进,还不能解除下陷现象,就需要使喷嘴火焰的角度放小,并作上下的摆动,使火焰多接触焊条,并加快焊接速度。特别是焊缝空隙太大,或焊缝处温度过高,在将要被烧穿的情况下,更有必要这样操作。

造成烧塌、烧穿的原因,大都是:火焰太大、喷嘴大、温度高或焊条太细、焊接速度太慢、局部焊缝空隙太大等。所以,焊接时要注意这几点。反之,如发现焊缝两侧的金属温度低工,焊缝熔化的深度不够时,送进焊条的速度就要放慢,喷嘴火焰也要慢一点向前移动,直至达到正常的焊接,必要时要适当地放大、调整喷嘴火焰或更换喷嘴。

若将属于自由状态的两块普遍平板往一起焊接而且焊缝很长时要根据金属板在焊接时的热胀冷缩规律,将焊缝摆成V字形,焊缝末端的最大缝隙约为焊缝长度的2%。

焊接方向一般是由里向外、由右向左。若是焊接较长的筒形两侧较宽的板料时,首先应在工件的右端,由里向外焊一小段,以便将端部拉住。然后转过来由右向左继续焊接,直到将缝焊完为止。这样可以避免由于热胀冷缩的作用而产生前面焊,后面裂的弊病。

关于薄板圆管的焊接方法大致有两种:一种是将圆管的焊缝分段点焊好,冷却后将焊缝茬口敲平,然后进行焊接。另一种是将已卷好的圆管套在一根较长的直径相当的圆棒上,将焊缝两边的板料敲平对齐,但不要使全部焊缝合拢,只要其中有一段合拢即可。那里能合拢就从那里开始施焊。由于热胀冷缩的缘故,那些原来合不拢的部分,当焊抢走到时就会自然合拢。若感到有些部位不能完全合拢时,可稍微停止施焊,使其降温收缩,然后再继续施焊。焊接时可少加焊条,只要掌握好熔池深度,也同样坚固耐用,而且光滑美观。当一头焊完时,再转过来向里向外焊另一头。等焊完冷却后,若是由于焊缝收缩弯曲,圆管从钢棒上取不下来的话。这时可将钢棒转 180°,在圆管焊缝的对面位置,加热一条线,使其冷却收缩,便可顺利地取下圆管,最后再将焊过的地方敲平整圆。

比较上述两种施焊方法:前部准备工作简单,对于不十分熟练的工人来讲,容易掌握,但焊完后变形较大,校直、敲平、整圆比较困难,且费时费力、表面质量也不高。其变形较大的主要原因有二:一是焊接时。圆管内没有钢棒抑制,任其收缩形变;二是在焊前已点焊过一次,两次受热收缩量也要大些。而后者则无这些缺点,因此可以认为后一种方法比较好。

③立焊。如立焊 2mm 以下薄板,因焊接时形成的熔池小、焊接速度快,液体金属不等流下就凝固了。因此基本上可以按着平焊的操作施焊,也可以使焊嘴火焰作微小的横向摆动。这样可以利用火焰的喷射动力把熔池内一部分液体金属大部都集中在焊缝的中间,造成液体金属向下流的现象。另一方面也可使焊缝中间的高温液体金属冷却的快一些,也避免或减少向下流动的倾向。

焊接方面要由下向上,如图 9-49 所示,喷嘴不要作上下纵向摆动。为了不使熔化金属液体太多,除了焊接速度快一点外,焊条要高招慢移。焊嘴火焰的角度和平焊一样,火焰的热量要比平焊同样厚度的板料小一些。每次向熔池内送进填充金属也要少一些。否则熔化金属的体积太大就有往下流动的趋势,或使焊缝蹭太厚而不合乎质量要求。

④横焊。横焊时焊嘴火焰的角度和平焊一样,但是火焰喷射方向的液体金属,使它不向下流。在焊接过程中要尽量保持焊缝两侧金属的温度一致。为了不使焊缝下侧金属的温度过低于上侧金属的温度,应该使焊嘴火焰在焊缝的下侧平行地前进。喷射的火焰要作螺旋形循环的摆动。焊接薄板时,焊条要一下一下地点在熔池的上部,供应填充金属,如图 9-50 所示。

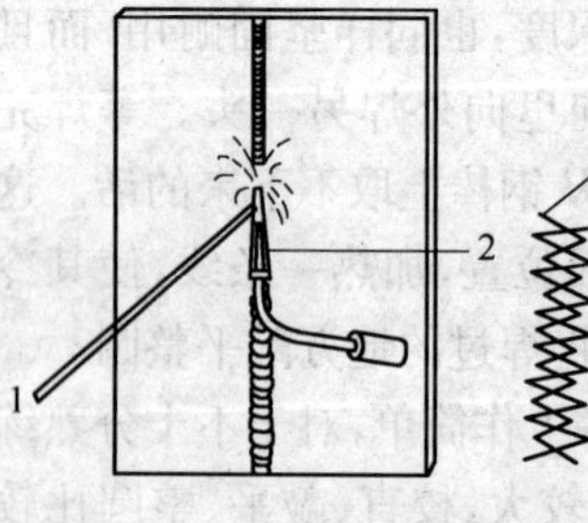

图 9-49　立焊焊接

1. 焊条　2. 喷嘴　3、4. 焊嘴移动路线

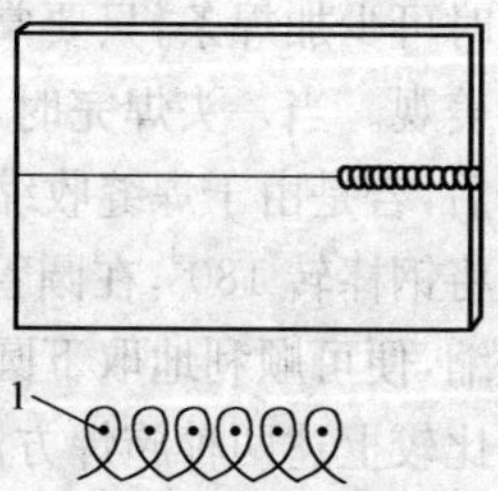

图 9-50　横焊焊接

1. 焊条

⑤仰焊。仰着脸焊是焊接工作中难度最大的工作,在修理工作中也经常用到。仰着脸焊时熔化的金属液体随时都有下坠倾向。所以熔池要小,当喷嘴把金属熔化后而即流动时,火焰应离开后退。所以仰焊的前进方向与平焊相反,由左向右,如图 9-51 所示。焊条上熔化的金属不可能凭空向上滴到熔池上去。另一方面靠焊条来回不断地运行,使熔化的焊条金属一层层的敷上去。焊接时焊条应放得斜一些,这样如有下坠金属熔液,也可用它来托住,并靠它的运行再将熔液分布到焊缝上去。

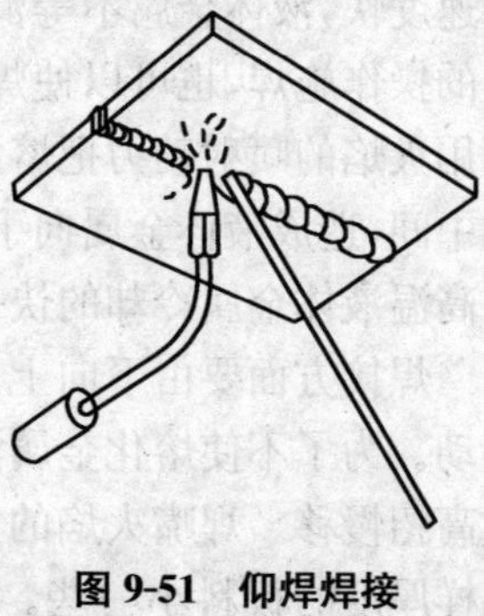

图 9-51　仰焊焊接

在钣金施焊中，对于一些受力大，易损伤、表面要求高的部件的裂缝及挖补等凡是从里面便于焊接者，最好采用两面焊接。其焊接方面是：先在外面分段点焊，冷却后敲平，再在里面加焊条施焊，最后在外面用焊枪细细地走一遍。这样整平后，既牢固耐用，又光滑美观。

在钣金修理工作中，大都采用与焊件基体金属相同成分的焊条做填充金属，焊缝的强度和性能，除了和焊接工艺有关外，与使用的焊条材料和质量也有直接关系。焊条的粗细，应根据不同的焊件厚度与焊缝密度来选择，厚而宽都采用比较粗的焊条，反之用比较细一点的焊条。就焊接薄铁板来说，通常采用直径为 2～2.5mm 的铁丝焊条。

焊条的熔点不能高于焊件金属的熔点，否则在焊接过程中很不好掌握焊缝金属的熔池，使焊接接头（焊接金属）成型恶化。

在修理工作中，如遇到一些不便于采用普通焊条（铁丝）焊接的地方，例如焊修车门或驾驶室内角连接点处时，由于该处夹在里外两层铁皮之间，施焊困难。又因焊件之间是面接触，用铁丝作焊料，不易焊得牢固。因此可采用黄铜焊条做填充金属。这一种焊接与上面所讨论的不同，它是将焊接金属接头利用气体的燃烧加热到红热程度（焊件不熔化），用一种比焊件熔点低的金属做填充金属，在高于焊条熔点的温度下，将焊条熔化到焊缝接头上，利用它们之间的粘合渗透力将焊接接头结合一起，这就是所谓的钎焊。

采用黄铜焊条作为填充金属时，要选用铜焊粉或硼砂、硼酸、硅酸等焊药。应用焊药的目的，一方面是为了避免在焊接过程中高温金属（如铁板）和氧化合而形成氧化物；另一方面是为了消除金属中已经形成氧化物；另一方面是为了消除金属中已经形成的氧化物（如氧化铜）。若焊接过程焊缝金属中的氧化物不消除，或被焊接的金属表面产生了氧化物，就容易把氧化物夹杂在焊缝金属中，降低焊接接头的强度，并形成不整洁的焊迹。

用黄铜焊条时，选用焊药，就是因为在焊接时所产生的氧化铜是碱性的，要用酸性的硼砂或硼酸去中和它，使之变成低熔点的盐类熔渣。

45. 怎样点焊?

(1)点焊在钣金制造与修理工作中,应用较广,如轿车驾驶室、后货箱及汽油箱和前翼子板等,都是用点焊连接的。在修理工作中,两层或两层以上板材的连接、材料与型材的接合、合同厚度板材的连接等,总之,凡是能利用点焊机者,均宜点焊。

就强度来说,点焊胜于铆接。就焊接产品的多样性、产量与生产率来说,点焊在所有接触焊接方式中占首位。并且具有变形小、表面光洁等优点。

(2)点焊前的准备工作。点焊前零件的准备工作包括:打光、矫直、装配,有时还包括修合和几个点的定位焊等。

若想得到高质量的焊接,零件表面的打光是非常重要的工序。表面有脏物、油漆、氧化皮和锈蚀和零件不易导电,这样焊接时零件会烧伤。

点焊时,两配合件之间不应有间隙。如果有间隙,特别是在刚性较大的接头上会造成很深的压坑或压穿。在点焊之前,应将被焊接件定住、划线或用手虎钳夹紧。

(3)点焊过程。点焊过程如图 9-52 所示的示意图。焊件 1 在电极 2 和 3 之间夹紧,电流由变压器 6 通过支臂 5 和夹头 4 传到电极 2 与 3 以及焊件上。点焊机的下电极 2 一般是固定的,而上电极 3 受到顶压机构的作用向下移动,紧压焊件。

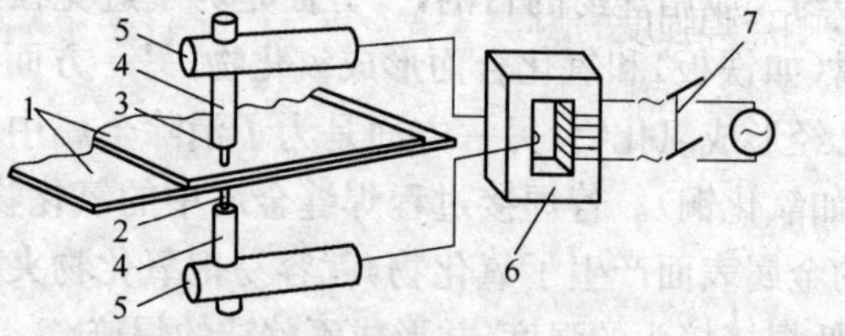

图 4-52　点焊过程示意图

1. 焊件　2、3. 电极　4. 夹头　5. 支臂　6. 变压器　7. 开关焊件被压紧开始通电流加热时，从工件表面上散出的热量很容易被铜电极导走。因此，加热最强的地方不是在电极与焊件之间，而是在两个焊件接触的地方。而两个焊件能很好地接触需要一定的压力，可见焊接就是在焊件上一边通电流一边加压力的情况下进行。当一个点焊接终了后，由专门装置将开关 7 切断电流，除去压力，电极 3 又向上升起。此时，可移动焊件。

从上述过程看出：点焊时焊机必须具有固定的工作顺序：

①加压于电极上。

②接通焊接电流。

③断开焊接电流。

④除去压力。

若违反以上工作顺序，就会产生焊接缺陷，并可能使电流遭到损坏。在焊接过程中，形成焊点的同时，常常从空隙或板料之间溅出一些核心的熔化金属。焊接开始时所产生的飞溅是由于电阻大和零件表面上个别凸出部分的熔化所致。飞溅后焊点的形成过程仍很正常，而且焊点的质量并不因此降低；另一种飞溅是由于两电极间的压力不够或金属表面不干净造成的。当活动电极靠拢工件还未产生足够的压力就接通了电流或是当点焊结束，活动电极开始脱离而还未切断电流。都会产生飞溅现象，甚至将工件烧穿。此外还有一种飞溅，发生在焊接结束的时候，这是由于核心过热和切断电源过迟所致。出现这种飞溅也是不好的，它对点焊质量很大影响。

(4)影响点焊强度的因素。点焊焊接强度就是焊接件能够承受外面所给予的力量。点焊时因为不能从外部填充熔焊金属以增加其强度，故其强度完全决定于本身的金属性质和焊接条件。根据实践证明，影响和决定点焊焊接强度的条件是很多的，主要是：①焊接电流的强度；②焊接时间的长短；③焊接压力的大小；④焊件的形态、大小、表面状况以及清洁程度，即焊件的电阻；⑤电极质量与形状以及冷却程度等。其中任何一项有所变动，便会立即影响到强度的变化。所以如何灵活地、辩证地掌握这些因素，是一个重要的问题。

46. 怎样作展开图?

金属板制品无论外形如何复杂,都可以按其形状特点用各种不同方法进行图解展开。这里介绍一下平行线法的基本展开图解法。

制品表面具有平行边棱的,如圆管、矩形管、椭圆管、弯头、三通等,可将表面分成若干平行部分,在平面上展开,如图 9-53 所示为圆管的展开图。其展开方法是:先画圆管的断面图和立面图,延长立面图中 *AB*、*CD*,在 *AB* 的延长线上截取 *AB* 等于圆周长(即 $AB=\pi d$),并由 *A*、*B* 两点向 *CD* 的延长线作垂线,得交点 *C*、*D*,则 *ABCD* 所围成的平面图形就是圆管的展开图。

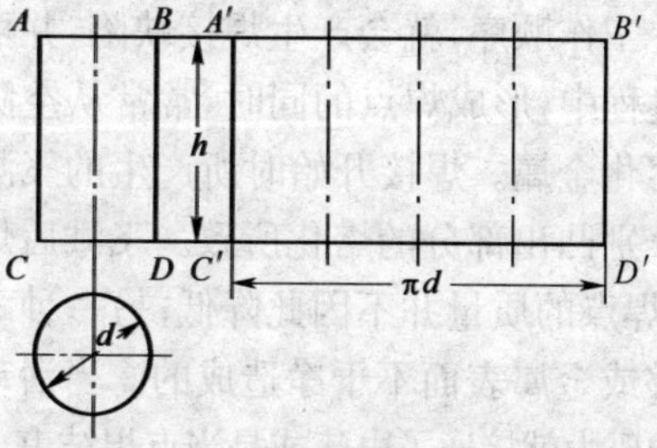

图 9-53　圆管的展开图

例:作两节圆管直角弯头的展开图

(1)如图 9-54 所示,作弯头的立面图与断面图,因为Ⅰ、Ⅱ两节圆管的展开法是相同的,现以Ⅰ节的展开为例。

(2)六等分断面图半圆长,其等分点为 1、2、3、4、5、6、7。

(3)由各等分点向上引垂线与立面图接合线相交,得交点为 1、2、3、4、5、6、7。

(4)延长 *AB* 线,并在 *AB* 的延长线上截取 1—1 线段,其长度等于断面的圆周长。

(5)将 1—1 线段分成 12 等分,等分点为 1、2、3、4、5、6、7、6、

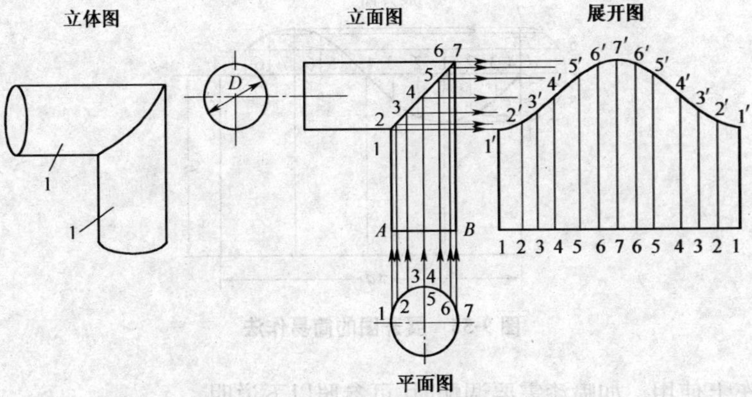

图 9-54　两节圆管直角弯头的展开

5、4、3、2、1。

(6)由 1—1 线上各等分点向上引垂线，并与由立面图接合线上各点向右引的水平线对应相交，得一系列交点 1、2、3、4、5、6、7、6、5、4、3、2、1。

(7)最后把这些交点连成一条光滑曲线，则 1—1—7—1—1 所围成的平面图形，即为Ⅰ节圆管的展开图。

这个展开图的作法是过去的复杂的方法。从本质上看，还可将断面图的半圆直接画在展开图的旁边，既准确又缩短作图时间，如图 9-55 所示。选按圆管展开图法画出矩形，在上面的水平线上作 12 等分 4、3、2、1、2、3、4、5、6、7、6、5、4。由各等分点向上或向下引垂线与半圆周上的等分点向左引水平线对应相交，将各交点连成曲线，即可得出展开图。

47. 怎样调配油漆?

当轿车大修时，修理好整个轿车后，将轿车钣金工作矫正焊好应喷上一层美丽的磁漆，当然现在大部分是喷进口漆通过烤漆房，才能使您的轿车更加漂亮。但是也有自喷漆厂家采取电子配漆的方法觉得更为准确。也有不少用国产磁漆通过调整配漆后喷在轿

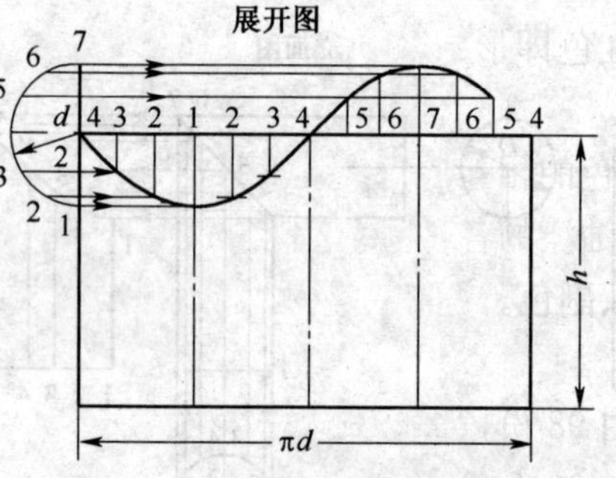

图 9-55　展开图的简易作法

车上使用。如喷漆需要调配时,可参照以下说明。

(1)颜色的调配。用红、黄、蓝、白、黑这五种基本颜色可以调配出各种颜色。其中,红、黄、蓝为三原色,两种原色混合就可得到复色。如图 9-56 所示颜料拼色法可以知道蓝黄相加成绿,黄红相加成橙,红蓝相加成紫,红、黄、蓝相加可成黑色。

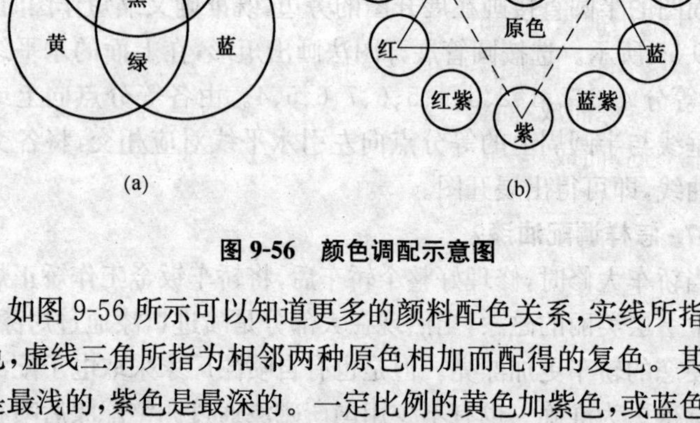

图 9-56　颜色调配示意图

如图 9-56 所示可以知道更多的颜料配色关系,实线所指为三原色,虚线三角所指为相邻两种原色相加而配得的复色。其中黄色是最浅的,紫色是最深的。一定比例的黄色加紫色,或蓝色加橙色，或绿色加红色即形成灰色，红色、黄色、蓝色加在一起就形成黑色。

从三种原色的相互混合来看，改变它们相互的用量，所用颜色还要多。现将油漆的各种颜色组合排列如下，其中前列者为主色，后列者为次色、副色。调配各种颜色时，应把次、副色加入主色内，而不是相反。

奶油色：白 98 份，黄 2 份。

奶黄色：白 96.5 份，黄 3.5 份，红微量。

灰　色：白 93.5 份，黑 6.5 份。

蓝灰色：白 90 份，黑 7.5 份，蓝 2.5 份。

绿　色：蓝 55 份，黄 45 份。

墨绿色：蓝 56 份，黄 37 份，黑 7 份。

豆绿色：白 75 份，蓝 15 份，黄 10 份。

天蓝色：白 95 份，蓝 4.5 份，黄 0.5 份。

海蓝色：白 75 份，蓝 24.5 份，黄 0.5 份。

紫红色：红 85 份，黑 14.5 份，蓝 0.5 份。

棕　色：红 62 份，黄 30 份，黑 8 份。

肉红色：白 92.75 份，红 3.5 份，黄 3.5 份，蓝 0.25 份。

粉红色：白 96.5 份，红 3.5 份。

(2)常用油漆品种的调配。

①配清油。自配清油与工厂的成品清油不同，工厂成品清油是干性油熬炼而成，而自配清油是以熟桐油为主，经稀释(冬季还要加催干剂)而成，它主要用于木材打底，调配时，根据清油所需的稠度和颜色，将一定数量的颜料、熟桐油、松香水(或汽油)拌和在一起，用 80 目的铜丝罗过滤后即可使用。一般的配合比为熟桐油：松香水＝1：2.5。如在夏天高温时使用，则清油内的稀料蒸发快，易稠使表面结此，这时在清油中加些鱼油(即工厂成品清油)即可避免，既节约材料又容易涂刷。

②配铅油，即配厚漆。根据配合比如表 8.1 所示将全部工厂

成品清油的用量加 2/3 用量的松香水调成混合油。再从漆桶中挖出放在干净的铁桶内,倒入少量的混合充分搅拌,直至铅油没有疙瘩,全部溶解,待与铅油充分搅拌均匀后,再把全部的混合油逐渐加入搅拌均匀。这时可加入熟桐油(冬季用油尚须加入催干剂),并用 100 目铜丝罗过滤,再将剩下的 1/3 用量的松香水,洗净工具铁桶后掺入铅油内即成。然后刷好试样,用纸覆盖在调好的铅油面上备用。如铅油是几种颜色调配成的,要先把几色铅油稍加混合油,配成要求颜色后,再加混合油搅拌。如用铅粉或锌钡白配铅油,要把铅粉或锌钡白加入鱼油用力搅拌成面团状,隔一至两天使鱼油充分浸透粉质,类似厚糊状后才能再调配成各色铅油。

表 9-1 中的第二栏为配有光、平光、无光三种厚漆的各种比例,可见配制的比例上有些差别。因无光油是在最后面层上涂刷的,其目的是为了使刷后的漆膜完全无光,所以它的稀释剂用量较多,而油料用量相应减少。但稀释剂多了漆就容易沉淀,时间长了沉淀物还会发硬结块,即使经过充分搅拌,涂刷后漆膜仍难免产生粗糙不匀和发花现象,故配无光油时须注意在需要时才调配。如用量不多可一次配成即用,需要量大则要准确记录多种材料的分量而逐次调配,以保证颜色一致,而且配好后要密封贮藏,防止稀释剂挥发影响质量。

表 9-1 各种厚漆调稀的参考配合比

配料名称	光度区别	体积百分数						
		调配厚漆	清油	松香水	清漆	熟桐油	催干剂 G-8	备注
白厚漆	有光	60	30	0.2	6.8		2	锌白
	平光	62	18	12	5		2	
	无光	65	5	25	1.5	0.5	2	
黄厚漆	有光	60	29	0.2	6.8		3	
	平光	62	20	10	4		3	
	无光	64	5	24.5	2	0.5	3	

续表 9-1

配料名称	光度区别	体积百分数						
		调配厚漆	清油	松香水	清漆	熟桐油	催干剂 G-8	备注
紫红厚漆	有光	56	34	0.5	5.5		3	
	平光	58	20	13	5		3	
	无光	60	5	28.5	2	1	3	
黑厚漆	有光	56	30	0.2	8.8		3	
	平光	58	30	13	5		3	
	无光	60	5	28.5	2	1	3	
绿厚漆	有光	60	29	0.2	6.8		3	
	平光	62	20	10	4		3	
	无光	64	5	24.5	2	0.5	3	
蓝厚漆	有光	56	30	0.2	8.8		3	
	平光	58	20	13	5		2.5	
	无光	60	5	27.5	3	1	2.5	
红厚漆	有光	56	30	0.5	8.5		3	
	平光	68	20	13	4		3	
	无光	60	5	27.5	3	0.5	2.5	

注:在 18～23℃时,干燥时间为 8h,催干剂用量一般为 2%～3%,根据地区和季节可酌量增减。

③自配防锈漆。除用市售防锈漆外,也可自配防锈漆,比例为红丹粉 50%,清漆 20%,松香水 15%,鱼油 15%,不能掺合光油调配,否则红丹粉在 24 小时内会变质。

④配金粉漆、银粉漆。银粉有限粉膏和银粉两种,加入清漆后即成银粉漆。配制比例为:银粉面或银粉膏:汽油:清漆,喷为 1∶5∶3,刷为 1∶4∶3,配好的银粉漆要在 24 小时内用完,否则会变质呈灰色。

金粉漆用金粉(黄铜粉末)与清漆调配而成,配制比例、方法与银粉漆相同。

48. 怎样使用喷枪?

喷枪又称喷漆枪,多用于低黏度、高细度的溶剂型涂料的喷涂施工。喷枪一般有五种类型,即吸出式喷枪、对嘴式喷枪、流出式喷枪、压力供漆喷枪及高压无气喷枪,如图 9-57 所示。

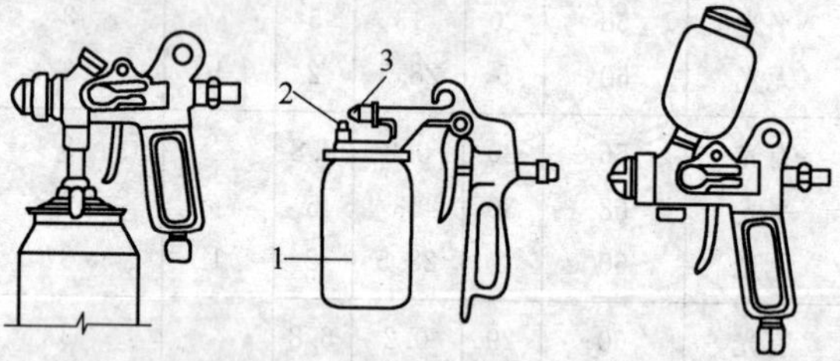

图 9-57　喷枪型式

(a)吸出式　(b)对嘴式　(c)流出式

(1)喷枪的使用。以手扣压扳机,压缩空气的通道首先开放,继而漆嘴的通道开放。压缩空气由管道能向喷头,将出漆嘴吸出(或流出)的涂料吹散,并喷至涂饰表面。放松扳机,出漆嘴的小孔被顶针紧密地封闭,压缩空气通道好被堵住,喷漆停止。漆料的喷出量,一般可由顶针的伸出量来控制。顶针的伸出量可用限动螺丝来调整。要想显著地改变漆料喷出量,则要更换不同口径的喷嘴。

(2)喷枪的保管。喷漆工作完毕后,必须将喷枪清洗干净,不允许在喷枪内残留漆料。清洗喷枪时,可在漆罐内装入稀释剂,然后用手指堵住漆嘴,再扳动扳机,借助稀释剂的强烈冲刷,将枪内残余涂料清洗干净。除每次施工完毕进行清洗外,还应定期全面地拆洗。拆装时,应用专用工具仔细操作,不得损坏各种零件,如顶针、密封垫等,否则会影响喷枪的性能。清洗时,将拆好的喷枪零件浸泡在溶中,逐个用毛刷清洗干净。清洗过的零件应用清洁柔软的棉布揩擦干净,然后安装好。出气嘴小孔或出漆小孔堵住后,应用溶剂小心擦洗,不得用铅丝去捅,否则会把小孔损坏,影响正常使用。

49. 怎样使用电动打磨机？

常用于各种轿车钣金表面的打磨、防锈、除污、抛光如图 9-58 所示。有气功、电动两种(磨时可根据需要更换)。

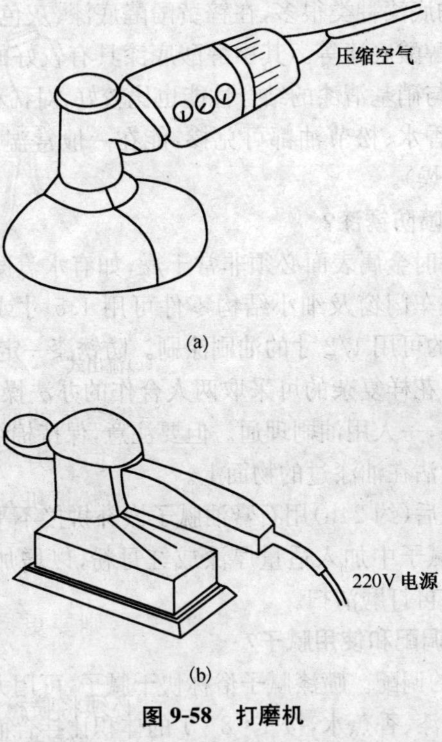

图 9-58　打磨机

圆盘打磨机的安全使用方法是：先将磨头安装好，上紧螺母。一手握好手柄，一手掌好打磨机。打开开关，端稳，对准打磨面，缓缓接触。打磨时要戴防护眼镜。在打磨时或关上开关磨头未停止转动之前，不得放手，以免机器在惯性和离心力作用下抛出伤人。风动打磨机应严重控制其回转速度，平砂轮线速度一般为 38～50m/s，钢丝轮转速 1200～2800r/min。布轮速度不应超过 35m/s。

50. 怎样选用底漆？

在各种基层处理完毕后，就要进行“底涂”，通过选用合适的度漆喷在物面上，达到阻止吸收(木质封闭底漆)、防锈(金属封闭底漆)及增加附着力的目的。

喷漆用的底漆种类很多，在锌黄酚醛底漆、灰色酯胶底漆、硝基底漆、铁红醇酸底漆等。其中醇酸底漆具有较好的附着力和防锈性能，而且与硝基清漆的结合性能也比较好，对稀释剂的要求不高，一般的松香水、松节油都可兑掺，能在一般常温下干燥(12～24h可彻底干燥)。

51. 怎样喷防锈漆？

喷刷防漆时金属表面必须非常干燥，如有水汽凝聚必须擦干后再涂刷。轿车门窗及细小结构零件可用1.5寸或2寸油刷涂刷，面积较大的可用1/2寸的油刷涂刷。防锈漆一定要刷满刷匀。小件金属制品花样复杂的可采取两人合作的办法操作，一人用棉纱头蘸漆揩擦，一人用油刷理通。但要注意，保持棉纱清洁。零碎的棉纱头不能沾在油漆过的物面上。

防锈漆干后(约24h)用石膏油腻子嵌补拼接不平处。嵌补面积较大时，可腻子中加入适量厚漆或红丹粉，以增加腻子的干硬性。干后需要再打磨清扫。

52. 怎样调配和使用腻子？

(1)腻子的调配。喷漆腻子俗称快干腻子，可用大白粉或石膏粉加适量的喷漆、香蕉水，按1∶8∶1的体积比拌合而成。此种腻子干燥快，施工操作要求熟练、迅速。配制腻子时，最好是随用随配，不要一次配得太多，以免多余的腻子因迅速干燥而浪费掉。

(2)腻子的使用。平面处可用牛角翘或铲刀嵌批，如遇圆形或抛物线和棱角处可用橡胶皮嵌批。腻子不能来回多刮，多刮会把腻子内的油挤出，从而把腻子面封住使腻子内部不易干硬。

头道腻子嵌批后，面上应呈粗糙颗粒状，这样可加快腻子内水、油的蒸发，容易干硬。

二、三道腻子要稀些，嵌批后表面容易平整。嵌批腻子应注意以下几点：

①底漆和上道腻子必须充分干燥。因腻子刮在不干燥的底漆或腻子上容易引起龟裂和起泡现象。

②底漆光度太大影响附着力时，可用砂纸磨去漆面光度。

③遇有大洞和深凹处，则可在腻子中略加石膏粉，使腻子变硬，容易嵌平。

④批腻子时应以高处为准，批平批实。

⑤嵌批时间过长或天热，腻子面上容易结皮，此时可用布或纸在水中浸湿盖住腻子。

53. 喷漆工序的操作方法是什么？

其工序为：基层处理→喷涂第一遍底漆→嵌批一、二遍腻子及打磨→喷涂第二遍底漆→嵌批第三批腻子及打磨→喷涂第三遍底漆及打磨→喷涂二至三遍面漆及打磨→擦砂蜡→上光蜡。

其操作工艺为：

(1)基层处理。可按各种物面镀层处理方法进行。因涂层薄，故应更严格。

(2)喷涂底漆。处理后的物面干燥后即可进行。

(3)批嵌头、二道腻子。批腻子前先把物面有大洞和深凹处嵌平。第一道腻子干后，先用铲刀刮去表面不平处和腻子残痕，再用砂纸打磨平整，清扫干净。干后，再批第二道腻子。

(4)喷第二道底漆。这道底漆头道要稀些，以增加后道腻子的粘结力。

(5)批第三道底漆。这道腻子干后，如发现还有细小洞眼，可用腻子找补。腻子干后用水砂纸打磨平整，清洗干净。

(6)喷第三道底漆。干后用水砂纸打磨，再用湿布将物面擦净揩干。

(7)喷第三道喷漆。第一道喷漆包括横喷、竖喷各一遍。每道漆干后，都要用水砂纸打磨，并清洗干净。选用水砂纸要由粗到细。喷漆由稀逐渐加稠,但不宜过稀或过稠。

(8)用自喷漆灌喷漆时要注意以下几点:

①将备喷件清洗干净后摇晃自喷漆灌。

②将自喷漆灌倒立。

③距离备喷件 30cm,喷完等 10min 后,自喷漆就干了。

(9)擦砂蜡、上光蜡。砂蜡要多擦,直到表面十分平整为止,上光蜡要擦到出现闪光为止。

54. 喷漆时注意事项有哪些?

(1)喷漆使用的底漆者要掺稀,在没有黏度计测定的情况下,可根据漆的重量,按 100%的比例掺入稀释剂,以使漆能顺利喷出为准,但不能过稀、过稠。

(2)底漆、腻子、面漆要配套使用。不同的喷漆所用的稀释剂不同。例如:醇酸底漆可用松香水等稀释,而硝基纤维漆要用香蕉水稀释。

(3)漆开桶后要充分搅拌,如发现不洁现象,要用 120 目铜丝罗或 200 目细绢罗过滤。使用时应经常搅拌,不使发生沉淀。

(4)喷漆面的电镀品、玻璃等不需喷涂的物件,可用凡士林、黄油涂盖,或用纸贴盖,但注意不能沾到需要喷漆的地方。

(5)在有旧漆膜的物件上喷漆,要先将旧漆膜清除干净。因旧漆膜会吸收喷漆内的溶剂而产生膨胀,导致喷漆面脱落。

(6)腻子面和喷漆面一定要保持清洁,不得沾有油污,或用油手抚摸,以免导致漆膜脱落。

(7)喷枪嘴与物面距离应控制在 250～300mm 之间,气压应保持在 0.3～0.4MPa(约 3～4kgf/cm^2)之间,喷头道后逐渐降低。如用大喷枪,气压为 0.5～0.7MPa(约 5～7kgf/cm^2)。操作时,喷的方向要垂直于物面,并稍与前道喷漆重叠一部分。

(8)喷漆时如发现喷枪出漆不匀,应立即调整出气嘴和出漆嘴间的距离,保持出漆均匀和有一定的着漆面。喷漆前最好用水试喷。

(9)喷头道硝基纤维漆时,因底漆和腻子是油性的。容易被喷漆中的稀料溶化而产生气泡、皱皮,所以喷漆要稀,喷得要薄,使稀料尽快挥发,防止吊起底层。

(10)头道漆干后要打磨,随即再喷第二道漆。这样漆膜较为平整。

(11)潮湿环境下,喷漆容易变白,此时,可在其中加防潮剂,用量一般为涂料中稀释剂的 5%~15%,如喷漆面已有发白现象,则可用稀释剂加防潮剂薄涂一遍。

55. 喷漆和气候有什么关系?喷漆前应做好什么准备?喷漆场所应注意什么问题?

买来的喷漆一般是比较厚的,需用香蕉水冲淡,以香蕉水逐渐加入调匀至在喷嘴中能喷成很均匀的细粒为止,无一定的比例。一般讲来,热天可少用些香蕉水,冷天则多用些。在阴天空气潮湿时最好不在露天进行表面喷漆的工作,因为在这种气候中喷漆不易干,并易留斑点。有条件的应在烧漆房喷漆,喷漆前的金属表面须先进行表面准备工作:先用油灰把高低不平及裂缝处填平,然后上打底漆(填密)或上油泥,上好后用砂石或粗砂纸磨光,然后用细砂皮打光。这一步工作是很重要的,亦最费时。表面准备做好并干燥后,即可进行喷漆。通常喷三次,每次喷好后用细水砂纸打光,再喷第二次。喷过三次后则上蜡,工作就完成。水砂纸是加水使用的,把砂纸浸水中,然后取出使用,磨光时,在表面上时时加水即可。在喷漆工作场所应注意防火,因为喷漆及香蕉水等者是易燃物;操作工人应戴口罩,以免将喷漆吸入肺中。